〔年表〕子どもの事件 1945-2015

山本健治〔著〕

第1期　1945〜51年

敗戦による混乱と価値観崩壊、
貧困と不足・不満の時代

道徳・倫理の崩壊、
生きんがための犯罪、
夢も希望もない自暴自棄の犯罪

第2期　1952〜64年

復興から経済成長、
渇望から欲望の実現と不満の爆発

練鑑ブルースから暴力教室、
カミナリ族から暴走族へ、
不良少年が非行少年に

第3期　1965〜83年

いざなぎ景気から石油危機、
安定成長への転換が不安の時代

ベビーブーム世代が大人になり戦後第2の子捨て・子殺し時代に。
その子は親殺し

第4期　1984〜97年

安定成長・構造転換からバブル経済、
そして破綻・長期不況

鬱屈時代が生み出す残虐不可解殺人、
大人社会のイジメが子どもの世界でも

第5期　1998〜2010年

バブル破綻不況に、
リーマンショックが追い打ち

生活保護世帯・無職男性・ワーキングプアーの増加と
子どもへの虐待・DV問題化

第6期　2011〜15年

政権交代幻想の破綻、東北大震災、
政権は元に戻ったものの新たな不安

減らない子どもに対する虐待、
再び増えているイジメ・不登校、
そして引きこもり

つげ書房新社

はじめに

　政治家は「子どもの笑顔があふれる政治の実現」を常套句とするが、戦後70年、子どもが苦しみ、うめく声が聞こえなかった日はなく、理不尽な死を余儀なくされなかった日もない。旧厚生省が1963年、初めて「児童福祉白書」を出したとき、「子どもは危機的段階にある」と書いたが、それから50年以上経過、教育環境や経済的条件などははるかによくなったはずであるが、残念ながら子どもたちが置かれている状況はあいかわらず危機的であり、問題はさらに複雑かつ深刻になっていると言わざるをえない。

　研究者の中には、青少年犯罪も、虐待も、イジメも、敗戦直後などと比べると、はるかに減っており、現在は、戦後70年の中で、子どもにとっては最良の時期と言ってもいい、いま子どもが危ないなどと新聞やテレビが騒いでいるが、売らんかなのセンセーショナリズムであるとする人も少なくない。

　筆者も統計上は、そう言えなくもないと思う。いたずらに危機感を煽って、子どもを危険視し、重罰化のみで対応することは間違いであると思うが、日頃、ボランティアや講演で学校に出かけ、小中学生たちと出会い言葉を交わし、先生たちから話を聞いたり、勉強会を持ったり、さらには児童福祉施設に働く人たちと話す中で、統計未満、事件事故未満の現実が非常にたくさんあり、教育委員会・福祉関係当局・警察に届けないことも多々ある現実を見聞すると、現在は過去最良などとは決して言えないと考えている。

　筆者は1989年、故鈴木祥蔵関西大学名誉教授の解説を得て、『〔年表〕子どもの事件　1945―1989』を出版させてもらった。イジメ、自殺、校内暴力、虐待、家庭内暴力、風俗犯罪が大きな問題になっていた時期であり、また新たな問題としてダイヤルQ₂、ケータイ、パソコンによるネットを媒介しての性犯罪、殺人事件、人権侵害などが問題になりはじめていた時期で、おかげさまで版を重ねることができた。

　以降、子どもをめぐる事件は、統計的には極端に増えたわけでも、減ったわけでもないが、問題の深刻さや複雑さはあいかわらずで、情報化はさらに進み、近年は格差や貧困がもたらす問題が付け加わって、メディアは事件が起きるた

びに、ニュース・ショー番組などでセンセーショナルに取り上げている。しかし、人のウワサも75日、それが過ぎると、何事もなかったかのようになり、また起きると、騒ぎ立る繰り返しとなっている。

　筆者は事件の起きるたびに、取材に出かけたり、裁判を傍聴したり、起訴状や判決を読んだり、関係資料を集めたり、なぜ、このような事件が起きるのか、なぜ、繰り返されるのか、原因を本質的に掘り下げ、どうすればいいのか、あれこれ考えてきた。その都度、前著以降をまとめる必要があると思っていたのだが、センセーショナルでショッキングな事件が起きすぎ、騒がれすぎてなかなかタイミングが合わなかった。また、鈴木祥蔵先生が亡くなられ、導きを失った気がして、まとめようという気にならなかった。

　しかし、いま前著発刊以来、4分の1世紀が経過し、その後をまとめる必要を感じるようになった。ちょうど戦後70年という節目、国連子どもの権利条約が発効して25年を迎えたこともあり、さらに投票権が18歳以上となって、子ども＝未成年のボーダーが変わろうとしている今、改めて年表と事件解説をまとめてみることにした。

　前著の続編として1990〜2015年をまとめることも考えたが、一冊で70年を通観できるほうがいいと考え、前著をベースとしつつ、以降の筆者のメモ、また改めて各紙縮刷版や各種犯罪統計・資料、警察白書、犯罪白書、青少年白書などを読み直し、年表を再編集、今回は事件解説を増やすことにし、青少年犯罪の発生件数や大きな事件・イジメ・子どもへの虐待などの動向を踏まえ、6つの時期にわけて記すこととした。

　現在、筆者は社会福祉法人四季の会・高槻梶原ピッコロ保育園の理事職からは身を退いているが、創立した1977年以来、鈴木祥蔵先生には長年にわたって理事長・名誉理事長を引き受けていただき、その間、子どもたちをめぐる問題について理論的のみならず実践的に広い視野から親身な指導をしていただいた。先生への感謝の気持ちを込め、本書を捧げたい。

〔年表〕子どもの事件 1945-2015 ◆目次

はじめに……………3

第1期　1945〜51年　敗戦による混乱と価値観崩壊、貧困と不足・不満の時代
　　　道徳・倫理の崩壊、生きんがための犯罪、夢も希望もない自暴自棄の犯罪

1945（昭和20）年……………*18*
　この年の全般的状況　「戦争責任」と「一億総懺悔」、戦災孤児、赤ちゃん圧死事件
　この年の子どもをめぐる大きな事件　①戦災孤児〝刈り込み〟②山手線満員電車で母の背中の乳児が圧死した
　◆1945年の子どもをめぐる事件◆

1946（昭和21）年……………*20*
　この年の全般的状況　天皇「人間宣言」と新憲法公布、小平事件、住友令嬢誘拐事件
　この年の子どもをめぐる大きな事件　①小平義雄による連続強姦殺人事件　②住友本家長女が誘拐される　③14歳の三男が父親をナタで殺害
　◆1946年の子どもをめぐる事件◆

1947（昭和22）年……………*23*
　この年の全般的状況　2・1スト中止命令、6・3制スタート、〝少年小平〟事件
　この年の子どもをめぐる大きな事件　①小学5、6年の4人組が盗みで捕らえられる　②大阪に〝少年小平〟
　◆1947年の子どもをめぐる事件◆

1948（昭和23）年……………*25*
　この年の全般的状況　昭電疑獄、新制高校スタート、寿産院乳児169人殺害遺棄事件
　この年の子どもをめぐる大きな事件　①新宿榎町・寿産院・乳児169人殺害遺棄事件　②和歌山県で18歳が近くの主婦と長男を殺害　③鎌倉で14歳少年が隣家の3歳女児を殺害
　◆1948年の子どもをめぐる事件◆

1949（昭和24）年……………*27*
　この年の全般的状況　不可解な国鉄3大事件、イールズ赤色教員追放演説
　この年の子どもをめぐる大きな事件　①小学6年女児10数人による同級生リンチ　②小田原の18歳が隣の銭湯一家を皆殺し　③綾部で高校生が一家3人を殺害し、現金を奪った
　◆1949年の子どもをめぐる事件◆

1950（昭和25）年……………*29*
　この年の全般的状況　朝鮮戦争の勃発、少女9人人身売買事件
　この年の子どもをめぐる大きな事件　①25歳の男が少女9人を売り飛ばしていた　②東京で19歳の少年が連続殺人で逮捕された　③10歳の姉が2歳の弟を川に投げ込み死なせた
　◆1950年の子どもをめぐる事件◆

1951（昭和26）年……………*32*
　この年の全般的状況　朝鮮戦争特需と旧軍人たちの公職追放全面解除、女優甥誘拐事件
　この年の子どもをめぐる大きな事件　①息子に瀕死の重傷を負わせた父親を逮捕　②有名女優の甥が誘拐される　③大阪・北野高校で女子高校生が殺害される
　◆1951年の子どもをめぐる事件◆

第2期　1952〜64年　復興から経済成長、渇望から欲望の実現と不満の爆発
　　　練鑑ブルースから暴力教室、カミナリ族から暴走族へ、不良少年が非行少年に

1952（昭和27）年……………*36*
　この年の全般的状況　単独講和・日米安保、選挙違反告発女子高校生一家村八分事件

この年の子どもをめぐる大きな事件　①中学校教頭が3年生徒を妊娠させた　②門司で53歳男性が3人の子どもを連続して殺害　③選挙違反を告発した女高生一家を村八分　④ブラジル移民の小学生、祖国のイジメで戻る
◆1952年の子どもをめぐる事件◆

1953（昭和28）年…………*39*
この年の全般的状況　朝鮮戦争休戦協定、内灘試射場建設反対運動、ヒロポン中毒
この年の子どもをめぐる大きな事件　①大学生の売血アルバイト　②大阪で19歳店員が主人一家を皆殺し　③ヒロポン（覚醒剤）が青少年にも広がる
◆1953年の子どもをめぐる事件◆

1954（昭和29）年…………*42*
この年の全般的状況　第五福竜丸事件、造船疑獄指揮権発動、近江絹糸人権争議
この年の子どもをめぐる大きな事件　①小学2年女児がヒロポン中毒男に殺害される　②秋田で成人した長女が2歳の弟を殺害　③東京・板橋で父親が4歳の長女を死なせる　④近江絹糸人権争議、少女たちが声をあげる
◆1954年の子どもの事件◆

1955（昭和30）年…………*45*
この年の全般的状況　自民党結成・社会党統一・五五年体制、森永ヒ素ミルク事件
この年の子どもをめぐる大きな事件　①森永ヒ素ミルク中毒事件　②人気司会者トニー谷の長男が誘拐される　③津市の中学校で水泳講習中、女子生徒36人死亡　④米兵が嘉手納村で幼稚園女児を強姦し殺害
◆1955年の子どもをめぐる事件◆

1956（昭和31）年…………*48*
この年の全般的状況　もはや「戦後ではない」、「太陽族」の登場、模倣犯罪続発
この年の子どもをめぐる大きな事件　①長期欠席の児童・生徒は約26万人　②16歳のお手伝い女性が1歳女児を殺害　③放火で起訴された19歳の比叡山延暦寺受付係、冤罪だった
◆1956年の子どもをめぐる事件◆

1957（昭和32）年…………*51*
この年の全般的状況　派閥抗争、元A級戦犯・岸信介が首相、私立中学体罰死亡事件
この年の子どもをめぐる大きな事件　①浅草国際劇場で美空ひばりが塩酸をかけられ火傷　②体育教師の体罰で中学生が死亡　③中学2年の娘を犬の首輪で50日間監禁
◆1957年の子どもをめぐる事件◆

1958（昭和33）年…………*54*
この年の全般的状況　警察官職務執行法改悪反対デモ、小松川高校事件
この年の子どもをめぐる大きな事件　①家庭内暴力で離婚した父親が子どもら4人を殺害　②姉・妹・弟で酒乱の父を殺害　③小松川高校定時制女子生徒殺人事件　④フラフープ大流行で腸捻転の事故など多数発生
◆1958年の子どもをめぐる事件◆

1959（昭和34）年…………*58*
この年の全般的状況　与野党激突・伊勢湾台風・水俣病、全学連国会突入
この年の子どもをめぐる大きな事件　①川崎で高校教師が5歳の養女を虐待して殺害　②皇太子結婚パレード投石事件　③帯広で母親が小学2年の娘を偽装自殺させる
◆1959年の子どもをめぐる事件◆

1960（昭和35）年…………*61*
この年の全般的状況　安保条約改定強行採決、道徳教育モデル校で強姦事件・校長自殺
この年の子どもをめぐる大きな事件　①京都の道徳教育推進中学で集団強姦、校長自殺　②横浜で、5歳男児が母親に折檻されて死亡　③国会デモで樺美智子死亡、17歳が浅沼稲次郎刺殺

◆1960年の子どもをめぐる事件◆
1961（昭和36）年……………*64*
　この年の全般的状況　高度成長・所得倍増、睡眠薬遊び、またしても危険な17歳
　この年の子どもをめぐる大きな事件　①またしても17歳右翼少年が中央公論社嶋中社長宅を襲う　②兵庫の小学校教師がバットで3年の頭を殴る　③三島市で中学3年女子生徒が同級生に硫酸かける　④京都で教師の父が息子を死なせニセの診断書
◆1961年の子どもをめぐる事件◆
1962（昭和37）年……………*68*
　この年の全般的状況　大学管理法、キューバ危機、サリドマイド薬害事件
　この年の子どもをめぐる大きな事件　①夫婦喧嘩のあげく2児を殺害して埋める　②富山の県立高校で授業中、女子高校生射殺される　③東京・大田の高校3年生らが自動車29台を盗む　④栃木で小学2年女児が連れ去られ殺害される
◆1962年の子どもをめぐる事件◆
1963（昭和38）年……………*72*
　この年の全般的状況　都市の過密化、地方の過疎化、ケネディ暗殺、吉展ちゃん事件
　この年の子どもをめぐる大きな事件　①同志社女子大で女子学生が同級生に切りつける　②吉展ちゃん誘拐事件　③狭山事件
◆1963年の子どもをめぐる事件◆
1964（昭和39）年……………*75*
　この年の全般的状況　名神高速・新幹線開通、東京五輪、俳優高島忠夫5か月男児殺害事件
　この年の子どもをめぐる大きな事件　①中学教師が生徒に濡れ衣、生徒が逆襲し刺す　②清水市で主婦が隣家の6歳男児を殺害した　③俳優高島忠夫・寿美花代夫妻の5か月の男児が殺害された　④杉並の男子高校生「切り裂きジャック」事件
◆1964年の子どもをめぐる事件◆

第3期　1965～83年　いざなぎ景気から石油危機、安定成長への転換が不安の時代
　ベビーブーム世代が大人になり戦後第2の子捨て・子殺し時代に。その子は親殺し

1965（昭和40）年……………*80*
　この年の全般的状況　オリンピック反動不況、山一證券に日銀特融、不登校問題化
　この年の子どもをめぐる大きな事件　①〝登校拒否・不登校〟が問題になりはじめる　②蕨市の小学校に26歳乱入、ナタで殴り4人重体　③東京農大ワンゲル部でシゴキ、新入1年部員死亡　④神奈川県の18歳少年がライフルで警官射殺
◆1965年の子どもをめぐる事件◆
1966（昭和41）年……………*83*
　この年の全般的状況　ビートルズ来日、黒い霧解散、5歳男児保険金殺人
　この年の子どもをめぐる大きな事件　①京都で17歳少年が2人の主婦をピストルで殺傷　②横浜で19歳ガンマニアが銃と実弾騙し取る　③21歳大学生が8年前の弟の失明恨み一家皆殺し　④44歳の父親が10歳の長男を使って当たり屋　⑤父親が5歳の息子に保険をかけ殺害
◆1966年の子どもをめぐる事件◆
1967（昭和42）年……………*87*
　この年の全般的状況　革新都知事誕生、公害対策基本法施行、わが子に万引きさせる事件
　この年の子どもをめぐる大きな事件　①16歳の少年による連続殺人　②松本深志高校2年生西穂高岳で集団遭難　③わが子4人に万引きさせた母親姉妹逮捕　④岩手で32歳父親が2児を放置して死亡させる
◆1967年の子どもをめぐる事件◆
1968昭和43）年……………*91*

この年の全般的状況　ベトナム反戦・反安保、琉球政府主席に屋良朝苗、永山則夫事件
この年の子どもをめぐる大きな事件　①九州の国立大附属小学校で入学汚職　②東京で小学5年女児が赤ちゃんを連れ去る　③19歳少年による連続射殺事件（永山則夫事件）
◆1968の子どもをめぐる事件◆

1969（昭和44）年……………94
この年の全般的状況　東大安田講堂封鎖事件、佐藤首相訪米、イジメ復讐首切り事件
この年の子どもをめぐる大きな事件　①高校生がイジメられ、イジメた相手を殺害　②熱海で両親が1歳次男を車に放置し死亡させる　③宮城で保護観察中の少年による強姦殺人　④横浜で夫婦が2歳女児を誘拐した
◆1969年の子どもをめぐる事件◆

1970（昭和45）年……………98
この年の全般的状況　創価学会出版妨害事件、万博、三島事件、高校生イジメ殺人事件
この年の子どもをめぐる大きな事件　①姫路の中学生が幼稚園児を殺傷　②17歳の継母が、前妻の9か月の乳児を殺害　③少年3人が少女を強姦、暴力団が芸者置屋に売る　④高校生が学校で同級生をイジメて死亡させる
◆1970年の子どもをめぐる事件◆

1971（昭和46）年……………102
この年の全般的状況　経済の爛熟・退廃、ネズミ講、ドル・ショック、大久保清事件
この年の子どもをめぐる大きな事件　①大阪府豊中市で夫婦が2歳長女を殺害した　②連続強姦殺人事件＝大久保清事件　③箱根町で中3男子が中1女子を殺害した
◆1971年の子どもをめぐる事件◆

1972（昭和47）年……………106
この年の全般的状況　「恥ずかしながら帰国」、日本列島改造論、内申書裁判
この年の子どもをめぐる大きな事件　①東京都千代田区麹町中学校内申書裁判提訴　②東京・中野で小学5年男児が2歳男児を殺害　③宇都宮で母親が2児を置き去りにする　④親に捨てられた中学1年、弟を折檻して死亡させる
◆1972年の子どもをめぐる事件◆

1973（昭和48）年……………110
この年の全般的状況　コインロッカー赤ちゃん殺人事件続発、石油危機
この年の子どもをめぐる大きな事件　①大阪の私立高校教師宅で爆発　②民族学校生徒に対する連続襲撃事件　③茨城県の小学校で6年女児が集団飛び降り自殺
◆1973年の子どもをめぐる事件◆

1974（昭和49）年……………114
この年の全般的状況　小野寛郎帰国、田中金脈事件で首相辞任、中学生連続爆破事件
この年の子どもをめぐる大きな事件　①北九州で中学生が連続爆破事件　②京都で小学5年生が自殺した母の後を追い自殺　③大阪・堺でも爆弾中学生、「ウルトラ山田」　④俳優津川雅彦・朝丘雪路夫妻の赤ちゃん誘拐
◆1974年の子どもをめぐる事件◆

1975（昭和50）年……………118
この年の全般的状況　サイゴン陥落・ベトナム戦争終結、受験競争・乱塾時代
この年の子どもをめぐる大きな事件　①香川で、高校2年の女子が、父に頼まれ殺害　②大阪・岸和田で、3歳児が赤ちゃんを死なす　③女子高校生・女子中学生売春事件
◆1975年の子どもをめぐる事件◆

1976（昭和51）年……………122
この年の全般的状況　ロッキード事件、通帳盗み疑われた中学生自殺事件
この年の子どもをめぐる大きな事件　①東京都板橋区で37歳の父親が2歳の三男を殺害　②横浜で、19歳の母親が、赤ちゃんを死なせる　③教師に犯人と責められた中学生自殺
◆1976年の子どもをめぐる事件◆

1977（昭和52）年……………*127*
　この年の全般的状況　窓際族、安宅産業倒産、家庭内暴力の息子殺害事件
　この年の子どもをめぐる大きな事件　①「妻さがし」番組の出演を断られ赤ちゃん放置　②東大阪で13年間監禁されていた少年を保護　③愛知で中学３年女子４人が手をつないで自殺　④家庭内暴力の高校生を父親が殺害　⑤新潟の中学２年生横田めぐみさん拉致
　◆1977年の子どもをめぐる事件◆

1978（昭和53）年……………*131*
　この年の全般的状況　革新自治体時代の終焉、有事立法、江川事件、中学同級生殺人事件
　この年の子どもをめぐる大きな事件　①滋賀県野洲で、中学同級生殺人事件　②山口県宇部で６歳女児が叔母に誘拐され殺害　③佐渡で曽我ひとみさん、ミヨシさん母子が拉致される　④佐世保の小学生４人が運搬車の中で熱中症死亡
　◆1978年の子どもをめぐる事件◆

1979（昭和54）年……………*136*
　この年の全般的状況　ダグラス・グラマン事件、元号法制化、世田谷の高校生が祖母殺害
　この年の子どもをめぐる大きな事件　①東京・世田谷で、高校生が祖母を殺害　②埼玉・新座で母親が生後直後の女児を死なせ焼く　③大阪で小学６年が強盗殺人犯とされたが冤罪　④静岡で中学２年が厳しく教育した父に反抗、刺殺　⑤在日朝鮮人中学生がイジメられ自殺
　◆1979年の子どもをめぐる事件◆

1980（昭和55）年……………*140*
　この年の全般的状況　ハマコー賭博事件、大平首相急死、金属バット両親殺害事件
　この年の子どもをめぐる大きな事件　①広島で、小学６年が、酒乱で暴行の父を刺死　②大阪・茨木の中学で生徒がシンナー中毒で死亡　③川崎市で２浪の息子が金属バットで両親殺害
　◆1980年の子どもをめぐる事件◆

1981（昭和56）年……………*143*
　この年の全般的状況　ノーパン喫茶、中国残留孤児調査、家庭内暴力の息子を父が殺害
　この年の子どもをめぐる大きな事件　①福岡で母親が娘に手伝わせて５歳の娘を殺害　②家庭内で暴れる子どもを親が殺害する事件が続発　③新宿歌舞伎町ラブホテル殺人事件
　◆1981年の子どもをめぐる事件◆

1982（昭和57）年……………*147*
　この年の全般的状況　教科書問題、中曽根内閣発足、引きこもりの息子を父が殺害
　この年の子どもをめぐる大きな事件　①兵庫で家庭内暴力の兄を弟が殺害　②ひきこもりの高校１年男子が父親を刺殺　③母親が小学１年のわが子に保険金をかけて殺害　④大阪で中学２年が隣の中学校の生徒と決闘し死亡
　◆1982年の子どもをめぐる事件◆

1983（昭和58）年……………*151*
　この年の全般的状況　三海峡封鎖・日本列島不沈空母発言、暴行生徒を教師が刺す
　この年の子どもをめぐる大きな事件　①奈良県で女子高校生３人がシンナー中毒で死亡　②東京で教師が生徒を刺す　③三重の３歳男児水死事件訴訟、世論から取り下げ　④東京で女高生が生んだばかりのわが子を殺害
　◆1983年の子どもをめぐる事件◆

第４期　1984～97年　安定成長・構造転換からバブル経済、そして破綻・長期不況
　鬱屈時代が生み出す残虐不可解殺人、大人社会のイジメが子どもの世界でも

1984（昭和59）年……………*156*
　この年の全般的状況　グリコ・森永脅迫事件、戦後政治の総決算、大阪でイジメ復讐殺人

この年の子どもをめぐる大きな事件　①中学2年男子が「身体障害者」とイジメられ自殺　②中学3年の3人が同級生に油かけ火だるまリンチ　③広島県福山で市会議員の長男が誘拐・殺害される　④千葉・市川、母親が育児放棄で餓死させた　⑤高校生2人による同級生殺害事件
　◆1984年の子どもをめぐる事件◆
1985（昭和60）年…………160
　この年の全般的状況　田中派分裂・角栄入院、日航機事故、教師の体罰で高校生死亡
　この年の子どもをめぐる大きな事件　①教師の体罰で高校生が死亡　②信仰上の理由で輸血拒否の児童が死亡　③暴走族死なせた男性宅に暴走族が連日イヤガラセ　④テレ朝がやらせ、少女グループによるリンチ　⑤久留米の無認可保育園で乳児2人が殺害される
　◆1985年の子どもをめぐる事件◆
1986（昭和61）年…………165
　この年の全般的状況　チェルノブイリ原発事故、中野の中学生がイジメで自殺
　この年の子どもをめぐる大きな事件　①中野の中学生が教師までが荷担したイジメで自殺（鹿川裕史君事件）②千葉県市川市で、高校生リンチ殺人　③大阪で、少年グループがホームレスを襲撃　④17歳が借金まみれの父親に保険金かけて殺害　⑤イジメ訴訟を起こした16歳がホームで襲われる
　◆1986年の子どもをめぐる事件◆
1987（昭和62）年…………170
　この年の全般的状況　国鉄分割民営化、朝日新聞阪神支局襲撃事件、大阪で高校同窓生殺人
　この年の子どもをめぐる大きな事件　①兵庫県の小学校の校内マラソン大会で急死　②大阪・高槻の高校で同窓生殺人　③中学2年女子がイジメで自殺。担任に訴え届かず　④大阪で母親がわが子を殺害し淀川に棄てる
　◆1987年の子どもをめぐる事件◆
1988（昭和63）年…………174
　この年の全般的状況　反核・反原発ニューウエーブ、登校拒否・不登校急増
　この年の子どもをめぐる大きな事件　①岬町で高校生が会社員を線路に突き落とし死亡させる　②名古屋で暴走族がカップルを襲い殺害　③中学3年2人が借金返せないと15歳の先輩刺殺　④中学2年が厳しい両親と祖母を殺害　⑤母が完全な育児放棄、14歳の兄が妹を死なす　⑥大阪・堺で、16歳少女がリンチされて死亡　⑦少年5人が20歳会社員の車を脅し取り焼き殺す
　◆1988年の子どもをめぐる事件◆
1989（平成元）年…………179
　この年の全般的状況　昭和天皇死去、リクルート事件、消費税、ベルリンの壁崩壊
　この年の子どもをめぐる大きな事件　①ピクニックセンターで小学5年女児が殺害される　②埼玉・東京での連続幼女殺害、宮崎勤逮捕　③17歳女子高校生強姦強殺コンクリート詰め事件
　◆1989年の子どもをめぐる事件◆
1990（平成2）年…………183
　この年の全般的状況　バブル経済、本島長崎市長銃撃事件、教師が教え子女児を殺害
　この年の子どもをめぐる大きな事件　①小学校教師が教え子の6年生に淫行、そして絞殺　②福岡県太宰府で17歳少年が小学1年男児を殺害　③足利で4歳女児が殺害される（足利事件）　④神戸の高塚高校で遅刻チェック校門圧死事件
　◆1990年の子どもをめぐる事件◆
1991（平成3）年…………187
　この年の全般的状況　自衛隊海外派兵、佐川急便事件、ソ連消滅、風の子学園事件
　この年の子どもをめぐる大きな事件　①岩手の県立高校で生徒が教師を蹴って死亡させる　②広島・伊佐木島・風の子学園事件　③大阪で女子高校生が戸籍売って報酬もらう　④大

阪・豊中、中3女子生徒がイジメで殺害される
　　◆1991年の子どもをめぐる事件◆
1992（平成4）年……………*192*
　　この年の全般的状況　バブル経済破綻、佐川急便事件、市川経営者一家殺害事件
　　この年の子どもをめぐる大きな事件　①福岡県飯塚市で小学1年の女児2人が殺害される
　　②千葉県市川市で少年が少女の面前で一家を惨殺　③奈良の教師が児童の呪い人形、児童
　　が登校拒否
　　◆1992年の子どもをめぐる事件◆
1993（平成5）年……………*195*
　　この年の全般的状況　金丸信逮捕、細川連立政権発足、山形・新庄中・イジメ殺人事件
　　この年の子どもをめぐる大きな事件　①山形県新庄市の中学校でイジメ殺人事件　②沖縄
　　で17歳少年が58歳男性をはねて焼き殺す　③将棋の森安九段宅で中学1年の長男が母を
　　刺す
　　◆1993年の子どもをめぐる事件◆
1994（平成6）年……………*199*
　　この年の全般的状況　細川首相が佐川疑惑で辞職、松本サリン事件、「悪魔」命名騒動
　　この年の子どもをめぐる大きな事件　①東京の夫婦、我が子に「悪魔」と命名　②千葉県
　　の児童養護施設「恩寵園」で園長が虐待　③大阪・愛知・岐阜連続4人リンチ殺害事件
　　④愛知県西尾市立中学校2年男子がイジメで自殺（大河内清輝君事件）
　　◆1994年の子どもをめぐる事件◆
1995（平成7）年……………*203*
　　この年の全般的状況　阪神淡路大震災、東京地下鉄サリン事件、沖縄米兵少女強姦事件
　　この年の子どもをめぐる大きな事件　①都立高校海洋科新入生シゴキ水死事件　②沖縄で
　　小学生女児が米兵3人に強姦される　③新潟で中学1年男子がイジメで自殺
　　◆1995年の子どもをめぐる事件◆
1996（平成8）年……………*207*
　　この年の全般的状況　自民党が再び政権の座に、社会党凋落、再びイジメが各地で
　　この年の子どもをめぐる大きな事件　①中・高校生のイジメ自殺が、なおも続く　②小・
　　中・高校生の間で覚醒剤中毒事件多発　③東京・足立で59歳男性が5歳幼女殺人未遂　④
　　兵庫県姫路市で母親が7か月の男児に覚醒剤
　　◆1996年の子どもをめぐる事件◆
1997（平成9）年……………*211*
　　この年の全般的状況　消費税引き上げ、景気急減速、金融危機、酒鬼薔薇聖斗事件
　　この年の子どもをめぐる大きな事件　①酒鬼薔薇聖斗事件（中学生による連続殺傷事件）
　　②無職16歳少年が母の焼殺に失敗、自宅に放火　③栃木で中学2年男子がDVの父を殺害
　　◆1997年の子どもをめぐる事件◆

第5期　1998～2010年　バブル破綻不況に、リーマンショックが追い打ち
　生活保護世帯・無職男性・ワーキングプアーの増加と子どもへの虐待・DV問題化

1998（平成10）年……………*216*
　　この年の全般的状況　バブル破綻不況深刻化、金融危機寸前、和歌山毒入りカレー事件
　　この年の子どもをめぐる大きな事件　①堺の中学生がシンナー吸引を止めようと暴行　②
　　中学1年男子生徒が女性教師をナイフで刺殺　③和歌山毒入りカレー事件、高校生、小学
　　生ら4人死亡　④東京・区立中学生徒による偽やせ薬郵送事件
　　◆1998年の子どもをめぐる事件◆
1999（平成11）年……………*220*
　　この年の全般的状況　新ガイドライン安保、国旗・国歌法施行、文京・2歳児殺害事件

この年の子どもをめぐる大きな事件　①パソコン通信で女子高生らの全裸写真がさらされる　②光市で少年が主婦と赤ちゃんを惨殺　③東京・文京の２歳児が誘拐されて殺害　④栃木で少年が監禁され残虐なリンチで死亡　⑤京都市伏見区の小学校で２年男児が殺害された
◆1999年の子どもをめぐる事件◆

2000（平成12）年……………224

この年の全般的状況　バブル破綻深刻化、暴力的債権取り立て、5,400万円奪うイジメ
この年の子どもをめぐる大きな事件　①新潟で小学３年から拉致・監禁されていた女性が保護される　②名古屋の中学３年が5,400万円脅し取られる　③愛知県豊川市で高校３年が主婦を殺害　④西鉄高速バスジャック事件　⑤山口で16歳の少年が母親を金属バットで殺害　⑥広島で６歳男児と４歳男児が同居男になぶり殺された
◆2000年の子どもをめぐる事件◆

2001（平成13）年……………229

この年の全般的状況　小泉純一郎内閣発足、アメリカで同時多発テロ、池田小学校事件
この年の子どもをめぐる大きな事件　①大津の高校生が２人の少年からリンチされ死亡　②尼崎市の小学６年が母を刺して死亡させる　③大教大付属池田小学校で９人の児童が殺害された　④中国道で中学１年女子生徒が車に轢かれて死亡　⑤尼崎市の実母と継父が６歳男児を虐待して殺害
◆2001年の子どもをめぐる事件◆

2002（平成14）年……………235

この年の全般的状況　小泉劇場政治、東村山中学生ホームレス男性殺害事件
この年の子どもをめぐる大きな事件　①中学２年男子３人が55歳ホームレスを暴行して死亡させる　②愛知の児童自立支援施設職員が殺害される　③京都で高２男子２人と無職少年を恐喝で逮捕
◆2002年の子どもをめぐる事件◆

2003（平成15）年……………239

この年の全般的状況　イラク戦争開始、足利銀行破綻、吉川友梨ちゃん行方不明事件
この年の子どもをめぐる大きな事件　①静岡県浜名郡の中学３年男子を恐喝で逮捕　②大阪府熊取町の小学４年吉川友梨ちゃんが行方不明に　③早稲田大学の学生らが女子大生を集団強姦　④長崎で中１男子が４歳幼稚園男児を投げ落とし殺害　⑤22歳夫が偽装結婚がばれるのを恐れ16歳妻を殴り殺害して焼く
◆2003年の子どもをめぐる事件◆

2004（平成16）年……………243

この年の全般的状況　美浜原発事故、米軍ヘリ沖縄国際大墜落、岸和田中３男子虐待事件
この年の子どもをめぐる大きな事件　①大阪・岸和田の中学３年男子虐待事件　②佐世保で小学６年女児が同級生を殺害　③大阪で19歳男性が母親と知人の虐待で餓死　④栃木・小山で４歳と３歳の兄弟が殺害される　⑤奈良市で小学１年女児が誘拐・殺害される
◆2004年の子どもをめぐる事件◆

2005（平成17）年……………247

この年の全般的状況　ＪＲ福知山線事故、郵政解散、学習塾講師が小学６年女児を殺害
この年の子どもをめぐる大きな事件　①和歌山の児童養護施設で女性保育士が性的暴行　②定時制高校１年が両親を殺害　③栃木県今市で小学１年女児が誘拐・殺害される　④京都・宇治の学習塾で６年女児が講師に殺害される
◆2005年の子どもをめぐる事件◆

2006（平成18）年……………250

この年の全般的状況　ライブドア・村上ファンド事件、第１次安倍内閣、教育基本法改悪
この年の子どもをめぐる大きな事件　①秋田・藤里町で母親が娘を殺害し、近所の男児も　②奈良県で高校生が自宅放火、義母・異母弟妹死亡　③埼玉の養護施設で虐待　④札幌で

4歳と3歳女児が同居男の虐待で殺害される　⑤福岡県で中2男子がイジメで自殺、教師が口火（森裕史君事件）　⑥京都・長岡京で3歳男児が虐待・餓死させられる
　◆2006年の子どもをめぐる事件◆

2007（平成19）年……………254
　　この年の全般的状況　世界同時株安、安倍首相辞任、万引き少年コンビニ店員殺害事件
　　この年の子どもをめぐる大きな事件　①会津若松で高3男子が母親を殺害し、首を切断する　②京都府京田辺市で16歳の娘が警察官の父を殺害　③寝屋川市で少年がコンビニで「かごダッシュ」万引き、店員を殺害
　◆2007年の子どもをめぐる事件◆

2008（平成20）年……………257
　　この年の全般的状況　リーマンショック、秋葉原無差別殺人事件
　　この年の子どもをめぐる大きな事件　①奈良で生後4か月の双子を虐待し死傷させる　②19歳の少年が岡山県職員を線路に突き落とし殺害　③秋葉原で無差別殺人、学生5人が殺害される　④青梅市で少年らが知的障害者を集団で襲う
　◆2008年の子どもをめぐる事件◆

2009（平成21）年……………261
　　この年の全般的状況　政権交代と落胆、年越し派遣村、大阪・西淀川・女児虐待殺害遺棄
　　この年の子どもをめぐる大きな事件　①大阪で小4女児が実母と義父の虐待で殺害される　②大阪で高校1年生が他高校の3年を撲殺　③少年が殺害されドラム缶に入れられ遺棄された
　◆2009年の子どもをめぐる事件◆

2010（平成22）年……………264
　　この年の全般的状況　政権交代に国民落胆、大阪・西区で2幼児育児放棄死亡事件
　　この年の子どもをめぐる大きな事件　①少年が元交際相手宅に押し入り、姉らを殺害　②大阪・西区で2幼児が育児放棄され死亡　③沖縄で女子中学生が少年に集団強姦され自殺
　◆2010年の子どもの事件◆

第6期　2011～15年　政権交代幻想の破綻、東北大震災、
　　　　　　　　　　　　　　　　政権は元に戻ったものの新たな不安
　減らない子どもに対する虐待、再び増えているイジメ・不登校、そして引きこもり

2011（平成23）年……………268
　　この年の全般的状況　東日本大震災、福島原発炉心溶融、クレーン車児童の列に突っ込む
　　この年の子どもをめぐる大きな事件　①長岡高専男子学生が女子学生を刺し投げ落とし殺害　②集団登校の小学生の列にクレーン車、6人死亡　③千葉で2歳男児が餓死させられる　④滋賀県大津市の中2男子生徒がイジメを苦に自殺　⑤静岡の磐田西高校生集団万引き事件で校名公表
　◆2011年の子どもをめぐる事件◆

2012（平成24）年……………272
　　この年の全般的状況　自暴自棄国会解散、自民党政権復帰、大阪・桜宮高校体罰自殺事件
　　この年の子どもをめぐる大きな事件　①18歳が無免許・居眠り運転で小学生らを死亡させる　②28歳の母親が10歳の娘を暴行し死亡させる　③大阪駅周辺でホームレス男性が暴行され死亡　④大阪桜宮高校バスケ部主将、教師の体罰で自殺
　◆2012年の子どもをめぐる事件◆

2013（平成25）年……………276
　　この年の全般的状況　アベノミクスと軍国路線、広島少女リンチ殺人事件
　　この年の子どもをめぐる大きな事件　①広島で高2年男子が祖父母を殺害　②広島の少年・少女グループが16歳少女を殺害　③三重県朝日町で15歳の少女が殺害された　④東

京・三鷹で女子高校生が元交際相手に殺害された　⑤福祉施設で19歳の知的障がい者が職員に暴行されて死亡
　◆2013年の子どもをめぐる事件◆

2014（平成26）年……………280
　この年の全般的状況　安倍自民圧勝、9条解釈変更強行、佐世保女子高生同級生殺害事件
　この年の子どもをめぐる大きな事件　①17歳孫による祖父母殺害、母親が命令していた　②佐世保の高校1年女子が同級生を殺害　③無職の18歳少女が3か月の赤ん坊を殺害　④借金苦、強制執行日、母親が中学2年の娘を絞殺　⑤19歳の母親が難病の3歳女児を死亡させる
　◆2014年の子どもをめぐる事件◆

2015（平成27）年……………284
　この年の全般的状況　安倍首相戦争法制推進、名大女子学生知人殺害、岩手でイジメ自殺
　この年の子どもをめぐる大きな事件　①名古屋大学の女子学生が77歳女性を殺害　②川崎市の中1男子が18歳少年らに殺害される　③岩手県矢巾町で中学2年男子がイジメで自殺　④大阪・寝屋川の中学1年同級生男女、45歳の契約社員に殺害される
　◆2015年の子どもをめぐる事件◆

子どもの事件に関する統計資料……………287
　①刑法犯少年の検挙人員と人口比推移　②一般刑法犯（刑法犯から交通事故関係を除いたもの）の検挙人員と人口比推移　③少年による刑法犯検挙人員（罪名別）　④13歳未満の子どもが被害者となった刑法犯罪　⑤子供（13歳未満の者）の被害件数及び罪種別被害状況推移　⑥1年以上居所不明児童・生徒の推移　⑦少年による家庭内暴力認知件数の推移（就学・就労状況別）　⑧いじめ事件　事件数と検挙・補導人員　⑨不登校児童生徒数　⑩高等学校中途退学者数　⑪学校内における暴力行為発生件数の推移　⑫学校内外における暴力行為発生件数の推移　⑬ネットワーク利用犯罪検挙件数　⑭児童生徒の自殺の状況　⑮子供の相対的貧困率　⑯小学生・中学生に対する就学援助の状況

結びにかえて　戦後70年子ども事件小史……………302

第1期　1945〜51年

敗戦による混乱と価値観崩壊、貧困と不足・不満の時代

道徳・倫理の崩壊、
生きんがための犯罪、
夢も希望もない自暴自棄の犯罪

第1期 1945〜51年

1945（昭和20）年

この年の全般的状況 「戦争責任」と「一億総懺悔」、
　　　　　　　　　　戦災孤児、赤ちゃん圧死事件

　8月15日終戦詔書が放送され、9月2日に降伏文書を交わし、戦争が終わり、連合国による占領がはじまって、東条英機らが戦犯として逮捕された。天皇制軍国主義の政治体制と教育は全面的改革を求められたが、東久邇首相は敗戦について天皇に対し「一億総懺悔すべき」などピントはずれのことを言い、辞職を余儀なくされた。教育界でも天皇崇拝・皇国史観・軍国教育を推進してきた官僚や教育者らが追放され、教科書は墨塗りされた。

────────◆この年の主なできごと◆────────

- 8・15　天皇終戦詔勅放送
- 　　26　池田勇人らが占領軍向け売春施設発足（特殊慰安施設協会　46・3・10解散）
- 9・11　GHQ（占領軍）、東条英機ら38人の戦犯逮捕
- 　　15　教科書の天皇崇拝・軍国主義的部分の墨塗り（10・22教育改革指令）
- 10・22　GHQ、軍国主義・国家主義教育禁止
- 12・17　選挙法改正、婦人参政権実現

この年の子どもをめぐる大きな事件

①**戦災孤児〝刈り込み〟**

　戦火で命を失った子どもも多かったが、家や家族を失って戦災孤児になった子どもも多く、駅や繁華街のガード下や焼け崩れたビルなどで生活していた。餓死・凍死する子どももいた一方、生きんがための犯罪も起き、敗戦で過去の価値観のすべてが否定され、モラルも崩壊、親による子どもの虐待・養育放棄事件が頻発、戦災孤児たちの置かれた状況は悲惨で、警察はこうした子どもたちをしばしば捕え、収容施設に送り込んでいたのだった。

②**山手線満員電車で母の背中の乳児が圧死した**

　12月19日、東京・山手線の満員電車で、母に背負われた生後29日の赤ちゃんが圧死する事件が起き、警察は母を過失致死罪で取り調べた。新聞で報道されるや、賛否両論が闘わされた。大人でも死ぬような満員電車に生まれたばかりの赤ちゃんを背負って乗ることが間違いのもとだと叱責する声は多かったが、その後明らかになった母親が抱えていた家庭の事情に同情する

ものも多く、検察は最終的に諸般の情状を酌量して起訴猶予とした。

────────◆1945年の子どもをめぐる事件◆────────

- 9・11 神奈川・大和で、少年が米軍兵舎にしのびこみ、射殺される
- 15 教科書の軍国主義・天皇絶対主義の部分に墨塗り
- 10・8 東京、上野高女の生徒、民主化要求を無視する校長をつるし上げ同盟休校
- 9 静岡の農業高校で暴力をふるう武道教師排斥を要求して同盟休校
- 11 埼玉の農林高校で改革を要求して同盟休校
- 13 東京で少年が米軍倉庫に盗みに入って射殺される
- 18 千葉県香取郡の2つの村の若者同士が乱闘、1人が刺殺され多数が重軽傷
- 29 秋田の師範学校が食糧難で休校
- 11・1 千葉で米軍兵舎に盗みに入った少年グループが逮捕される
- 4 神奈川で少年を含む6人組の強盗が逮捕される
- 5 山形の高校、食糧難で三週間休校（各地でも同様の休校あいつぐ）
- 7 東京で、児童が親に言いつけられて食料品を盗み補導される
- 28 東京で少年6人組が強盗して検挙される
- 12・6 厚生省、ミルクのヤミを止めさせるため、配給切符配布
- 19 満員の買い出し列車で、母の背中の赤ちゃんが圧死
- 22 警視庁、戦後初の青少年街頭補導を実施
- 24 東京で元特攻隊員、予科練崩れの少年グループが強盗、逮捕される
- 27 警視庁、戦争で親と家をなくし路上生活をしている〝戦災孤児〟狩り
  東京・葛飾の農家に元特攻隊員ら13人が押し入り強盗
- 28 東京で少女に暴行した少年グループが逮捕される

第1期
1945
～51年

1946（昭和21）年

この年の全般的状況　天皇「人間宣言」と新憲法公布、
　　　　　　　　　　小平事件、住友令嬢誘拐事件

　この年も終戦処理に追われ、新日本建設とまではいかなかった。米と連合国にとって最大の問題は天皇の戦争責任追及と天皇制の存廃であった。カギは天皇の神格性否定と絶対的権力の剥奪、民主・平和憲法の制定であった。天皇はこの状況を慮り、1月1日「人間宣言」を行って自ら神格性を否定し、幣原首相はマッカーサーとの会談で現憲法の骨格を確認した。食糧難は深刻で餓死者も出て、「米よこせ」のデモが皇居に押し寄せた。

────────◆この年の主なできごと◆────────

1・1　天皇「人間宣言」（4　GHQ、軍国主義者追放、超国家主義団体解散命令）
5・15　文部省、新教育指針
5・19　食糧メーデー
9・9　生活保護法公布
　27　府県制・市制・町村制改正
11・3　明治憲法改正、新憲法公布

この年の子どもをめぐる大きな事件
①**小平義雄による連続強姦殺人事件**
　1946年8月17日、芝増上寺境内で17歳の女性の死体が発見された。3日後、元海軍陸戦隊員小平義雄が逮捕された。敗戦の混乱から食糧や物資の不足は深刻で、みんなが必死になって求めていた。小平は食糧や物資を世話するかのように言葉巧みに騙し、少女を含む40人もの女性を強姦、7人を殺害していたのだった。海軍兵士として中国大陸を転戦する中で略奪・暴行・強姦など日常的に繰り返した結果、〝味〟をおぼえたと取り調べで供述した。
②**住友本家長女が誘拐される**
　9月17日、住友財閥本家、12歳の長女が白百合高等女学校から帰宅途中、警察のものと名乗る人物から「自宅で重大な事件が起きた」と言われ連れ去られる事件が起きた。本家で重大な事件など起きておらず、誘拐とみられ、公開捜査に踏み切ったところ、23日になって岐阜県恵那郡付知町の雑貨店店主の通報で、22歳の男が逮捕され、長女は無事に保護された。遊興費欲しさの犯

行で、この頃、身代金狙いの誘拐事件が頻発していた。

③14歳の三男が父親をナタで殺害

9月25日深夜、島根県中西村で復員間もない元陸軍少佐の父親が就寝中、農林学校1年の14歳の三男にナタで殺害される事件が起きた。親子で学校をめぐって対立が生じた結果である。三男は下宿して中学（旧制）に通っていたのだが、父親から自宅通学ができる農林学校に転校させられていた。父が長らく戦地に赴いていたことが親子断絶をつくったのか、敗戦が親子の絶対的服従関係を根本から崩壊させた結果なのか、議論を呼んだ。

──────◆1946年の子どもをめぐる事件◆──────

1・3　群馬で空腹の母が15歳の娘を殺害して食べる
　　4　東京で土中の不発弾が爆発し少年5人が死亡
　　21　東京で街娼一斉取り締まり（未成年17人検挙、最年少14歳）
2・28　東京で少年ら5人組強盗逮捕
3・12　東京で中学生がニセ札を使い逮捕
　　26　埼玉で、助けられた戦災孤児が、助けてくれた家の赤ちゃんを誘拐
4・13　茨城の女子商業学校、争議で入試を中止
　　29　東京で開催された食糧問題討論会で16歳少女も演説
5・4　神戸で中学生3人と大学生4人をピストル強盗で逮捕
　　23　東京で工業学校の生徒が東欧に反対してデモ
　　27　東京の国民学校生徒兄弟、母に強要され盗み、逮捕
6・9　秋田で18歳の少年が米軍倉庫に盗みに入り射殺される
　　10　兵庫で17歳の少年らのグループが列車を止め、貨物の日用品を盗んで逮捕
　　27　島根で16歳の少女が37歳の叔父と隣家の女性を殺害
7・11　東京で18歳の少年が幼友だちの医師宅に盗みに入り逮捕
　　12　東京で38人の不良少女グループ検挙
8・9　東京で17歳少年が首謀の自転車窃盗団逮捕
　　12　東京で17歳の少女が強姦・殺害されているのが発見された（小平事件）
　　20　東京で小平義雄逮捕（40件の強姦、うち7人を殺害）
9・7　横浜で18歳の息子が親子げんかで48歳の母親を殺害
　　8　東京・銀座の書籍美術販売の三昧堂、万引きに負け廃業
　　16　広島で19歳の無職少年が母と妹を殺害
　　17　住友財閥の長女、誘拐される
10・4　大阪駅前で16歳少年グループが寝ていた男性に火をつけ現金奪う
　　8　茨城で貧困で娘を売春させざるを得なくなって一家心中
　　9　全国一斉不良少年少女検挙・補導（23,959人）

第1期 1945〜51年	
18	栃木、街娼に堕ちた娘を恥じ、母親が娘と無理心中
11・6	東京で高校生がヤミ商売のもつれで大学生を射殺
23	栃木で、少年50人を工事現場に売り飛ばした男を逮捕
27	姫路少年拘置所から8人が脱走し警察官を殺害
12・11	北海道の国民学校生徒が校長の退陣を要求して同盟休校

日本国憲法（抜粋）　（昭和21年11月3日公布）

第3章　国民の権利及び義務

第11条　国民は、すべての基本的人権の享有を妨げられない。この憲法が国民に保障する基本的人権は、侵すことのできない永久の権利として、現在及び将来の国民に与へられる。

第13条　すべて国民は、個人として尊重される。生命、自由及び幸福追求に対する国民の権利については、公共の福祉に反しない限り、立法その他の国政の上で、最大の尊重を必要とする。

第14条　すべて国民は、法の下に平等であつて、人種、信条、性別、社会的身分又は門地により、政治的、経済的又は社会的関係において、差別されない。

第15条　公務員を選定し、及びこれを罷免することは、国民固有の権利である。

第16条　何人も、損害の救済、公務員の罷免、法律、命令又は規則の制定、廃止又は改正その他の事項に関し、平穏に請願する権利を有し、何人も、かかる請願をしたためにいかなる差別待遇も受けない。

第19条　思想及び良心の自由は、これを侵してはならない。

第20条　信教の自由は、何人に対してもこれを保障する。いかなる宗教団体も、国から特権を受け、又は政治上の権力を行使してはならない。

第21条　集会、結社及び言論、出版その他一切の表現の自由は、これを保障する。

第23条　学問の自由は、これを保障する。

第24条　婚姻は、両性の合意のみに基いて成立し、夫婦が同等の権利を有することを基本として、相互の協力により、維持されなければならない。

第25条　①すべて国民は、健康で文化的な最低限度の生活を営む権利を有する。
　　　　②国は、すべての生活部面について、社会福祉、社会保障及び公衆衛生の向上及び増進に努めなければならない。

第26条　①すべて国民は、法律の定めるところにより、その能力に応じて、ひとしく教育を受ける権利を有する。
　　　　②すべて国民は、法律の定めるところにより、その保護する子女に普通教育を受けさせる義務を負ふ。義務教育は、これを無償とする。

第27条　①すべて国民は、勤労の権利を有し、義務を負ふ。
　　　　②賃金、就業時間、休息その他の勤労条件に関する基準は、法律でこれを定める
　　　　③児童は、これを酷使してはならない。

1947（昭和22）年

この年の全般的状況　　2・1スト中止命令、6・3制スタート、
〝少年小平〟事件

　敗戦による混乱は依然として続き、食糧や物資の不足は解消されず、さらにハイパーインフレで物価は高騰、国民生活の困窮はむしろ一段と深刻になっていた。「民主化」のもとで息を吹き返した労働運動は年明け早々から2月1日に一大ゼネストに発展する様相を示していたが、連合国軍最高司令官マッカーサーは1月31日、これを中止させた。3月になって教育基本法と学校教育法が公布され6・3制が発足、12月には児童福祉法も公布された。

————————◆この年の主なできごと◆————————

- 1・31　占領軍、2・1ゼネストの中止命令
- 3・31　教育基本法・学校教育法公布（6・3制スタート）
- 5・3　日本国憲法、地方自治法施行（8・2文部省「あたらしい憲法のはなし」配布）
- 7・5　NHKラジオドラマ「鐘の鳴る丘」放送開始
- 12・12　児童福祉法公布（22民法改正・家父長制度など旧家族制度解体）

この年の子どもをめぐる注目事件

①小学5、6年の4人組が盗みで捕らえられる

　2月7日午後、東京の松坂屋で、小学5、6年の4人組が万引きで捕まった。取り調べの中で、4人組は学校をさぼってはあちこちで万引き、置き引き、かっぱらいなどを働いていたことを供述した。日本橋の三越や近くの貴金属店などでは、何万もするアクセサリーなどを盗み、闇市の露天商などに売って飲み食いしていたのだった。敗戦の混乱と生活苦でモラルが崩壊して犯罪が多発していたが、それが子どもにも及んでいたのだった。

②大阪に〝少年・小平〟

　9月19日午前0時頃、大阪・高槻で1人の挙動不審な少年が職務質問を受けた。同市内に住む17歳であることがわかったが、その30分ほど前に帰宅途中の女性を襲って強姦しようとしたが、騒がれたので殺したことを自供した。さらに取り調べの中で、2件の殺人、10数件の強姦を自供した。巷間では前年の東京での小平事件の記憶がまだまだ生々しく、もちろんそれを真似た犯罪だっただけに、〝少年小平事件〟と騒がれたのだった。

第1期 1945～51年

◆1947年の子どもをめぐる事件◆

- 1・14　東京で17歳少女が両親を困らせようと放火
- 2・3　静岡市の雑貨商宅に少年2人組が押し入り一家全員を殺害し金品奪う
- 　7　東京で小学生2人をふくむ少年4人組
- 3・25　東京・銀座で非行少年一斉補導、63人検挙
- 5・23　兵庫・赤穂郡で2少年が農家に押し入り夫婦を殺害し金品奪う
- 　29　東京で少年を含む4人組強盗が運転手を射殺、車を奪う
- 6・6　東京で学生7人組のピストル強盗
- 　22　名古屋で無職少年5人組が民家に押し入り女性2人を殺害し金品奪う
- 7・12　東京で少女が裸になって同情の詐欺
- 8・17　東京で若者グループが米兵とつきあう少女に恥さらしと強姦
- 　20　京都市で観光の名古屋の少年がピストル強盗
- 　22　大阪・北河内で少年13人が少女を強姦
- 9・19　大阪・高槻で小平事件をマネた少年による強姦・強盗殺人
- 　25　東京で少年3人組が戦災孤児をスリにしてピンハネ
- 10・10　東京で少年が幼稚園児から弁当を奪う事件が多発
- 　15　東京で17歳の少年が妹にたらふくご飯を食べさせたやりたいと詐欺
- 11・1　愛知・瀬戸市の高等女学校教師が特定の生徒に試験問題を教え解雇に
- 　4　愛知・瀬戸市の高等女学校教師と生徒が家出・心中
- 　11　京都市で修学旅行に来ていた名古屋の中学生が広島の中学生を殺害
- 　14　大阪で4歳姉が生後2か月妹に馬乗りになって死なせ、母が過失致死送検
- 　29　東京で19歳の少女が空き巣で25万円窃盗
- 12・2　名古屋で17歳の少年が父親と争って殺害
- 　20　大阪で東条英機の甥ら4人組が材木商に強盗
- 　23　富山・高岡で17歳少年2人組が工場に強盗、宿直の16歳少年を殺害
- 　24　東京で予科練くずれが辻強盗

1948（昭和23）年

この年の全般的状況　**昭電疑獄、新制高校スタート、寿産院乳児169人殺害遺棄事件**

　敗戦から3年、産業・経済の再建・復興が最大の課題だった。傾斜生産方式がとられ、肥料・石炭・鉄鋼に重点が置かれた。民間資金が枯渇する中、復興金融公庫が設立されたが、経営者たちはこの資金を獲得するため政界工作を行った。昭和電工は、時の大蔵省主計局長福田赳夫、民自党顧問大野伴睦、経済安定本部長官栗栖赳夫、前国務大臣西尾末広らに金品を贈り、疑獄事件となったのだった。新制高校と定時制高校がスタートした。

――――◆この年の主なできごと◆――――

- 4・1　新制高校・新定時制高校発足、新制大学認可
- 5・12　厚生省母子手帳配布（7・13優生保護法公布・妊娠中絶の緩和）
- 　　15　教育委員会法公布
- 9・18　全学連（全日本学生自治会総連合）結成
- 11・12　極東国際軍事裁判、25被告に有罪判決（12・23　東条英機らA級戦犯7人絞首刑執行）

この年の子どもをめぐる大きな事件

①新宿榎町・寿産院・乳児169人殺害遺棄事件

　この年の1月12日早朝、新宿榎町で葬儀屋が職務質問された。葬儀屋は5人の乳児の遺体を運んでいた。どこから、なぜこんなにたくさんの乳児の遺体を運んでいるのか質問され、同町の民間乳幼児預かり施設と称する寿産院から頼まれたと答えたことから、不審に思った警察が調べたところ、敗戦直後から169人の乳児を預かっては死なせ、預かり料と乳幼児に配給されるミルクや砂糖を横流して儲けていたことが明らかになった。

②和歌山県で18歳が近くの主婦と長男を殺害

　2月5日深夜、和歌山県日高郡で、18歳の少年が近くの民家に押し入り、41歳の主婦と12歳の長男を殺害し、金品を奪ったが逮捕された。少年は元少年航空兵だった。戦後は技能専修学校で木工を学んだが、定職に就かず遊び回っていた。遊んでいるところをこの主婦が見かけ、少年の両親に話したため、それで両親から叱られたことを恨んで凶行に及び、遊興のカネも欲しかったので金品を奪ったのだった。1年後、死刑判決が下った。

第1期 1945〜51年

③鎌倉で14歳の少年が隣家の3歳女児を殺害

　3月20日午後、鎌倉市で少年が隣家の3歳女児を、自宅で絞殺した。その後、さらに頸動脈を切り、大人の犯罪に見せるためとして、全裸にして全身に切り傷を付け、遺体に刃物で字を書いたりした。女児が行方不明になって騒ぎが起きるなか、逃走しようとしたところを逮捕されたが、少年は犯罪に興味を持っていて、この事件の前には猫を殺して解剖したりしていた。この日、たまたま3歳女児が自宅に遊びに来たため、殺害したのだった。

────────◆1948年の子どもをめぐる事件◆────────

- 1・4　東京で2人の生徒が正月の退屈しのぎと放火
- 　12　佐賀で小学6年が近所に強盗に入り、子どもの顔を切る
- 　15　東京で預かっていた乳児103人を殺した私設乳児施設夫婦逮捕
- 3・22　神奈川で16歳の少年が3歳幼女を殺害
- 4・4　埼玉で夫に絶望した妻が3人の子どもを殺害し、自殺しようとしたが失敗
- 　12　東京で子ども3人に泥棒させ母親が売りさばき逮捕
- 5・18　東京で高校2年生が鉄道ストでも登校すると父親とケンカして殺害
- 　28　東京で小学生兄弟が野球道具ほしさに窃盗
- 6・8　東京・上野地下道などで路上生活の少年少女を収容活動
- 7・16　東京で母親が生活苦から乳児を殺害
- 8・2　東京で両親が盗みをした子どもを折檻して死亡させる
- 9・28　東京で少年をこき使う悪質露天商逮捕
- 10・1　茨城県、年少者不良化防止条例制定（夜10時以降、少年の1人歩き禁止など）
- 　22　東京で中学2年の野球監督がエラーした少年からカネを脅し取る
- 　27　山形で高校教師が書籍を万引きして逮捕される
- 11・13　東京で高校生中心の29名のグループ、1,500万円窃盗で逮捕
- 　22　東京で16歳の少年が洋服ほしさに隣人を青酸カリで殺害
- 12・6　福岡で15歳の少女が一家7人の毒殺をはかる
- 　15　東京で祖母が、生活苦から孫を殺害

1949（昭和24）年

この年の全般的状況　**不可解な国鉄3大事件、**
　　　　　　　　　　　　　イールズ赤色教員追放演説

　東西冷戦の激化とともに憲法9条を空洞化し、再軍備の動きが強まりはじめた。1月の総選挙で共産党が4議席から35議席に躍進すると、占領軍と政府は危機感を強め、下山・松川・三鷹の国鉄3大事件のような不可解な事件が起きた。10月1日中華人民共和国が成立、朝鮮において南北内戦が激化するにつれ、公然と共産党や労働運動、朝鮮人の運動を抑え込もうとし、GHQ民間情報教育局顧問のイールズが赤色教員追放を公然と叫びだした。

――――――◆この年の主なできごと◆――――――

1・12　教育公務員特例法公布（労働基本権奪う）
5・8　初の「母の日」
6・10　社会教育法公布
7・5　下山事件、7・15三鷹事件、8・17松川事件（7・15レッド・パージ始まる）
10・20　『きけわだつみの声』発刊

この年の子どもをめぐる大きな事件
①小学6年女児10数人による同級生リンチ

　福島県下の小学校で、6年生女児が同学年女児10数名によって裸にされて殴る蹴るの暴行を受け、重傷を負う事件があった。調べてみると、この女児だけではなく、何人もの女児が同様に暴行されていたことが明らかになった。暴行の中心になった女児は、金持ちや気の弱い女児を狙って脅し、金品を巻き上げていたのだが、抵抗したり、金品を持ってこないと集団暴行していたのだった。現在に至るイジメの原型のような事件だった。

②小田原の18歳が隣の銭湯一家を皆殺し

　9月14日午前1時頃、小田原市の銭湯に隣家の無職の18歳男子が押し入り、48歳の主人、43歳の妻、81歳の母親、19歳の長女をナタでメッタ打ちし、7歳の次女、4歳の長男は包丁で刺して殺害した。ノゾキができないようにされたことに対する逆恨みだった。死刑判決が下ったが、サンフランシスコ講和条約締結による恩赦で無期に減刑され、70年に出所したが、仲良くなった女子中学生2人をメッタ刺しにして刑務所に舞い戻った。

第1期 1945〜51年

③綾部で高校生が一家3人を殺害し、現金を奪った

　12月14日、京都府物部村（現綾部市）の会社員宅で、会社員の妻と15歳の長女、11歳の次女の3人が殺害され、3,000円と腕時計などが奪われる事件が起きた。年が明けた1月5日、近くの長期欠席中の17歳の男子高校生が逮捕された。高校生は自宅で近所の寄り合いが開かれ、会社員宅には父親がいないことを確認しての犯行だった。高校生はものごころがついた頃から犯罪に興味を持ち、中学生のときには万引きで補導されていた。

◆1949年の子どもをめぐる事件◆

1・8　長野・上田のタバコ屋に19歳の少年が押し入り女性2人を殺害し金品奪う
　29　東京で中学3年の男子2人、連続放火で逮捕
2・12　福島・郡山市で18歳無職少年が知り合いの市職員宅に強盗、妻を殺害
3・3　警視庁、万引きした中・高生30人、小学生21人を逮捕・補導
　8　福島・平市で県立高校生と県立工業高校生とが乱闘
　12　東京の少年院で放火して66人が脱走
4・15　東京で少年2人組が強盗・殺人
　26　東京で小学5年生がリーダーの窃盗団補導
5・12　大阪で女子薬科専門学校生徒が医者を脅迫
　25　東京で菓子店に泥棒に入った中学生49人を逮捕・補導
6・10　茨城・真壁郡で14歳の子守の少女が3歳女児を窒息死させたが、余罪も発覚
　27　青森・弘前市で中学生8人が製氷会社で遊び、アンモニア爆発させ全員死亡
8・23　東京で中学3年が白昼に自動車強盗
9・4　鳥取・西伯郡の小学校長宅で妻と長女が殺害されたが、校長の偽装
　5　札幌で19歳の無職少年が知人宅に押し入り、知人と母親を殺害し金品奪う
　14　神奈川・小田原で18歳が隣の銭湯一家を殺害、ノゾキを叱られ
　27　神奈川で中学生がラジオ組み立て材料ほしさに盗み
10・1　長野・南安曇郡で19歳、17歳の2人組が農家に押し入り一家4人惨殺
　3　東京で17歳の少年が子どもトバクを開帳、逮捕
　15　東京で16歳の少年が24人の女性を暴行強姦
11・1　警察庁発表、全国に不良少年グループが675
　　問題を起こして児童相談所に送られた少年の6割がヒロポンを経験
　11　福島で小学6年女児が12人を手下にして同級生を裸にしてリンチ
　30　東京で軍隊組織をまねた少年窃盗団72人を検挙

1950（昭和25）年

この年の全般的状況　**朝鮮戦争の勃発、少女9人人身売買事件**

6月25日、朝鮮戦争が勃発した。日本は1910年、韓国を植民地としたが、敗戦とともに独立、統一国家をつくろうとしたが、社会主義勢力の朝鮮民主主義人民共和国と資本主義勢力の大韓民国にわかれて内戦状態に入り、同じ民族同士で激しく闘いあうこととなり、全体が社会主義化することを嫌った米が軍事介入し、東西冷戦から国際戦争に発展したのだった。連合国は、日本に自衛隊の前身である警察予備隊をつくらせた。

─────◆この年の主なできごと◆─────

- 1・1　占領軍司令官マッカーサー、日本の自衛権強調、再軍備示唆
- 6・2　警視庁、東京都内での集会・デモ禁止（25　国警本部、全国で集会・デモ禁止）
-   25　朝鮮戦争勃発
- 9・1　政府、公務員・教員のレッドパージ決定
- 11・10　政府、旧軍人の追放解除

この年の子どもをめぐる大きな事件
①25歳の男が少女9人を売り飛ばしていた

2月11日、東京・足立区内の25歳の男が児童福祉法違反で逮捕された。少女9人を熱海温泉の特殊飲食店街に売り飛ばし、売春させていたのであった。この男に、いい働き口があると誘われていったところが売春だったので、少女の1人が話が違うと警察に駆け込んだ結果、事件が明るみに出たのだったが、残りの少女たちはさらに吉原に転売され売春させられていた。男は起訴されたが、わずか罰金7千円、これでいいのかという声が上がった。

②東京で19歳の少年が連続殺人で逮捕された

5月4日、東京で19歳無職少年がカップル女性ばかりを連続殺害した容疑で逮捕された。2月15日に品川で38歳人妻、3月9日に目黒で30歳店員、同22日には渋谷で慶大医学部学生とデートしていた店員を殺害したのだった。当初、警察は別人を逮捕・起訴する失態を犯していたのだが、5月にこの少年が「女性が苦しむのを見て興奮して殺した」として逮捕され、取り調べで他にも未遂事件があったが、裁判では心神喪失で無罪となった。

第1期 1945〜51年

③10歳の姉が2歳の弟を川に投げ込み死なせた

11月19日、石川県鳳至郡で2歳男児が行方不明になった。警察がその家の10歳の姉から事情を聞いたところ、お腹がすいたとか、いろいろ言って泣くので、腹が立って川に投げ込んだと話したのだった。12月22日になって溺死体が発見されたのだが、両親ともに出稼ぎに出て、この幼い姉が親代わりだった。いくらしっかりしていても10歳の姉が2歳の弟の面倒をみることは不可能である。貧しさ故に起きた事件で、何ともやるせない。

────────◆1950年の子どもをめぐる事件◆────────

1・11　滋賀・甲賀郡で18歳少女が生んだばかりの長男を絞殺し埋めて逮捕
2・ 3　兵庫・伊丹市の県立伊丹高校で3年生10数人が2年生をリンチ
2・ 4　兵庫・有馬温泉で明星高校1年生（17）と私立女子高校3年生（17）が睡眠薬心中未遂
2・10　東京・墨田区の小学校4年生の同級30人の万引きグループが逮捕される
2・20　宮城・玉造郡で中学2年生が果物屋に押し入り主人を殺害、窃盗常習
3・20　静岡・田方郡の自宅で無職の17歳長男が母・祖父・弟を青酸カリで殺害
4・26　仙台市の鮮魚店に16歳と18歳が押し入り、一家を殺害し金品を奪う
4・30　群馬・高崎市の小学校教師が教え子の少女を連れ出しアドルム心中未遂
5・ 4　東京でカップル女性ばかりを狙って殺害の少年逮捕
6・14　大阪・大正区で小学6年がキャッチボールで67歳の女性を失明させる
6・30　滋賀・甲賀郡で少年3人が民家に押し入り女性を殺害、金品を奪う
7・10　東京・台東区で高校2年が幼女6人に強制猥褻傷害を繰り返して逮捕
7・18　広島市で19歳が衣料品店主とガラス商を青酸カリで殺害
7・30　広島・呉市の運送業宅で17歳の見習いが一家殺害未遂、孤児でこき使われ
8・ 9　東京で女子陸上選手3名、全国大会に来て万引
8・29　東京で競輪熱中の少年30人が検挙される
8・31　茨城・真壁郡で高校2年生が飲食代のトラブルで殺害される
9・ 1　横浜市の鶴見川で魚釣りの10歳がケンカして6歳を突き落とし溺死させる
9・10　東京・中野区の高校1年生が4月から小中学校4校に放火して逮捕される
9・11　神奈川で競馬熱中の少年23人逮捕
10・ 3　東京・港区のラジオ修理業夫婦が殺害され、19歳の元従業員が逮捕される
10・ 5　千葉商業高校で2年生が同級生を刺して殺害。教科書を貸せ貸さぬで口論
10・ 6　神奈川県で高校生3人、共同募金山分けして逮捕
10・20　滋賀・琵琶湖展望台で修学旅行の早稲田実業と高知農業高校生が乱闘
10・22　高知県から家出の17歳少女、ストリッパーに
　　　　神奈川県で修学旅行の大阪の女高生10数人が泥酔、保護される

11・ 1　三重・度会郡の河原で30歳の母親が2児を絞殺
11・ 2　奈良・生駒郡で18歳の貯金局職員が寺に押し入り尼僧を絞殺、現金強奪
11・ 4　神戸市の派出所で中学2年がピストルを奪い巡査を射殺
11・19　石川県で2歳男児が行方不明になったが、親代りの10歳の姉が困って川に突き落とし死亡させていた
12・12　名古屋市で県立高校2年生が隣家に押し入り、一家皆殺しを図ったが未遂
12・22　大阪市の自宅で18歳の娘が41歳の酒乱の父を殺害
12・27　愛知・岡崎市で、17歳少女が出産、すぐに溝に捨てて死亡させる

児童憲章　制定日：昭和26年5月5日

われらは、日本国憲法の精神にしたがい、児童に対する正しい観念を確立し、すべての児童の幸福をはかるために、この憲章を定める。

児童は、人として尊ばれる。
児童は、社会の一員として重んぜられる。
児童は、よい環境の中で育てられる。

一　すべての児童は、心身ともに健やかにうまれ、育てられ、その生活を保障される。
二　すべての児童は、家庭で、正しい愛情と知識と技術をもって育てられ、家庭に恵まれない児童には、これにかわる環境が与えられる。
三　すべての児童は、適当な栄養と住居と被服が与えられ、また、疾病と災害からまもられる。
四　すべての児童は、個性と能力に応じて教育され、社会の一員としての責任を自主的に果たすように、みちびかれる。
五　すべての児童は、自然を愛し、科学と芸術を尊ぶように、みちびかれ、また、道徳的心情がつちかわれる。
六　すべての児童は、就学のみちを確保され、また、十分に整つた教育の施設を用意される。
七　すべての児童は、職業指導を受ける機会が与えられる。
八　すべての児童は、その労働において、心身の発育が阻害されず、教育を受ける機会が失われず、また、児童としての生活がさまたげられないように、十分に保護される。
九　すべての児童は、よい遊び場と文化財を用意され、悪い環境からまもられる。
十　すべての児童は、虐待・酷使・放任その他不当な取扱からまもられる。あやまちをおかした児童は、適切に保護指導される。
十一　すべての児童は、身体が不自由な場合、または精神の機能が不充分な場合に、適切な治療と教育と保護が与えられる。
十二　すべての児童は、愛とまことによつて結ばれ、よい国民として人類の平和と文化貢献するように、みちびかれる。

1951（昭和26）年

この年の全般的状況　**朝鮮戦争特需と旧軍人たちの公職追放全面解除、女優甥誘拐事件**

朝鮮で同じ民族同士が激しく闘いあい、全土が火の海となっている時、日本経済はその戦争特需に沸き、なかなか復旧・復興から回復のきっかけをつかめなかったものが、一気に成長軌道に乗っていったのだった。米は日本までもが社会主義化することに対する危機感から、憲法9条を骨抜きにし日本の再軍備をすすめるとともに、旧軍人たちの公職追放を全面的に解除する一方で、共産党や労組の活動制限、レッドパージを行ったのだった。

◆この年の主なできごと◆

1・24　日教組「教え子を再び戦場に送るな」方針決定
2・8　文部省、道徳教育振興方策発表
3・8　占領軍、国際婦人デー禁止
4・1　手塚治虫「鉄腕アトム」連載開始
11・12　京大生、訪問の天皇に戦争責任などについて公開質問状

この年の子どもをめぐる大きな事件

①息子に瀕死の重傷を負わせた父親を逮捕

2月18日、東京で26歳の父親が逮捕された。5歳の息子への虐待と殺人未遂容疑であった。父親は元暴力団員で働かず、いつも妻に暴力を振るっていて、1年前に家を出ていた。妻が家を出てからは、この息子にいつも暴力を振るい、それだけではなく食事を十分に与えず、病気やケガをしても病院につれていかず放置していた。この日も息子は暴力を振るわれ、路上で倒れていたところを近所の人に発見され、一命を取り留めたのだった。

②有名女優の甥が誘拐される

4月2日、女優三条美紀の甥の7歳男児が誘拐され、100万円の身代金を要求されていたが、無事救出された。この頃、小説や映画の題材として取り上げられることがあったからか、誘拐はうまくやれば手っ取り早く大金を手に入れることができると思われていて、あいかわらず社長や俳優の子どもが狙われていた。この頃には、ようやく警察も組織体制や通信連絡手段が整備されてきていたので、無事救出できたのだった。

③大阪・北野高校で女子高校生が殺害される

9月10日夜、大阪市東淀川区の府立北野高校3階教室で、夜間部1年の女子生徒が殴り殺されているのが発見された。警察が調べたところ、前日に府立の4高校の対抗競技大会が開かれていたのだが、そこに参加していた高津高校夜間部男子生徒の犯行とわかった。屋上に上がることは禁止されていたのだが、この男子生徒が上がろうとしていたのを女子生徒が注意したところ、かっとなって暴行、死なせてしまったということだった。

────────◆1951年の子どもをめぐる事件◆────────

1・3	埼玉・川口市で中学3年2人が飲酒、同級女子を呼び出し強姦、22日逮捕
1・6	東京・世田谷の旅館で高校1年が男娼を刺殺。女と思っていたのに
1・11	埼玉・入間郡で30歳の父親が7歳の長男を虐待、長男は家出中に餓死・凍死
2・18	東京都で26歳の父が妻に逃げられ、5歳の長男を虐待して殺人未遂で逮捕
2・18	東京・北区の中学3年2人が伝書鳩を盗み逮捕
2・19	埼玉・春日部で高校3年が小学生を空気銃で撃ち眼球が飛び出す重傷を負わせる
3・14	東京・保谷町の小学教師が教え子20人以上にいたずら、児童が同盟休校
3・17	埼玉・所沢で中学2年が小学4年をナイフで殺害、道を譲れで喧嘩
3・28	東京・足立区で19歳無職女性が産んだばかりの赤ちゃんを殺害
4・1	群馬・高崎市で高校1年生が兄の巡査のピストルで自殺、太宰治の影響
4・2	女優三条美紀の甥7歳男児が誘拐され身代金を要求されていたが無事救出
4・4	山梨・甲府市で中学生の男女19人が不純異性交遊で補導
4・7	埼玉県警が未成年者喫煙で一斉補導、小学生2,015人、中学生1,573人
4・15	神戸市の小学校校庭で6年が空気銃で友人を撃ち2週間のケガさせる
4・20	神戸のレコード店で高校3年2人が偽造注文書で電蓄やレコード詐取
5・27	長野県の中央児童相談所で主席知能鑑別係が少女100人以上に猥褻行為
5・28	奈良公園で長野県の実業高校生6人が山梨の高校生4人相手に強盗
6・6	神戸の洋菓子店で16歳の店員が放火、売り上げ金横領かくすため
6・21	東京・杉並区の路上でケンカし音楽学校1年が高校3年をナイフで刺す
6・24	兵庫・有馬郡の県立高校1年の3人が書籍など万引きで逮捕
7・23	長野・北安曇郡の農家で16歳の長男が母親とケンカして自宅に放火
7・27	東京・杉並の小学生4人組を補導。教室や近くの店などに放火していた
8・5	神戸で17歳無職少年が小学1年女児にイタズラ、殺害して池に。他にも3件
9・9	大阪府立北野高校で別の夜間高校生がこの学校の1年女子生徒を殺害
9・10	神奈川県の駐在所で少年2人が巡査を意識不明にして拳銃強奪、強盗3件
9・12	栃木・下都賀郡で中学3年女子と23歳の教師が家出、服毒心中
9・25	岡山・津山市で県立高校2年が同級生を刺殺して逮捕、悪口を言われて

第1期
1945
～51年

9・30　三重・松阪市で中学3年が進路でもめ母親の頭を殴って重体にした
11・5　東京都立大学付属高校で生徒が記念祭打ち上げで酒盛り、2年生転落死亡
11・14　北海道で高校1年生がソ連へ密航図り失敗、逮捕
11・20　東京・新宿区の私立高校に高校3年2人が侵入、事務員を脅して金品を奪う
11・23　北海道虻田郡の自宅で19歳の娘が赤ちゃんを産み、母と共謀して殺害
11・24　東京・渋谷の富士見丘高校で教師が空気銃を撃ち1年女子の左目に当たる
12・1　北海道亀田郡の中学3年が万引きで逮捕されたが、同級の50数人も万引き
12・4　新潟・岩船郡で中学2年が35歳の主婦を惨殺、逃亡中に逮捕
12・3　東京・杉並区で明大、日大、法大の6人が万引きで逮捕
12・12　長野県で5歳男児が近くの3歳児を猟銃で射殺。父が過失致死で取り調べ
12・12　長野県の中学で2年生がノックしていて、小学3年の頭を打って死なせた
12・20　東京都で子どもパチンコ屋

児童福祉法　抜粋　（昭和二十二年十二月十二日法律第百六十四号）

第一条　①すべて国民は、児童が心身ともに健やかに生まれ、且つ、育成されるよう努めなければならない。
　　　　②すべて児童は、ひとしくその生活を保障され、愛護されなければならない。
第二条　国及び地方公共団体は、児童の保護者とともに、児童を心身ともに健やかに育成する責任を負う。
第四条　この法律で児童とは満十八歳に満たない者をいい、児童を左のように分ける。
　一　乳児　満一歳に満たない者
　二　幼児　満一歳から、小学校就学の始期に達するまでの者
　三　少年　小学校就学の始期から、満十八歳に達するまでの者
第六条　この法律で、保護者とは、親権を行う者、未成年後見人その他の者で、児童を現に監護する者をいう。
第十二条　①都道府県は、児童相談所を設置しなければならない。
　　　　②児童相談所は、児童の福祉に関する業務並びに障害者の日常生活及び社会生活を総合的に支援するための業務を行う。
　　　　③児童相談所は、必要に応じ巡回して、前項に規定する業務を行うことができる。

第2期　1952〜64年

復興から経済成長、
渇望から欲望の実現と不満の爆発

練鑑ブルースから暴力教室、
カミナリ族から暴走族へ、
不良少年が非行少年に

1952（昭和27）年

第2期
1952
〜64年

この年の全般的状況　**単独講和・日米安保、**
　　　　　　　　　　選挙違反告発女子高校生一家村八分事件

　4月28日、日本は米を中心とする国々と講和条約、米とは安全保障条約を結んだ。ソ連、中国は加わらなかったことから単独講和であったが、政府は一応終戦処理と連合国による占領が終わり、これで日米同盟関係を軸にして国際社会に復帰できると、戦争責任や本当の意味で戦後処理を忘れてお祝いムード一色にした。「忘却とは忘れ去ることなり」というナレーションの連続ラジオ・ドラマ「君の名は」がたいへんな人気だった。

──────◆この年の主なできごと◆──────

3・8　　占領軍、日本に兵器製造許可
4・10　　NHKラジオドラマ「君の名は」放送開始
4・28　　対日講和条約、日米安保条約発効
5・1　　血のメーデー事件
5・17　　日本子どもを守る会発足（会長　長田新）
7・21　　破壊活動防止法公布

この年の子どもをめぐる大きな事件
①中学校教頭が3年生徒を妊娠させた
　1月10日、千葉県東葛飾郡のある村で、中学3年女生徒が子どもを産んだ。驚いた両親が相手は誰か聞いたところ教頭だというのだった。早速、両親は校長とともに教頭に問いただしたところ否定したが、別途調べたところこの女生徒以外にも数人に淫行していたことがわかった。以前から、この教頭についてはよからぬウワサがあって、村長が校長や教育委員長らに注意していたのだが、真剣に対応しなかった。告発は事実だったのだ。
②門司で53歳男性が3人の子どもを連続して殺害
　5月22日、53歳の男性が誘拐と殺人で逮捕された。4月21日に5歳男児、5月13日に小学2年女児、5月19日には5歳男児を連れ去り、帰りたいと騒がれたからといって、3人とも石などで顔と頭をめった打ちにして殺害、全裸にして近くの肥溜めに遺棄していた。もともと粗暴で兵隊として中国に出征していた時には、毎日のように中国人を殺していたと自慢していたのだが、一方では小児性愛で最後は残虐にも殺害してしまうのだった。

③選挙違反を告発した女高生一家を村八分

5月、静岡県で参議院補欠選挙が実施されたが、富士郡上野村で有力者が棄権者の入場券を集め、それを使って同一人物が有力者が推す候補者に何度も投票するという選挙違反があったが、投票所の責任者がこれを黙認していた。これが後日明らかになって村長や選挙管理委員長らが取り調べを受けることとなったのだが、それは1人の女子高校生が投書したからだとして、村全体で女子高校生と一家を文字どおり「村八分」にしたのだった。

④ブラジル移民の小学生、祖国のイジメで戻る

11月2日、祖国日本に帰ってきたものの、長女が小学校でイジメを受けたため、がっかりしてブラジルに帰った一家がいた。奈良県儀城郡の小学校でのことだった。日本人なのだから祖国の教育を受けさせてやろうと帰国したけれど、「ブラジルの子」「インデアン」といじめられた。母親は、「あこがれの故国でしたが、級友から『馬になれ』『豚の鳴き声をいって見ろ』といじめられている姿を見ていたたまれなくなった」と新聞記者に語った。

◆1952年の子どもをめぐる事件◆

- 1・5　北海道札幌市の風俗店、高校1年生が娼婦と関係したあと絞殺
- 1・10　千葉・東葛飾郡で中学3年が出産、46歳教頭が強姦。教頭は否定したが辞表
- 1・27　東京・中野の小中学生4人の窃盗グループ「白羽インディアン団」を補導
- 2・10　東京・葛飾区の中学校で1年生が相撲で投げられ、5日後に脳出血で死亡
- 2・14　横浜の小学校で3年男子が女子を突き飛ばし、ハサミが刺さって死亡
- 2・26　千葉・印旛郡の自宅で21歳女性が先妻の11歳の息子を虐待して殺害
- 3・2　東京・北区で中学1年が近くの16歳の少年に刺殺される。イジメ注意され
- 3・15　東京・品川区の菓子製造業の小学1年女児が従業員に強姦され殺害される
- 4・7　東京都で高2、パチンコに仕掛け、逮捕。
- 4・21　京都で少女たちが自殺クラブをつくり自殺
- 4・30　埼玉県下の女子高で2年生が出産、前年夏に強姦され隠していた
- 5・6　長崎・壱岐郡の自宅で小学校女教師が女児を出産直後に窒息死させる
- 5・10　千葉・君津郡で16歳の長女が子どもを産み、38歳の母親が殺害し庭に埋める
- 5・23　長崎市で小学3年生3人と中学1年が線路に石を40個置いて補導
- 5・25　埼玉・与野で18歳の2男が酒乱の父を殺害
- 6・6　東京・練馬で17歳の娘が出産、父親が医師と相談、遺棄して死亡させ逮捕
- 6・23　静岡県で選挙違反を告発する投書をした少女の一家が村八分される
- 6・28　北海道の芦別岳で高校教師が無謀登山で山岳部生徒を転落死させる
- 6・30　前橋の動物園に2中学生が侵入、鹿を追いまわして2頭を殺傷し逮捕

第2期
1952
～64年

7・6	山梨・東八代で高校2年が父親の警察署長の拳銃と実弾18発を盗んで逮捕
7・10	高知市の銀行に中学3年と無職少年が侵入、現金・小切手などを盗み、翌日逮捕
7・19	東京・蒲田駅付近で少年3人組が会社重役を殺害、現金強奪、温泉で豪遊
8・10	東京・足立で19歳の母が11か月の長男を堀に捨て殺害、生活苦から
8・10	山口市で18歳少年が19歳県庁女性職員に金を要求し拒否され殺害
8・17	門司の小学校で教師が盗みの疑いで5年生に連日体罰、濡れ衣で自殺未遂
8・26	東京・江東で19歳兄が妹の恋人をヒロポン中毒をやめさせようとして殺害
8・26	三重・多気郡で18歳の少年らが39歳の男性を殺害、集団強姦を咎められて
9・23	東京・台東区少年が高円宮落胤と警察だまし2,000円、デパートで買物
9・24	東京で17歳の少女が母親から売春して稼げと言われ自殺
9・29	熊本・玉名郡の中学校で3年2人が同級生を殺害。悪口への復讐
10・4	島根・能義郡で高校2年女子と3年男子が家出・心中、妊娠を苦にして
10・9	東京・港区で4歳女児が父を迎えに行こうとして米兵に拉致・強姦される
10・14	熊本・人吉で父親と継母が3歳の長女を虐待、餓死寸前、全身に傷
10・15	大阪・三島郡の小学教師が集合しない女子を殴ってでも連れてこいと男子に命令
10・27	秋田県の農家で17歳の次男が家庭内暴力の47歳の父親を殺害
10・29	熊本を走行中の鹿児島本線列車から修学旅行の京都の高校生が転落、死亡
10・30	東京で13歳の少女がみすぼらしい弟妹に衣服をと万引き
11・2	奈良・礒城郡の小学校でブラジル移民の13歳長女がイジメを受け帰国
11・13	埼玉・川口市の旅館で中学1年生女子と大学生が心中。交際に反対され
11・24	宮崎・都城で小学6年数人が同級生の両手足縛り線路に。近隣住民が救助
11・29	兵庫・豊岡で小学教師が帰宅中の2年女児を強姦しようとして翌日逮捕
12・1	茨城・結城郡で小学6年が西部劇ごっこ、同級生が右目を突かれ失明
12・21	岩手・江刺郡の中学で3年生女子がトイレで赤ちゃんを産み窒息死させる
12・23	滋賀・野洲郡で小学生が連続放火、消防自動車が走り回るのが面白くて
12・25	埼玉・熊谷市で中学2年が強姦未遂容疑で補導。担任の女性教師も襲う
12・28	明治大学ボクシング部合宿所で主将以下5人が集団強姦して逮捕される

1953（昭和28）年

この年の全般的状況　**朝鮮戦争休戦協定、
　　　　　　　　　　　内灘試射場建設反対運動、ヒロポン中毒**

　3月にはソ連共産党書記長スターリンが死去し、7月には朝鮮戦争休戦協定が結ばれ、東西対立関係の緩和が期待されたのだが、米は日本を東アジアの反共の防波堤とすべく、在日米軍基地の増強と日本の再軍備強化を図った。池田・ロバートソン会談は、その確認だった。各地の米軍基地周辺の人々は、そうした動きを敏感に感じ取っていた。石川県内灘村における米軍試射場の使用に反対する地域住民の激しい闘争はその代表例であった。

────────◆この年の主なできごと◆────────

2・4　李承晩ラインで日本漁船拿捕される
3・5　ソ連共産党書記長スターリン死去
6・2　内灘闘争はじまる
7・27　朝鮮戦争休戦協定
8・5　学校教育法改定、教科書検定権明記
12・15　5歳女児が水俣病発症（56・3・15亡くなる）

この年の子どもをめぐる大きな事件
①大学生の売血アルバイト
　朝鮮戦争特需景気の余韻が残って、消費景気に沸いているところもあったが、休戦によってそれは終わって反動不況が襲いはじめていた。アルバイトで生活していた学生たちは困って、血を売ることによって苦境をしのいだ。学徒援護会によると、給血団体に登録していた大学生は2万人をこえていた。中には高校生もいた。200cc売って1,100円だったが、中間業者がピンハネして800円になるのだが、大学生たちは売っていた。
②大阪で19歳店員が主人一家を皆殺し
　9月15日未明、大阪・松屋町筋の菓子問屋で19歳の住み込み店員が27歳の主人、26歳の妻、3歳の長女、1歳の次女の一家全員を殺害、5百円を盗んで逃走したが逮捕された。安い給料で人使いが荒く、粗末な食事しか出してくれないことに日頃から不満を募らせていたのだが、仲の良かった女子店員が2日前にクビにされたことで怒りに火がつき、就寝中に角材で殴りつけ、ナイフで刺したのだった。3年後、最高裁で死刑が確定した。

③ヒロポン（覚醒剤）が青少年にも広がる

　10月初めの警視庁発表によると、この年の上半期にヒロポン使用で検挙・補導された少年は989人（うち少女は120人）、ヒロポン使用によって発生した犯罪は殺人1、放火1、強盗19、傷害31、恐喝16、暴行5、薬代欲しさの窃盗・ユスリ228、詐欺15、横領4だった。年齢別では17歳が224人、18歳が291人、19歳が335人だったが、16歳以下が134人、14歳未満も5人いて、青少年に蔓延していることが明らかになった。

────────◆1953年の子どもをめぐる事件◆────────

1・5　兵庫・芦屋市で小学1年生が投げ玉で遊んでいて母親を失明させる
1・16　東京都で元児童相談員、補導児童使いスリ
1・24　兵庫・城崎郡で祖母が孫娘を預かりながら餓死させる
1・27　人身売買急増、過去1年間で1,883人、売春がほとんど、警察発表
2・2　東京の私立女子高校でパーマあてた生徒を処分
2・8　兵庫・神崎郡の中学で中学3年3人が卒業生の高校1年女子を強姦未遂
2・14　東京の20歳が成人になって浅草や立川での殺人2件自供
3・1　福島少年鑑別所で18歳ら3人組が教官を殺害して脱走
3・11　兵庫・赤穂で県立高校2年が酒乱の父親を殺害、すぐに自首
3・18　東京・足立区で中高生4人グループが女遊びのために強盗を繰り返して逮捕
3・26　いわゆる混血の学齢児童数、厚生省発表では293人
4・1　神奈川の有名進学高卒の2人、大学受験に失敗、自殺
4・13　静岡県の自宅で、18歳の長男が酒乱の父を絞殺
4・20　大阪市で30歳の主婦が隣家の1歳を窒息死させ死体を遺棄
4・27　福岡市で21歳の無職男性が妻に逃げられ4歳の長女を虐待して殺害
5・3　東京・新宿区の中学生が西部劇の絞首刑ごっこで小学生6人を吊す
5・11　東京工大実験室の庭からホスゲンガスのボンベが盗まれ、小学生2人が補導
5・16　千葉・山武郡で小学6年が同級生の頭にゲタを投げ付けて死亡させる
5・18　長野・更級郡の父親35歳が生後2か月の子が泣き止まないのに腹立て殺害
5・27　東京で高校生が家庭内暴力の兄を殺害
6・16　東京で中学2年が子供銀行に預ける金欲しさにスリ、預金額の競争から
6・17　東京で悪い紙芝居を見ない運動
6・26　茨城の高校生が世間をあっと驚かせようと警察を襲撃して逮捕
7・5　新潟の18歳無職少年が幼女を強姦・絞殺、遺体を切り裂く。6月にも
7・6　京都・綾部の高校1年が母親代わりの叔母を殺害。動機不明
7・16　東京・北多摩郡で中学1年が同級生への恐喝で児童相談所に送られる
7・17　滋賀・甲賀郡で無職17歳が祖母を川に突き落として溺死させ22日に逮捕。

	祖母は体が不自由で物置で寝かされていたため、母親も監禁で取り調べ
7・24	東京・大田の少年4人組の窃盗団逮捕、ヤモリの入れ墨を腕に入れていた
7・24	滋賀、彦根東高校の野球部員が判定に怒って座り込み、初の没収試合
8・5	東京・東村山で少年3人が盗品運搬中、職務質問の巡査を殺害し、逮捕
8・7	東京・目黒で母親が小3の息子をバットで殴って殺害
8・12	松竹映画ヌード募集、30人の女学生ら応募
8・31	静岡で16歳の少年が浮浪児にも思いやりをと自殺
9・12	宮崎・東臼杵の中学校で21歳の教師が体罰で1年生を死なせる
9・15	大阪・松屋町筋の菓子問屋で19歳の従業員が待遇が不満で主人一家を惨殺
10・1	福岡で映画館経営者の息子15歳が妊娠がわかって少女16歳を殺害
10・2	佐賀県の小学校で教師が体罰で5年生の頭を殴り死亡させる
10・6	大分県で小学校校長が学校運営に悩んで一家無理心中、自分だけ生き残る
11・1	名古屋市の高校3年生が仮装行列の出し物のために子犬を殺し引きずる
11・1	静岡の28歳の会社員がわが子を列車から天竜川に投げ落として殺害
11・15	三重県の中学3年が1年女子を殺害し死体を遺棄。妊娠を恐れ
11・25	静岡で高2女子が失恋で自殺。東京の18歳少女が家の税滞納を苦に自殺
11・26	愛知・東加茂郡で5歳の男児が空気銃で2歳の女児を死なせる
11・27	大阪・布施の高校で1年生が警察官の兄の拳銃を見せびらかし暴発し重傷
12・1	福井で中2が学校をさぼったことを叱られ27歳の姉を殺害して埋める
12・11	兵庫の加古川少年院で収容の2少年が19歳を殺害
12・14	東京の新宿と中野の中学生52人が少年次郎長一家を名乗って窃盗
12・15	東京・千代田区の中学2年ら15人の窃盗グループ検挙、湯島聖堂の銅板盗む
12・16	静岡で中学3年がおもちゃのピストルで友人を死なせる
12・18	東京・荒川で中学2年生ら10人が伝書鳩購入のため窃盗。伝書バトブーム
12・27	岐阜・多治見で中学1年が空気銃を撃って5歳男児を撃ちケガを負わせる
12・31	秋田の工業高校生が電蓄のピックアップなど600点万引き

1954（昭和29）年

第2期 1952～64年

この年の全般的状況　**第五福竜丸事件、造船疑獄指揮権発動、近江絹糸人権争議**

　皇居新年参賀で参加者が将棋倒しになり16人が死亡、69人が重軽傷を負った。3月には焼津の漁船第五福竜丸が、米が行ったビキニ環礁での水爆実験の「死の灰（放射能）」を浴び、久保山愛吉無線長は急性放射能障害で9月に亡くなり、他の船員も深刻な健康被害を受けた。4月に捜査の大詰めを迎えていた造船疑獄について、犬養法務大臣は自由党幹事長佐藤栄作逮捕が明らかになった時点で指揮権を発動し、事件をうやむやにした。

────◆この年の主なできごと◆────

1・25　護憲連合発足
2・19　シャープ兄弟と力道山・木村対決（空手チョップ、プロレスブーム）
3・1　米ビキニ水爆実験・第五福竜丸被爆（9・23久保山愛吉無線長死亡）
5・11　京都・北区、旭が丘中学事件
6・3　教育2法改悪（教育の国家統制、反動化いよいよ）
6・9　防衛庁設置法・自衛隊法公布（警察予備隊・保安隊から自衛隊に）

この年の子どもをめぐる大きな事件

①小学2年女児がヒロポン中毒男に殺害される

　4月19日、東京・文京の小学校トイレで2年女児が授業中に強姦され口に下着を詰め込まれたまま絞殺されているのが発見され、21歳の男が逮捕された。男は静岡県の結核療養所に入院していたが、友人を訪ねて小学校近くまで来て女児を強姦・殺害したのだった。「鏡子ちゃん事件」として大きく取り上げられ、男がヒロポン中毒者だったことから覚醒剤取締法が厳罰化されたのだが、1956年10月に死刑が確定、翌年死刑執行された。

②秋田で成人した長女が2歳の弟を殺害

　事件は5月20日のことだった。県警幹部の19歳の娘が、その24歳の夫（入り婿）と共謀して、年の離れた2歳の弟を池に放り込み殺害した。県警幹部の父には男の子どもがなく長女に婿養子を迎えたのだったが、その直後に弟が生まれ、その後は長女と婿養子は邪魔者扱いされるようになり、若い夫婦は怒って2歳の弟を殺害したのだった。当初は事故死扱いだったが、父が酒に酔って息子夫婦が殺したと言い出して、6か月後に逮捕された。

③東京・板橋で父親が4歳の長女を死なせる

5月29日深夜、25歳の夫が稼ぎのことなどで、23歳の妻とケンカになり、暴力を振るっていたところ、妻の連れ子の4歳の長女が「おかあさんをぶたないで」とかばったことに腹を立て、手にしていた竹棒を突き出したところ、首に突き刺さってしまい、死なせてしまったのだった。貧困、家庭内暴力、そして連れ子などが重なっての事件だった。

④近江絹糸人権争議、少女たちが声をあげる

6月、近江絹糸の労働者がストに立ち上がった。経営者夏川一族による「女工哀史」を思わせるひどい労働待遇、封建時代さながらの前近代的労務管理に対する闘いであった。現場労働者のほとんどは、中学卒業後すぐに就職、蚕棚のような全寮制の寄宿舎に入り、三交代で働く少女たちだった。彼女たちは、「手紙を開封するな」「恋愛・結婚の自由を認めろ」「宗教を強制するな」などのスローガンを掲げて闘い、人権争議と呼ばれた。

―――――◆1954年の子どもをめぐる事件◆―――――

1・22　東京でタバコ窃盗専門の13人の少年グループ「ケニア団」逮捕
1・25　群馬・伊勢崎市立高校生徒が左翼偏向教育として教師を脅す
1・30　東京・品川で小学5・6年生12人がカード目当てにキャラメル盗む
2・3　東京・杉並で中学3年ら16人の改造拳銃製造グループ検挙
2・9　17歳のコック見習いが女優嵯峨美智子の下宿先の塀に放火、脅迫電話
2・10　静岡の中学生3人がヒロポン常習
2・13　三重の中学3年が生徒会選挙に落選したため学校に放火
3・10　島田事件、24歳男性逮捕（最高裁で死刑確定、平成元年に再審無罪）
3・14　山形・西村山で中学2年が弟の中学1年を撃って死亡させる。兵隊ごっこ
3・24　東京・新吉原で高校2年が売上金を奪って女給を殺害、新潟に逃亡、逮捕
4・19　東京・文京の小学校トイレで2年女児が授業中に強姦・殺害され21歳逮捕
4・24　東京・目黒で高校3年をリーダとする拳銃製造グループ6人逮捕
5・4　北海道・旭川の小学校で1年女児が胸を刺され死亡、男児が疑われたが真相不明
5・17　東京・江東で母親が殺害され18歳の息子が逮捕。カネを盗むのを見られて
5・20　秋田・雄勝で成人した長女が2歳の弟を殺害。弟が生まれ邪険にされ
5・29　東京・板橋で夫婦喧嘩、夫が妻の4歳の連れ子を突き刺し死亡させる
5・30　東京・世田谷でウエイトレスが赤ちゃんを出産直後、井戸に放り込み殺害
6・3　京都で19歳が野球見物したくて母親を殺害
6・9　東京で中学生3人が小鳥欲しさに窃盗

第2期 1952～64年

6・11	東京・荻窪駅で2つの私立高校生が乱闘、1人死亡、2人重傷
6・26	東京・後楽園スケート場中心の少年グループ検挙、強盗・恐喝・強姦
7・3	近江絹糸の労働者が自殺
7・9	17歳の果物店員が吉田首相暗殺未遂で逮捕、指揮権発動許せぬ
7・12	東京・台東の父親が競馬にこって子ども2人殺害
7・26	福島・原町で農業の父親が素行の悪い息子を殺害
8・3	東京・台東区で18歳の弟が素行の悪い兄を殺害
8・8	東京・新宿区で34歳の主婦が近くの中学2年に空気銃で撃たれ死亡、誤射
8・23	神奈川の片瀬東浜海水浴場で18歳東急駅員が女性を切って逮捕
8・23	埼玉・北埼玉の中学生7人が秋葉原でラジオ部品の万引きで逮捕
8・26	千葉の少年院から74人脱走
8・28	神奈川・横須賀の久里浜特別少年院で21人が暴動
8・31	山口で18歳の少年が原爆のろい自殺
9・1	東京・府中で33歳の母親が再婚の邪魔と赤ちゃんを殺害、誘拐とうそつく
9・4	東京・世田谷で中学2年が22歳の女性を刺す
9・16	長野・諏訪で中学2年が自転車で6歳女児を轢いて2か月の重傷を負わす
9・16	近江絹糸人権争議妥結
10・8	相模湖で遊覧船沈没、中学生22人水死
10・15	東京・北多摩で19歳の主婦が殺害され、同居の中学2年の甥逮捕
10・21	京都市で修学旅行に来ていた山梨と東京の高校生が乱闘
10・22	東京・銀座の宝石店などで16歳の少年が55件1億円の宝石泥棒して逮捕
10・23	北海道旭川市の映画館のトイレで、5歳女児が小学4年に殺害される
11・9	埼玉で中学3年が小学4年にあだ名で呼ばれて空気銃で撃ち死亡させる
11・16	東京・豊島の中学3年が連続17件の放火で逮捕
11・18	仙台で17歳と中学3年の弟がヒロポン中毒の24歳の兄を殺害
11・19	栃木・那須で中学3年が空気銃に豆を詰め4歳男児の目を撃ち失明の恐れ
11・27	北海道千歳郡で18歳のバーテンダーが質店一家を殺害。遊ぶ金ほしさに
11・29	愛知・知多で18歳の息子が働けといわれて母親を殺害
12・7	静岡・浜松で中学3年が自転車盗まれ自殺
12・11	青森・八戸で26歳の母親が7歳、6歳、3歳の娘を殺害し心中、離婚話から
12・16	長野・小諸で19歳が恩人に強盗、金ほしさに
12・20	19歳の少女が東京でスリ、美容院を開きたい
12・24	北海道・札幌で高校生が小学4年を暴行し死亡させる、雪城を壊されて
12・25	東京・武蔵野で高校2年が楽しそうな女性を恨んで棍棒で殴る
12・25	岩手・二戸で6歳男児がトラックを発進させ、64歳女性轢き、露天も潰す

1955（昭和30）年

この年の全般的状況　**自民党結成・社会党統一・55年体制、**
　　　　　　　　　　　　　　　　森永ヒ素ミルク事件

　6月4日、民主党総裁鳩山一郎と自由党総裁緒方竹虎が政局安定のため保守合同で一致、11月15日自民党結党となった一方、左右両派に分裂していた社会党も保守合同を前に10月13日統一大会を開催した。国際派・所感派と分かれていた共産党も分裂を収めた。敗戦直後から、いくつもの政党に分かれて離合集散、不安定だった日本の政治も、大きく保守の自民党と革新の社会党という二大政党的体制が確立した。いわゆる「55年体制」である。

――――――――◆この年の主なできごと◆――――――――
1・17　東京でスモッグ発生（工場排煙、自動車排ガスによる大気汚染が問題化）
8・13　保守勢力による教科書攻撃はじまる
8・24　岡山県衛生部、森永ヒ素ミルク中毒認定
10・12　左右社会党統一
11・15　自由民主党結成

この年の子どもをめぐる大きな事件
①森永ヒ素ミルク中毒事件
　夏、岡山・広島・兵庫など西日本を中心に、赤ちゃんの健康被害が多発した。被害児は森永製菓が製造販売していた粉ミルクを飲んでいた。厚生省の調査だけでも138人が亡くなり、2万2千人をこえる深刻な健康被害・後遺障害が出ていた。製造過程でヒ素が混入したことが原因だったが、森永は当初、それを素直に認めようとはしなかった。筆者の近くの、筆者も時々あやしていた女の赤ちゃんが亡くなったことを憶えている。

②人気司会者トニー谷の長男が誘拐される
　7月15日午後、人気司会者トニー谷の6歳の長男が下校途中に誘拐され、翌日の午後になって身代金200万円を要求する手紙が届き、6日後、身代金受け渡し場所に訪れた、金に困っていた出版関係者の男性が逮捕され、長男も犯人宅で無事保護されて事件は解決した。しかし、トニー谷はこの事件から過去や私事について新聞や週刊誌に有名な評論家らに書き立てられ、一気に人気が下降、誘拐事件の被害者が報道被害者になったのだった。

③津市の中学校で水泳講習中、女子生徒36人死亡

　7月28日午前10時頃、三重県津市の安濃川河口の伊勢湾で津市の橋北中学校が水泳講習を開始した直後、女子生徒200人の中で足を取られ溺れるものが続出した。教職員や生徒、一般の水泳客、連絡を受けた消防職員らが救出活動を行ったが、36人の女子生徒が溺死した。原因は異常流に足を取られたものとみられたが、溺死したのはほとんどが泳げない生徒だった。教師らは判断の甘さ、体制の不十分さなどで過失致死罪に問われた。

④米兵が嘉手納村で幼稚園女児を強姦し殺害

　まだ沖縄が米国の施政権下にあった時期の事件である。9月4日、嘉手納村で幼女の強殺死体が発見された。捜査の結果、近くの6歳の幼稚園女児であることがわかった。何度も強姦された上に、下腹部から肛門にかけて切り裂かれるという惨たらしさであった。目撃証言からエイサー見物をしていた女児を米兵が連れ去っていたことがわかり、米軍は9日に逮捕したと発表し、軍法会議では死刑判決が下ったのだが、後に減刑された。

◆1955年の子どもをめぐる事件◆

1・4　長野・松本で小学生が中学生の家に放火、貸したマンガを返さないため
1・22　栃木・河内郡で小学5年が恐喝で補導、同級生10人以上から金を脅し取る
1・26　神奈川・三浦で28歳の母親が8歳の長女に虐待、食事も与えず
1・31　中学1年男子が「五・一五事件の息子」と冷遇され、ぐれてスリや置き引き
2・3　東京・大田区の小学校で6年が切腹のマネしていて大ケガ
2・9　東京・台東区で中学2年が母を喜ばせたいとテレビを盗む
2・22　東京・荒川で19歳が目に障害のある姉の1歳の子を殺害。障害が不憫と
2・23　横浜の中学校で中学2年生がプロレスごっこで死亡
3・3　東京・立川の高校3年と中学3年が麻薬密売で逮捕
3・22　岩手・陸前高田市の旅館で小学6年女子と26歳の担任教師が自殺
3・26　広島の児童動物園で中学1年が猿を毒殺、からかって服を破られた復讐と
4・5　東京・墨田の中学3年ら16人の万引グループ逮捕
4・7　神奈川・川崎の小学校教師が教室で複数の教え子に強姦して逮捕
4・14　東京・大田区で16歳のお手伝いが赤ちゃんが泣きやまないので殺害
5・6　新潟・西頸城郡の小学校で1人を修学旅行に行かせないため集団リンチ
5・14　横須賀で高校1年が5歳の幼女をいたずらしようとして殺害
5・17　東京・杉並の父親が小学5年の長男を殺害して背負っているところを逮捕、アルコール依存症
5・18　宇高連絡船紫雲丸が沈没、修学旅行の学童ら168人が死亡

5・20	山梨・甲府の小学校で4年生が同級生から「親のない子」とイジメられる
6・-	森永ヒ素ミルク中毒事件が各地で発覚（厚生省への正式報告8・24）
6・4	宇都宮の私立高校生がワイシャツ着用禁止、長髪禁止などに抗議し同盟休校
6・7	東京・豊島で5歳の少女がスクーターで連れ去られ身代金要求、中3逮捕
6・21	東京・高井戸、17歳が窃盗・放火で逮捕、競輪にのめり込んで全国転々
7・3	横浜で27歳の公務員が1歳の次男が泣きやまないのに腹を立て腹を殴り死なす
7・5	神戸・東灘で小学4年が鉄道自殺した。友人の持ち物を隠して教師に叱られ
7・15	東京で人気司会者トニー谷の長男誘拐される
7・21	静岡・引佐郡の小学4年が小学1年と喧嘩し傷を負わせ自殺
7・25	東京・三鷹の高校生9人組が校内でカツアゲ36件
7・27	静岡・御殿場で38歳の父親が7歳の子どもをリンゴ箱に閉じ込め殺害
7・28	三重・津市の海岸で水泳講習中に異常流に足を取られ女子中学生36人が溺死
8・4	茨城・多賀郡で中1と小4の兄弟が極貧を苦に常磐線に飛び込み自殺
8・23	埼玉・北足立郡で16歳の息子が酒乱の父を殺害
9・3	北海道上磯郡で中学2年がプロレスごっこで小学4年を気絶させ生き埋めに
9・5	東京・豊島区で高校2年が映画「暴力教室」をまねて友人を刺す
9・21	東京・目黒で26歳の母親が2歳の次男を布団に投げ死なす。日常的に虐待
9・4	沖縄で6歳の幼稚園児が米軍兵に強姦・殺害される
10・17	東京・杉並で高校1年4人がハワイへの密航費用を稼ぐため民家に強盗
10・25	宮城・伊具郡で中学生と小学生の兄弟と友人が、連れの子の小学1年を殺害
10・31	東京・葛飾で中学3年がロケットを発射させ小学1年女児の首に刺さり重傷
11・20	広島・世羅郡で小学5年が自宅で首つり自殺。兄弟ゲンカ叱られ
11・21	前橋の小学校で6年が教室を覗きドア閉められ、怒って5年に跳び蹴り死なす
11・26	埼玉・川口で中学3年が父親の家庭内暴力に怒りバットで殴って死なせる
11・30	東京・品川で22歳の母親が離婚するのに邪魔と1歳の長女を殺害
12・18	東京・江戸川で19歳が親へ仕送りのためタクシー強盗殺人
12・29	東京・新宿根城の12歳から19歳までの窃盗グループ逮捕、自動車泥棒も

1956（昭和31）年

この年の全般的状況　もはや「戦後ではない」、
　　　　　　　　　　「太陽族」の登場、模倣犯罪続発

　7月17日に政府は「経済白書」を発表したが、そのタイトルは「もはや戦後ではない」であった。戦後復興は完全に終わり、新たな経済成長と発展の段階に入ったという意味で、この年は好況で、「神武景気」と呼ばれていた。1月には石原慎太郎の『太陽の季節』が芥川賞を受賞、〝太陽族〟が風を切っていた。5月には売春防止法が成立したが、抜け穴だらけだった。基地反対の声は強く、立川では拡張をめぐり大闘争が起きた。

──────◆この年の主なできごと◆──────

2・11　高知県繁藤小学校校長、紀元節式典強行
5・1　熊本県水俣保健所、水俣病認定
5・17　映画「太陽の季節」公開、一連の類似映画公開、真似た青少年犯罪続発
5・24　売春防止法制定
10・1　教育委員、公選制から任命制に
12・18　国連、日本加盟承認

この年の子どもをめぐる大きな事件
①長期欠席の児童・生徒は約26万人
　もはや戦後ではない。これからは黄金の昭和30年代だと言われ、〝太陽族〟が流行りだしていたが、まだまだ貧困にあえぎ、しわ寄せは子どもにあらわれていた。文部省発表の長期欠席小学生は約11万5千、中学生は約15万に及んだ。原因の第一は小学生の場合は病気、中学生の場合は「親の無理解」とされていたが、実際は「貧困」だった。「厚生白書」には人身売買が行われていた実態も記されており、戦後は終わっていなかったのだ。

②16歳のお手伝い女性が1歳女児を殺害
　8月20日、神奈川県川崎の会社員宅の16歳のお手伝い少女が、会社員の妻の埼玉の実家で、その家の1歳の女児を殺害した。1月から、この家にお手伝いで入っていたのだが、会社員の妻から、いつも「おまえは頭が悪い。やることがのろい」「シラミがいる。汚い」などと罵られ、1,500円の給料を1,000円に減らされたことをきっかけに恨みがつのって殺害してしまったのだった。自殺しようと徘徊しているときに、逮捕されたのだった。

③放火で起訴された19歳の比叡山延暦寺受付係、冤罪だった

　10月11日、滋賀県大津市の比叡山延暦寺で火災が発生し、重要文化財の大講堂が全焼し、17体の仏像も消失した。ほどなく19歳の受付係が放火で逮捕された。中卒のため僧職に就けず、総務係という雑用をさせられ、高卒以上の学歴の同僚や後輩が次々と出世するのを妬んでいて、その腹いせに放火したとされたのだった。男性は起訴されたが、1審、2審とも無罪とし、7年後無罪が確定した。火事は漏電によるものと判断したのだった。

────────◆1956年の子どもをめぐる事件◆────────

1・20　三重・志摩で中学1年が小学4年の女児を殺害し、2年後同様事件で自白
1・20　東京・大田で35歳の父親が3歳女児のおねしょに怒って殴り殺害
1・23　大阪で横浜の30代夫婦が借金に追われ子ども3人を運河に投げ込む。1人救助、2人死亡
2・23　大阪で19歳の土木作業員がタクシー強盗、ダイナマイトで爆死させる
2・29　東京・北区の工場から中学生2人が弾み車盗む。バーベル代わりに
3・1　大阪・松原の私立高校卒業式で生徒が暴れる。愛知の高校でも
3・3　東京・江東で17歳の既婚女性が高校入試に合格、問題視する見方もあったが入学
3・23　山口・宇部で43歳の男性が小学6年女児を強姦し殺害
4・6　東京・大田区の小学生6人が「織田信長探検隊」を結成、菓子など万引き
4・29　埼玉・北足立の18歳女性宅に18歳男性が押しかけ傷を負わす、縁談破談で
5・14　滋賀県から家出の17歳が東京で保護されたが自殺
5・31　東京・中野で19歳が金を奪うために友人を殺害
6・11　東京・目黒の少年窃盗団7人組逮捕。元外相宅など高級住宅地専門
6・12　青森・西津軽の中学校の教室で3年がチャンバラごっこで友人刺し死なす
6・24　東京・台東で20歳の姉が16歳の妹に売春させる
6・26　東京・世田谷で高校2年が巨人軍川上哲治選手を脅迫、授業料使い込み
7・7　群馬・草津温泉で東京・台東区の中学教師が女児を強姦、慰安旅行で酔い
7・23　神奈川・真鶴岬で小学生2人が友人に水中銃で撃たれ死亡
7・24　東京・葛飾の映画館で16歳が5歳女児を強姦殺害。「太陽族」映画に興奮
7・28　埼玉で中学3年が隣家に忍び込み主婦を睡眠薬で眠らせる。映画をマネて
7・30　東京・池袋で少年5人組が15歳の少女を監禁・強姦、新吉原に売り飛ばす
8・6　大阪の商業高校ボクシング部員が強姦未遂で逮捕、野球部はリンチ事件
8・17　東京・豊島の中3年女子が20歳の無職男と海水浴場の海の家で窃盗
8・20　神奈川・川崎で16歳の住み込み女性が主人を恨み1歳の赤ちゃんを殺害
9・2　東京・台東で中学生5人が中学3年女子を神社で強姦

第2期 1952〜64年

9・ 8　千葉・館山で自衛隊員が同僚の進級を嫉みリンチ
9・23　熊本・荒尾の県立高校でファイヤーストームをめぐり生徒が暴動
9・23　愛媛・新居浜で小学6年が首つり自殺。探偵小説好きで死に方研究
9・27　東京・足立区で無職少年兄弟が偽札作り
10・ 8　大阪・泉大津で少年3人組が農家に押し入り主人を殺害
10・11　比叡山延暦寺で火災、19歳の受付係がひがみで放火と逮捕されたが冤罪
10・25　大阪で15歳の少年が父親の愛人の4歳の娘を殺害
11・ 2　東京・墨田で35歳の母が2歳のわが子のおもらしに怒り死なす
11・12　青森・弘前の旅館で17歳の従業員が近くの小学1年女児を強姦して殺害
11・15　山梨で18歳の運転手が16歳の少女を強姦・絞殺、河原に埋める
11・21　大阪で23歳主婦が近くの1歳男児を殺害し遺体を隠す
12・ 5　茨城県の時計店から18歳の少年が時計を奪う。美談のモデルだったが挫折
12・26　東京・秋葉原で中学3年が連続女性のスカート切り
12・26　東京・葛飾、中学3年がPTA会費が払えず強盗

少年法　抜粋　（昭和23年7月15日法律第168号）

（この法律の目的）
第一条　この法律は、少年の健全な育成を期し、非行のある少年に対して性格の矯正及び環境の調整に関する保護処分を行うとともに、少年の刑事事件について特別の措置を講ずることを目的とする。

（審判に付すべき少年）
第三条①　次に掲げる少年は、これを家庭裁判所の審判に付する。
　一　罪を犯した少年
　二　14歳に満たないで刑罰法令に触れる行為をした少年
　三　次に掲げる事由があつて、その性格又は環境に照して、将来、罪を犯し、又は刑罰法令に触れる行為をする虞のある少年
　　イ　保護者の正当な監督に服しない性癖のあること。
　　ロ　正当の理由がなく家庭に寄り附かないこと。
　　ハ　犯罪性のある人若しくは不道徳な人と交際し、又はいかがわしい場所に出入すること。
　　ニ　自己又は他人の徳性を害する行為をする性癖のあること。

1957（昭和32）年

この年の全般的状況　**派閥抗争、元A級戦犯・岸信介が首相、私立中学体罰死亡事件**

　前年の11月、鳩山首相が引退を表明したが、後継をめぐって自民党内で億近いカネが飛び交う醜い派閥抗争が繰り広げられた。石橋湛山が岸信介と石井光次郎をおさえて勝ち首相の座についたが、数か月も経たないうちに脳軟化症で倒れ、2位だった岸が後を継ぎ、「汚職、暴力、貧乏」の「三悪追放」を掲げた。岸は周知のとおり元A級戦犯だったが、東条内閣を崩壊させた〝功績〟を連合国に評価されたか、東京裁判で無罪となり、復活したのだった。

──────◆この年の主なできごと◆──────

- 1・30　ジラード事件（米兵、日本人農婦射殺）
- 7・30　文部大臣、小中学校に「道徳」教育の時間設定表明
- 8・12　朝日訴訟はじまる（憲法25条の生活保障をめぐる根本的問いかけ）
- 10・15　最高裁、八海事件について原判決破棄、差し戻し判決
- 12・20　全国教育委員長会議が勤務評定了承（日教組、反対闘争強化）

この年の子どもをめぐる大きな事件

①浅草国際劇場で美空ひばりが塩酸をかけられ火傷

　1月13日、東京・浅草の国際劇場で、19歳の女性が舞台脇で出番を待っていた歌手美空ひばりに向けて塩酸の入ったビンを投げつけ、左顔面に当たり、顔面・胸・背中などに3週間の火傷を負わせた。もちろん、その直後に取り押さえられ、駆けつけた警察官に逮捕されたのだが、女性のバッグの中に、ファンとして熱烈な気持ちが書かれると同時に、「あの美しい顔、にくらしいほど、みにくい顔にしてみたい」と書かれたメモが見つかった。

②体育教師の体罰で中学生が死亡

　7月5日、東京・港区の私立中学校の体育教師が、他クラスの生徒が授業を覗いていたことに怒り、名乗り出るように言い、名乗り出た生徒に激しい体罰を加えた。生徒がまったく抵抗しなかったのをいいことにして、教師は殴る蹴るの暴行を加え、頭を何度も壁に打ち付け、足払いして床に倒したりした。生徒は頭痛を訴え、翌日夜、死亡した。当時、生徒の校内暴力が問題になっていた時期だったが、それにしてもひどい体罰だった。

③中学2年の娘を犬の首輪で50日間監禁

　7月25日、福岡県糟屋郡の自宅に監禁されていた中学2年の女子生徒が、助けを求めて知り合いの家に逃げ込み、保護された。監禁されていたのだった。監禁したのは44歳の実母と、内縁関係にあった26歳の継父である。理由は、女子生徒が家の金を盗んだから、それを懲らしめるためとのことだった。両親がいない昼間に、姉がこっそり食事を与えていて餓死することはなかったのだが、50日もの間、犬の首輪でつながれていた。

──────◆1957年の子どもをめぐる事件◆──────

1・7　横浜の小4と小3が消防車が来るのが面白いと7件の放火
1・13　浅草国際劇場で19歳少女が美空ひばりに塩酸を浴びせ、3週間のヤケド
1・29　鎌倉で15歳の少年が米国人貿易商夫婦を殺害、現金や宝石を奪う
2・1　東京・練馬の78歳が小学生女子6人を連続強姦
2・23　東京・荒川の中学3年4人が明治神宮近くで高校生4人とケンカ
2・27　19歳の法政大学生2人が女優京マチ子を脅迫
3・1　神奈川・横須賀市の16歳少年が歌手島倉千代子を殺そうとして逮捕
3・8　北海道苫前郡で小学1年が泥棒ごっこで同級生兄弟に首を絞められて死亡
3・11　静岡・島田の女子高生8人が酔って謝恩会に暴れ込む
3・31　兵庫・尼崎市で3歳男児がトラックを発進させて小学5年を死亡させる
4・2　東京・中野で26歳男が中学1年を殺害、バラバラにしてホルマリン漬け
4・13　大阪の住吉税務署で15歳の無職少年と女子工員が睡眠薬心中を図り死亡
4・30　東京・江戸川の私立工業高校で高3の野球部員が1年生をリンチ
5・7　作家川口松太郎を脅迫し金を奪おうとした18歳の少年と21歳の会社員逮捕
5・14　石川・羽咋郡で小6が6歳女児に猥褻行為をしようとして殺害して埋める
5・22　鹿児島・加世田で5、6歳の2男児が生後8か月女児を引きずって死なす
6・10　福岡・粕屋郡で中学2年の娘を首輪で拘束、50日間監禁した両親を逮捕
6・21　東京・豊島で22歳母が生後2か月の長男を水の入ったバケツに入れて家出
6・24　静岡・伊東の県立高校、3年20人の授業妨害を恐れ、臨時休校にした
7・5　東京・港区の私立中学で体育教師が不条理な体罰、3年生を殴り殺害
7・13　秋田・南秋田郡で中学3年が酒乱の父親を殺害
7・19　八丈島で強姦殺人で逮捕された当時19歳の少年らが11年目に無罪判決
7・23　東京・北区で無職18歳の女性が30歳女性を脅し捕まる
7・25　福岡で中学2年女子生徒が父親によって50日間監禁される
8・3　神奈川県警発表、湘南の海水浴場で未成年428人を補導
8・3　千葉・佐倉で29歳の会社員が妻の苦言に逆上、生後6か月の長男を殺害
8・17　東京・世田谷の小学6年女児をふくむ桃色遊戯少年少女グループ112人補導

8・19	東京で、家出の19歳の娘に警官が特殊飲食店勤めを勧める
8・28	東京・新宿区の特殊飲食店で19歳の東大生が殺人未遂で逮捕される
9・ 1	東京で中学2年をふくむ少女売春窃盗グループ5人逮捕、板の間稼ぎ
9・ 9	香川・高松で2歳6か月の兄が生後19日の妹を殴って死なせる
9・19	最高裁、男女共学反対で娘を学校に通わせなかった新潟の父親に有罪判決
9・21	横浜の中学1年と小学3年がロケットをつくろうとして爆発、失明
9・25	和歌山、強姦・強制猥褻の高校3年が退学処分になったが、校長は自殺
10・ 6	北海道亀田郡で小学6年が首つり自殺した。教師の体罰が原因
10・15	福島・桑折(こおり)で42歳の父親が10歳の息子に保険をかけ青酸カリで殺害
11・ 1	修学旅行で博多に出かけていた東京の私立高校生22人が集団万引き
11・21	神戸で中学1年が強い人間になるためと5歳女児を殺害
11・21	横浜で17歳が無免許でトラックを運転、16人をはね、8人を死亡させる
12・ 1	東京、10人の男子高校生が3人の女子高校生を拉致し集団強姦、余罪多数
12・10	静岡・天城山で元満州国皇帝姪の愛親覚羅慧生が学習院大級友と心中
12・17	山梨で18歳の息子に喫煙させたとして父親が起訴される
12・24	大阪で登校拒否を父に叱られ小学5年が首吊り自殺

児童の権利に関する宣言（抜粋 1）1959年11月20日国連で採択

第1条
　児童はこの宣言に掲げるすべての権利を有する。すべての児童はいかなる例外もなく、自己またはその家庭のいずれについても、その人種、皮膚の色、性、言語、宗教、政治上その他の意見、国民的若しくは社会的出身、財産、門地その他の地位のため差別を受けることなく、これらの権利を与えられなければならない。
第2条
　児童は特別の保護を受け、また、健全、かつ、正常な方法及び自由と尊厳の状態の下で身体的、知能的、道徳的、精神的及び社会的に成長することができるための機会及び便益を、法律その他の手段によつて与えられなければならない。この目的のために法律を制定するに当つては、児童の最善の利益について、最善の考慮が払わなければならない。
第3条
　児童はその出生のときから姓名及び国籍をもつ権利を有する。

1958（昭和33）年

第2期 1952〜64年

この年の全般的状況　**警察官職務執行法改悪反対デモ、小松川高校事件**

　岸首相は日米安保条約改定を最大の課題としていたが、スムースに進めるためには反対運動をうまく封じ込める必要があった。そこで治安対策として警察官職務執行法の改悪を策した。10月7日に突如閣議決定、翌8日に国会提出したが、治安維持法の復活だとして反対運動が瞬く間に全国に広がり、断念せざるを得なかった。が、同時に教師に対する勤務評定を実施し、教育の国家管理強化を図ろうとし、日教組との全面対決となった。

────────◆この年の主なできごと◆────────

3・18　文部省、小中学校道徳教育実施要綱通達
4・1　売春防止法施行
8・1　日清食品チキンラーメン発売（インスタント食品の時代はじまる）
9・6　文部省、道徳教育指導者講習会実施
10・8　警察官職務執行法改定案上程（10・22反対闘争激化で廃案に）
12・23　東京タワー完成

この年の子どもをめぐる大きな事件
①家庭内暴力で離婚した父親が子どもら4人を殺害

　5月16日、宮崎県都城市で、無職の離婚した父親が小学4年の長女、2年の次女、5歳の長男を毒殺、さらに先妻の妹を射殺し、先妻の母親にも重傷を負わせ、墓地で自殺した。家庭内暴力がひどいので離婚に追い込まれ、先妻との面会を迫ったが、義母や妹に阻まれて自暴自棄になっての凶行とみられたが、手切れ金を払わせたうえに慰謝料請求の訴訟まで起こすのはひどいという遺書があったことから、覚悟の上での道連れ自殺だった。

②姉・妹・弟で酒乱の父を殺害

　6月15日深夜、東京都足立区で、16歳の姉、13歳の妹、5歳の弟が、泥酔して寝ていた父親を殺害して逮捕された。日頃から44歳の父親が仕事をせず、酒ばかり飲んで、母親に暴力を振るい、母親は家出していたのだが、それ以降は自分たちにも暴力を振るい、酒を買ってこいなどと無理難題を言うようになって思い余ってのことだった。事件後、隣近所の人たちが中心になって減刑運動を行い、尊属殺人は適用されず、保護処分とされた。

③小松川高校定時制女子生徒殺人事件

　8月21日、東京都立小松川高校屋上で、行方不明で捜索願が出ていた同校定時制に通う女生徒の死体が発見された。行方不明以来、新聞社と警察に犯行をほのめかす電話があったり、証拠品が郵送されたりしていた。それが手がかりとなって、10日後同校定時制の在日朝鮮人男子生徒が逮捕された。同生徒は女子生徒の他、24歳女性の殺人も自供した。犯行の背景に「在日に対する差別」があったことから、多くの論評がなされた。

④フラフープ大流行で腸捻転の事故など多数発生

　この年、フラフープ遊びが流行したのだが、11月16日に東京・荒川の少年がし過ぎで内蔵が捻転し重体になった。18日にも同様の事例が発生、11月20日には奈良・大和郡山では小学6年女子が卵巣破裂の重傷となり、同市教育委員会は12月5日に小中学生のフラフープ遊びを全面禁止する通達を出した。全国各地で同様の事故が続出、地方自治体や教育委員会が禁止の動きをとり、フラフープ・ブームは、あっという間に収束した。

──────◆1958年の子どもをめぐる事件◆──────

1・8 　愛知・東春日井郡の中学校音楽教師と教え子の1年生女子が睡眠薬心中
1・12 　横浜で5歳がオート三輪を動かし8歳の男児を轢いて死亡させる
1・14 　大分・佐伯の25歳男性が夫婦喧嘩で7か月の長男を連れて家出し、殺害
1・21 　東京・小平町で19歳の少女が生んだばかりの赤ちゃんを殺害・遺棄する
2・9 　山口・吉敷郡で16歳ら兄弟が酒乱・家庭内暴力の父親を殺害
2・11 　福岡・八幡で女子中高生7人を繰り返し強姦していた中高生10人逮捕
2・16 　鹿児島・熊毛郡で小学3年が猟銃を撃ち1年の弟を死なす
3・3 　東京・品川で小学2年が民家6軒に放火、消防自動車が走るのが面白い
3・18 　南部線電車内で小学校副校長が18歳元教え子に刺されて死亡、恨みから
3・19 　秋田・北秋田郡で中学1年が手製ロケット発射して近所で大火事
3・20 　神奈川・高座郡の高校で女子生徒50人が教師の解任を要求して決起
3・23 　愛媛・川之江の中学1年が若乃花が負けて優勝できなかったことで自殺
4・4 　大阪・泉北郡で中学1年が父親の猟銃をいじって母親を誤射、死亡させる
4・8 　神奈川・鎌倉の小学校で「ネサヨ追放」運動が広まる
4・16 　徳島・海部郡で21歳男性が小1女児を殺害して性器や太腿などを切り取る
4・24 　三重・志摩郡で28歳の母親が3人の子を殺害。折り合いの悪い姑への面当て
4・29 　三重・上野で中学1年がロケット遊び中に爆発、左手首を切断
5・11 　新潟県で小学生が弟に大やけどを負わせる。母親が弟ばかり可愛がると
5・12 　広島で中学2年が6歳男児に砂山を崩され発作的に殺害

第2期 1952〜64年

5・14	横浜で小学5年と3年がアリの巣に火薬を詰め爆発させて失明
5・14	大阪で6年女児が担任に盗みの疑いかけられ保健室に放火
5・24	東京・葛飾、小中学生24人の万引き団「兵隊グループ」逮捕・補導
6・8	山形・米沢の高校2年女子が飛び込み自殺、3月に親友女子、男子生徒も
6・13	福岡市で高校3年が同級生を刺殺、頭のハゲをからかわれて
6・15	東京・足立で長女16歳と次女13歳が酒乱の父を絞殺、近隣住民が減刑運動
6・15	東京・豊島で13歳の長男が継子扱い怒り継母に切りつけ
6・16	三重・志摩で21歳の父親が妻に家出され生後6か月の子どもを殺害
6・19	福島・相馬で中学1年が小学3年女児を暴行・強姦、前歯を折り片目潰す
6・22	福島・安積郡で3人の兄妹が酒乱で金を奪う父を殺害
6・28	鎌倉の高校2年がバス運転手宅に強盗、殺人。夏休みの小遣い稼ぎ
7・3	埼玉・北足立で19歳の男が3人の女性を脅し切りつけ1人を殺害
7・7	広島・呉で中3の3人が2年にリンチ殺人。教師とPTA代表が逮捕に抗議
7・12	愛知・守山。中学3年が授業料を出してくれない母に暴行し死亡させる
7・14	静岡・島田で16歳少女が生んだばかりの子どもを殺害。男性に逃げられ
8・3	東京・墨田で5歳の兄が生後3か月の弟をバケツに入れ死亡させる
8・17	東京・江戸川の小松川高校で2年が強姦され絞殺、1年が逮捕される
8・22	秋田・大雄村、高校2年が借金のカタとして預けられたことに抗議の自殺
8・23	東京・品川で私立高校3年の長男の家庭内暴力に困り、父が殺害
9・2	長崎・南高来郡で父親が小学2年生の長女に保険をかけ農薬で殺害
9・4	東京・豊島の灘尾文部大臣宅に少年5人組が押し入り金品を奪って逃走
9・9	横浜で大学1年が3年前に泥棒扱いされたことを恨み、隣家の主婦を殺害
9・13	東京・池袋、流れ星の刺青を入れた少年窃盗団「流れ星一家」11人検挙
9・13	広島で映画「千羽鶴」のモデルになった高校1年が自殺
9・23	宮崎で高校2年が家庭内暴力の父を殺害。母への乱暴を制止して
9・28	草津温泉に慰安旅行、社長の甥が少女従業員にヌード撮影を要求、拒否され殺害
9・29	都立高校生らが勤評反対デモに参加、高校は生徒に謹慎処分
10・2	福島・伊達郡の駅で、少年17歳が片思いの17歳少女を殺害
10・6	東京・品川の高校2年が授業中にピストル自殺
10・23	福島・郡山で高校1年が飲酒や同棲を父に叱られナイフで刺す
10・24	福島で女子中学生3人にストリップさせた経営者逮捕
10・25	仙台中等少年院で16歳が17歳と18歳にイジメの復讐
11・4	東京・足立の小学校5年担任女性教師、宿題忘れた生徒の教科書焼く
11・6	栃木の作新学院野球部部員2人が18歳の女性を強姦、甲子園出場辞退
11・12	東京・江戸川の小学生をふくむ少女6人グループが愚連隊グループに強姦

される
11・16 東京・港区で医者の息子の慶応高校1年がタクシー強盗、深夜外出に飲酒
11・23 東京・豊島で少年16歳が放火しアパート全焼、高校進学断念せざるをえず
12・1 東京・新宿の少年3人が中学1年女子を強姦、50日間監禁し働かせていた
12・7 東京・葛飾、就職試験に失敗した高校生が自殺
12・8 東京・板橋、中学2年が仲間の少年院祝いの金ほしさにタクシー強盗
12・12 静岡県の高校生が父親の再婚に反対し自殺
12・23 福島・会津若松で中学2年の2人がイジメの仕返しで同級生を刺殺
12・26 東京・大田区の女優淡島千景方に17歳の少年が強盗、現金を奪うが逮捕
12・27 広島・大竹で19歳の少年が、家出し愛人と同棲中の母を説得中に刺す

児童の権利に関する宣言（抜粋2）　　1959年11月20日国連総会で採択

第4条
　児童は社会保障の恩恵を受ける権利を有する。児童は健康に発育し成長する権利を有する。この目的のため、児童とその母は出産前後の適当な世話を含む特別の世話及び保護を与えられなければならない。児童は適当な栄養、住居、レクリェーション及び医療を与えられる権利を有する。

第5条
　身体的、精神的又は社会的に障害のある児童は、事情により必要とされる特別の治療、教育及び保護を与えなければならない。

第6条
　児童はその人格の完全な、かつ、調和した発展のため、愛情と理解とを必要とする。児童はできる限り、両親の愛護と責任のもとで、また、いかなる場合においても、愛情と道徳的及び物質的保障とのある環境の下で育てられなければならない。幼児は、例外的な場合を除き、その母から引き離されてはならない。社会及び公の機関は、家庭のない児童及び適当な生活維持の方法のない児童に対して特別の保護を与える義務を有する。

第7条
1、児童は教育を受ける権利を有する。その教育は、少なくとも初等の段階においては、無償、かつ、義務的でなければならない。児童は、その一般的な教養を高め、機会均等の原則に基づいて、その能力、判断力並びに道徳的及び社会的責任感を発達させ、社会の有用な一員となりうるような教育を与えられなければならない。
2、児童の教育及び指導について責任を有する者は、児童の最善の利益をその指導の原則としなければならない。その責任は、まず第一に児童の両親にある。
3、児童は遊戯及びレクリェーションのための十分な機会を与えられる権利を有する。

1959（昭和34）年

第2期 1952～64年

この年の全般的状況　**与野党激突・伊勢湾台風・水俣病、全学連国会突入**

　岸内閣は次々に対立案件を打ち出し、与野党激突状況にあったが、前年11月の皇太子結婚発表以降、お祝いムードは広がり、年が明けるとさらに大きくなり、3月19日に皇太子の妹・内親王清宮貴子の結婚までが発表され、4月10日の皇太子結婚パレードでピークに達した。秋には伊勢湾台風が襲って5千人をこえる人が亡くなり、11月には水俣湾沿岸漁民が水俣湾の汚染と健康被害で新日本窒素水俣工場に抗議に押しかけていた。

────────◆この年の主なできごと◆────────

4・10　皇太子結婚（結婚パレード中継見ようとテレビが一気に普及、テレビ時代に）
7・22　熊本大学研究班、水俣病の原因は有機水銀によると発表
10・31　文部省、初の教育白書「わが国の教育水準」発表
11・27　安保改定阻止第8次統一行動、全学連国会突入
12・ 8　三池闘争はじまる

この年の子どもをめぐる大きな事件
①川崎で高校教師が5歳の養女を虐待して殺害
　1月29日、神奈川県川崎市で、東大卒業後、私立高校で物理を教えていた42歳教師と32歳の妻宅で、5歳の女児が硬膜下出血で亡くなった。警察が事情聴取すると、お漏らしをしたので折檻しているうちにぐったりしたということだった。女児が3歳のときに養女に迎えたのだが、夫妻の思うようには育たず、夫妻がいっしょになって殴ったり蹴ったり、風呂の水に沈めたり、ついには手足の爪を全部剥がすような虐待までしていたのだった。
②皇太子結婚パレード投石事件
　4月10日、皇太子と日清製粉社長正田英三郎長女美智子との結婚パレードが東京都内で行われたのだが、その馬車列が二重橋から祝田橋方面に向かっていた時、19歳の少年が皇太子夫妻の馬車に向けて投石した。少年は多額の税金を浪費しての馬鹿騒ぎに、文字どおり一石を投じたかったのであろうが、逮捕された少年は〝精神分裂病〟と診断され収監され、後日収監中に死亡した。この結婚パレードを契機に日本はテレビ時代に入った。

③帯広で母親が小学2年の娘を偽装自殺させる

　10月12日、北海道帯広市のアパートで、小学2年の女児が睡眠薬を飲んで自殺したとの通報が母親からあり、警察がかけつけると、「ひとから○○○（女児の名前）がいうことをきかないといわれて、おかあさんにしんぱいかけてごめんね」という遺書が残されていたのだったが、不審に思った警察が事情聴取するうち、3年前に夫が家出して生活に困っていた27歳の母親が娘に遺書を書かせ、睡眠薬を飲ませて死なせたことがわかり逮捕された。

────────◆1959年の子どもをめぐる事件◆────────

1・12		神戸で小学6年生が学校でイジメられて不登校になりガス自殺
1・26		福岡の私立高校で不良グループが生徒130人から金品を巻き上げ
1・29		神奈川・川崎の私立高校教師夫婦が爪を剥がすなど5歳養女を虐待し殺害
2・3		鎌倉で都立高校1年生が友人3人と電線泥棒
2・9		浜松で売春取り締まり、逮捕者に女子中学生も
2・17		中央大学応援団員5人が集団強姦
2・19		横浜で中学1年5人組が倉庫から大量に薬品を盗み逮捕
3・6		東京・秋葉原の交番で18歳が首相暗殺に使うピストルを奪おうと警官襲撃
3・12		新潟で小学6年3人組が連続婦女暴行
3・19		東京・足立の中学卒業式で15人が5人を校庭に連れ出し集団暴行
3・25		福岡で高校3年が下級生を脅して50回にわたり20万円以上を脅し取る
3・29		東京・板橋で17歳の2人組が朝鮮人高校生を殺害
3・29		横浜で中学2年と15歳が小学3年4人を立たせ空気銃で撃って負傷させる
4・10		東京・皇居前で19歳の少年が結婚パレード中の皇太子夫妻に投石
4・12		広島で被爆の大学生が被爆者が次々死亡していることを気にして自殺
4・12		福島県立教護院で職員が入所少女を強姦、現金を渡して脱走させる
4・28		鳥取・八頭郡で16歳の長男が母に乱暴を働く父親を殺害
4・28		岡山・井原市の中学で3年生が同級生を刺して殺害、些細なことでケンカ
4・29		東京・世田谷の少年19人の窃盗・強姦グループ逮捕
5・3		福岡・小倉で小学6年が首吊りのマネをして死亡
5・5		家出人が増加。上野の家出人、1年に8,503人
5・20		東京・荒川で少年16歳が窃盗で逮捕。少年院を出所したが行き所がなく
5・22		千葉・松戸で中学生が教師・親付き添い集団下校、卒業生が襲うため
5・29		熊本・天草で小学6年男子がイジメと下級生への暴行を親に叱られて自殺
5・31		横浜みなと祭りで保土ヶ谷と山下のグループ乱闘、1人死亡、36人逮捕
6・5		東京・世田谷で少年15歳が手製ヤリで小学1年生を刺殺
6・10		千葉・君津で合宿の東洋大応援団員30人と地元青年50人乱闘、負傷者17人

第2期 1952〜64年

6・21	東京・台東で17歳の元相撲取りがバー経営者に強盗、殺人未遂
6・22	秋田で19歳が鼻を高くする整形費用ほしさに雑貨商宅に強盗
6・28	多摩少年院から8人が教官を殴って脱走
7・1	東京・上野松坂屋で中1兄と小3妹がスリで補導。父酒浸りで生活費なく
7・7	東京・足立の中3女子リーダーと小学生2人を含む63人のグループ逮捕
7・16	東京・江東の盆踊りで少年兄弟が組員3人を襲い、1人刺殺、2人に重傷
7・20	福岡・柳川で兄弟が酒乱の父を殺害して自殺図り、中学1年の弟が死亡
8・7	東京・府中の少年7人組が自動車2台盗んで日本一周旅行
8・16	東京の中央児童相談所から3人が脱走、外車を盗み箱根までドライブ
8・17	神奈川・川崎、中学3年ら5人が盗んだ自動車でドライブ、逮捕
8・22	甲子園出場の早大第二政経学部2年が自殺。野球部入部直後に肩を壊し
8・28	東京・板橋で理髪店員16歳が女性を刺し強盗。仕事辛く、帰郷代欲しさに
9・1	茨城・東海村で17歳が顔見知りの主婦を強姦しようとして抵抗され殺害
9・10	東京・東北沢、「いれずみグループ」少年6人逮捕、ゆすり・たかり常習
9・11	東京・北多摩の中2・小6・小2の3姉妹が不倫する義母に抗議の自殺
9・14	東京・中野の中学生4人が14台のバイク窃盗、ツーリング
9・24	埼玉・川口で19歳の作業員が小学5年の女児を強姦し絞殺(翌年、自白)
10・8	静岡の女高生が就職試験で辱めを受けたと抗議の自殺
10・12	帯広の母27歳が生活苦から小学2年の娘に遺書書かせ睡眠薬飲ませて殺害
10・23	北海道中川郡で中学3年が万年筆が欲しくてニセ札つくる
10・23	広島の小学5年女児が自殺。給食費を盗んだと疑われ、祖母に叱れた直後
11・7	東京・渋谷の女優山本富士子宅に16歳が強盗(23日には23歳の男も)
11・9	東京・渋谷で美容学校生の2人が歌手フランク永井のバンドマンを刺殺
11・17	福岡・山田で17歳が32歳男性とぶつかったことでケンカ、ピストルで殺害
11・24	立教大学に大東文化大2年が酔って侵入、米人教授を殴って死なす
11・26	静岡の少年院で16歳の収容少年が18歳の少年を撲殺
12・4	東京・田無の15歳の少年がガス自殺。地元の非行グループにつきまとわれ
12・5	大阪・堺で中学2年が手製ロケット実験中に爆発、死亡
12・11	三重・松坂の県立高校で17歳が校長に切りつけ重傷を負わす。退学に恨み
12・22	大阪で主婦が隣家の2歳児を京都疏水に突き落として溺死させる。悪口言われたと

1960（昭和35）年

この年の全般的状況　**安保条約改定強行採決、道徳教育モデル校で強姦事件・校長自殺**

1月6日、日米安保改定実務交渉は妥結、19日にはワシントンで調印が行われた。国民の中には、日米対等の条約改定と言いながら、対米従属関係はむしろ強まり、米の軍事戦略に一層組み込まれるのではないかという心配の声が大きくなり、反対運動は日に日に大きくなっていった。政府・自民党は条約承認議案を5月19日特別委員会で、翌20日未明には本会議でも強行採決、国会会期を延長し憲法の規定により、1か月後に自然成立させた。

◆この年の主なできごと◆

5・19　自民党、衆議院で安保条約強行採決
6・15　安保条約改定阻止行動国会デモ、樺美智子死亡
6・19　新安保条約自然承認
8・19　文部大臣荒木万寿夫、教育基本法再検討叫ぶ
10・12　浅沼稲次郎社会党委員長、17歳の右翼少年によって刺殺される
12・27　閣議、所得倍増計画を決定

この年の子どもをめぐる大きな事件
①京都の道徳教育推進中学で集団強姦、校長自殺
　1月19日、京都市東山区の中学校の3年生10人、卒業生の少年7人のグループが、同校のグランドや近くの裏山で同校の複数の女子生徒に対して集団強姦・強制猥褻を行っていたことで逮捕・補導・送検された。少年たちは数か月以上にわたって犯行を繰り返していたのだが、同中学校は道徳教育モデル校で校長は事件発覚後に自殺した。被害女生徒の父親が加害少年を恐喝、困った少年が教師から金を借りるという事件まで起きていた。
②横浜で、5歳男児が母親に折檻されて死亡
　3月6日、横浜で5歳男児が母親に両手足を縛られ、布団蒸しにされて押し入れに放置され死亡した。母親は、男児が姉の金を盗んで使ってしまったことに怒り、折檻のつもりで、こうした行為に及んだのだが、押し入れに放り込んでしばらく後、見に行ってみるとぐったりしていたので、慌てて救急車を呼び、病院に運んだのだったが、死亡が確認されたのだった。死因は窒息、手足を縛られて身動きが取れなかったのだった。

③国会デモで樺美智子死亡、17歳が浅沼稲次郎刺殺

　政府・自民党が安保条約改定承認議案を強行採決したことから、安保反対の声はさらに強まり、6月に入ってからは万をこえるデモ隊が抗議に押しかけた。15日、その中で東大生樺美智子が国会前で死亡した。19日、安保条約改定が自然承認され、デモは潮が引いたように消えた。その秋、総選挙を前に、各党参加の演説会が開催されたが、社会党委員長浅沼稲次郎が17歳の右翼少年に刺殺され、〝危険な17歳〟という言葉が流行った。

第2期 1952～64年

―――――◆1960年の子どもをめぐる事件◆―――――

1・19　京都市の東山の中学生徒と卒業生が半年以上も女生徒多数に強姦や強制猥褻（校長は自殺、道徳教育のモデル校だった）
1・23　16歳が歌手島倉千代子を脅して逮捕。ファンレター出したが相手にされず
2・11　奈良少年院から12人が脱走
2・14　東武鉄道スキースケート臨時列車で群馬の高校2年が千葉の会社員を殺害
2・22　福岡の中学校で進学組と就職組が乱闘、1人が死亡（各地で同様事件）
2・22　宇治少年院から2人脱走
2・27　栃木・鹿沼の中学校で生徒が折った定規が隣席の生徒の目に刺さって失明
2・27　大分・豊後高田で高校2年が酒乱・家庭内暴力の父親を殺害
3・4　福岡市で少年4人が少年を脅し金品を奪っただけではなく売血までさせる
3・5　横浜で5歳の弟が姉の金を盗んだといって、母が蒲団蒸しにして死亡させる
3・22　常磐線の列車内で無職少年4人組が高校1年を脅し腕時計と現金を奪う
3・23　横浜で会社員の父親が引きこもりで家庭内暴力の長男を殺害して自首
3・27　東京・江戸川で女子中学3年が制服で売春していることを突きとめ逮捕
4・7　東京・四谷で中高生ら54人の非行グループ「神風連」摘発
4・9　神奈川・川崎で少年6人組が盗んだ金で車を買って白タク営業
4・12　東京で地方から集団就職して1か月の16歳の少女が自殺
4・23　栃木・足利の食堂夫婦が自宅を非行少年のたまり場にしていたとして逮捕
4・28　埼玉・秩父の県立高校で3年の退学を取り消せと校長に暴行
5・21　東京・浅草で11歳の少女ホステスがいることがわかり経営者が捕まる
5・26　阿蘇山に修学旅行の大阪の私立高校生が強盗し、東京の高校生と乱闘
5・28　岡山の中学を卒業・就職した少年、各地でタイヤを収集、会社が泥棒会社
5・30　大阪・茨木の浪速少年院から20人が脱走
5・31　〝満州孤児〟が東京で母と再会の夢を持っていたが、絶望して自殺
6・1　福島・磐梯に修学旅行の千葉の中学3年28人が土産物店で集団万引き
6・12　兵庫県宝塚夜間高校4年生が巡査を刺しピストルを奪う
6・15　安保改定反対デモ、東大生樺美智子死亡

7・1	東京・墨田・江東で暴力団員374人が逮捕されたが100人以上が少年
7・15	愛媛・丹原町立小学校で水泳練習中、6年女児が溺死
7・20	東京・江東で連続放火、店員17歳逮捕。「世間をあっと言わせてやる」と
7・27	北海道・釧路で高校3年が酒乱で家庭内暴力の炭鉱夫の父を殺害
7・31	東京・江東で少年2人がタクシー強盗、運転手に1か月の重傷
8・2	宮崎で小学6年が水中眼鏡を壊され、中学2年と3年を猟銃で撃つ
8・10	群馬・利根郡で17歳が小学2年の現金書留を奪って絞殺、中身はカラ
8・18	警視庁が初の「少年性犯罪白書」を発表
8・23	東京・渋谷で小・中・高校生39人を含む不良少年99人補導。暴力団がらみ
8・25	神奈川・藤沢の海の家で女子高生2人が2日間監禁・強姦、店員と少年逮捕
9・1	北海道足寄で27歳男性が大豆泥棒を見られて小学1年女児を絞殺
9・5	東京・大田の中学生3人が夏休み中に空き巣62件、便所の汲み取り口から
9・12	東京医療少年院から19歳ら5人が集団脱走
9・12	小田原少年院から19歳の強盗犯が脱走
9・28	東京・大田区で19歳のニセ社員が170人の給料374万円を持ち逃げ
10・12	日比谷公会堂の三党首演説会で山口二矢17歳が浅沼社会党委員長を刺殺
	（11・2「七生報国、天皇陛下万歳」と書き残し東京少年鑑別所で自殺）
10・15	山梨の施設で連続して収容児童による収容児殺害事件
10・17	千葉の中学3年の4人組がテレビ映画「ローハイド」にあこがれ家出
10・26	東京・品川で2少年が通行中の男性を殺害。着用の革ジャンが欲しくて
10・29	東京で特殊浴場初の手入れ、16歳の少女も
11・7	東京・足立で少年16歳が小学2年に猥褻行為、女児は逃げ、川に転落死亡
11・12	東京・板橋の中学の体育授業中、2年が教師刺す。前日叱られたのを恨み
11・17	鹿児島で17歳が5歳幼児を誘拐して殺害、映画を見てまね、保護観察中
11・25	東京・大田区の中学生愚連隊26人が決闘で集まり、凶器準備集合罪で逮捕
11・28	警視庁、青少年に「刃物を持たない、持たせない」運動
12・6	神戸の中学3年が同級生刺殺。サッカー部員がバスケット部員をからかい
12・11	東京・新宿の中学1年生女子が紙芝居のツケ催促され、隣家に空き巣
12・22	宮崎・都城で5歳の長女が生後23日の妹を死亡させてしまう
12・28	大阪・堺市の養護施設で小学6年が3年とのプロレスごっこで死亡させる
12・31	小倉の陸自曽根駐屯地で短機関銃4丁などが盗難、近くの少年18歳が逮捕

1961（昭和36）年

第2期
1952
〜64年

この年の全般的状況　**高度成長・所得倍増、睡眠薬遊び、**
　　　　　　　　　　　　　　またしても危険な17歳

　60年安保改定は国論を二分する戦後最大の政治的事件だったことは誰もが認めるだろう。体制を覆すまでには至らなかったが、自民党支配を大きく揺るがし、このような政治的対立を続け、数を頼んで強行突破することは得策ではないと考えさせるようになった。岸の後を継いで首相になった池田勇人は、政治より経済に国民の関心を移動させ、「所得倍増政策」を打ち出し、教育面では高校・大学への進学率の向上に力点を置きはじめた。

──────◆この年の主なできごと◆──────

- 2・1　右翼少年、「風流夢譚」で中央公論社長宅襲い、夫人負傷、お手伝いさんを殺害
- 4・1　国民健康保険、国民年金制度発足
- 6・21　小児マヒ大流行
- 10・−　この頃、四日市コンビナート周辺で喘息患者続出
- 11・29　児童扶養手当法公布

この年の子どもをめぐる大きな事件

①またしても17歳右翼少年が中央公論社嶋中社長宅を襲う

　2月1日、またしても17歳の右翼少年が、中央公論社嶋中社長宅を襲い、家事手伝いの女性を殺害し、社長夫人に重傷を負わせた。理由は、『中央公論』60年12月号に深沢七郎の小説「風流夢譚」を掲載したが、これは天皇と皇室を愚弄し貶めるものであり、これに対し天誅を加えたというわけであった。この事件に対し、中央公論社にかぎらず出版各社は、言論・表現・出版の自由を守ると言いつつも、実際は自粛し、怯えるようになった。

②兵庫の小学校教師がバットで3年の頭を殴る

　6月4日、兵庫県出石(いずし)の小学校で3年担任教師が授業中に騒いだ児童の頭をバットで殴り重体に陥らせた。教師は禁止されている体罰で過去にも問題を起こしていて、担任になって児童に「体罰」についてアンケートを採り、賛成が反対より1人多かったということで体罰していたのだが、児童は木から落ちて脳に後遺症があり、落ち着きがなくなり、医者は頭に衝撃をあたえないよう注意していたのだが、あろうことかバットで殴ったのだった。

③三島市で中学3年女子生徒が同級生に硫酸かける

9月14日、静岡県三島市で、中3女子生徒が同級生の顔に硫酸をかける事件を起こした。かけられた同級生は顔全体に3か月の大火傷を負い、右目はまったく見えなくなり、左目もかすかに見える程度というたいへんな被害を受けた。事件の動機・背景としては、2人とも成績優秀で、加害生徒が日頃から彼女に対しライバル意識を持っていたのだが、彼女のほうが少し上で、容姿も良かったことから嫉妬心を募らせたからというのだが。

④京都で教師の父が息子を死なせニセの診断書

10月8日、京都で小学校教師が酒に酔って小学6年の息子の頭を何度も殴ったり蹴ったりして死亡させた。自転車のパンクを修理しておけと言ったのにしなかったから暴行したというのだが、この暴行理由も問題だが、もっと重大なことは知り合いの医者に急性肺炎と腸炎で死亡したというニセの診断書を書かせたことである。火葬直前に近所の目撃者の通報によって傷害致死で逮捕された。日頃から酒癖が悪く、何かというと暴力を振るっていた。

────◆1961年の子どもをめぐる事件◆────

1・1	岩手の小学校での新年祝賀式終了時、児童が将棋倒しになり10人圧死
1・19	東京・大田区の71歳の男が金を渡して何人もの女子中学生と猥褻行為
1・19	警視庁が少年やくざ専門班設置
1・24	宇都宮で16歳が洋品店主の妻に夫の殺害を頼まれ強盗に入ったが逮捕
2・1	東京の中央公論社社長宅を右翼少年が襲い、夫人を刺しお手伝いさん刺殺
2・6	岡山・川上郡の小学校3年の学級委員選挙で買収したり脅したり
2・6	東京・台東で17歳右翼少年が日教組委員長暗殺企て逮捕
2・21	俳優赤木圭一郎事故死、ファン少女の後追い自殺あいつぐ
2・24	京浜・中京・京阪神で暴力団一斉摘発、1,704人を逮捕、うち少年は394人
3・2	愛知の県立職業訓練所寮で蜂蜜ミルク飲んだ訓練生死亡、イジメの仕返し
3・8	高知市で小学5年が首つり自殺。遠足の弁当つくってもらえず
3・10	東京・渋谷で中学3年がガス自殺。全日制高校に進学できず
3・12	茨城・下妻で小学6年と5年が銃をつくり、爆発して6年即死、5年重傷
3・13	警視庁が非行少年一斉取り締まり、1,906人を補導（うち女子78人）
4・9	東京の15歳の人気テレビ俳優が無賃乗車と窃盗で逮捕
4・14	大分・玖珠で19歳ら3人組が巡査を襲う。無免許運転を何度も注意され恨む
4・22	山形・西村山で小中学生90人がカバヤの菓子の景品ほしさに万引き（各地でも）
4・30	東京医療少年院から10人が脱走（5・3新潟・長岡でも14人脱走）

第2期 1952～64年

4・30	福岡・筑後市で小学1年女児殺害、夜警員32歳逮捕、死後陵辱し遺棄
5・ 7	京都で工員18歳が女優丘さとみ殺害計画。殺さなければ自分が破滅すると
5・ 8	広島県の私立高校で盗難が相次ぎ、生徒の投票で犯人を決め、母親が自殺
5・11	兵庫県で小学4年男児2人が2年女児に性的イタズラをして負傷させる
5・13	宮崎市の中学1年男子がみんなをあっと言わせるためと5歳児刺し井戸に
5・13	福岡・宗像で中学生4人が車盗みトラックと衝突、2人死亡、1人重傷
6・ 1	東京・府中の関東医療少年院から3人が脱走
6・ 4	兵庫・出石市の小学校で教師が脳に後遺症を持つ3年男児の頭をバットで殴り重体に（教師は「体罰是非」のアンケートを取り1票差だが体罰賛成の結果を得たと）
6・ 5	千葉で18歳がトラックを無免許運転、7歳と4歳の兄弟死なせ5人に重傷
6・18	群馬・富岡で両親亡くした18歳が中2と小4の妹殺害未遂、生活できぬと
6・19	栃木の永野川で作新学院生と栃商生50人が凶器準備集合で逮捕、乱闘寸前
6・20	東京・大田の小中学生14人が羽田空港売店で高級品などを盗み逮捕補導
6・28	警視庁が暴力団一斉摘発、逮捕者合計2,752人、うち少年は756人
7・ 1	東京・文京の高校1年が無免許でオートバイ2人乗り、制止の警官はねる
7・12	横浜市の理髪業の17歳が酒乱の26歳の兄を殺害
7・22	愛知で小学6年が大学生に水に漬けられ殺害される
7・27	横浜の高校3年が同じ家に2度窃盗、女性に見つかり殺害
8・ 4	神奈川で少年4人に拉致された19歳ホステスが逃げようとして転落、死亡
8・10	東京・渋谷の喫茶店で商売敵の店から金をもらい少年4人が暴れケガさせる
8・10	神奈川少年院から9人脱走（8・12　水戸少年鑑別所から4人脱走）
8・15	東京で強盗した18歳が横浜鑑別所から岐阜鑑別所へ移送される途中に逃走
8・16	東京・晴海のソ連見本市で18歳右翼少女がレーニン写真像に切りかかる
9・ 7	大阪で4歳女児が頭を殴られ死亡、酒を飲んで暴行の36歳父逮捕
9・ 9	東京・浅草のストリップ劇場「ロック座」で中学2年を出演させていた
9・14	静岡・三島の中学3年女子が同級生に硫酸、顔は大火傷、右目は失明
9・18	仙台の銀行を19歳が襲い逮捕（8・19富山でも44万円を奪い指名手配中）
9・20	東京・新宿で小学5年補導。3か月間に41件、37万円の空き巣・窃盗
10・ 2	大阪で小学6年が5年を刺す。非行グループから抜けようとして
10・ 3	東京・杉並の工具寮に高校生27人が殴り込み逮捕。ケンカに負けた仕返し
10・ 8	京都の小学教師が酔って小6の息子を暴行で死亡させ、偽診断書かせる
10・25	東京の少年少女6人が商事会社課長を脅して逮捕。売春を持ちかけ断られ
10・26	京都の旅館で女子従業員がトイレで男児を産んで放置して死亡させ逮捕
11・ 7	東京・吉祥寺で予備校生が暴走族を制止し中学3年を死なせたが嘆願書
11・10	東京・品川の小学6年が空巣で捕まる。プレゼント購入資金を稼ぐため

11・11 京都・宇治でバーテン18歳が小学2年の腹を空気銃で撃ち重傷を負わせる
11・21 東京・大田の小中学生20人組が20台のバイクを盗んで逮捕
11・24 東京・練馬の中学生13人が米軍住宅からジーパン38本を盗む
11・27 千葉・銚子で16歳が生け花師範を強姦、金を奪って逃走
12・5 北海道野付郡で24歳が小学2年女児にいたずらしようとして抵抗され殺害
12・6 横浜の防空壕で小学1年女児が殺され、同アパートの中学2年が犯行自供
12・11 東京・葛飾で19歳の2浪の息子が大学進学やめろと言われ父親を殺害

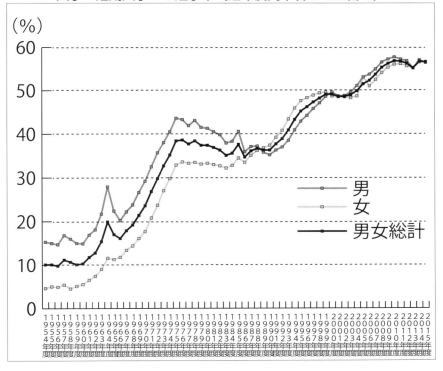

大学・短期大学への進学率（過年度高卒者などを含む）

1962（昭和37）年

第2期 1952～64年

この年の全般的状況　**大学管理法、キューバ危機、サリドマイド薬害事件**

50年代後半の勤評・警職法反対闘争、60年安保条約改定反対闘争において、学生運動が果たした役割は大きかった。自民党文教族と文部省は、その対策として大学管理法制定を企図したが、安保闘争の挫折によって学生運動は分裂・衰退していたとはいえ、反対の声は強く、引っ込めざるをえなかった。10月になって、キューバ革命を潰そうとする米国とキューバを支援するソ連との対立から、世界はあわや核戦争という危機に直面した。

――――――◆この年の主なできごと◆――――――

- 3・31　義務教育教科書無償法成立
- 4・1　高等専門学校設置
- 5・17　大日本製薬、イソミン出荷停止（サリドマイド薬害）
- 6・2　大気汚染防止法施行
- 8・12　堀江謙一、ヨットで1人で太平洋横断
- 10・22　キューバ危機
- 12・4　高校全入全国大行動

この年の子どもをめぐる大きな事件

①夫婦喧嘩のあげく2児を殺害して埋める

6月28日、孫の姿が見えないので調べてほしいという届け出が東京・赤羽署に出された。息子夫婦から事情を聞いたところ、夫婦喧嘩し、妻が実家に帰っているうちに、23歳の夫が20歳の妻への面当てに、2歳の長男と7か月の次男を殺していたことがわかり、さらに、もどった妻がそれを聞いて、夫婦2人で隣地に穴を掘って遺体を埋めていたこともわかったのだったが、こんなことでわが子を殺害するなど、とても信じられないことだった。

②富山の県立高校で授業中、女子高校生射殺される

7月17日、富山県東砺波郡(ひがしとなみ)の県立高校で、無職の20歳男性が猟銃を持って授業中の教室に押し入り、教師と生徒18人を黒板の前に整列させ、女子高生に2発撃って殺害した。この男性は3月までこの高校に通い、殺害した女子高生に思いを寄せていたが、相手にされなかったので射殺したのだった。犯行後、橋から飛び降りて自殺するつもりだったが、怖くなって死ねず逃走、警官

隊と対峙して撃ちあうつもりだったが説得され、逮捕された。

③東京・大田の高校3年生らが自動車29台を盗む

10月26日、東京都大田区の高3の2人と17歳の無職の2人が、自動車29台、バイク15台を盗んだとして逮捕された。盗んで乗りまわした後は、相模湖や狭山湖に投げ込んだり、スクラップ業者に売って1,000万円ほどを手に入れ遊びまわっていた。この間、2回のひき逃げ事件も起こしていたが、彼らにまったく罪意識はなく遊び感覚だった。モータリゼーションの時代に入って自動車やバイク窃盗が新たな犯罪となってきていたのだった。

④栃木で小学2年女児が連れ去られ殺害される

12月10日、栃木県矢板で小学2年女児が連れ去られ、3日後に全裸で遺棄されているのが発見された。犯人はわからなかったが、翌年5月になって中学2年の少女を車で連れ去って強姦・殺害して逮捕された35歳の男性運転手が、この女児を連れ去って殺害したことも自供した。男性は7年前に17歳のバスガールを殺害して懲役8年の刑に服していたが、仮出所中に2人を殺害したのだった。起訴されて、更生の余地なしとして死刑となった。

────────◆1962年の子どもをめぐる事件◆────────

1・12　相模原で女子高生2人がトランジスタラジオなど万引きで逮捕。遊び感覚
1・22　東京・千代田区で高校1年5人が睡眠薬遊び中、タクシー運転手に暴行
1・24　横浜の高校で2年が別のクラスの2年を暴行し殺害
1・29　東京・銀座の三菱銀行で福島から上京の18歳が職がみつからず銀行強盗
1・29　愛知・岡崎で中学2年が告げ口恨み、農薬入り飲料で小学生兄弟を死傷させる
2・1　東京・上野で中学1年と小学6年が睡眠薬遊びで暴れ、女子高生に猥褻行為
2・11　神戸の六甲山頂上付近で県内の中学3年男女がダイナマイトで心中、重傷
2・15　鎌倉の赤木圭一郎の石碑近くで東京・墨田17歳少女が飛び込み後追い自殺
2・17　東京・杉並で中学3年3人が高校生3人らから金品奪う。睡眠薬買うため
2・18　浜松で小学3年がテレビ見過ぎ叱られ、首吊り自殺のふりして失敗、死亡
3・8　兵庫・尼崎で高校1年が自殺用にピストルを奪うため警官を襲ったが逮捕
3・11　東京・杉並の小中学生11人の窃盗団まる。67件の犯行
4・17　東京・渋谷、中学卒業直後の15歳が13件の強盗、職務質問の警官刺す
4・23　山口の坂川の桜並木の29本を神職養成学生2人が荒らす。叱られた仕返し
4・26　埼玉・比企郡で中学2年が新聞配達をバカにされ蹴られ、同級生を殺害
4・29　大阪・城東区の小学校が焼ける。4年女児が教師に叱られ放火
5・6　徳島・阿南で中学3年が隣家の4歳男児の性器を弄び、騒がれ殺害

第2期
1952
〜64年

5・9	千葉で校舎改築の資金集めに校庭でプロレスを開催
5・12	京都の踏切で大阪の大学生19歳が自殺、応援団の暴力的入団勧誘を恐れて
5・18	東京・北区の少年2人が火災現場で消火ホースを切り鎮火妨害罪で逮捕
6・3	群馬・佐波郡で中学3年が小学2年女児にイタズラして池に投げ込み殺害
6・6	栃木の少年4人組が車を盗み、新宿のガソリンスタンドで強盗し逮捕
6・8	山梨・西八代の高校3年が交通違反の出頭命令で警官に決闘状送り逮捕
6・10	川崎のデパートで4歳女児が39歳の男に連れ去られ強姦・殺害される
6・28	埼玉・蕨で23歳夫が妻の家出の面当てに子ども2人を殺害、夫婦で埋める
7・5	茨城・日立で小学4年自殺。学校で女子にケガさせて叱られると思い
7・17	富山・東砺波の県立高校で無職20歳が授業中に女子高校生を射殺
8・19	福井・三方郡で15歳の長男が酒乱で母に暴力を振るう父を殺害
8・20	仙台で19歳が酔ってトラックを無免許運転、男性を轢いて殺害し、もう1人に重傷
8・22	岐阜・恵那郡で中学1年が小学2年女児を猥褻目的で畑に連れ込み殺害
8・24	東京・大田で少女15歳がテレビ番組「ダイヤル110番」の影響でニセ110番
8・25	東京・中野の小学5年が足立の中学2年に連れ回され脅され万引き・窃盗
8・29	大阪市で中学3年2人が空気銃で通行中の女性7人を撃ち逮捕
9・8	名古屋で中学3年が主婦の下腹部に傘を突き刺し殺害（5日前には女店員を刺していた）
9・4	宇都宮の中学で授業中に中学2年女子を呼び出し誘拐、17歳少年逮捕
9・5	東京・麻布の社長宅に誘拐したと電話し、無職18歳が身代金を騙し取る
9・7	大阪市で小学4年がお化けごっこで遊ぶうちに首吊り、ほんとうに死亡
9・16	東京・港区で中学3年が強姦目的で民家に押し入り、主婦に抵抗され殺害
9・20	千葉・松戸で16歳が父を刺殺。酒の飲み過ぎを諌めたが聞かず（秋田でも同様の事件）
9・30	北海道・根室で3歳の姉が生後1か月の弟の口にアメ玉を入れ死亡させる
10・10	神奈川・川崎の民家に16歳が押し入り、8か月の女児を人質に金を奪う
10・17	東京・大田で高校1年が女性ばかり狙って切りつけ逮捕。10件の余罪
10・19	東京・紀尾井町で中学1年の2人が小学4年を人質に同級生から金を奪う
10・26	東京・大田の高校3年ら4人組の窃盗団逮捕、自動車29台、バイク15台
11・9	東京・深川の4歳女児が行方不明、柏市で発見、17歳少女が放置
11・11	神奈川・川崎で小学6年女子4人が教師の誕生日祝いにと百貨店で万引き
11・11	埼玉・川口、保健所職員19歳と大学生が職員の給料120万円を持ち逃げ
12・2	東京・新宿のジャズ喫茶で少年6人がボーイ、バーテンから金を脅し取る
12・5	兵庫・尼崎で中学3年3人が女生徒11人を恐喝・暴行して現金を脅し取る
12・6	青森市で18歳の大工見習いが接着剤遊びで酩酊しタクシー運転手を殺害

12・10 栃木・矢板で運転手35歳が民家に侵入、小学2年女児を殺害（前歴3件）
12・24 長崎・雲仙で群馬冨岡の妻子のある中学教師が教え子3年女子と心中
12・28 神戸・三宮で17歳が酔って車を盗み運転、7人轢逃げ

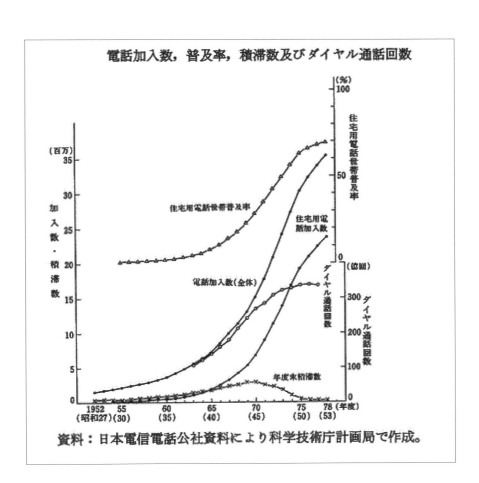

1963（昭和38）年

第2期 1952～64年

この年の全般的状況　**都市の過密化、地方の過疎化、ケネディ暗殺、吉展ちゃん事件**

高度成長政策が推進されたが、重化学工業・製造業に力を入れることで可能となった。当然、農業から集団就職や出稼ぎなどの労働力移動が進み、大都市は急速に過密化し、地方では過疎化が進行し、農業は衰退しはじめた。都市圏では農地・里山を破壊して宅地開発が行われ、地方沿岸部にはコンビナートが建設されたが、公害環境破壊の発生源となることを危惧する者は少なかった。11月、米大統領ジョン・F・ケネディが暗殺された。

―――――◆この年の主なできごと◆―――――

1・14　経済審議会、能力主義教育強調
5・ 4　厚生省、初の児童白書
7・15　名神高速道路開通
9・12　松川事件全員無罪
11・23　米大統領ケネディ暗殺

この年の子どもをめぐる大きな事件

①同志社女子大で女子学生が同級生に切りつける

1月30日午前10時頃、京都市の同志社女子大学で、19歳の女子学生が包丁で同級生に切りつけ、顔に傷を負わせた。まわりの女子学生や駆けつけた守衛に取り押さえられた。警察での取り調べで、その同級生が自分の成績を調べたり、じろじろ見たりするからだと供述したのだが、被害にあった同級生には身に覚えのないことだった。加害学生は自殺も口にしていたとのことで、年末試験の直前で精神的に不安定になっての事件とみられた。

②吉展ちゃん誘拐事件

3月31日、東京都台東区入谷で4歳の吉展ちゃんが行方不明となった。4月2日、身代金を要求する電話がかかり、誘拐事件に切り換えられて捜査がはじめられ、初の報道協定も結ばれたが、7日、警察は男児を保護できなかったのみならず、何の手がかりもつかめないまま、身代金50万円だけを奪われてしまった。犯人の小原保が逮捕されたのは65年7月4日、誘拐と同時に殺害し、荒川区の円通寺の墓地に埋めていた。小原は死刑となった。

③狭山事件

5月4日、埼玉県狭山市で高校1年女子生徒が殺害される事件が発生した。23日になって、近くの青年が逮捕され、強盗、強姦、殺人、死体遺棄、恐喝未遂、窃盗、森林窃盗、傷害、暴行、横領で起訴された。青年は起訴事実を認め、64年3月11日、浦和地裁は死刑判決を下した。青年は死刑判決後、一転して否認、被差別部落に対する予断と偏見による捜査、無知につけ込んだ自白誘導が行われた冤罪であると主張、支援運動もはじまった。

─────◆1963年の子どもをめぐる事件◆─────

1・ 8　東京・千住で放火、中学生逮捕、おでん屋夫婦の保険金詐欺を手伝う
1・14　愛知・瀬戸で高校生がくじ付き年賀状2,700通盗む（各地で同様事件）
1・23　埼玉・比企の中学校でイジメ加害者の3年が教師に注意され日本刀で脅す
1・27　京都で17歳が車を盗み無免許で信号無視して軽自動車に衝突、2人死亡させる
1・30　京都の同志社女子大で19歳の1年が同級生の顔に切りつけ重傷を負わす
2・ 6　横浜の中学で就職組が進学組の生徒をリンチ
2・ 7　兵庫・龍野の中学で3年が隣のクラスの3年を刺殺。サッカーの試合で喧嘩
2・ 9　警視庁、深夜喫茶一斉取締り
2・12　愛媛・松山市で中学1年が小学6年の女児を強姦し殺害、過去にも2件
2・13　東京・三鷹の中学校で問題行動の3年3人を無期停学（義務教育で異例）
2・16　福岡・北九州で14歳が空き巣、父死亡、母に棄てられ7歳の妹と暮らす
2・20　東京・大田の小学校に他校の4年が乱入、ナイフで脅し教師の現金を奪う
2・26　埼玉・入間で中学1年自殺、鉛筆賭け負けて渡さなかったため喧嘩して
3・14　東京・新宿の中学3年6人が硬貨偽造で逮捕。動機は「面白半分」
3・19　長崎市で31歳の男が6歳女児を連れ去り、山中で強姦して殺害
3・27　東京・北区で小学6年3人が民家に火薬弾（2B）を打ち込み補導
4・ 1　埼玉・大宮の川越線列車に37回投石の19歳を逮捕、無賃乗車を叱責されて
4・ 5　横須賀の防空壕で小学4年がビー玉遊びで5歳男児を溺死させる
4・ 6　佐賀・小城(おぎ)郡で小学生82人、中学生53人が万引きで補導される
4・ 8　大阪・枚方で高校3年が強盗、主婦襲い現金とカメラ奪う。部費使い込み
4・27　福岡・柏屋郡の私立高校野球部でリンチ、2年生10人が1年生20人に
5・ 8　東京・足立区の主婦に脅迫状、近くの高校1年逮捕、他の事件を真似て
5・15　三重の国立鳥羽商船高校で厳格な生活習慣指導求め、2、3年が授業放棄
5・17　広島の因島で17歳が些細なことで小3男児を殺害し自宅に隠す。母も協力
5・18　愛知の高校で校長がフォークダンスを禁止し、生徒がこれに反発し強行
5・28　広島・府中の県立高校野球部で退部しようとした1年に部員18人がリンチ
6・ 9　大阪の高校女性教師が中学3年の娘を死亡させる。掃除機の使い方で喧嘩
6・16　横浜で40歳の無職男性が教会帰りの小学3年女児を強姦し殺害

第2期 1952～64年

6・21	徳島・板野郡で小学6年女児が自殺。先生の名札を雑巾で消してしまい
6・22	岩手・宮古で無職16歳が中学1年を誘拐、父親の社長を脅迫。他の事件まね
6・25	静岡・浜松で少年3人が社長宅に強盗、金品奪い、中3の娘も誘拐
7・14	厚生省、睡眠薬遊びに対応するため劇薬指定、簡単に買えないようにする
7・18	東京で高校の水泳部の合宿に非行グループが殴り込み。仕返し
8・7	茨城・新沼郡で小学2年が自殺。賭に負け。母親が5年前に農薬自殺
8・9	大阪・吹田で高校2年が中学3年女子を殺害、強姦しようとして抵抗され
8・15	小田原の料理店見習いが同僚の貯金を盗む。19歳の被害者は儚んで自殺
8・30	大阪の教護施設強制寮独房で小学6年が首吊り自殺
9・5	京都・左京区の中学校に他校20人が乱入、非行グループの喧嘩の仕返し
9・10	横浜で少年7人組が給料を運ぶ社長の車を挟み撃ちにして625万円強奪
9・21	千葉・長生郡で中学2年自殺、体操部の中心選手だったがトレパン買えず
10・16	名古屋で洋服仕立て見習い19歳が映画「天国と地獄」をまね脅迫して逮捕
10・25	常磐線で高校生が老人を殴って傷害を負わせる
11・6	北海道釧路でバーテン見習い19歳が老夫婦を殺害、現金と時計を奪う
11・13	大阪で19歳の右翼が共産党議長野坂参三を襲う
11・14	神奈川・川崎、遠足の中学2年4人がバスの中で睡眠薬とビールで酔って暴れる
11・24	北海道札幌の中学3年4人が羽田空港で万引き、その金で各地に遠征
11・25	東京・北多摩、中学生の善行グループが活動資金稼ぎに喝上げ、万引き
12・13	神奈川・茅ヶ崎の中学2年が駄菓子屋で千円札を切り離し四つ折りにし両替詐欺
12・14	広島で小学6年と4年の兄弟が父と別れろと愛人のホステスの部屋に放火
12・16	広島・大竹の社長宅に15歳無職が押し入り社長の義妹を殺害、現金通帳を奪う（この15歳が79・12・16に三菱銀行北畠支店に押し入った梅川昭美）

1964（昭和39）年

この年の全般的状況　**名神高速・新幹線開通、東京五輪、俳優高島忠夫5か月男児殺害事件**

　奇跡の戦後復興と高度成長を成し遂げた国として、10月10日から24日まで東京オリンピックが開催された。その前段で東京都内の都市改造が行われ、9月5日には日本初の高速道路・名神高速道路が開通、10月1日には東海道新幹線が開業、日本は高速移動の時代に入った。関係者は、日本も〝世界の大国〟の仲間入りをしたと胸を張り、バレーボールで日本女子チームが優勝、大松博文監督の精神主義的指導・根性がもてはやされた。

————————◆この年の主なできごと◆————————

- 1・27　フランス、中国承認
- 3・14　文部省、小中学校教師用「道徳の指導資料」発行
- 4・ 1　厚生省環境局に公害課設置
- 8・ 2　トンキン湾事件
- 10・ 1　東海道新幹線営業開始
- 10・10　東京オリンピック

この年の子どもをめぐる大きな事件
①中学教師が生徒に濡れ衣、生徒が逆襲し刺す
　2月10日、大阪市内の中学で教師が愛車オースチンを磨いていた時、校舎3階から水を掛けられたと教師が怒って駆け上がっていき、そこにいた3年を犯人扱いして口論となった。いったんは収まったが、授業終了後、3年がオレは水をかけていないと教師の腹部をナイフで刺し重傷を負わせ、殺人未遂で逮捕された。調べの結果、生徒が水をかけていなかったことが明らかになった。問題は教師が学校で洗車・ワックスがけしたことだった。

②清水市で主婦が隣家の6歳男児を殺害した
　7月14日、静岡県清水市で6歳男児が行方不明になった。それで警察や隣近所の人たちが必死になって探していたところ、18日になって隣家の主婦が夫にともなわれ、自分が殺したと自首した。自分の子どもは日頃から病弱で、その日も寝ているときに隣家の男児がやってきたのだが、男児を見ているうちに元気であることに嫉妬し、発作的に首を締めて殺害し、自宅床下に埋めていたのだが、悪臭が強くなって夫に打ちあけたのだった。

③俳優高島忠夫・寿美花代夫妻の5か月の男児が殺害された

　8月24日、東京都世田谷区の俳優高島忠夫・寿美花代夫妻宅で、お手伝いの17歳の少女が夫妻の生後5か月の男児がいなくなったと騒ぎ出し、探したところ風呂場で沈んでいるのが発見された。警察が少女から事情を聞いたところ、男児誕生以降、夫妻が自分のことをかまってくれなくなったことに嫉妬しての犯行であることがわかった。事件前、不審な男がうろつきまわっているなどと交番に届け出ていたことから、計画的な犯行だった。

④杉並の男子高校生「切り裂きジャック」事件

　12月26日、警視庁野方署は東京都杉並区の男子高校生17歳を逮捕した。幼稚園や小学生の男児ばかりを狙い、顔や腹を切り、さらには下腹部を切り落とした。男子高校生は2年にわたって、13人もの幼児、男児を襲い、被害者宅に「切り裂きジャック」を名乗ってイラストを送り、警察には挑戦状を送りつけた。それを書き付けたノートを落としたことから逮捕されたのだが、普通の家庭の、普通の高校生による、猟奇的犯行と騒がれた。

──────◆1964年の子どもをめぐる事件◆──────

1・ 5　鳥取の山陰本線で4歳、6歳による置石で貨物列車脱線
1・15　横浜で中学3年と無職の2人組が窃盗車で暴走、事故で重傷
1・19　東京の高校生3人が日立でタクシー強盗、運転手殺し車を奪い東京に戻る
1・29　大阪・天王寺で中学生が同級生を殺害。5人ずつで決闘のあげく
2・ 3　東京・練馬、中学3年ら7人が自動車窃盗、1人が窃盗車で白タク営業
2・ 9　大阪・南河内で小学5年が改造拳銃を落として暴発、小学6年の腹に命中
2・10　大阪市内の中学で教師が愛車洗車中に生徒とトラブル、生徒に刺され重傷
2・12　福岡・久留米の中学で道徳時間中に他クラスの生徒、注意すると教師に暴行
2・23　東京・杉並の中学2年3人が自転車で高齢女性標的にひったくり繰り返す
2・25　宮城・仙台で高校生男女6人が血を売って遊び回る
3・10　東京・小金井の公園で教師引率の2校の中学3年10数人乱闘、5人重軽傷
3・11　群馬・渋川の高校浪人16歳少女が受験前日に自殺（高校浪人約6万人）
3・12　各地の中学校、卒業式が荒れるのを警戒、警察官立ち会い要請増える
3・13　横浜で小学6年と16歳が空き巣に入り金品奪った後、放火
3・18　横浜で女子高校1年15人が、60点7万円以上を集団万引きして逮捕
3・24　米・大使館公邸で無職19歳がライシャワー大使を刺す（20には放火も）
3・27　東大、教養部学生2人をカンニングで退学処分
4・ 4　愛知・瀬戸で17歳が母親と歩いていた少女15歳を空気銃で脅して拉致強姦
4・15　東京・新宿で16歳が睡眠薬を飲んで口論となった51歳男性を刺殺

第2期 1952～64年

4・23	東京の栄養専門学校で実習授業中に17歳が同級生を刺殺、ズボン汚したと
5・ 4	東京・板橋で中学3年ら6人組が通行人に次々強盗、現金や腕時計を奪う
5・ 4	大阪で高校3年がタクシー運転手殺害、自殺偽装し逮捕（2月にも強盗）
5・12	京都で中学3年がタクシー強盗、大阪の事件真似
5・12	大分・宇佐の高校で2年生が同級生と決闘、ナイフで刺し殺害
5・22	川崎の病院屋上で入院の高校1年の友人3人と15歳2人がケンカ、刺殺
6・ 2	東京でガンと思い込んだ母が幼い娘を道連れに心中
6・ 4	東京で車のドアの取っ手が小学1年女児の胸に刺さり死亡
6・13	東京の中学校内で女生徒がナイフで脅され強姦される
6・15	広島の法務局が中学生から買血するなと勧告
6・26	広島で17歳ら2人組が女性運転手のタクシーに乗り強盗し殺害
6・28	東京・大田で小3が手製手裏剣を投げ、小4女児の目に刺さり失明
7・ 2	大阪の中学で3年22人が集団欠席、同級生の暴力に耐えかね
7・14	静岡・清水で34歳主婦が隣家の6歳を殺害。ひ弱なわが子と比べ嫉妬し
7・15	東京・三鷹で父が大学教授、母が少年問題の専門家の高校3年が弟を殺害
7・20	大阪市で無職の17、18歳がタクシー運転手を殺害（6月にも）
8・ 4	宮城・桃生郡で高校3年の孫が祖父殺害、貯金を下ろしたのを見つかり
8・11	東京・羽根木公園で保護観察16歳が学生を殺し逃走中、電車に撥ねられ死亡
8・14	大阪・八尾で無職18歳がタクシー強盗、運転手をピストルで撃ち殺害
8・21	北海道室蘭で小学3年女児が絞殺される。容疑者32歳、首吊り自殺
8・24	東京・世田谷で俳優高島・寿美夫婦の5か月長男をお手伝い少女が殺害
9・ 3	大阪・高槻で父が暴力団組長19歳が17歳新聞配達を刺殺。生駒山中に遺棄
9・10	東京の消防署が東京オリンピックの聖火リレーを真似た遊びに警告
9・12	東京・世田谷、高校2年の4人組が専門書168冊を万引き
9・22	和歌山・日高郡で小学6年服毒自殺、母がユニフォーム繕ってくれないと
10・ 6	大阪・忠岡町の中学で長髪禁止に従わない生徒が暴れる
10・ 6	東京・大田で無職16歳が父親に注意され、殴って死亡させる
10・10	鳥取・倉吉で小5がプロレスごっこで4年の弟を死亡させ、自分も自殺
10・31	福岡の中学で3年3人が睡眠薬で暴れ逮捕、他校生徒との喧嘩を注意され
11・ 4	航空無線士国家試験で女性パイロット19歳が不正受験、贈賄容疑で書類送検
11・ 5	東京・町田の高校1年が記念切手の変造で逮捕
11・22	大分・別府で夜景見物の女子高校生3人が高校2年男子9人に強姦される
11・28	東京で北海道冷害救済パーティー券を大学生と女子大生が偽造して儲ける
12・ 1	警視庁少年課は高校中退者2人中心の非行グループ100人摘発、強盗・強姦
12・ 2	岡山で私立高校で生徒600人が長髪禁止に抗議して授業ボイコット
12・ 2	福岡で自動車運転手20歳が5歳女児に猥褻殺害（半年後に逮捕）

|第2期 1952〜64年|

12・3 長崎の中学校で理科の実験中に爆発、14人負傷
12・4 大阪・箕面、私立高校で長髪許可を要求して生徒千人がデモ、警官出動
12・8 佐賀県立商業高校で長髪禁止に抗議して期末試験ボイコット（大分でも）
12・13 東京・八王子で店員17歳がイジメる友人の運転手17歳を殺害
12・15 石川県で幼い女児、カゼ薬をお菓子と間違えて食べて死亡
12・16 東京・中野、小4女児が幼稚園女児をブランコから転落させて頭蓋骨骨折
12・19 神奈川で幼女が沸騰する風呂に落ちて死亡

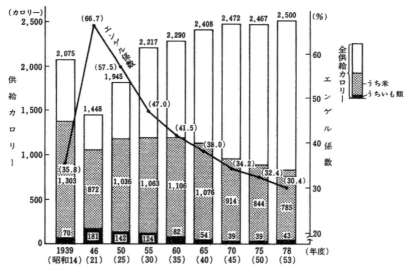

国民1人当たりの供給カロリーとエンゲル係数の推移

注）1. 供給カロリーの1978年度（昭和53年度）は速報値である。
2. エンゲル係数は都市全世帯の数値である。
資料：農林水産省「食料需給表」ただし、1939，1946，1950の各年度は経済
安定本部民生局編「戦前戦後の食糧事情」による。
総理府統計局「家計調査」

第3期　1965〜83年

いざなぎ景気から石油危機、安定成長への転換が不安の時代

ベビーブーム世代が大人になり戦後第2の子捨て・子殺し時代に。
その子は親殺し

1965（昭和40）年

この年の全般的状況　オリンピック反動不況、
　　　　　　　　　　山一證券に日銀特融、不登校問題化

　東京オリンピックは表面はともかくも、競技場や関連施設、道路建設をはじめ、関係工事などの利権の塊であった。甘い汁を吸った関係者らは、終わると不況になると言っていたのだが、3月6日山陽特殊鋼が倒産し、5月初めにはさらに山一證券など証券数社が事実上の倒産状態に陥り、金融恐慌への発展を恐れた大蔵大臣田中角栄の鶴の一声で日銀特融が行われて危機を回避した。国際面では、米が北ベトナム爆撃を本格化していた。

第3期
1965
〜83年

―――――――◆この年の主なできごと◆―――――――

2・7　米、北ベトナム爆撃本格開始
3・6　山陽特殊鋼倒産（山一證券も経営危機、高度成長以降初の本格不況）
6・12　教科書検定異議、家永訴訟提起
8・11　同和対策審議会答申
12・11　日韓基本条約強行採決

この年の子どもをめぐる大きな事件
① 〝登校拒否・不登校〟が問題になりはじめる
　4月、千葉県市川市に全国で初めて〝登校拒否・不登校児童生徒〟専門の「ベッド・スクール」が誕生した。学校に行く前になると頭痛や下痢、発熱や発疹などで登校できなくなる生徒や児童の存在が指摘されはじめたのは、60年代初頭のことだったが、以降増え続け、小中学生あわせて12万人の長欠児童の半分がそうではないかと推定されていたが、なぜ登校できなくなるのか、どうすれば登校できるようになるのか、手探りだった。

②蕨市の小学校に26歳乱入、ナタで殴り4人重体
　4月24日、埼玉県蕨市の小学校校庭に無職26歳が侵入、1年と4年の4人を追いまわし、ナタで何度も頭を殴り、3人に頭蓋骨が陥没する骨折を負わせ意識不明の重体に陥れた。浦和高校在学中は成績はそれなりだったが、卒業後はぶらぶらして家に引きこもり家庭内で暴力を振るっていた。事件後、警察につかまって、犯行の動機について「家族に迷惑を掛けているので警察に捕まるために子どもを襲った」と身勝手極まりない自供をした。

③東京農大ワンゲル部でシゴキ、新入1年部員死亡

5月22日、東京農大ワンダーフォーゲル部の新入生訓練で、1年生部員が急性肺炎で死亡した。東京オリンピックで日本女子バレーボールチームが金メダルを獲得して、スパルタ訓練がもてはやされるようになり、その影響を受けてか、訓練は秩父山中で3日間行われたのだが、30キロの荷物を背負い通常なら8時間で踏破するところを5時間で駆け抜けさせ、遅れたり倒れたりすると、シゴキと称する暴行を上級生が加えていたのだった。

④神奈川県の18歳少年がライフルで警官射殺

7月29日、神奈川県座間市でライフルを持って歩いていた18歳の少年が警察官に呼び止められたが、少年は警察官の態度が高圧的だったということから射殺、もう1人の警官にも発砲して逃走、その後、渋谷の銃砲店で店員を人質に警察と8時間に及ぶ銃撃戦を展開、逮捕された。少年は裁判で、また同様の事件を起こすと思うので死刑にしてほしいと述べ、これに影響されたわけではないだろうが、死刑判決が下り、7年後に執行された。

――――――◆1965年の子どもをめぐる事件◆――――――

1・ 3　神奈川で少年7人が強姦、少女は逃げ、追った3人と谷底に転落し死亡
1・19　長野・篠ノ井の県立高校で3年が1年女子を強姦して殺害
1・23　新潟・三島郡で少年18歳と友人17歳が祖母を殺害し現金と通帳を奪う
1・27　東京の小学校で「お座敷小唄」唄えぬ生徒に体罰
2・ 2　小田原市理容師会が「非行防止は髪形から」との運動を提唱
2・ 5　東京・杉並で3歳が生後3か月の弟の顔に座って窒息死させる
2・ 9　兵庫の私立高校で万引防止に「下校中の買物禁止」
2・11　北海道苫小牧で小学2年と保育園児の兄弟が小学1年女児を脅し現金奪う
2・17　秋田・鹿角の小学校で2年女子4人が掃除怠けた1人を2階から吊り下げ
2・24　修学旅行の東京の高校生3人が東大寺の国宝の宝剣を盗み壊し溝に捨てる
3・ 9　京都で18歳が週刊誌の強姦記事に刺激され、喫茶店ウエイトレスを襲う
3・13　佐賀市で中学3年が銀行爆破計画、母の通報で未遂。家出資金欲しさに
3・25　東京の私立高校で退学させられた16歳が1年後、高校を訪れ教師を脅す
4・ 1　東京・足立で17歳の娘が母親（内縁）と酒乱・家庭内暴力の父を殺害
4・11　山梨・巨摩郡で中1女子が近くの農家に強盗に入り高齢女性に切りつける
4・14　北海道・野幌、少年2人が現金輸送列車襲撃、逮捕（背後に元職員）
4・15　鹿児島・谷山市で中学3年が酒乱・家庭内暴力の無職の父親を殺害し自首
4・24　埼玉・蕨の小学校に26歳が乱入、ナタで殴り4人重体
5・ 9　名古屋で無職36歳が18歳女性に強姦しようとして殺害。前日には小中学生にも（小学生でセックスをおぼえて以来、何度も事件を繰り返す）

第3期 1965〜83年

5・12　岩手・柴波（しわ）郡で私立高校1年が父親を刺殺。東京への転校を拒否され
5・21　愛知・津島で中学3年が首吊り自殺。修学旅行の小遣いめぐり母と喧嘩
5・22　福島の高校2年、無期停学処分中に中学2年と小学3年女児を強姦
5・22　東京農大ワンゲル部で死のシゴキ、新入1年部員死亡
6・ 9　東京・江戸川の野球場で2チームが練習中にケンカ、1人死亡
6・12　神奈川の中学3年が登校途中の女子高校生を脅して強姦
6・16　北海道勇払郡で小4女児が殺害される。製材作業員25歳が社長に叱られ
6・19　福岡の高校の生徒会が制服おしつけ反対を決議
6・24　岩手・下閉伊で小学3年が父の猟銃でスーパーマンになりきった2年を射殺
7・ 3　東京、高校生3人が中学生3人に因縁つけ暴行、1人死亡、2人に重傷
7・29　神奈川、18歳がライフルで警官射殺。車を奪い渋谷の銃砲店に立て籠もり
7・31　大分の高校生が自衛隊合宿に参加し銃の取扱い訓練を受ける
8・14　千葉県でセキ止め注射液打つ遊びでフラフラになった少年を逮捕
8・15　福岡で女子中学生4人が悪口言ったと15歳少女を暴行、他に26件の万引き
8・20　宮城県で高校生11人が17歳の少女を拉致・監禁して集団強姦
8・25　千葉の京成電鉄船橋駅で無職少年19歳がキセルを咎められ駅員を刺殺
8・27　東京・練馬で予備校生19歳が方言（栃木弁）を注意した兄の婚約者を殺害
9・ 1　大蔵省食堂で17歳ウエイトレスが食堂支配人刺す。クビになった仕返し
9・ 2　長野・伊那郡で無職少年17歳ら3人組がカップルを襲い女性を拉致・監禁
9・ 6　埼玉・北足立の中学3年が酔って登校、教員に暴行（過去3度補導）
9・ 6　島根から岡山に家出した中学2年女子が無職19歳ら3人に強姦される
9・ 9　石川で大工見習16歳が小学5年から金を脅し取ろうとしたが拒否され殺害
9・11　大分県下で少年3人がホステス宅に押し入り強姦（7月には17歳少女も）
9・16　東京・北区の少年17歳が幼女や女子中高を標的に強姦71件、少年鑑別所に
10・ 5　東京・大田の小学5年がレーシングカー買うため盗み（同様事件各地で）
10・20　東京・台東で共同生活の少年3人が無断で転がり込んできた18歳を殺害
10・22　茨城・行方（なめかた）郡の定時制高校で授業中に2年が3年刺殺、日頃のイジメの逆襲
10・24　大阪・吹田で中学2年が強姦しようとして抵抗され近所の主婦を殺害
11・ 1　神奈川・平塚の中学で3年が校長を刺し2年生女子を人質に逃走し途中で強盗
11・14　新潟で親が借りてやった部屋で高3年の2人が中3女子2人に強制猥褻
11・21　広島で高校3年がカネをとって簿記検定の替玉受験（10数回）
11・25　東京・豊島区で女子校生が誘拐されたが諦めず逃げず3か月中年男性と
12・ 6　大阪・豊中で私立高校生2人が試験問題を盗んで逮捕される
12・ 5　千葉で20歳が民家に侵入、小学3年を殺害。8日には小田原でも
12・12　大阪・枚方で小2女児が殺害される。塗装工42歳が経営者の娘を襲って

1966（昭和41）年

この年の全般的状況　ビートルズ来日、黒い霧解散、
　　　　　　　　　　　　　　　　　5歳男児保険金殺人

　6月30日、ザ・ビートルズが来日、武道館でコンサートを行い、以降大きなブームが起き、日本の音楽と若者文化に大きな影響を与えた。が、8月に自民党代議士田中彰治が虎ノ門事件・深谷工業団地事件での恐喝・詐欺で逮捕され、続いて運輸大臣荒船清十郎が地元の国鉄深谷駅に急行を停車させたり、さらにバナナ・ノリ・コンニャクをめぐる汚職、共和精糖不正融資などの事件も発覚、12月27日ついに「黒い霧解散」に追い込まれた。

──────◆この年の主なできごと◆──────
4・5　全国の学芸大学・学芸学部、教育大学・教育学部に名称変更
5・16　中国文化大革命はじまる
5・30　米原潜、横須賀入港
6・29　ビートルズ来日
10・31　中央教育審議会「期待される人間像」最終報告発表
12・27　黒い霧解散

この年の子どもをめぐる大きな事件
①京都で17歳少年が2人の主婦をピストルで殺傷
　2月13日、京都市東山区の路上で、警察官が背中を刺され、ピストルを奪われた。しばらく後、同区内の33歳主婦が自宅で撃たれて死亡、さらに32歳主婦も撃たれて重傷を負った。撃ったのは殺害された主婦の隣家の17歳無職少年で、重傷を負わされたのは叔母であることがわかったが逃走、翌日夕方になって京都府南部で逮捕されたのだが、動機は隣家の主婦と叔母に冷たくされたからというもので、だれもが理解に苦しむものだった。

②横浜で19歳ガンマニアが銃と実弾騙し取る
　8月8日、横浜市の少年19歳が自衛隊の三尉と警察を騙して銃砲所有者台帳を閲覧、9日に同市内の社長宅などから「警察の者だが調査のため貸してくれ」とライフル銃2丁と実弾40発を手に入れ、11日に自首した。窃盗事件で高校中退、少年院に送られ、出所後は「綾小路利麿」を名乗り、華族の次男と称して近所でも礼儀正しい良い人と評判だった。ガンマニアだったが非行歴のため銃所持も自衛隊入隊もできず犯行に及んだもの。

③21歳大学生が8年前の弟の失明恨み一家皆殺し

9月7日、北海道瀬棚郡で大学2年が特定郵便局に押し入り、局長と妻、夫妻の次男、3男の4人を刺殺した。事件後逃走したが、15日に逮捕された。殺害の動機は、8年前に当時6歳だった弟の眼を3男が弓矢で撃って失明させ、百万円の治療費がかかったが、裁判の結果5万円の慰謝料しか払わず、これを恨んでのことで、大学生の家庭は比較的裕福だったが、治療費がかかって医科系大学への進学を断念せざるをえなかったのだった。

④44歳の父親が10歳の長男を使って当たり屋

9月3日、大阪市西成区の文化住宅で、「当たり屋」で指名手配されていた44歳男性と27歳内縁の妻が逮捕された。彼らは10歳と3歳の息子を使って、走行中の自動車やバイクに無理に当たらせ、ケガをさせるようにして、運転手にいかにも交通事故にあったかのように話しかけ、急いでいるからなどと言ってその場で現金を取ったり、保険請求させて慰謝料を手に入れたりしていたのである。一家は全国で69件、238万円を手にしていた。

⑤父親が5歳の息子に保険をかけ殺害

10月21日、群馬県沼田市の27歳保険外交員男性宅で、5歳の息子が突然死亡した。男性は交通事故で死亡したとして保険金請求したのだが、男性の飲酒による暴力で家を出ていた妻が、死亡には不審な点がある、保険金目当てに殺したのではないかと警察に通報、調べたところ、睡眠薬を飲ませて死亡させていたことがわかり、11月17日に逮捕された。保険知識を悪用しての犯罪だったのだが、この頃から保険金殺人が問題になりはじめた。

──────◆1966年の子どもをめぐる事件◆──────

1・22　長野・茅野で高校3年が主婦25歳の首を絞めて失神させ強姦、現金を奪う
1・25　神奈川で18歳と17歳のカップルがタクシー運転手を刺殺、現金奪う
1・27　大阪で生活保護の母子家庭が役所職員に冷蔵庫ぜいたくと言われ心中
1・31　東京・杉並の都立高校が全焼、同校の1年女子が放火、試験中止を狙って
2・2　栃木で成人式に晴着の入場を断られ人権侵害で訴え
2・13　京都で17歳の少年が警官からピストルを奪い身内2人を殺害。冷たくされ
2・5　愛媛の中学3年が成績が悪いのを気にして学校に放火、親の期待が重圧
2・13　静岡・19歳女子短大生が学校に連続放火、成績悪く卒業できないことを心配
2・22　福岡・田川の県立高校で高校2年が教師を刺す。体罰への仕返し
3・1　大分・佐伯(さいき)で高校1年がイジメの仕返し同級生を刺殺
3・17　広島・佐伯(さえき)、中学2年が首吊り自殺。「デブ」とからかわれ

3・23	山形駅近くの倉庫が放火される。犯人は弘前の高校3年。目的動機不明
4・1	岡山市で中学3年が受験勉強の鬱憤晴らしと通行の女性を切る
4・9	東京・墨田で少女24人に集団強姦した23人の少年グループ逮捕
4・16	大阪・東淀川の中学で3年女子が女子グループから4回もリンチされる
4・18	大阪・生野で無職18歳が男性を轢き殺害。当たり屋に失敗して逆に殺害
4・27	北海道でカギっ子小学生グループが連続自転車窃盗
5・9	鳥取・倉吉で18歳がこまどり姉妹の並木葉子を刺し、無理心中図る
5・21	横浜で19歳が26歳を殺害。意気地なしでないことを証明するためと
5・31	神戸で東京の16歳がタクシー強盗、自宅から猟銃持ち出し運転手を射殺
6・4	福岡市内の私立高校の3年125人が10円玉賭博で補導、別の高校でも100人
6・10	熊本県の私立高校、バイク2人乗りで退学処分
6・16	山口・徳山で小2女児が隣家の50歳に殺害される。殺人強姦で前科6犯
6・23	福岡第一薬科大学4年が小学3年2人に自分が研究している薬の人体実験
6・23	大阪の小学校、こども銀行の預金で利ザヤ稼ぎ
6・27	川崎の高校3年が自衛隊入隊に反対され母親を刺殺
7・7	大阪・堺で少年工員16歳が父親にまじめに働くよう諫められガス自殺
7・14	大阪府立天王寺高校が福井県で開催した臨海学校で男子生徒2人が溺死
7・28	大阪・布施で少年18歳が盗みに入ったが留守番の少女に見られたため絞殺
7・29	東京の歌手都はるみ宅で日大法学部2年が都はるみの妹16歳に切りつける
8・9	大阪で脳性マヒの1歳の子が捨てられ死亡、両親逮捕
8・8	横浜市で19歳のガンマニアが社長宅などからライフルと実弾を騙しとる
8・24	群馬の高校3年が自殺。甲子園出場をかけた試合で敗れ、自分の責任と
8・25	大阪・守口で小5女児が無職73歳に殺害される。借金のことを言われて
9・3	大阪でこどもを使って当り屋した夫婦を逮捕。
9・7	北海道で大学生が一家4人を殺害。8年前に弟が失明させられた仕返し
9・14	東京・渋谷の少年2人組が高級マンションばかりに空巣、遊興資金確保
9・15	神戸の中学3年が28人のトバクグループ（うち女生徒11人）逮捕・補導
10・1	東京・京成線ガード下で16歳が父親を殺害。家出から連れ返される途中
10・11	埼玉・三郷町の江戸川で高校1年女子が自殺、街頭募金欠席を責められ
10・16	茨城・日立で高校3年が3歳女児を殺害。駆け落ち男女に頼まれ
10・21	大阪・南海電車内で私立高校2年が3年2人を刺し、1人死亡、1人重傷
10・21	群馬・沼田で保険外交員が長男5歳に睡眠薬を飲ませて殺害、保険金詐欺
	（長女12歳も死亡、保険金殺人の疑い。家出した妻が通報）
11・11	東京・千代田の私立女子大2年5人が万引きで逮捕
11・19	東京・豊島で日大豊山高校生と国士舘高校生30人近くが連日乱闘
11・26	東京・品川で4歳女児の下腹部を切るなど4人に強制猥褻の無職16歳逮捕

第3期
1965
〜83年

11・28 北海道、17歳と中学生が質屋に強盗、金塊・現金・時計奪う。家出資金
12・ 4 埼玉・大里、少年18歳が元の職場に押し入り宿直男性を殺害し現金奪う
12・ 5 福岡の電気店に元店員と17歳が押し入り現金奪い放火。店員1人が焼死
12・ 9 東京・新宿駅前の洋品店で女子大生2人逮捕。万引き50件300点
12・24 静岡・富士で運転手18歳がXマスパーティーを襲って殺害、イジメの仕返し
12・30 東京・板橋で17歳と16歳が17歳を刺殺。埼玉から恐喝目的にきたができず

**第3期
1965
〜83年**

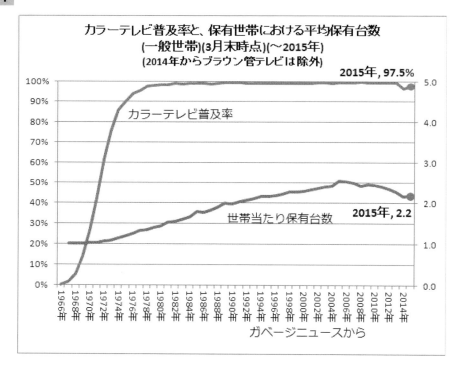

1967（昭和42）年

この年の全般的状況　**革新都知事誕生、公害対策基本法施行、
　　　　　　　　　　　わが子に万引きさせる事件**

　1月29日の〝黒い霧〟解散・総選挙で、自民党の得票率は初めて50％を割り、4月の統一地方選では衝撃的事件が起きた。東京都知事に社共推薦の美濃部亮吉が当選したのだった。自民党の汚職まみれに対する批判であると同時に、高度成長・生産優先で大気・水・土壌の汚染など公害が生じ、亡くなる人も出ていたが、自民党が放置してきたことに対する批判でもあった。公害対策基本法が公布・施行されたが、まだまだ実際は不十分であった。

──────◆この年の主なできごと◆──────

- 2・11　初の「建国記念の日」
- 2・26　「自閉症児親の会」発足
- 4・15　東京都知事、社共共闘の美濃部亮吉当選
- 6・-　　京都内で光化学スモッグ発生
- 10・30　教育課程審議会、小学校社会教科書に日本建国神話の導入

この年の子どもをめぐる大きな事件
①16歳の少年による連続殺人

　1月23日、千葉県柏市で指名手配の元自動車工の16歳が逮捕された。前年12月に豊橋の24歳の主婦、千葉県我孫子の28歳の主婦、1月には甲府の25歳の家事手伝い女性を強姦して殺害し現金を奪っていた。自分が米兵と日本人との間に生まれた子どもで、幼い頃からみんなから「黒人」と嘲られ、とくに女性が自分を見る目が憎かったからと供述した。母親が自分を捨てアメリカに行ってしまったことも大きな要素とみられた。

②松本深志高校2年生西穂高岳で集団遭難

　8月1日、長野県松本深志高校2年生と引率教師の55人のパーティーが西穂高岳で集団登山を行っていた。しかし正午頃から天候が急激に悪化し、雹混じりの激しい雷雨がパーティーを襲った。ただちに避難を開始し、下山しはじめたが、独標付近のガレ場あたりで雷の直撃を受け、生徒8人が即死、3人が飛ばされて行方不明となり、生徒・教師13人が軽重傷を負った。翌日になって不明の3人は滑落して亡くなっているのが発見された。

③わが子4人に万引きさせた母親姉妹逮捕

　11月23日、東京で姉妹関係の2人の母親が逮捕された。下は4歳、上は12歳の、2人の子ども4人に万引きさせていたのだった。65年不況後、反転して空前のいざなぎ景気となり、高度成長と所得倍増政策で所得も増え、消費も活発になり、絶対的貧困は消えたと言われていたが、取り残された人々は存在し、消費時代が欲望を刺激し、古典的道徳規範の崩壊とともに、遊び型万引きや窃盗の増加が問題になっていた時期の事件だった。

④岩手で32歳父親が2児を放置して死亡させる

　11月29日、岩手県岩手郡の32歳の農業をしている父親が逮捕された。同月21日、3歳の長男と1歳の長女を外に出られないよう、自宅と部屋の窓や扉にカギをかけたまま、1週間以上も東京に出かけ、保護者としての責任を果たさず餓死させたことによってである。妻に逃げられ育児に困っていたのだが、1週間以上も乳幼児を放置すればどうなるか、まして冬である。死ぬということはわかるはずということで、裁判では殺人罪が適用された。

──────◆1967年の子どもをめぐる事件◆──────

1・11　松江の15歳ら2人組が山口で強盗殺人（前年6月に広島でも強盗殺人）
1・13　静岡駅前で19歳が自殺用のピストルを奪うため交番襲撃
1・21　富山市の派出所で19歳が巡査部長刺殺、巡査も重傷
1・23　千葉・柏で16歳の混血少年が連続強姦・強盗・殺人事件で逮捕される
1・29　東京・板橋で17歳が世の中嫌になったと自殺の道連れに警官襲う
2・ 3　福岡の高校2年が6歳児の行方不明を利用して身代金を得ようと脅迫（児童が近くの池で死亡しているのが発見された。事故死）
2・15　川崎で17歳が警官の拳銃強奪はかり逮捕。アパート管理人とケンカして
2・26　広島市で小学2年女児が39歳に殺害される。イタズラしようとして騒がれ
2・27　東京・大田で中学3年が日本刀で通行人2人に切りつけ重軽傷負わす、教師に叱られ
3・ 2　東京・江戸川で中学2年が連続5件の放火で逮捕。教師に叱られ
3・ 7　東京・渋谷で中学3年の5人がスリル味わうため万引き、卒業祝いと
3・ 9　東京の私立高校の修学旅行生が阿蘇山でバスガイドに猥褻行為、バスごと警察に
3・15　東京・世田谷の高校3年ら4人組が自動車7台、バイク6台窃盗で逮捕
3・30　東京・新宿、アパートに空巣40件、放火を働いた中学1年5人組を補導
4・ 6　静岡の中学2年が地裁の壁爆破、窃盗目的。賽銭ドロなどで過去3度補導
4・ 6　横浜で小学2年女児が36歳の板前に強姦され殺害される

4・19	東京・板橋、高3と浪人を万引きで逮捕、必要なものはすべて万引きと嘯く
4・24	名古屋で19歳が売春婦絞殺。大阪では男娼（5年後も売春婦2人を殺害）
4・25	熱海付近走行中の新幹線に時限爆弾（翌年2月窃盗で逮捕の少年が自白）
5・4	岩手・九戸郡で中学1年が首吊り自殺、選挙結果で一家が村八分され
5・11	北海道旭川で中学2年生女子が強姦目的で誘拐・殺害。高校1年が逮捕
5・20	東京で小学校教師が児童の首に罰札をぶら下げさせて下校させる
5・25	愛知で女子高校生が修学旅行中の列車のトイレで出産
6・10	神奈川で育児に悩んだ22歳の母が我が子を生き埋め
6・11	佐賀県で空地に放置の冷蔵庫で遊び、小学生2人が死亡（16大阪でも）
6・13	広島・安芸郡の漁船内で、高校生5人がシンナー遊びをしていて死亡
6・20	栃木・今市で19歳が20歳女性を脅し農薬飲まして強姦殺害（22茨城でも）
6・25	大阪・西成の中3女子ガス自殺、兄がバイクで友人死なせ慰謝料請求され贖うと
6・27	島根・太田市で小学2年女児が殺害される。ただ殺したいという21歳男に
7・4	山口・玖珂郡の定時高校4年が牛を6頭盗み逮捕される
7・13	千葉・君津で17歳2人が列車転覆とビル爆破を図るが失敗して逮捕
7・21	北海道根室で小学3年2人が連続放火、消防車のサイレンがカッコいい
7・24	埼玉・上尾で18歳が民家に押し入り19万円奪う。顔の整形資金
8・1	北アルプス独標付近で松本深志高校生一行に雷、11人死亡、13人重軽傷
8・9	京都で妻が妊娠、前妻との2歳の子が邪魔と父親が殺害
8・18	埼玉・春日部の中学で教師が安政時代の鉄砲を暴発させ生徒4人負傷
8・18	広島で35歳主婦が隣家の2歳女児を殺害。我が子が隣の子どもにイジメられ
8・22	神奈川県で母親が赤ちゃんの泣き声が隣近所に迷惑と謝りながら殺害
8・28	福井・坂井郡で中学3年が半身不随の祖父を殺害。母に当たり散らすので
9・6	東京・町田、18歳が間借り追い出され日舞師匠を強姦、殺害して金品奪う
9・11	東京・明大前駅で高校3年が発車妨害し、注意した車掌に暴行、29人逮捕
9・17	東京・千住で店員17歳が女性5人をナイフで襲う。睡眠薬中毒で
10・12	埼玉で17歳が次々3人を襲い、1人が死亡。歌手園まりを襲う練習と
10・17	東京・中野で18歳の予備校生が同窓会費欲しさに会社社長宅に強盗
10・19	東京・池袋駅で19歳予備校生が変造通貨で釣り銭を詐取しようとして逮捕
10・30	栃木・那須の中学生が公印を盗みニセ注文書で全集・全書など約50冊盗む
11・1	静岡の小学校で6年が3階から飛び降りる。担任の女教師とケンカして
11・12	大阪・高槻で17歳が同僚17歳を殺害。窃盗がばれないように。父は警官
11・20	佐賀市の高校で2年が3年を刺殺。つまらないことでケンカして
11・28	東京で我が子4人に万引きさせた母親姉妹を逮捕。
11・28	東急田園都市線の踏切で日比谷高1年が飛び込み自殺

第3期 1965～83年

12・ 1　東京の高校生、もぐりパーティーでボロ儲け、警察と税務署が摘発
12・ 2　東京など13都県を荒らし回っていた中高生257人の窃盗団が逮捕
12・22　静岡の19と20歳の夫婦が生活苦で生後間もない子を埋めたが、助けられる

公害対策基本法（抄）昭和42・8・3・法律132号　廃止平成5・11・19

（目的）
第1条　この法律は、国民の健康で文化的な生活を確保するうえにおいて公害の防止がきわめて重要であることにかんがみ、事業者、国及び地方公共団体の公害の防止に関する責務を明らかにし、並びに公害の防止に関する施策の基本となる事項を定めることにより、公害対策の総合的推進を図り、もつて国民の健康を保護するとともに、生活環境を保全することを目的とする。
（定義）
第2条　この法律において「公害」とは、事業活動その他の人の活動に伴つて生ずる相当範囲にわたる大気の汚染、水質の汚濁、土壌の汚染、騒音、振動、地盤の沈下及び悪臭によつて、人の健康又は生活環境に係る被害が生ずることをいう。
2　この法律にいう「生活環境」には、人の生活に密接な関係のある財産並びに人の生活に密接な関係のある動植物及びその生育環境を含むものとする。
（事業者の責務）
第3条　事業者は、その事業活動に伴つて生ずるばい煙、汚水、廃棄物等の処理等公害を防止するために必要な措置を講ずるとともに国又は地方公共団体が実施する公害の防止に関する施策に協力する責務を有する。
2　事業者は、物の製造、加工等に際して、その製造、加工等に係る製品が使用されることによる公害の発生の防止に資するように努めなければならない。
（国の責務）
第4条　国は、国民の健康を保護し、及び生活環境を保全する使命を有することにかんがみ、公害の防止に関する基本的かつ総合的な施策を策定し、及びこれを実施する責務を有する。
2　政府は、公害を防止するため、騒音、振動、地盤の沈下及び悪臭について、前項に準じて必要な措置を講ずるように努めなければならない。

1968（昭和43）年

この年の全般的状況　ベトナム反戦・反安保、
　　　　　　　琉球政府主席に屋良朝苗、永山則夫事件

　米によるベトナム攻撃は、一段と残虐化し、国際的な批判は高まり、日本でも抗議デモは日に日に大きくなり、反安保、沖縄闘争、さらには大学闘争と結びついていた。1月には米原子力空母エンタープライズ寄港反対、4月から日大など各大学で闘争、8月ソ連軍チェコに軍事介入、9月九大に米軍ファントム戦闘機墜落、10月21日国際反戦デーのデモは大きく盛り上がり、11月10日初の琉球主席選挙で復帰協の屋良朝苗が当選した。

◆この年の主なできごと◆

- 1・19　米原子力空母エンタープライズ佐世保入港、反対闘争
- 4・4　米黒人解放運動指導者マーチン・ルーサー・キング牧師暗殺される
- 5・27　日大全共闘結成（6・15東大全共闘結成）、以降各地の大学でも
- 6・28　東京都、0歳児保育スタート
- 12・10　3億円強奪事件

この年の子どもをめぐる大きな事件

①九州の国立大附属小学校で入学汚職

　3月6日九州の某国立大学附属小学校の入学をめぐっての汚職が発覚した。教師5人と保護者56人が関わり、約500万円の金品が動いた贈収賄事件として逮捕・起訴された。事件発覚のきっかけは、たいていがそうであるように、金品を贈ったものの入学できなかった保護者が警察に投書したからである。受験競争や学歴主義のばかばかしさに呆れるほかない事件だった、金品で入学したところで、その子がしっかり育つわけがないのに。

②東京で小学5年女児が赤ちゃんを連れ去る

　6月26日、東京都足立区で、母親が少し留守した隙に、寝ていた生後5か月の赤ちゃんが連れ去られる事件が発生した。探していたところ、1時間ほど後に近くのマンホールから赤ちゃんの泣き声がするのを通行人が聞きつけ、無事救出した。警察が事情を調べたところ、近くの小学5年の女児が連れ出し、放り込んだことがわかった。この女児は2か月前に、この赤ちゃんの2歳の兄の眉毛を切って叱られており、その仕返しと供述した。

③19歳少年による連続射殺事件（永山則夫事件）

　10月11日に東京プリンスホテルで27歳の警備員、14日には京都の八坂神社で69歳の警備員が射殺された。同じ弾丸だったことから同一犯と考えられ、警戒体制が敷かれる中、26日に函館で31歳のタクシー運転手、11月15日には名古屋で22歳のタクシー運転手が射殺された。翌年の4月7日、ようやく19歳の少年が逮捕され、横須賀の米軍基地から盗んだピストルで、こんな自分にした社会に対する復讐として人を殺したと供述した。

────◆1968年の子どもをめぐる事件◆────

1・6	山形・鶴岡で小学6年が銀行支店に脅迫状、カネ出さないと爆破。8日逮捕
1・16	福島・いわきで小学3年がピッチングマシンを動かし、同級生頭蓋骨骨折
1・16	千葉・船橋で17歳が小学4年女児を強姦・殺害、逮捕されず（5年後、小学5年女児、幼稚園児を強姦し殺害して逮捕され自白。50人以上の少女、幼女、男児らに性的暴行を繰り返していたと供述）
1・31	千葉・佐原で中学2年2人が主婦を刺殺、現金を奪おうとしたが抵抗され
2・1	福島・田村で高校2年がシンナー中毒で死亡
2・1	北海道・札幌で私立大生18人が商店街の年末福引で不正、金品騙し取る
2・9	小田原で大学生が恋人を絞殺、自殺未遂、他の女性と別れるよう迫られ
2・20	福島・須賀川で中学3年が隣家の叔母を強姦しようと、叔母の2歳児殺害
2・23	福島県の国鉄川俣線で中学1年が直径13センチの石を置いて逮捕
3・5	福岡市の私立高校卒業式後、卒業生10数人が教師に暴行、体罰の仕返しと
3・7	東京・世田谷で女生歌手18歳がガス自殺、3年前にデビューしたが売れず
3・7	福岡の燃料店店員19歳が放火で逮捕。配達が遅いと苦情を言われた家に
3・16	少年15歳が隣家の5歳女児を絞殺・遺棄。自分を蔑視していると思い込み
3・22	北海道・滝川で19歳大学生が旧約聖書の教えに従って小学生の弟を殺害
3・25	栃木の高校で番長グループ20人が留年に抗議して暴れ教室校舎壊す
3・26	神奈川・川崎で19歳が女性を車ではね連れ去り強姦殺害。この他空き巣も
3・28	熊本で佐世保少年院を脱走した2人が車を盗んで強盗、逃走中に交通事故
3・31	福岡で18歳女店員が勤務不良で給料出ず、刑務所入り志願でバス乗客刺す
4・19	横浜で小学5年がプラモデル欲しさに脅迫状、母から禁止され
4・26	東京・三鷹の幼稚園児を知り合いの主婦が殺害。一方的に恨み募らせ
5・6	長崎の私立高校で高校1年が2年を殺害。この2年ら3人から暴行され
5・20	福岡県の病院に入院中の息子がカネほしさに友人に自分の家を強盗させる
5・24	福岡の私立女子高生8人がザ・タイガース観たさに偽造入場券売る
6・13	青函連絡船で東京の私立高校生が救命表示板など37枚盗む。修学旅行中止
6・26	東京・足立で小学5年女児が生後5か月の乳児をマンホールに。悪戯叱られ

7・7	静岡で巡査が軽トラにはねられ死亡、ピストル奪われる。ガンマニア16歳逮捕（浜松でも似た事件）
7・9	横浜で高校3年が交番に火炎瓶投げつける。成績が落ちていらいら
7・16	鹿児島市で2歳男児が同住宅の主婦に殺害される。騒ぐのを止めないと
7・23	京都・宇治の中学校プールで1年生男子が排水口に足を吸い込まれて死亡
7・30	大阪・東淀川の中学3年が首吊り自殺。成績を改竄したのがばれて
8・8	札幌で少年に対し日本初の心臓手術が実施される
8・31	東京・世田谷の高1ら4人が成城大学から高額な楽器を盗んで逮捕・補導
―	この夏、百貨店でカブトムシがバカ売れ
9・1	栃木の中学生9人が48件の窃盗、シンナー乱用で逮捕・補導される
9・5	北海道の高校2年3人が東京に家出、東京駅付近を徘徊、保護される
9・8	広島の高校2年女子生徒が父とケンカして家出、大阪で深夜徘徊、補導
9・9	群馬の中学3年女子が東京に家出、新宿でフーテン（同様の家出多数）
10・7	富山の高校サッカー部で2年生8人が1年生11人にリンチ、1人死亡
10・9	埼玉・鳩ヶ谷で母親21歳が生後3か月長女を殴り殺害。生後すぐから虐待
10・11	東京・港区プリンスホテルで警備員射殺される（永山則夫連続射殺事件）
10・30	群馬銀行横浜支店で23歳と少年2人が支店長拉致、現金強奪を図るが逮捕
10・31	東京・北多摩で幼稚園女児が隣家の20歳に強姦され殺害される
11・3	日本育英会、公安事件で起訴されたら奨学金打ち切り決定（高校生も）
11・4	東大、文学部長大衆団交
11・8	日大、学生スト賛成派と反対派が乱闘
11・9	福島でシンナー中毒の17歳が通行中の女性を襲ったが、フラフラして未遂
11・11	グループサウンズのショーで観客少女の失神騒動相次ぐ
11・12	大阪で御堂筋デモで日の丸焼いた高校生停学10日
11・29	大阪で生活苦から父親が赤ちゃんと心中
12・6	宮城・名取で未成年カップルがモーテルで心中失敗、一転して強盗
12・14	大阪で家出少女をホステスにしていた6店捜索、45人保護
12・15	東京・国分寺で19歳が三億円事件犯人と疑われ自殺。父は現職白バイ警官
12・28	栃木・那須で19歳が買物の行き違いから一家3人を惨殺
12・28	京都で女子中学生と知りながらホステスとして雇った酒場経営者を逮捕
12・30	小田原で19歳が主婦と4歳男児、3歳女児を轢き、女児即死、2人は重傷

1969（昭和44）年

この年の全般的状況　**東大安田講堂封鎖事件、佐藤首相訪米、イジメ復讐首切り事件**

　警視庁は1月18日から19日にかけて、機動隊8,500人を動員して東大安田講堂の学生による封鎖を実力解除した。全国の他大学でも同様な封鎖解除が行われた。と同時に、政府・文部省は、こうした学生の行動を封じ込めるために、大学運営管理に関する臨時措置法を国会に提出・成立させ、8月に施行した。一方、学生・青年労働者・市民の反戦・反安保の行動に対し、強権的対応をした佐藤首相は訪米、安保自動延長を確認した。

――――――――◆この年の主なできごと◆――――――――

- 1・18　東大安田講堂封鎖解除（2・18日大も）
- 5・23　政府、初の「公害白書」
- 10・6　千葉、松戸市役所「すぐやる課」設置
- 10・21　国際反戦デー統一行動盛り上がる
- 11・26　政府、減反政策はじめる

この年の子どもをめぐる大きな事件

①高校生がイジメられ、イジメた相手を殺害

　4月23日神奈川・川崎の私立高校の裏山で、首を切り落とされた高校生の遺体が発見された。3日後、その遺体を発見し、警察に通報した高校生が、自分が殺したことを自供し、逮捕された。理由は、中学時代からずっとからかわれ、連日いじめられ、金品を要求されつづけ、このままではどうにもならないと思い詰めて殺害したのだった。登山ナイフで47か所を刺し、生き返ってくるのが怖いので、首を切り落としたと供述した。

②熱海で両親が1歳次男を車に放置し死亡させる

　8月5日、29歳の父親と27歳の母親が子どもを連れ、静岡県熱海市のプールに出かけ屋外駐車場に自家用車を駐車させた。両親は1歳の次男が寝ていたため、2歳の長男だけを連れて出かけた。両親は、次男を車中に残したことを忘れてしまったかのように、長男と水遊びしていた。車に戻ってみると、次男はぐったりしていたのだった。真夏の炎天下、閉め切った車内に長時間放置され、熱中症による脱水症状を起こし死亡したのである。

③宮城で保護観察中の少年による強姦殺人

9月3日、宮城県亘理郡で通勤帰りの20歳の女性が19歳の少年に襲われ、強姦され殺害された。襲った少年は小学5年女児を強姦しようとして逮捕され保護観察中だったが、反省・謹慎することなく猥褻な本やポルノ映画を観つづけていて、再び強姦をしようとしたのだった。前回は被害者に顔を見られたため逮捕されたことから、犯行後殺せばいいと考えるようになり、被害者を背後から襲って水田に引きずり込み強姦し殺害したのだった。

④横浜で夫婦が2歳女児を誘拐した

　9月27日の昼間、横浜市磯子区で2歳の女児が、中年女性に連れ去られた。いっしょに遊んでいた女児の幼い兄弟が母親に知らせ、警察に届け出て捜査態勢が敷かれた。しかしいっこうに行方がつかめず、身代金要求もないので単純誘拐として公開捜査に踏み切ったところ、10月13日同市中区の夫婦宅で発見されたのだが、夫婦の子どもが先天的障害を持って生まれていて、その子を殺害し、その身代わりとして連れ去ったのだった。

───────◆1969年の子どもをめぐる事件◆───────

1・6　横浜の17歳がボンドの代わりにセメダイン吸引し恐喝
1・8　東京・葛飾で千葉の19歳が乱暴運転注意され刺し、車で壁に押し付け殺害
1・8　京都・三十三間堂境内で中学2年3人がボンドを吸引し喧嘩、1人を刺す
1・9　大阪の中学校で遅刻防止にタイムレコーダー導入
2・6　北海道で17歳の2人が家出旅費稼ぎにハイヤー運転手殺害、売上金奪う
2・15　東京・荒川、巡査の息子の高校3年が競馬に授業料注ぎ込み、学校に放火
2・19　栃木でシンナー中毒で入院中の19歳が病院抜けだし車盗み衝突事故
2・28　沖縄で混血の20歳が小5女児を殺害し埋める（3・13逮捕、社会への復讐と）
3・8　山梨・塩山の高校1年5人がセメダイン吸引中にタバコ、引火し山火事
3・24　福島の高校2年が女性ストッキングをかぶって強盗（岡山、福岡でも）
3・28　大阪で埼玉の中学生4人補導、無人島暮らしを計画して家出
4・4　横浜で万引き1,100点の女子高校生・中学生112人のグループ逮捕・補導
4・8　静岡・焼津で元の勤務先にオモチャのピストルで強盗に入った19歳逮捕
4・11　兵庫・西宮で4歳男女児が1歳男児と玩具の取り合いで砂場に埋め死なす
4・23　神奈川・川崎で高校1年がイジメる同級生に仕返し、殺害して首切る
5・7　岡山でボンド遊びの高校3年ら16人が万引き、車上狙いなど73件で逮捕
5・10　神奈川・鶴見で少年15歳が家庭内暴力の父を母と一緒に殺害
5・15　茨城・稲敷の高校2年ら4人がボンド吸引中に会社員5人にケンカ売る
5・16　群馬・桐生で18歳運転手がアルコール中毒で家庭内暴力の父を刺殺

第3期 1965～83年

5・26	長崎で指名手配されていた男性が空き巣を見つかり女子中学生を殺害
6・2	沖縄から集団就職の3人が会社飛び出し金に困って路上強盗
6・4	愛知の18歳が競馬にのめり込んで窃盗
6・17	東京・狛江町の中学3年女子が母の万引き癖を気に病んで自殺
7・4	埼玉・浦和の小学3年が家庭環境に嫌気さし荒れて学校に放火
7・14	旭川の高校2年2人が学校サボリ、ボンド吸引して女性に猥褻行為で逮捕
7・28	福島の中学2年男子がポルノ映画のポスターに刺激されて痴漢行為で補導
7・29	北海道・歌志内で少年5人死亡、神社の木箱に入り込みシンナーを吸って
8・5	静岡・熱海で両親が自動車に1歳を放置し長男と海水浴して死亡させる
8・8	大阪で15歳少女が三角関係のもつれから22歳のホステスを刺殺
8・12	神戸でボンド吸引を叱られた弟17歳が兄に匕首を突きつけ、警官にも
8・14	神奈川の大学生が女子店員を車に拉致・監禁して連れ回す
9・1	宮城・亘理郡で19歳が20歳の女性を刺して強姦し殺害、保護観察中の犯行
9・3	山口市で19歳が遊んでいた5歳女児を猥褻目的で連れ去り殺害し遺棄
9・4	埼玉・大宮で19歳が晩飯の用意ができていないと腹を立て両親を殺害
9・4	埼玉・浦和の16歳が高齢女性宅に強盗・殺害、他に150件の空巣していた
9・10	東京・恵比寿の質店の小6が無職19歳に誘拐・殺害される。映画まね
9・17	岡山・吉備の派出所で19歳が警官を刺してピストル強奪、すぐに逮捕
9・27	横浜の夫婦が障害持つ1歳養女を殺害、ばれないように2歳女児を誘拐
9・28	富山で少年3人が少女2人をドライブに誘い強姦
10・5	埼玉・熊谷の小学校に22歳が侵入、女児に抱きついたが児童に騒がれ逮捕
10・7	福岡で15歳が登校途中の女子中学生を脅し、全裸にして強制猥褻
10・14	東京・田園調布で高校1年が若い女性から引ったくり、通行人に捕まる
10・22	富山で少年5人組が押し入りライフル銃・日本刀など強奪、強姦も
10・26	北海道・札幌でホステス19歳が出産直後わが子を絞殺。焼却炉に遺棄
10・28	名古屋・中区で19歳が中学同級生2人と共謀、会社の102人分の給料強奪
11・1	東京・目黒で都立大付属高校生38人が本54冊を万引きして逮捕
11・6	東京・港の工業高校2年が3年を刺殺、文化祭で悪ふざけされ
11・7	福島で映画の立看板やポスターに刺激され16歳が病院女子寮浴場をのぞき
11・19	新宿・歌舞伎町で「国士舘グループ」7人が東経大空手部の2人を刺殺
11・19	埼玉県で16歳が空巣し、見つかって高齢女性を殺害
11・26	栃木で母子3人が家庭内暴力の長男を殺害し捨てる
11・27	栃木・都賀郡、少年少女5人シンナー吸引で自動車事故、2人死亡3人重傷
11・28	東京・新宿、19歳店員が交際女性の生んだわが子捨てる。別女性と同棲中
11・28	兵庫・飾磨の高校3年が悪口言われ農協宿直員絞殺、金品奪い河原に遺棄
12・10	東京で週刊誌に暴露記事書かれた少女モデルが自殺

12・24 茨城・鹿島で小学生5人が2年生をリンチ死亡させる。誤った告げ口され
12・27 兵庫・西宮で母親が小学4年長男に睡眠薬飲ませ絞殺、子育てノイローゼ
12・29 大阪で元相撲取り19歳が梅毒恐れ医師2人を刺殺、1人に重傷負わす
12・31 神奈川で若い母、離婚して養育費もらえず、子ども2人を殺害
12・31 奈良で若い母が夜泣きがうるさいと赤ちゃんを殺害

障害者基本法（昭和45年5月21日法律第84号）抜粋その1

最終改正 平成25年6月26日

（目的）

第一条　この法律は、全ての国民が、障害の有無にかかわらず、等しく基本的人権を享有するかけがえのない個人として尊重されるものであるとの理念にのっとり、全ての国民が、障害の有無によって分け隔てられることなく、相互に人格と個性を尊重し合いながら共生する社会を実現するため、障害者の自立及び社会参加の支援等のための施策に関し、基本原則を定め、及び国、地方公共団体等の責務を明らかにするとともに、障害者の自立及び社会参加の支援等のための施策の基本となる事項を定めること等により、障害者の自立及び社会参加の支援等のための施策を総合的かつ計画的に推進することを目的とする。

（定義）

第二条（略）

（地域社会における共生等）

第三条　第一条に規定する社会の実現は、全ての障害者が、障害者でない者と等しく、基本的人権を享有する個人としてその尊厳が重んぜられ、その尊厳にふさわしい生活を保障される権利を有することを前提としつつ、次に掲げる事項を旨として図られなければならない。

一　全て障害者は、社会を構成する一員として社会、経済、文化その他あらゆる分野の活動に参加する機会が確保されること。

二　全て障害者は、可能な限り、どこで誰と生活するかについての選択の機会が確保され、地域社会において他の人々と共生することを妨げられないこと。

三　全て障害者は、可能な限り、言語（手話を含む。）その他の意思疎通のための手段についての選択の機会が確保されるとともに、情報の取得又は利用のための手段の選択の機会の拡大が図られること。

1970（昭和45）年

この年の全般的状況　**創価学会出版妨害事件、万博、三島事件、高校生イジメ殺人事件**

第3期
1965
～83年

年明け早々、創価学会による批判書籍の出版妨害事件が明らかになり、同学会と公明党に批判が集中した。3月には「人類の進歩と調和」を掲げ、大阪・千里丘陵で万国博覧会が開催されたが、日本も大阪も国際的評価が高まったわけでも、経済が元気になったわけでもなかった。大成功と喜んだのは主催者だけだった。浮かれた状況に危機感を抱いた作家三島由紀夫は自衛隊市ヶ谷駐屯地で蹶起を呼びかけたが、応じる者はなく、割腹自殺した。

◆この年の主なできごと◆

1・5　創価学会による藤原弘達『創価学会を斬る』出版妨害事件
3・14　日本万博、大阪・千里丘陵で（～9・13　来場者6,400万人）
3・20　警察庁、345校でゲバ卒業式、検挙者50人と発表
4・8　大阪・天六・地下鉄工事現場ガス爆発事故
5・21　東京・新宿牛込町交差点付近でのガソリンに含まれる鉛による中毒問題化
7・17　東京地裁、家永訴訟で教科書検定は違憲の判決（杉本判決）
11・25　三島由紀夫、自衛隊市ヶ谷駐屯地で蹶起呼びかけたが応じるものなく切腹

この年の子どもをめぐる大きな事件
①姫路の中学生が幼稚園児を殺傷

2月6日に午後、姫路市の住宅街で通行中の中学3年生が、通せんぼのイタズラをした幼稚園児2人に彫刻刀で切りつけ、1人を死なせ、もう1人に傷を負わせた。普通なら自分よりずっと年下の幼児のイタズラとして笑ってすませられるものだが、また自分に弟がいると、イタズラは日常茶飯で適当に対応できるが、この中学生は進学問題などで精神的に苛々していたのか、幼児のイタズラと笑ってすませることができなかったのだった。

②17歳の継母が、前妻の9か月の乳児を殺害

3月14日、東京で23歳の男性の9か月の乳児が殺された。警察が調べてみると、17歳の妻が殺害したことがわかった。乳児は、男性と前妻との間に生まれたのだが、前妻は出産後すぐに離婚して家を出ていた。その直後に17歳の少女がこの男性と結婚して乳児の面倒をみていたのだが、友人たちに、なぜ自分の子どもでもない赤ん坊の面倒をみなければならないのか不満を述べて

いたという。その不満がつのって殺害してしまったのである。
③少年3人が少女を強姦、暴力団が芸者置屋に売る
　7月10日、山口で窃盗・暴行・強盗・強姦などで少年院送致などの前歴がある少年3人が逮捕された。長府駅前で通行中の19歳の女性を自動車にむりやり連れ込み、山中で輪姦し、その後、広島まで連れて行き、暴力団関係者に引き渡し、暴力団関係者は女性を芸妓置屋に前借金付きで売り飛ばしたのである。少年たちは女性が身売りされることを承知で、いわばスカウトのような役割で物色し、拉致・強姦し引き渡していたのだった。
④高校生が学校で同級生をイジメて死亡させる
　12月17日東京・小平の私立高校で、プロレスのヘッドロックを1分以上もかけ、同級生を死亡させてしまう事件があった。亡くなった生徒は、幼い頃から心臓が悪く、虚弱なため、級友からしばしばいじめられていた。被害生徒は、時に耐えかねて必死になって抵抗し、まわりに助けを求めることがあったが、同級生も教師も助けようとはしなかった。この日も、体の大きな加害生徒が挑発し、まるで弄ぶように死なせてしまったのだった。

──────◆1970年の子どもをめぐる事件◆──────

1・7	大阪で父子家庭の小学生が殺害される。後日、父親の犯行と判明
1・10	大阪・四條畷（しじょうなわて）で17歳少女ら3人が男に命じられ愛人2人を殺害しコンクリ詰めに
1・22	大阪で高校生が就職目前に「自信ない」と自殺
1・24	兵庫で預かった子を虐待して殺害した女性が逮捕される
1・28	東京・町田で中学生18人が不純異性交遊で補導、妊娠するとカンパで中絶
2・6	姫路で中学3年が幼稚園児2人に通せんぼされ、4歳を殺害、5歳に重傷
2・7	大阪の若い夫婦が飲酒してケンカ、赤ちゃんを殺害
2・14	京都・乙訓（おとくに）で小学5年女児が両親の不仲と別居を苦にして自殺
2・17	大阪で幼児2人が段ボール箱の中で遊び、車にひかれ死亡
2・27	千葉で母親が2歳のわが子の寝小便に怒って虐待して殺害
3・3	栃木・佐野で中学2年が通信販売で運動用品を詐取し現金に換え遊ぶ
3・9	三重で19歳がボンド吸引し交通事故、警官に暴行（29　旭川でも）
3・10	愛知の母が子の障害を苦にわが子2人を殺害（11大阪では育児疲れで）
3・12	長野・中野で県立高校に中学3年の3人組が侵入、入試問題盗もうと
3・14	東京で17歳の内縁の妻が生後9か月の先妻の女児を殺害
3・19	大阪で新入社員研修で自衛隊体験入隊イヤと新入社員が自殺
3・21	長野で母親が病弱を苦に2人の子ども殺害（24　北海道では生活苦から）

第3期 **1965** **〜83年**	4・4	東京・板橋で3歳と6歳の女児が生後2か月の嬰児を風呂遊びで死なす
	4・10	京都で母親が障害持つ子を死亡させる
	4・12	大阪で父親が盗癖あると小学生のわが子を折檻し死亡させる
	4・16	大阪で沖縄青年自殺、パスポート使わざるを得ない状況に抗議
	4・19	大阪で幼児が干したオムツに首を吊られ死亡
	5・3	大阪で万引き叱られた小学生6人が家出
	5・29	大阪で新任の女性教師にイタズラしたとして担任が生徒に体罰
	5・29	神奈川で障害持つ子が施設入所断られ、絶望した母が殺害
	6・6	大阪でリモコン飛行機が幼い女児にあたり死亡
	6・6	大阪で小学生姉妹が家出した母を探してと街頭に訴え
	6・6	東京・墨田の中学で父の病気でバスケ部退部1年女子を他の5人がリンチ
	6・9	北海道釧路の高校1年が女装して空き巣に入り、強姦未遂で逮捕
	6・10	香川で生後直後わが子を殺害し埋めた夫婦を逮捕
	6・15	拓大空手愛好会で退会の1年が13人のリンチで死亡（3年前も同様事件）
	6・19	栃木で大工見習い19歳がセメダイン吸引して中学に行き恩師をノミで刺す
	6・19	山形で18歳が女子大生にセメダインを嗅がせ朦朧としたところを強姦
	6・30	大阪・四條畷の女子高で1年女子2人がクラス委員を暴行、重傷を負わす
	7・6	大阪・豊中で小学6年が自殺、遅刻の理由についてウソついたことで
	7・8	京都で若い夫婦が障害持つ子を不憫と殺害
	7・10	山口で少年3人逮捕。19歳女性を拉致・強姦、暴力団関係者に引き渡す
	7・16	大阪で酒乱の父親が生後間もない子を振り回して殺害
	7・30	千葉で3歳の障害持つ女児が夫婦に殺害される。おまえは予定外の子
	7・30	大阪で乳児が死亡。ネズミが乳のついた顔などをかじり
	8・1	神奈川の小学校内で近くの少年がボンドを吸ってケンカ
	8・4	福島で乳児が列車から投げられ死亡
	8・7	大阪で炎天下の車中に赤ちゃん放置されて死亡、両親は万博見物
	8・19	岐阜の派出所を高校2年が襲い、巡査に重傷を負わせピストルで撃たれる
	8・31	万博見物加熱、大阪で幼い5人が家出
	9・4	愛媛の中学3年2人が広島・因島(いんのしま)で強盗、万博に行く旅費稼ぎと
	9・7	北九州の中学校内で3年9人が女子生徒4人を強姦、2回も。教師騙し
	9・8	大阪・堺で母親が3歳女児に漢字を勉強させ、嫌がるので折檻して死なす
	9・24	兵庫・飾磨郡で高校1年が出産、棄てたが拾われる。両親は知らぬふり
	9・26	福岡でボンド中毒の15歳が民家に侵入、女性に暴行し逮捕
	10・3	高知空港で19歳がセスナを爆破、翌日には鉄橋も。警官隊とカーチェイス
	10・3	愛媛・八幡浜の小学校で小学6年が石灰の塊を投げ、同級生を失明させる
	10・9	京都でボンド中毒の16歳が入院させようとした父親に襲いかかり逮捕

10・15	青森・三戸で中学1年16人が野球部エースの2年をリンチで死なす
10・17	東京・台東で中年男が小3男児殺害。イタズラ抵抗され。5年前にも殺人
11・ 5	大阪市で17歳がベーチェット病で失明し自殺
11・10	沖縄で離婚した母が前途を悲観して2人の子どもを殺害
11・10	茨城で母が折檻で縛ったひもが首にからまり小学生死亡
11・10	静岡で女性教師が6年生男子を1か月間立たせる体罰
11・15	兵庫で酒乱で家庭内暴力の夫が4人の子どもの眼前で妻を殴り殺害
11・17	大阪のガラス工場が小中学生400人をアルバイトで働かせていた
11・26	埼玉で16歳の娘が交際を許さず理不尽なことをする父を絞殺
11・29	横浜で17歳がシンナー遊びを注意した職場の所長を刺殺
12・15	大阪の保育所でふとんが崩れ、下敷きになった園児が死亡
12・17	東京・小平の高校で1年男子が同級生をイジメで殺害
12・18	東京・板橋、京浜安保共闘の高校生ら3人が派出所襲い、1人撃たれ死亡
12・22	旭川で家が焼け高齢女性が殺害される（8年後、当時高校生の男性が自首）
12・24	兵庫の高校の終業式で演説を始めた2年生、制止され、自分の腹を刺す

障害者基本法（昭和45年5月21日法律第84号）抜粋その2

　　　　　　　　　　　　　　　　　　　　　　最終改正　平成25年6月26日

（差別の禁止）
第四条　何人も、障害者に対して、障害を理由として、差別することその他の権利利益を侵害する行為をしてはならない。
2　社会的障壁の除去は、それを必要としている障害者が現に存し、かつ、その実施に伴う負担が過重でないときは、それを怠ることによって前項の規定に違反することとならないよう、その実施について必要かつ合理的な配慮がされなければならない。
3　国は、第一項の規定に違反する行為の防止に関する啓発及び知識の普及を図るため、当該行為の防止を図るために必要となる情報の収集、整理及び提供を行うものとする。

1971（昭和46）年

この年の全般的状況　**経済の爛熟・退廃、ネズミ講、ドル・ショック、大久保清事件**

66年から好景気が続いていたが、こんな時には必ず騙される事件が起きる。「第一相互経済研究所」のネズミ講は、その典型だった。甘い話に多くの人間が群がった。しかし、好景気や甘い話がいつまでも続くわけはなかった。8月15日、ニクソン米大統領がドル金兌換停止を発表、円高が一気に進んで、大きなショックを受け、好景気は終わった。

第3期
1965
〜83年

──────◆この年の主なできごと◆──────

4・11　大阪府知事選で社共共闘黒田了一当選（東京・大阪革新知事）
5・27　児童手当法公布
6・2　全国教育研究所連盟、落ちこぼれ児童・生徒の存在を指摘
7・1　環境庁発足
12・28　沖縄返還協定可決

この年の子どもをめぐる大きな事件

①大阪府豊中市で夫婦が2歳長女を殺害した

この頃から、また子どもに対する虐待事件が目立つようになった。1月7日、大阪府豊中市で、その典型のような事件が起きた。2歳の女児が殺され、病院に放置されたのだった。警察が31歳の父親と27歳の妻の女児であることを突き止めて9日に逮捕した。まったく親としての自覚がなく、自分たちになつかなかったので殴ったり蹴ったり、タバコの火を押し付けたり、熱湯をかけたりするうちに死亡させ、放置して逃げていたのだった。

②連続強姦殺人事件＝大久保清事件

5月12日、不明の娘を探していた家族が、1人の男を警察につきだした。男の名は、大久保清。女子高校生をふくむ8人の若い女性を強姦し殺害していた。それだけではなく数十人もの女性を強姦していたことを取り調べの中に自供した。手口は、女性に警戒心を抱かれないよう、時に画家、時に教師を装って、マイカー時代を反映してドライブに誘い出し、人気のないところで犯行に及んでいた。敗戦直後の「小平事件」と対比された。

③箱根町で中3男子が中1女子を殺害した

10月3日、神奈川県箱根町で、中学1年女子生徒が殺害され、同じ中学の

3年男子生徒が逮捕された。男子生徒は卓球部キャプテンで、女子生徒は部員だった。1年女子生徒が生徒会選挙に立候することになり、応援演説を頼まれたのだが、それが嫌で、彼女を閉じ込めておくことを思いつき、うまく誘い出し、拘束したものの、後で問題になると思って殺害したのだった。しかし、なぜこんなことで殺害するのか、だれも理解できないことだった。

──────◆1971年の子どもをめぐる事件◆──────

1・7	大阪・豊中で2歳女児が虐待され死亡・遺棄、31歳と27歳の夫婦逮捕
1・13	大阪で赤ちゃんがうつぶせ保育で死亡
1・20	兵庫で生徒会長が自殺、制帽を廃止するか否かの論争に悩んで
1・23	東京で生後12日の子が殺害され、石膏詰めに。モデルが不倫の結果
1・27	福島・郡山で4歳男児が死亡、小学1年2人がキックボクシング遊びで
1・27	大阪で幼児が家出、毎日折檻されるので帰りたくないと
2・1	埼玉・朝霞で父親が7か月男児の泣き声がうるさいと布団蒸しにして殺害
2・1	大阪・守口で母親が2か月長女泣くのがうるさいとほ乳瓶で殴り死亡させる
2・2	東大阪で1歳男児が自動車内でマッチ遊びして焼死、両親は買い物
2・10	北海道の小学6年男児が自殺、級友ケガさせたことに責任感じ
2・10	東京で離婚直後の母、前途悲観して2児を殺害
2・14	仙台の中学で1年生が5か所に放火して校舎を全焼させる。教師に叱られ
2・18	北海道・札幌で女店員19歳が女児を産み焼却炉で焼く
2・18	大阪で父は蒸発、母は自殺で、4人の幼い姉妹が残される
2・20	東京・大田区のライトバン内で1歳児がマッチ遊びして火ダルマ
2・22	東京・品川で、小学2年が10軒連続放火。大人が騒ぐのがおもしろかった
3・3	大阪で3人の子どもを置き去りにして父が自殺
3・16	岡山で父が3歳の子に折檻して死亡させる
3・20	名古屋で中学3年2人が景品欲しさにペプシの王冠1,400個盗む
3・26	埼玉・秩父の中学校で放火、2年生逮捕、テスト用紙燃やそうと
3・29	新潟で産後疲れの母が2児を殺害
4・2	静岡・裾野の自動車工場で未成年社員4人シンナー吸引、喧嘩し1人死亡
4・9	東京で睡眠薬遊びをやめろと夫に言われた妻が幻覚の中で1歳長女に暴行
4・15	兵庫で夫が妊娠中の妻を殺害し、2歳の子どもも捨てる。他に女をつくり
4・27	宮城・志津川で23歳の主婦が離婚後の足手まといと2か月の女児を殺害
5・1	淡路島で18歳が仕事がイヤで刑務所に入るため雇い主の1歳児を殺害
5・2	東京・池上で幼児4人がアイスボックスに入り出られなくなり3人死亡
5・2	大阪・河内長野で24歳母親が生んだばかりの障害持つ双子殺害、自殺図る
5・6	大阪・豊中で受験有名校の高校2年がスーパーに盗みに入り転落して死亡

	5・8	高知・高岡で小学生5人が催眠術遊び、1人が昏倒、頭を打って死亡
	5・11	宮崎・児湯郡で16歳の兄が7歳の弟を相手に空手、投げ飛ばして死なせる
	5・15	鳥取で母親がわが子に盗癖があると睡眠薬で眠らせ湖に投げ込み殺害
	5・16	東京・荒川でシンナー中毒の18歳が同棲相手のホステス22歳を殺害
	5・26	神戸で中学2年女子が酒乱の父を殺害。祖父を殺そうとしたのを制止し
	6・1	和歌山で2歳7か月の女児が双子の妹にビニールをかぶせる。窒息死
第3期	6・9	東京の中学生2人が競馬に熱中、馬券を買うため万引き・窃盗など
1965	6・13	岐阜で母親が障害を持つ子を殺害
〜83年	6・15	埼玉・北葛飾で主婦25歳が近所の5歳女児を絞殺、自分の子をイジメると
	6・18	東京・新宿区の印刷会社で従業員19歳が放火、慰安旅行に加えてもらえず
	7・1	東京・練馬で小学生17人が大学生のゲバまねて他校に押しかけ
	7・1	東京・品川、小学3年2人が大学生まね火炎ビンつくり、空家に投げ火災
	7・5	大阪で6か月の子を用水路に棄てた両親を逮捕
	7・15	横浜で36歳の父親が次女5歳を殺す。ギャンブルに溺れて妻は家出
	7・17	横浜で中学2年男子が小学1年女児を殺害。イタズラしようとして騒がれ
	7・17	東京・品川で18歳女性が産んだばかりの男児を絞殺、未婚のため困って
	7・21	東京・保谷の中学に2年放火。両親離婚、不登校。少年院で友人つくると
	7・21	三宅島で少年らがボンド乱用、喧嘩、窃盗などで729人を補導
	8・2	静岡・掛川で自衛隊員19歳が女性宅に侵入、父親を殺害、家族3人重傷
	8・11	埼玉・北葛飾で16歳ら少年窃盗団29人逮捕、135件、現金500万円盗む
	8・14	首に鎖つけた山梨の小学4年、鹿児島で保護、徘徊癖で親が首に鎖
	8・18	大阪で4人の幼い子どもに100円だけ渡し、両親が蒸発
	8・21	大阪で母親が3人も子どもいらないと生んだばかりの赤ちゃんを殺害
	8・27	大阪の旅社が主催した海外ツアー、小学生3人、スイスに置き去り
	9・3	大阪で高校が火事、にもかかわらずテスト続行
	9・10	東京・赤羽のレンタルルームで高校1年12人が接着剤を吸って逮捕
	9・13	千葉・印旛郡で高校1年生が祖父を殺害して自首、いつもイジメるので
	9・13	埼玉・熊谷の女子高生非行グループ111人万引き・恐喝・暴行で逮捕・補導
	9・24	愛知で、子どもがうるさいと3歳児を殺害の父逮捕
	10・3	箱根町で中1女子が殺害される。3年が応援演説を頼まれたが、イヤで
	10・3	麻布学園で停学処分撤回求め生徒が竹ヤリで乱入、2人逮捕、学校が封鎖
	10・6	兵庫・芦屋で主婦が隣家1歳女児を突き落とし、退院直後さらに顔を切る
	10・16	大阪で小学生がテレビ番組のマネして首吊り死亡
	10・19	大阪の小学校校内で教師が2人の児童に猥褻行為
	11・8	東京・杉並の暴力団配下の少年グループ150人逮捕、暴行・恐喝
	11・22	東京・東村山で高校3年が日本刀で主婦や学生に切りつけ強盗

11・27　大阪で母に蒸発された幼い姉妹、祖父の遺体と3日間
12・ 6　大阪の18歳の少年が母の愛人を殺害
12・10　大阪の中学教師が1年間にわたり女子生徒に猥褻行為
12・12　東京・浅草の少年少女グループがレンタルームで不純異性交遊、逮捕補導
12・12　東京・世田谷の車の中に主婦19歳が生後2か月の長女を捨てる。邪魔と
12・19　大阪で若い母親が夜泣きに気がねして赤ちゃん死なす
12・22　大阪で祖父が夜尿で孫娘を折檻して死亡させる
12・28　東京で19歳の母が産後の疲れから赤ちゃんの育児放棄

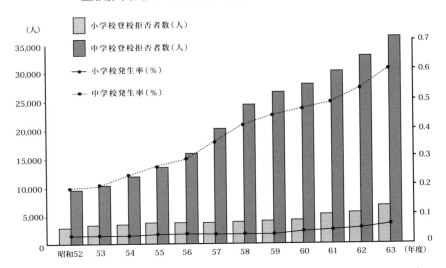

(注)　登校拒否者数は、「学校嫌い」を理由に各年度間に50日以上欠席した者の総数である。
(資料)　文部省「学校基本調査」

1972（昭和47）年

この年の全般的状況　「恥ずかしながら帰国」、
　　　　　　　　　　　日本列島改造論、内申書裁判

第3期 1965～83年

　1月24日旧陸軍歩兵第38連隊所属の横井庄一元軍曹がグアム島の密林で発見され、2月2日31年ぶりに帰国した。日本の降伏など何もかもわからないまま、他の数人とともに密林の中に潜んでいたのだった。その祖国では、田中角栄が首相となり、通産大臣の時に発表した『日本列島改造論』を軸に、新幹線・高速道路建設を中心に、さまざまな開発計画と公共工事を推進、地価や建築材料などが高騰、一方で利権政治が問題になっていた。

────◆この年の主なできごと◆────

- 3・18　保坂展人内申書裁判提訴
- 3・26　奈良・明日香村の高松塚古墳で極彩色壁画発見
- 5・15　沖縄県発足
- 6・11　田中角栄『日本列島改造論』発表
- 7・20　東京・立川の中学校で通知表・音楽・オール3（後に大阪・高槻でも）

この年の子どもをめぐる大きな事件

①東京都千代田区麹町中学校内申書裁判提訴

　3月14日、東京都千代田区麹町中学を卒業した少年（保坂展人）が高校受験にあたって内申書に、麹町中学全共闘を名乗り、文化祭を破壊しようとしたとか、ＭＬ派と関係があるとか、成績とは関係ない思想信条を記され、結果すべて不合格となった。これは思想信条の自由を侵すものであると訴えた。東京地裁はこれを認めたが、高裁・最高裁ともに高校のためにこういうことを書くことは必要なことであるとして請求を退けたのだった。

②東京・中野で小学5年男児が2歳男児を殺害

　6月5日、東京都中野区の公園の砂場で遊んでいた小学5年男児が、2歳の男児が砂をかけたといって怒り、近くのマンション屋上に連れて行き、全裸にして激しく暴行して死亡させた。小学5年ともなると砂場で遊ぶこともなくなるし、遊んだとしても感情コントロールができるようになり、2歳の子に砂をかけられたからといって本気で怒ることはなくなるものであるが、この男児の場合、精神発達面で問題を抱えていたようである。

③宇都宮で母親が2児を置き去りにする

10月7日、34歳のホステスが、栃木県宇都宮市の自宅に3歳の長男と2歳の次男を置き去りにし、餓死寸前にしたとして逮捕された。子どもたちが外に出ないように、また泣き声が外に漏れないように雨戸を閉め、釘付けにして、男友だちと遊び歩いていたのだった。夫は服役中で1人で育てていたのだが、家主が預かってあげるというのを断っていた。

④**親に捨てられた中学1年、弟を折檻して死亡させる**
　11月14日、大阪府摂津市でも哀しい事件が起きた。父は蒸発、母は育児放棄、残された先妻の子の中学1年の長男が、3歳の弟と1歳の妹の面倒をみていたのだが、3歳の弟が1歳の妹をいじめるのを注意するうち、死なせてしまったのだ。無責任な父親と母親が、死ななくてもいい弟を死なせ、背負わせなくてもいい罪を長男に背負わせてしまった。この頃から離婚・蒸発・家庭崩壊、虐待・育児放棄が、また問題化するようになった。

──────◆1972年の子どもをめぐる事件◆──────

1・1　神奈川・川崎の19歳夫婦が生後直後の子を殺害して焼き、4日に自首
1・7　長野でシンナー遊びの高校生が切腹して死亡
1・18　福井市の中学校で2年が1年から100万円恐喝、豪遊する
1・19　徳島で施設職員、収容児に猥褻行為で逮捕（2・6には兵庫でも）
1・27　滋賀・大津で京都の中学生が自殺、教師に叱られて
2・8　千葉で継母が前妻の子を虐待して殺害
2・12　東京の芸能プロ、児童福祉法違反で摘発、少女をヌードモデルやポルノ映画に
2・14　大阪・羽曳野で中2が小3女児に強制猥褻、騒がれ殺害（8年後殺人）
2・22　兵庫で継母が前妻の子のおねしょを折檻して死なす
2・28　京都で父子ガス心中。男親の子育ての難しさ、父子家庭の問題提起
3・2　神奈川で中学生が自殺、戸籍に自分の名がないと
3・4　兵庫・城崎の中学校で教師殺害。卒業生18歳が在学中の屈辱に復讐と
3・11　福岡でアジト遊びしていた2人の児童がロウソクが倒れて焼死
3・23　埼玉で教師がショック療法として児童に教科書を焼かせる
3・29　千葉県で生徒の髪型規制、男は丸刈り、女子はお下げ、長髪禁止
4・6　岩手で中学3年が自殺、貧しくて修学旅行に行けず
4・8　茨城・下妻で小学5年殺害される。29歳がバカにされたと（20日自供）
4・9　千葉・習志野の夫21歳・妻23歳が4歳長女を殴り殺害。前妻の子、邪魔と
4・26　高知の高校が森永ヒ素ミルク中毒の生徒に退学を迫る
4・30　富山の民家に大学2年が侵入、小学5年女児を強姦、絞殺
4・30　静岡で中学1年生が首吊り自殺、毎日往復12キロの通学に疲れて

第3期 1965〜83年

5・6	福岡で中学生が帰宅途中、同級生刺殺
5・10	北海道・岩見沢、2歳児窒息死、小学1年と4歳児が穴に落ちたのを放置
5・17	富山・婦負郡で4歳児が3か月女児死なす。階段で落とし、さらに水路に
5・22	石川県で中学3年がピストル奪取目的に派出所襲撃
5・29	和歌山で生徒30人が級友1人をイジメてリンチ
6・5	東京・中野で2歳男児が小学5年に殺害される。砂場で砂かけられ怒って
6・13	北海道・札幌で小学6年が不登校と放浪癖を父に叱られ自殺
6・17	大阪でクラブ活動中にケンカ、殴られた生徒が死亡
6・17	富山県で暴走族暴動（24には殺人も。富山からさらに高岡へも拡大）
6・19	山口で競艇に夢中の父、幼い女児を車のトランクに入れて死亡させる
6・20	大阪でブルドーザーが放置され、幼児が遊んで死亡
6・21	奈良・吉野郡で17歳がウソをついて小学校から小学2年女児を誘拐
6・28	和歌山で盗み調べられた中学生が自殺
7・3	東京で中学2年が踏切に飛び込み自殺。接着剤遊びを母親に叱られ
7・4	沖縄・那覇で小学5年女児が強姦され殺害される
7・6	京都の女子高校、教師の指示で生徒が級友の所持品を検査
7・17	神戸の菓子店に中学3年2人が60回もイタズラ電話、店主の妻ノイローゼ
7・17	静岡・浜松で小学2年が川に転落、一緒の同級生3人帰宅。誰にも言わず
7・18	千葉・成田で3歳児が池に転落、一緒にいた4歳児は帰宅、親に告げず
8・7	横浜で19歳の母親が生後19日のわが子の殺害図る。強盗に襲われたと狂言
8・13	東京の無責任な若い夫婦、幼い3人の子を置き去りにして蒸発
8・20	東京で若い夫が「寝つき悪くてうるさい」と妻の連れ子を殴り殺害
8・22	愛知の父親がシンナー中毒で暴れる息子を殺害
8・23	東京・北区で福井県から家出の21歳女性が勤めの邪魔と8か月の長女殺害
8・23	岡山の中学生、「養子だった」ことがわかって首つり自殺
8・24	群馬で中学1年女子2人が墓地で心中。死後の世界に憧れる遺書残す
8・24	北海道・札幌で中学2年ガス自殺。教師に叱られ、暴力教師と非難の遺書
9・2	三重・四日市で公害病認定患者の少女が死亡
9・3	秋田で父親が幼い娘に生命保険をかけ、友人に殺害させ逮捕される
9・4	神奈川・厚木で高校2年が成績にうるさい母親を殺害
9・8	東京で中学2年が養子とわかり、母親と口論した直後に飛び降り自殺
9・12	奈良の小学4年と中学1年が家出、車から50万円盗み、東京で遊んで保護
9・12	兵庫で障害もつ子に3年にわたって虐待した継母を逮捕
9・14	鹿児島の母が幼いわが子が嫌いな親類の顔に似てきたと虐待死亡させる
9・19	奈良の母親が勤めの邪魔と赤ちゃんを捨てる
9・20	静岡・清水で2歳女児が42歳の男に強姦され殺害される（強姦前歴）

10・ 2	東京で子どものイタズラを近所から責められ母子心中
10・ 7	広島・福山で21歳女性が生後1か月の子殺害（前年4月にも殺害）
10・ 7	群馬で自宅を釘づけにして幼い2人を置き去りにした母親を逮捕
10・12	大阪の小学校で教師が腕っぷしの強い児童を「体罰係」に任命
10・18	山梨の父親が2児を小屋に1年半監禁、死亡寸前で救出される
10・24	徳島の警察、デタラメ密告で授業中の女高生を犯人扱いして連行
10・28	名古屋の路上で22歳が3歳の男児の胸を刺し重傷負わす
11・ 3	和歌山でわが子に盗みをさせた父親を逮捕
11・ 4	大阪・摂津で中1が1歳いじめる2歳を折檻死（父蒸発、母育児放棄）
11・12	宮崎で姉4歳が弟をバケツに閉じ込め死なす。母家出、祖母が育てていた
11・19	秋田で難病の子が自殺、「みんなに迷惑かける」と遺書
12・ 3	島根の中学3年がスキー競技でライバルの少年を刺殺、偽装工作
12・ 6	青森で18歳がシンナー吸引しタクシー運転手と口論になって殺害
12・16	東京の女性教師が障害もつ子に竹刀で体罰
12・16	東京で高校生など18人グループが女子中学生や女子高校生45人に集団強姦
12・23	大阪でダンプカー運転手が後ろに園児がいるのを知りつつ砂下ろし死なす

1973（昭和48）年

この年の全般的状況　**コインロッカー赤ちゃん殺人事件続発、石油危機**

　子どもへの深刻な虐待、わが子を平然と殺害したりする事件が増えるとともに、60年代の半ばから普及しはじめた駅などのコインロッカーに生まれたばかりの赤ちゃんを捨てて死なせたり、死なせた赤ちゃんの死体を捨てる事件がこの年だけで46件も発生した。10月6日、第4次中東戦争が勃発、石油産出国は原油値上げで対抗し、石油危機が起きて日本は大打撃を受け、トイレットペーパー騒動も起き、省エネが叫ばれるようになった。

――――――◆この年の主なできごと◆――――――

1・1　老人福祉法施行
1・8　タイ女性人身売買で日本人男性逮捕
3・13　国鉄ストに対し上尾駅で暴動起きる
7・20　教員免許法改定、必須科目から日本国憲法除外
10・23　第1次石油危機（トイレットペーパーや洗剤騒動）

この年の子どもをめぐる大きな事件
①**大阪の私立高校教師宅で爆発**
　2月4日深夜、大阪の私立高校教師宅で爆発があり、教師が軽いケガを負った。以前からこの教師宅には、生徒あるいは退学を余儀なくされた生徒らしいものからの脅迫電話や脅迫の手紙がきていたことから、警察は同校の3年生2人と退学した1人から事情を聞いたところ、爆発物を仕掛けたことを自供し逮捕された。この教師から授業中の態度について何度も注意され、1人は退学せざるをえなくなり、仕返しだと供述したのだった。
②**民族学校生徒に対する連続襲撃事件**
　6月11～12日、東京・新宿で私立大学生と私立高校生が、民族学校生徒を待ち伏せして襲撃する事件が起きた。襲った大学生と高校生は、いずれも「朝鮮人は朝鮮に帰れ」などといった差別言動を吐いたうえで、殴る蹴るの暴行を加えたのだった。歴史などまったく理解することなく、民族差別・排外主義の意識そのままだった。この私立大学・高校の学校法人は学園近代化委員会を発足させたが、その後も同様の事件を起こしている。
③**茨城県の小学校で6年女児が集団飛び降り自殺**

12月7日の放課後、茨城県鹿島郡の小学校で、6年女児が集団で飛び降り自殺をはかった。女児たちは仲良しで、「学校がイヤだから、みんなで飛び降りて死のう。飛び降りるときは傘を使おう」と相談していたのだった。1人は怖じ気づいて飛び降りなかったが、1人は傘を広げて「そーれ」と掛け声をかけて飛び降り、続いて2人が相合い傘をするように飛び降り、重傷を負ったのだった。同級生10人ほどが見守る中の出来事だった。

────────◆1973年の子どもをめぐる事件◆────────

1・ 3　滋賀県で受験苦に中学生が自殺（この頃、中高生の自殺あいつぐ）
1・ 6　大阪で50歳男性逮捕、女児にイタズラ22件
1・12　東京で小学生が密航はかり羽田で補導
1・19　岡山・津山で高校1年が同級生を刺殺、女友だちのことでケンカ
1・30　東京で受験に悩んで暴れる息子を母が絞殺
2・ 1　滋賀でローラースケートの小学生止まれず踏み切りに、死亡
2・ 6　大阪で母蒸発、かわりに弟らの面倒見ていた姉の女子中学生が疲れて自殺
2・ 7　東京で父親が障害を持つ子を殺害。この子がいては家庭が壊れると
2・17　千葉・船橋で小学5年女児が強姦、絞殺される、9か月後23歳男性逮捕
2・19　千葉で22歳の継母が夫と前妻との間の5歳女児を虐待して死亡させる
2・27　鹿児島・川内（せんだい）の小学校教師が4年女児を強姦して無理心中図る
2・28　東京・北区で19歳短大生が赤ん坊産み、殺害してゴミ箱に捨てる
3・ 2　大阪の中学生が家出少女2人をホステスとして紹介、手数料もらう
3・ 7　滋賀・大津で中1が自殺。テストの成績悪く（子どもの自殺あいつぐ）
3・15　横浜で18歳ら2人が6歳男児誘拐し身代金を奪おうとしたが、失敗し絞殺
3・17　石川で男児がドリンク剤を飲み死亡。中身は農薬だった
3・19　千葉・柏市で22歳の母親が夫の前妻の5歳女児を虐待殺害。頭蓋骨骨折
3・21　大阪でボンド遊び注意された中学生が自殺
3・26　青森県で「横井庄一さん遊び」で中学生が生き埋めになって死亡
3・28　和歌山で用水路にカセイソーダ、落ちた幼い女児が大ヤケド
3・29　北海道・利尻で父親が4歳長男を折檻して脳内出血で死亡させる
3・30　兵庫・神戸の病院で入院患者34歳の男が4歳女児を強姦、泣かれて殺害
3・30　兵庫県で父親が障害持って生まれてきたわが子が不憫と殺害
3・31　北海道・士別で4歳と5歳男児が4歳女児をビニールひもで巻き死亡させる
4・ 2　愛知県で校長が障害持つ子に「入学式に来るな。みじめになるだけだ」
4・ 3　福岡で知的障害児の施設、収容児を鎖でつないで暴行
4・ 4　東京・板橋で18歳が中学1年と2年を全裸暴行、重傷負わす（前年にも）
4・10　長野で中学教師が卒業生をモーテルで強姦

第3期
1965
〜83年

4・16	兵庫で治療費ないと放置、病気の赤ちゃん衰弱死	
4・20	福井で中学生が遺跡を荒らす。段ボール5箱分も盗む	
4・23	東京・中野で24歳継母が4歳女児を虐待、おまるくくりつけ箱詰めに	
4・30	福井・敦賀で中2女子が赤ん坊産み、困って殺害して裏山に捨てる	
5・12	広島で母親が夫婦ゲンカして家出、就職の邪魔と2児捨てる	
5・16	東京・豊島のクラブ歌手が生んだ嬰児の遺体を2年間持ち歩いて逮捕	
5・17	三重県の私立全寮制高校で寮監と副寮監の国語教師が1年生に暴行死なす	
5・22	岩手の国立高専1年生が柔道教師に投げられ意識不明に	
5・30	兵庫で19歳の女性が自殺、両親が育児放棄した4弟妹の親がわりに疲れ	
6・3	三重の全寮制私立高校1年が教師らによる殺害事件（5・17）に悩み自殺	
6・11	国士舘高校生が朝鮮学校生襲うなど大暴れ	
6・15	東京・世田谷で窃盗に入った15歳が証拠隠滅で放火、一家3人を殺害	
6・16	埼玉・加須で高校2年女子が赤ちゃん出産後殺害	
6・17	東京・中野の19歳がアル中の父親を殺害	
6・19	大阪で中学2年と小学6年が女児に性的イタズラ	
6・19	京都で警官が女子高生を強姦、余罪多数で取り調べ	
6・22	愛知の無認可託児所の経営者の女性がハシカの子を殴り死亡させる	
6・24	愛知・一宮で暴走族学生の車が突っ込み1人死亡、2人重体、10人重軽傷	
7・12	東京・練馬で18歳、20歳カップルが産まれたばかりの赤ん坊捨てる	
7・13	大分・別府で18歳が殺人未遂、50万円で人妻殺害引き受け、襲ったが失敗	
7・19	埼玉でクーラーをつけっぱなしにして赤ちゃん死なす	
7・26	福岡の高校2年がラグビーのスクラム中、首の骨が折れ手足が不自由に	
8・11	滋賀で継母が病気の前妻の子を撲殺し、実子を連れて逃げる	
8・13	東京・豊島でホステス16歳が22歳同僚が生んだ赤ん坊を捨てるのを手伝う	
8・15	東京で病気療養中の小学5年が教室で自殺	
8・20	岩手で家が狭く廃車で寝起きの小学生、ローソクが倒れて焼死	
8・20	京都で父が障害もつ幼女に青酸カリ飲ませて殺害	
8・21	兵庫・神戸で16歳の母親が家出して自分が生んだ赤ん坊を捨てる	
8・30	鹿児島で3歳男児が保育所に行くのを嫌がり、母親が木に縛り付け死なす	
9・1	山口で高校教師がエーテルを嗅がせて教え子強姦を何度も繰り返す	
9・5	東京・新宿、万引きで補導の小3と小4が車を盗んで深夜暴走、衝突逮捕	
9・5	広島で小学5年自殺、母親が妹だけ連れてお好み焼きに行ったことに抗議	
9・19	東京で事故で骨折した小学生、運動会を前に自殺	
9・20	東京・福生の21歳母親が3歳長男の夜尿に怒り性器切断、路上放置し逮捕	
9・21	徳島、小学6年が喘息など病弱を苦に自殺。中学生は川に飛び込み自殺	
10・1	和歌山、父親が障害もつ子を殺害して自殺	

10・ 2	大阪のアパートの空室で火遊びしていた2学童が焼死
10・11	大阪で19歳の父が生後2か月の自分の子どもがうるさいと撲殺
10・15	静岡・富士市で中学3年女子が養母を殺害。家出・自殺未遂を説教され
10・29	兵庫で難病の19歳女性が自殺
10・30	東京で級友20数人、いたずらっ子にリンチ
11・ 7	奈良で長男の障害を苦に一家心中
11・10	東京の高校文化祭でポルノを上映、学校が電源カット
11・12	徳島で森永ヒ素ミルク中毒の後遺症に苦しみ女子短大生自殺
11・14	岐阜の中学で教師が立ち会い「小遣い多い」女生徒にクラス全員でリンチ
11・16	埼玉・秩父で幼女の遺体発見、元ホステス22歳逮捕、同棲の邪魔と殺害
11・16	大阪で給食費が盗まれ、教師が児童を裸にして調べる
11・17	大阪で障害もつ高校生の前途を案じ、母が殺害
11・17	東京・北区で23歳の母親が新しい男ができ、邪魔とわが子を捨てる
11・21	徳島で喘息の小学生が苦しんで自殺
11・24	東京・町田で小3女児が菓子くれないと怒り、3歳女児を裸にし縛り放置
12・ 7	茨城・鹿島で小6女子3人が学校嫌いと薬飲み傘差して飛び降り自殺図る
12・ 7	東京で18歳浪人がふられて女性の目の前で腹切り
12・14	大阪・泉佐野で中学3年の自作改造モデルガンが暴発して友人を死なせる
12・26	兵庫で段ボール箱に入って遊んでいた2女児が車にひかれて死亡
12・29	高知で家出の主婦が3児を絞殺
12・27	東京・杉並、NHK職員の26歳妻が隣室に入り、幼女の顔に熱湯浴びせる
12・30	島根で親がノイローゼの高校生を小屋に監禁して死亡させる

1974（昭和49）年

この年の全般的状況　**小野田寛郎帰国、田中金脈事件で首相辞任、中学生連続爆破事件**

　3月12日、小野田寛郎(ひろお)旧日本陸軍少尉がフィリピン・ルバング島から帰国した。敗戦・降伏を信じず、30年にわたって残置諜者としての任務を遂行してきたのだった。祖国日本は余りにも変わりすぎていた。7月7日の参議院選挙では金権批判の市川房枝、青島幸男らが当選した一方で、10億円使ったと噂された糸山英太郎も当選した（選挙違反で辞職）。結果は与野党伯仲だったが、11月26日田中角栄は金脈批判で首相を辞任した。

第3期
1965
〜83年

————————◆この年の主なできごと◆————————

- 2・22　教員人材確保法成立
- 3・7　ユリ・ゲラー来日、テレビ出演（スプーン曲げ、超能力ブーム）
- 4・11　春闘史上最大の交通スト
- 4・17　日本共産党「教師聖職論」発表
- 6・1　教頭法制化法公布（教員の職階確立）
- 10・10　立花隆、田中角栄金脈追及論文発表（文藝春秋）

この年の子どもをめぐる大きな事件

①北九州で中学生が連続爆破事件

　3月23日、北九州市で7日から20日にかけて連続して発生していた7件の爆破事件で、中学2年の男子生徒が逮捕された。男子生徒の親が、息子はもともと化学が好きだけれど、最近は異常なまでに爆弾に興味を持ち、実際に爆発物をつくっているようだと、警察に相談したことによってわかったのだった。13日の小倉駅での爆破事件では付近を通行中の5人が重軽傷を負っていた。友だちができないので、憂さ晴らしでやったと供述した。

②京都で小学5年生が自殺した母の後を追い自殺

　4月5日、京都で小学5年生が病院屋上から飛び降り自殺した。5年生の母親はこの子が生まれて間もなく離婚、以来2人暮らしだったが、病気がちでこの子が看護してきたようなものだった。母親はこのことが辛く、息子を楽にしてやりたいと、この日、自宅で服毒自殺した。5年生は母の後を追って自殺したのだが、病院は冷たいと書かれたメモが残され、病院ではなく家に運んでほしい、家で母が死んでいると自宅の地図が書かれていた。

③大阪・堺でも爆弾中学生、「ウルトラ山田」

9月26日、大阪府警は堺市内の中学2年男子を逮捕した。この年の春から、堺、阿倍野、天王寺などで、日曜ごとに爆弾事件が起きていたのだが、その犯人としてだった。中学生は小学校6年生から長期欠席を続けていた。警察の取り調べでは、学校がイヤで、家にこもるうちに爆弾づくりをおぼえたと述べたそうである。さらに哀しい話だけれど、「ウルトラ山田」名の脅迫状は、母親が息子にせがまれて書いてやったのだった。

④俳優津川雅彦・朝丘雪路夫妻の赤ちゃん誘拐

8月15日午前3時頃、俳優津川雅彦・朝丘雪路夫妻の生後5か月の赤ちゃんが誘拐された。その後、150万円を振り込めとの指示があり、夫妻はそのとおりにした。警察は引き出すときが逮捕の機会と考え、その口座から引き出すCD機、また人物を特定できるようにし、翌16日正午に引き出した23歳の男を逮捕、赤ちゃんを無事救出。当初は別の歌手夫妻の子を狙っていたのだが、住所がわからず津川・朝丘夫妻の子どもにしたと供述した。

◆1974年の子どもをめぐる事件◆

- 1・3　秋田で母親が神社の池に乳児を投げ入れ殺害
- 1・6　香川の農家の納屋から出火、足に鎖された障害児が逃げられず焼死
- 1・7　千葉で中学生男女が心中、結婚反対され
- 1・10　茨城で小学6年がマラソン練習中に死亡
- 1・17　愛知の女子高生、人気歌手がレコード大賞とれず残念と自殺
- 1・19　兵庫で中学生が信仰から格闘技授業拒否（25　島根の高校生も。各地でも）
- 1・24　愛媛で森永ヒ素ミルク中毒の高校生が後遺症に悩まされ自殺
- 1・25　北海道・小樽で高校生カップルが出産したばかりの赤ちゃんを殺害
- 2・2　大阪・摂津の小学校全焼、2年の男女が新校舎で早く勉強したくて放火
- 2・4　神奈川で離婚話がこじれ、父が乳児を殺害（6　兵庫でも同様事件）
- 2・19　大阪で両親と死別、妹と2人暮らしの女子高生が生活苦と寂しさから自殺
- 2・11　鹿児島で高校教師が集団で転勤願、生徒怖いと
- 2・14　大阪で女子高生が人気アイドルグループ会いたさに集団家出
- 2・17　栃木・真岡で高校3年ら6人が県庁やデパートなど連続爆破、警官重傷
- 2・17　神奈川で中学教師が教え子をモーテルに連れ込み逮捕
- 2・28　埼玉の児童収容施設で少年2人が指導員を殺害して脱走
- 3・9　新潟で高校3年が非行を嫌って離れていった1年女子を自宅に押しかけ殺害
- 3・13　近鉄百貨店阿倍野店などを爆破したウルトラ山田を名乗る中学生逮捕
- 3・17　福島で若い母親が双子のわが子が泣き止まないと殺害

	3・20	大阪で女高生13人補導、暴力団と組んで売春
	3・22	徳島で大学に合格した森永ヒ素ミルク中毒の少年が自信ないと自殺
	3・23	大阪で母親が障害もつ子を折檻して死亡させる
	3・23	北九州で小倉駅など4件の爆破事件を起こした中学2年逮捕
	3・29	神奈川で中学生がケンカの仕返しで集団リンチして殺害
	4・5	京都で小学5年が亡き母の後追い病院屋上から飛び降り自殺、病院に抗議
第3期	4・6	大阪で両親がゴルフ中、幼い子どもが噴水に落ちて死亡
1965	4・8	岐阜で母子心中。入学式の帰路、障害持つわが子の前途を悲観
～83年	4・9	大阪・住吉の中学校内で3年12人が同級女生徒5人を6回も集団強姦
	4・13	兵庫で幼児が私鉄スト中止知らず、線路で遊び、はねられ死亡
	4・17	埼玉で父親が赤ん坊うるさいと焼き殺害
	5・1	大阪で公害患者の高校生が急死
	5・2	大阪で中学生14人補導、勉強息が詰まると万引き競争
	5・10	熊本の高校理事長、授業料無料の生徒を自宅で働かす
	5・19	東京・練馬の19歳の父親が「うるさい」と赤ちゃんを踏み殺す。妻16歳
	5・27	福岡で小学生3人がハトの口に爆竹、補導
	5・30	和歌山で名札忘れた児童のヒタイに名前、忘れた罰と
	6・3	京都でひき逃げ2回、盗んだ車39台、少年7人を逮捕
	6・10	大阪で母子寮に入れなかった母子が心中
	6・16	愛媛県で両親が潮干狩り中、残された赤ちゃんが自動車で熱死
	6・16	大阪で小学生2人組が高校生からひったくり
	6・21	秋田で女子高生が催眠術遊びで意識不明（この頃、各地で同様事件）
	6・26	北海道で2人の中学生が窃盗、中身は1,300万円、多さに驚く
	7・5	兵庫で継母を逮捕。夫の前妻の子を125万円で料亭に売る
	7・6	千葉で障害持つ子を残し一家心中
	7・9	兵庫で、若い母が「また女の子」といって生まれたばかりの赤ちゃんを殺害
	7・10	東京・江東で小学1年女児が強姦されて全裸のまま隅田川に突き落とされる
	7・16	和歌山で赤ちゃんが金魚の水槽に落ちて死亡
	7・23	兵庫・神戸で母親が夜泣きした5歳の長男を殴って殺害
	7・23	大阪の南海難波駅コインロッカーに生後間もない女児の腐乱死体が遺棄
	7・25	大阪で中学生が赤ちゃんを生み、捨てて死亡させる
	7・28	大阪で幼児がポリバケツにはまり死亡
	8・3	兵庫で英語の成績悪いと中学生が自殺
	8・4	東京・杉並で18歳の母親が再婚に邪魔と1歳の長女を殺害
	8・15	東京で俳優津川雅彦・朝丘雪路夫妻の赤ちゃん誘拐（17　無事救出）
	8・20	愛知で夫婦が借金で逃亡生活2年、2児学校へ行けず

8・21	東京・江東で会社員女性19歳が産んだばかりの子を殺害、誰の子か不明と
8・28	埼玉・北葛飾で中学3年が性的イタズラ抵抗され5歳女児を殺害
8・28	鹿児島で高校3年が下着盗みに入って見つかり、主婦を殺害
8・28	神奈川・平塚で男性46歳がピアノ音で階下の4歳、8歳ら母子3人殺害
9・3	愛知の工業高校生徒、ニセ100円玉つくる
9・5	大阪の女子中学生、ヤセすぎと自殺
9・9	大分の夫婦、借金苦で子ども殺害して心中図ったが死にきれず
9・29	静岡で19歳の巡査、上司に叱責され交番でピストル自殺
9・29	大阪で借金苦の両親が3児を残して蒸発
10・5	愛媛で「運動会の準備手伝え」と中学生が殴られ死亡
10・8	広島で中学生が電車車庫で遊び、架線にふれ感電、大火傷
10・15	大阪で小学6年が「丸善石油を爆破する」と110番に電話、逆探知で逮捕
10・17	東京で会社会長の8歳の娘が誘拐される。30日愛人が殺害を自供
10・21	大阪で48歳が友人の小学3年の娘を小学校トイレで強姦し殺害
10・28	福岡で集団カンニングを叱られ、中学生飛び降り自殺
11・2	岡山で少年が打ったゴルフボールが幼児を直撃、首が折れて死亡
11・3	兵庫で母親が6人の子を放置、末の乳児は衰弱死、上の子は学校行かず
11・10	和歌山で若い母が赤ちゃんを殺害し自殺（12日には兵庫でも）
11・28	福岡の女子高でリンチ、リンチされた生徒が自殺
11・29	北海道で7年間に3児を産み、殺害した母が逮捕される
11・30	滋賀で若い母が派手な生活に行き詰まり、赤ちゃんを殺害
12・4	東京で2幼児が野犬に引かれて放水路に落ちて水死
12・8	神奈川でバイト帰りの女子高生が米軍基地内で殺害される
12・13	大阪の無線少年7人、警察無線を盗聴し盗み55件
12・13	滋賀で妻と別れた夫が、足手まといと1歳の子を殺害
12・28	大阪で病気苦に母子3人飛び込み自殺

1975（昭和50）年

この年の全般的状況　**サイゴン陥落・ベトナム戦争終結、受験競争・乱塾時代**

　4月30日、南ベトナム解放民族戦線は、サイゴン（現ホーチミン市）を陥落させた。民族解放を掲げて60年12月に結成してから15年、世界最強の米軍を相手についに勝利した。米は威信を大きく低下させ、アジア戦略のみならず世界戦略の変更も余儀なくされた。日本では受験競争が一層激しくなり、予備校や学習塾が乱立する時代となって、小学生までもがその渦に巻き込まれ、深夜の電車でも塾から帰宅する姿がみられるようになった。

第3期
1965
～83年

―――――――◆この年の主なできごと◆―――――――
4・13　統一地方選、知事選で東京・美濃部、大阪・黒田当選、革新体制続く
5・30　ベトナム戦争終結、臨時革命政府全権掌握、サイゴン無血解放
7・11　育児休業法公布
7・17　皇太子夫妻沖縄訪問、火焔瓶投げつけられる
10・15　文部省、小中学校に主任制導入決定

この年の子どもをめぐる大きな事件
①香川で、高校2年の女子が、父に頼まれ殺害
　3月29日、香川県で高校2年の女子生徒が、49歳の父を殺害して逮捕された。父親は日頃から胃が悪く、薬を飲んでいたのだが、自分は胃ガンだと思い込んでいて、もう先は長くない、生きていても楽しいことはない、迷惑をかけるだけだから、早く死なせてくれと、この日も長女に頼んだのだった。長女は、さすがにためらったものの、何度もせがまれるうち、仲が良くなかったこともあって、ストッキングで首を締めて殺害したのだった。

②大阪・岸和田で、3歳児が赤ちゃんを死なす
　4月11日、大阪府岸和田市で、想定できない事件が起きた。近くの3歳女児2人が家に入り、2階のベビーベッドに寝かされていた生後17日の赤ちゃんを引きずり出し、人形で遊ぶように抱いたり転がしたりして、いつの間にか家の外に連れ出していた。路上で血まみれになって引きずられているところを通行人に発見され、病院に運ばれたが頭蓋骨陥没などで死亡したのだった。この年、鹿児島でも、似たような事件が起きていた。

③女子高校生・女子中学生売春事件

6月、横浜市内の私立女子高校の生徒4人が売春していたことが発覚し補導されたが、彼女たちには売春が犯罪であるという認識も、人間的にも道徳的にも道に外れているという意識もなく、「だれに迷惑かけたわけでもない。自分の肉体をどうしようが自由ではないか」とくってかかるものもいたようである。横浜以外にも、山梨、静岡、岐阜、大阪、佐賀などでも、女子高校生や中学生が売春して補導されていることが明らかになった。

────────◆1975年の子どもをめぐる事件◆────────

1・5	岐阜で飲酒の高校生ら3人が凍る湖に暴走し死亡
1・12	大阪で妻が家出、夫が自殺、赤ちゃん1人60時間
1・13	大阪で少年無線窃盗団逮捕、警察無線を聞きながら捜査くぐり抜け
2・1	埼玉・川口で小学2年生が殺害される。親の知人が窃盗目的で侵入放火全焼
2・2	三重の全寮制高校、スパルタ教育きつすぎると生徒また逃げだす
2・2	茨城で乳児が電気こたつ「強」で3時間放置され、脱水症で死亡
2・4	東京で母親に蹴られて幼児が死亡
2・7	埼玉で棄てられた5歳児、2か月後、親が見つかったが、家帰るのイヤ
2・9	福島の百貨店で万引きが見つかり、逃げた高校生が転落して死亡
2・18	千葉で無職28歳が預かった5歳男児、4歳・2歳女児殺害。両親育児放棄
2・23	東京・練馬で17歳少女が慶大生と美人局、2人で会社社長に暴行、現金強奪
3・5	東京で夫婦ゲンカ、障害もつ子に熱湯かけて殺害
3・7	大阪で母子家庭に強引に同居した男が、男児を虐待し逮捕
3・7	東京・立川で小学4年と1年女児が爆破予告のイタズラ電話
3・8	大阪で父親が重度の障害を持つ子を回復の見込みないと殺害
3・28	大阪で万引を見つけ女子中学生に乱暴した運転手逮捕
3・29	香川で高校2年女子生徒が病気の父親に頼まれ死亡させる
4・1	東京・町田で小学6年、中学生2人がモデルガン暴発で重傷
4・7	東京で高校生のタバコの不始末で22世帯が焼け出される
4・11	大阪の塾経営者で少年野球のコーチが子どもらに万引きさせる
4・11	大阪・岸和田で3歳女児2人が近くの生後17日の赤ちゃん引きずり死なす
4・13	愛知で非行の娘に思いあまって、母親が娘と無理心中
4・18	神奈川で泣き叫ぶわが子を茶箱に入れて殺害し埋める
4・24	東京・品川の高3女子10人が万引き競争で逮捕、スリルがたまらないと
4・28	埼玉でアドバルーンに小学生2人が入り込んで窒息死
5・3	長崎・佐世保で高校1年が勉強の邪魔と酒乱の母を殺害
5・3	静岡で隣組の集会で逆上した主婦が無関係の隣家の2歳の子を刺殺
5・8	東京で妻の留守中、障害持つ子もてあまし、銀行支店長の父が餓死させる

	5・9	大阪・高槻で産んだ子4人を殺害しベランダに隠した主婦逮捕、貧困から
	5・10	新潟で高校3年が急性アルコール中毒で死亡
	5・11	神奈川・座間で23歳母が1歳女児害殺害し強盗の仕業と狂言（3年前にも）
	5・12	北海道旅行の10代カップル、幸福駅見物後、そろって自殺
	5・19	大阪の中学3年5人が修学旅行の新幹線で乱暴狼藉
	5・22	長野・飯田で23歳母親が乳児を洗濯機に沈めて殺害。育児への自信喪失と
第3期 1965〜83年	6・5	横浜の女子高生4人が2年間、制服で売春を繰り返して補導、1回2万円
	6・8	東京と神奈川の暴走族800人が鎌倉七里ヶ浜で大乱闘、22人重軽傷
	7・2	岐阜で女子高生グループを売春で補導
	7・4	神奈川で障害を持つ子を他人に押しつけ、夫婦が蒸発
	7・6	大阪で子どもの障害を苦にして母が子ども2人を殺害して自殺
	7・15	横浜市立中学校の水泳授業中、飛び込みで頭を強打し半身不随に
	7・17	茨城で教師の父が障害もつ息子を生き埋め
	7・28	神奈川の高校2年ハイジャックで逮捕。義父とケンカが絶えず鬱憤晴らし
	8・14	愛知で少女が母の借金のカタに21日間軟禁される。サラ金社員逮捕
	8・18	鹿児島・出水（いずみ）で生後18日の乳児が近所の5歳男児らに包丁で切られて死亡
	8・18	愛知・岡崎の高校1年が教室爆破を計画、足の不自由をからかわれ
	8・25	東大2年がマンションに押し入り小学2年女児を襲い騒がれ逃走、逮捕
	8・31	大阪で高校生がマルチ商法で失敗、新学期前に自殺
	9・1	千葉で若い母が赤ちゃん邪魔と殺害
	9・2	宮城で暴走族グループ「水戸黄門」9人が女子高生を強姦、現金を奪う
	9・3	埼玉・越谷、不登校の高校1年、学校に行きなさいと叱る祖母を絞殺
	9・7	大阪で若い夫婦がケンカ、アパートに放火し自分たちの赤ちゃんを死なす
	9・14	大阪で赤ちゃんの遺体遺棄2件、コインロッカーと川に
	9・22	静岡で女子高生売春10人逮捕
	9・25	三重で中学生が心中、交際ダメと言われ
	9・28	東大法医学教室の飼育小屋放火、小学4年2人補導、動物かわいそう
	10・2	大阪で子守頼まれた女性が泣き止まない赤ちゃんを2階から放り投げる
	10・4	香川で高校生が同級生にゆすられ自殺
	10・22	東京・江戸川、中学生5人が車盗み無免許運転事故、3人即死、2人重傷
	10・28	兵庫で内職のミシンの音がうるさいと苦情受け、母子が心中
	11・1	大阪で叔母が預かっていた幼児を「言うこと聞かない」と折檻して死なす
	11・2	広島で若い母親が難病の赤ちゃんを殺害し、自殺
	11・8	茨城で暴走族7グループ200人が筑波山で乱闘
	11・9	沖縄・具志川で中学3年3人が職員室に爆弾、叱られ逆恨み
	11・10	兵庫で中学生が清掃用のシンナーを吸って暴れる

11・14　仙台で39歳の母親が息子の受験の邪魔と隣の4歳女児を殺害し遺棄
11・17　横浜の全寮制学校で中高生17人をイジメで送検、学園長は兄弟喧嘩と放置
11・18　北海道で暴力団員が内妻の姉の幼子を殺害。内妻に逃げられた腹いせに
11・28　東京で父親が泣きやまぬわが子に電気ショックを与え感電死させる
12・ 5　大阪で中学生が教師のボーナスを盗み、仲間で山分け
12・11　兵庫で母親が住宅ローンで生活が苦しいと3児を捨てる
12・21　青森・八戸、小学5年が盗みを見られて女性店員を刺殺
12・21　兵庫・三木で教師に叱られた中学生が報復爆破殺人を計画、失敗、自首
12・24　埼玉・蕨と川口で中3がOL、女高生・中学生・小学生に切りつけ逮捕
12・25　神奈川のモグリ保育所、預かっていた子を殺害
12・29　北海道河西郡で孫娘18歳が同棲元自衛官と祖母を殺害し遺体冷凍、現金奪う
12・30　鹿児島で若い夫婦がケンカの末、夫が妻への面当てに子どもを殺害

第3期 1965〜83年

喘息児童・生徒の割合推移

- 小学生 3.88%
- 中学生 3.03%
- 幼稚園 1.93%
- 高校生 1.85%

1976（昭和51）年

この年の全般的状況　ロッキード事件、
　　　　　　　　　通帳盗み疑われた中学生自殺事件

　2月4日、米上院外交委員会多国籍企業小委員会で、ロッキード社の日本への航空機売り込みにおいて、同社代理人が前首相田中角栄ら政治家、国際興業社主小佐野賢治、若狭得治ら全日空関係者、檜山広をはじめとする丸紅関係者、右翼の大立者児玉誉士夫らに現金を贈っていたことが明らかにされた。名前があがった人物はいずれもが否定したが、東京地検は捜査を開始し、米側資料に基づき関係者を逮捕、7月27日には田中角栄を逮捕した。

──────◆この年の主なできごと◆──────

2・4　米国でロッキード事件暴露される
3・1　学校主任制度化
5・8　芸能プロ社長、新人歌手として売りだしてやると親から2億円騙し取る
6・11　民法・戸籍法改正、離婚後の姓の選択自由
10・12　警察庁、初の少女売春実態調査
12・21　国連、国際児童年に関する決議

この年の子どもをめぐる大きな事件
①東京都板橋区で37歳の父親が2歳の三男を殺害
　2月23日、東京都板橋区の37歳の父親が、2歳の三男を虐待して殺したとして逮捕された。事件は1週間前だったが、父親の暴力が原因で、29歳の母親が家を出ていて、発見が遅れたのだった。母親が家を出て以降、父親が次男と三男を育てていたのだが、日頃から言うことを聞かないなどと言っては殴ったり蹴ったり、木刀で殴ったり、熱湯をかけたりしていた。17日は三男がおもらしをしたと言って木刀で殴って死亡させたのだった。
②横浜で、19歳の母親が、赤ちゃんを死なせる
　6月17日、横浜市で19歳の母親が生後28日の自分の子を死なせてしまった。テレビで放映されていた赤ちゃん体操を真似て、わが子の首を曲げたり捻ったり、腹を揉んだり、手足を曲げたり伸ばしたり、さらには足首を持って振り回したりした。はじめ泣いていたわが子がぐったりしてきたため、救急車を呼び、病院に運ばれたものの死亡した。首の据わらないうちに、こういう激しい体操などさせてはいけないことを知らなかったのだった。

③教師に犯人と責められた中学生自殺

　12月7日福島県で中学生が遺書を残して自殺した。遺書によると、6月に職員室から通帳が盗まれ、彼が疑われ、連日教師たちに厳しく詰問された。しかし、秋になって疑いが晴れた。普通なら、ここで教師たちが謝罪するはずだが、今度は真犯人を知っているだろう、その名前を言えと詰問は続き、耐えられなくなって自ら命を絶ったのだ。教師たちはなぜこの生徒に謝罪しなかったのか、なぜさらに追い詰めたのか、理解しがたい。

◆1976年の子どもをめぐる事件◆

- 1・1　福島で中学生5人が急性アルコール中毒で倒れ、2人死亡
- 1・1　秋田で夫婦ゲンカ、妻が家に放火し2児焼死
- 1・4　大阪で病気の母が、面倒見てやれなくてわが子不憫と絞殺する
- 1・6　東京・江東で高校生兄弟と母親が飲酒で暴れる父親を制止し死亡させる
- 1・11　神奈川・厚木で暴走族が新年会、対立グループが殴り込み乱闘、逮捕
- 1・11　徳島県庁で19歳が知事室などに乱入し器物破壊、県政は貧乏人を無視と
- 1・13　島根・松江で家出していた父親が半年ぶり戻って3人の小学生の娘を殺害
- 1・16　福島で少女がアイドル少年グループを見て興奮死
- 1・12　北九州の高校で2年が生活指導教師にカレー浴びせ箸で刺して重傷負わす
- 1・23　兵庫で3歳の子が母と同居の男に虐待され死亡
- 1・24　東京・台東で無職16歳が友人の姉を強姦し殺害。友人からも金品脅し取る
- 1・28　長崎で小学4年女児が強姦されて殺害される。3か月後、高校生が自首
   　　　（この高校生は8年後、女子高生を強姦しようとして殺害し全裸で遺棄）
- 2・2　神奈川の空家で盗んだシンナー吸っていた中学生6人が火事を起こし焼死
- 2・5　茨城・新治（にいはる）郡で27歳女性が子どもできず2歳を養女にしたがなつかず殺害
- 2・7　兵庫で母親が障害持つ子を水死させる
- 2・10　愛媛・大洲（おおず）で25歳が小学3年女児を拉致し強姦、殺害して遺体を埋める
- 2・13　岡山で母親がわが子の発育が遅れていると将来を悲観し心中
- 2・14　長野・佐久で県立高校3年が無職少女脅し同級生2人と売春させ巻き上げ
- 2・17　京都で20歳が3歳幼女に猥褻行為、泣かれて殺害し遺体隠す。シンナー中毒
- 2・17　東京・板橋、父37歳が2歳男児を殴り殺害（母は家庭内暴力で逃げていた）
- 2・17　大阪の鉄道、車椅子で乗車の少年に荷物用の切符を買わせる
- 3・1　東京・共産党「赤旗」編集局に右翼少年殴り込み
- 3・4　東京・八王子、暴力団の仲介で売春の女高生グループ「黒バラ連合」逮捕
- 3・5　埼玉で高校生ら4人が冷凍車内でシンナー遊び、中毒死
- 3・9　東京で兄と姉が非行続ける弟を殺害し自首
- 3・14　宮城の学校で紛失連続、教師が子どもに「心あたりの名を書け」

3・16		兵庫の学校で障害を持つ子を卒業式に出席させず
3・18		大阪、公立高校で「車イス受け入れぬ」と決めたうえで受験させる
3・23		大阪・生野で2浪が両親と祖母をナイフで刺した上に鈍器で殴って惨殺
3・24		横浜で不登校の中学1年女子が4歳幼女を誘拐、母親が蒸発して淋しかった
4・1		茨城で高校生・無職少年ら4人がプールの更衣室でトルエンを吸い1人死亡
4・4		徳島で家出少女16歳が暴力団員と同棲、17歳少女を誘拐監禁し売り飛ばす
		（5・13　この2人は東京に逃げ、貿易会社に押し入り女子社員を人質に立て籠もる）
4・5		御殿場で高校1年が祖父絞殺、テレビばかり見てないで勉強しろと言われ
4・8		横浜で長男20歳が86歳祖母を「いつも馬鹿にするから」とバットで撲殺
4・8		大阪で姉夫婦が17歳の妹を20万円でスナックに売る
4・23		東京・調布で小学6年が同級生にケガさせたことを苦に自殺
4・27		千葉で21歳母が夫の連れ子5歳を虐待し殺害。近所は虐待を知っていたが
4・28		大阪で修学旅行に行かせてと言った娘を母が折檻して死亡させる
5・2		三重の小学校で宿題忘れた3人に罰としてクラス全員に平手打ちさせる
5・8		横浜で父親40歳が酔って妻と妻の連れ子の小学4年女児に暴行して殺害
5・11		大阪の中学校、生徒の暴力に全生徒を帰宅させ「学校閉鎖」
5・13		横浜で母親24歳が育児疲れで生後1か月のわが子を殺害し自殺を図り逮捕
5・15		神戸祭、暴走族が集結、570台の車両、5千人で暴れる
5・21		茨城・鹿島の母24歳がおねしょした2歳長男を親戚宅フロで折檻し死なす
5・21		愛媛で生活苦からロウソク生活、倒れて火事、幼い4人が焼死
5・25		静岡・焼津の姉宅で母親32歳が7歳長女と4歳長男を殺害。夫の転勤で不安
5・31		大阪で中学2年ら2人がマンション物置でシンナー中毒死、2か月後発見
6・15		千葉・銚子で24歳が民宿経営者の妻を強姦殺害、生後1か月の赤ちゃんも
		（この男は68・2　中学3年のとき叔母を強姦し2歳甥を殺害している）
6・15		兵庫で中学生が車を盗み3人の幼児をはねて逃げる
6・17		横浜で19歳の母親が生後28日のわが子を赤ちゃん体操で死なせる
6・17		鹿児島・日置で小学6年が4年の妹とチャンネル争いし、父に叱られ自殺
6・17		奈良で教師が掃除サボった生徒に水をかけバットで殴る
6・28		大阪でテレビ公開番組のため学校サボった女子中高生ら補導
7・1		兵庫で女子高生6人に売春させていた喫茶店主を逮捕
7・6		千葉・木更津で無職2人が売春女高生を脅迫し逮捕、女高生5人も逮捕
7・15		宮城で会社経営ピンチ、社長が女子高生売春で荒稼ぎ
7・20		大阪で女子中学生が親に通知表見せた後自殺
7・21		北海道浜益村の海浜学校で広島町の中学生が友人を助けようとして死亡
7・21		東京の大田・品川の高校生2人、窃盗64件で逮捕

第3期
1965
〜83年

7・24	大阪でマヒの幼児が病院をタライまわしにされて死亡
7・26	大阪で生活苦から母子3人が心中
7・26	大阪の学習塾の臨海学校で中学3年が溺死
7・28	東京・田園調布で国士舘大1年生が主婦40歳に強盗殺人
8・2	大阪で占い遊びを信じ、4中学生が家出
8・10	兵庫で障害持つ子の前途を苦にして母子が心中、10日後に発見
8・11	東京・江戸川で男性21歳が同棲女性24歳の1歳の長男をなつかぬと殺害
8・23	山形・天童で高校1年が級友の成績・人気を嫉んで刺殺。一方で家庭内暴力
8・24	大阪で飛び込み出産、赤ちゃんを産院に置き去り
8・26	東京・町田、継母が自分の子が生まれ、連れ子の小学2年に熱湯かけ殺害
8・28	群馬の高校1年が爆弾つくり上越新幹線敷設工事設備を爆破
9・4	大阪・茨城でSL撮影の小学生がはねられて死亡
9・6	静岡・沼津の民家に大学1年が強盗に入り逮捕、ステレオが欲しかった
9・15	神奈川で母親が障害持つ子を焼殺
9・16	大阪で売春アルバイトの女子高生集団を摘発
9・18	兵庫・宝塚で中学1年が家から540万円など持ち出し家出、鹿児島で保護
9・28	大阪で生活苦から娘に売春させた母親を逮捕
10・3	宮崎で継母が連れ子5歳を熱湯風呂で殺害。テレビ出演、悲劇の母演じる
10・4	鹿児島で予備校生19歳が小学2年女児を強姦殺人、もてないのでやった
10・5	沖縄・宜野湾の小学校に男29歳が侵入、男児3人、教師2人が重傷
10・13	愛媛で夫が窃盗で逮捕され、妻が2人の幼子と心中
10・16	埼玉・川口で19歳がもてない腹いせに車で無差別に女性はね重傷を負わす
10・17	千葉・市川で中学2年2人が爆弾製造、電話ボックス爆破（12・27逮捕）
10・22	茨城・日立で継母が夫の連れ子7歳を殴り死亡させる
10・26	埼玉の母24歳が男に捨てられ11か月長女を殺害しカートに詰め各地転々
10・27	静岡で幼い長男の病気を苦に親子4人心中
10・28	熊本・芦北で小学5年が解剖用ナイフで切腹のマネ、倒れて刺さり、即死
10・30	仙台で2歳の双子兄弟が自宅前の車の中で火遊びし焼死
11・2	鹿児島で酔った父親が母の罪償えと子どもの指をつめる
11・6	兵庫の中学校で生徒が注意した教師を校長室で集団暴行
11・9	横浜で高校2年がアルコール依存症の母を殺害
11・11	和歌山で妻を亡くした夫が障害を持つ子と無理心中
11・15	群馬・前橋で継母23歳が夫の連れ子2歳を虐待し死亡させる
11・24	京都で中学生が覚醒剤を打ち急性ショックで死亡
11・26	千葉・松戸で中学生30人が乱闘準備で集合、制止の教師に暴行、自動車破壊
11・28	東京・小金井の高校2年が主婦や女子大生9人を強姦し現金を奪い逮捕

第3期 1965～83年

11・29 大阪の中学校内で暴力団組織の血判、組長が生徒会長
12・1 岡山で病死した夫の後を追って妻が3人の幼子を道連れに心中
12・3 静岡で若い母が新しい愛人でき、子どもが邪魔と餓死させる
12・7 福島・田村で中学3年が盗み疑われ、教師に殴られ「学校が怖い」と自殺
12・16 東京・北区で中学1年の万引き集団53人を補導
12・19 東京都で若い母親が育児書で赤ちゃん病気と思いこみ心中、子だけ死亡
12・22 兵庫・芦屋の高校1年が高級住宅街で20件の放火
12・22 長野の小学校で宿題を忘れた体罰として14人を2階校舎から逆さづり
12・27 東京・小金井で中学1年が義父を刺殺、日頃から文句を言われ
12・31 神奈川で継母が前夫の3歳の子を水に漬けて殺害

「子どもの遊ぶ権利宣言」 (要約・抜粋)

「子どもの遊ぶ権利宣言」は1977年11月に国際児童年（1979年）の準備のために「ＩＰＡ（国際子どもの遊び協会）」が開催したマルタ島での会議でつくられた。子どもの遊びの重要性を世界にアピールした。

　子どもは、どんな文化に生まれた子どもでも、いつの時代に生まれた子どもでも、いつも遊んできた。遊びは、栄養や健康や住まいや教育などが子どもの生活に欠かせないものであり、子どもが生まれながらに持っている能力を伸ばすのに欠かせないもので、子どもは遊びで、友達との間にそれぞれの考えや、やりたいことを出し合い、自分を表現する。遊ぶことで満ち足りた気分と何かをやったという達成感が味わえる。遊びは本能的なものであり、強いられてするものではなく、ひとりでに湧き出るものである。
　遊びは、子どもの体や心や感情や社会性を発達させ、遊びは、子どもが生きていくために必要なさまざまな能力を身につけるために不可欠であり、時間を浪費するものではない。遊びは子どもの体と心が健康であるために欠かせないものである。遊びは教育の一環である。遊びは、家族生活と地域生活にとって本質的なものである。子どもたちは遊びを通してその地域の一員であることを感じたり、自分の存在を肯定的に認め、遊んで楽しむ心が育つ。

1977（昭和52）年

この年の全般的状況　**窓際族、安宅産業倒産、家庭内暴力の息子殺害事件**

　73年の石油危機以降、日本経済は高度成長から安定成長という名の長期低迷の時代に入り、余剰人員の削減を行わざるをえなくなった。しかし、解雇などというと、労働争議に発展するので、社員のほうから「会社を辞めます」と言い出すようなやり方をとるようになった。それは、まったく仕事を与えず、窓際に追いやることだった。10月1日、かねてより経営危機に陥っていた鉄鋼商社の安宅産業が倒産、伊藤忠に吸収合併された。

　　　　　　　　◆この年の主なできごと◆
- 1・4　東京・品川で毒入りコーラ事件、高校生ら死亡
- 2・15　仙台高裁、弘前大学教授殺人事件の再審で無罪判決
- 6・8　小中学校学習指導要領改訂〝ゆとり〟志向、「君が代」国歌規定
- 9・28　日本赤軍ハイジャック事件
- 10・1　安宅産業倒産

この年の子どもをめぐる大きな事件
①「妻さがし」番組の出演を断られ赤ちゃん放置
　1月8日、東京の某テレビ局前に乳児が放置される事件が起きた。このテレビ局が放映していた「妻さがし」の番組に出演を申し込んだのだが、出演を断られたため腹いせに放置していったのだった。父親は逮捕され、赤ちゃんは保護されたが、この当時、借金や浮気などで蒸発する夫、妻が増えていて、こういう番組が成立したのだが、夫が泣きながら「かあちゃん、帰ってきてくれ」と訴えるのを、視聴者は面白がって見ていたのである。
②東大阪で13年間監禁されていた少年を保護
　3月16日、大阪府東大阪市で、近くの小学生が、もともとはそのあたりの大地主だった家の納屋の檻の中に、人が閉じ込められているのを発見した。それを聞いた親が警察に通報、警察がその家の56歳の当主から事情を聞いたところ、面倒を見ていた祖母が亡くなったため、前妻の18歳になる長男を13年間にわたって座敷牢に監禁していたことが明らかになった。栄養失調で小学校3年程度の体格、言葉はまったく喋れない状態だった。

③愛知で中学3年女子4人が手をつないで自殺

　6月25日、愛知県海部郡の五条川で、中学3年女子生徒4人が自殺を図った。1人は直前に恐怖感から思いとどまったが、他の3人は手をつないで川に飛び込んだ。1人は死にきれず自力で這い上がったが、2人は溺死した。自殺しようとしたきっかけは亡くなった2人が5月に教師から日頃の行動を注意されたことで、もう1人は友人とのトラブルから学校が嫌になったことだった。もう1人は彼女らに同情してつきあおうとしたものだった。

④家庭内暴力の高校生を父親が殺害

　10月31日、東京・赤羽署に、父親が息子を殺したと自首した。高校生の息子の激しい家庭内暴力に思いあまって、睡眠中に殺害してしまったのだった。息子は私立の進学校開成学園に通っていて、はじめは成績も上位で問題はなかったのだが、学年が進むにつれ成績が下がり、それからは連日、母親や祖母に当たり散らし殴る蹴る、とくに母親を1日中追いかけ回して暴行、家具や建具を壊し、手のつけようがなくなってしまったのだった。

⑤新潟の中学2年生横田めぐみさん拉致

　11月5日、新潟の中学2年横田めぐみさんがクラブ活動後、帰宅途中行方不明になった。両親・家族、学校関係者が懸命に探したが、行方がつかめなかった。警察の中では北朝鮮に拉致されたとの見方もあったが、捜査は行われず、02年9月17日小泉首相が訪朝、北朝鮮の金正日総書記と会談、総書記は拉致を認めて謝罪、94年に自殺したとし遺骨も出したが、他人のものだった。国家による理不尽としか言いようのない犯罪である。

────────◆1977年の子どもをめぐる事件◆────────

1・ 3　東京・品川で電話ボックス内の青酸入りコーラを飲んだ高校生が死亡
1・ 8　東京でテレビの「妻さがし」番組に出演断られた男、局に赤ちゃん捨てる
1・13　福島・須賀川で小6が2年女児に猥褻、抵抗され殺害（盗みで補導も）
1・13　東京・北区で9か月の乳児が43歳の男に顔を切られる。可愛い顔が憎いと
1・21　兵庫で家出の小学5年女児、キャバレーのホステスに
1・21　大分で29歳の無職男が挨拶した小学1年を8メートル下の川に投げ込む
1・27　広島で愛人つくった夫に腹いせに、妻が2歳の子を殺害
2・ 1　前年、福島で生徒に盗みの疑いかけ、追及し自殺に追い込んだ教師送検
2・ 7　北海道・苫小牧、中学生3人が車盗みドライブ、大雪で道に迷い2人凍死
2・ 8　東京・歌舞伎町、中学3年が「火曜日の放火魔」の後を継いで放火、逮捕
2・14　兵庫で岡山から家出の女子中学生3人がホステスに

2・27	兵庫で父親が食事を残したと息子を折檻し死亡させる
2・28	大阪で女性が公園で遊んでいた幼児に「ネコいらず」
3・1	京都・宇治のパチンコ店から5歳女児が連れ出され強姦されて殺害される
3・1	兵庫で小学生教師が男子学童10人に性的イタズラで懲戒免職
3・8	兵庫で小学生3人組が車を盗み、タバコを吸って補導
3・12	東京・杉並でシンナー中毒17歳がマンションに侵入、2人にケガさせ籠城
3・14	愛知・春日井で中学2年が青酸入りコーラ事件まねてスーパーに脅迫電話
3・15	栃木・那須で小4が森林作業員に叱られ腹いせ放火、戦後2番目の山火事
3・16	大阪・大東で父親に5歳から13年間監禁されていた少年が発見され保護
3・18	横須賀の中学2年が同級生のイジメに対する復讐で学校と同級生宅放火
3・24	大阪でイタズラ児童が野犬にガソリンかけ火つけ、犬が家に飛び込み火事
4・9	大阪で3歳男児が信金キャッシュコーナーに入り込み一晩閉じ込められる
4・12	栃木で養母が子どもを殺害
4・18	長崎で騒ぐ生徒にタバコの火、体罰教師取調べ
5・2	大阪の経理専門学校で女子生徒5人組が1人をトイレに連れ込みリンチ
5・6	横浜で高校1年男子が女性ばかり11人を鉄棒などで襲い現金を襲う
5・14	京都で小学2年がゴルフクラブで殺害される。大手商社員の犯行、心神喪失
5・27	神戸で中学3年が父親殺害、喫煙を厳しく叱られ（両親離婚で父子家庭）
5・27	大阪・松原、7人から集団リンチ受けて不登校の女高生、自宅で感電自殺
5・31	大阪・河内長野、府立高校女子生徒3人が2年女子に集団リンチ
6・6	大阪で「母さんが病気」とウソつかせ小学1年女児に物乞いさせた父逮捕
6・25	愛知・海部郡で中学3年女子4人が手をつないで自殺、2人死亡
6・27	佐賀で妻に逃げられた夫が猟銃でわが子を射殺
7・3	埼玉・入間で17歳の高校生と無職少年がマンガ「男組」をまね心中
7・10	神奈川・川崎で29歳の父親が1歳10か月の長男の顔を殴り死亡させる
	兵庫でサラ金苦から両親が相次いで蒸発、4人の幼子が残される
7・14	広島で子供会役員が家出少女を弄び捕まる
7・21	高知でわが子を虐待、食事を与えず餓死寸前、母を逮捕
7・29	大阪の家裁の身柄処理がズサン、売春宿に売られた少女、また一味に
8・1	京都で郵便配達バイトの高校生、配達イヤと郵便1,900通捨てる
8・4	東京で熱帯夜、母親が赤ちゃんの泣き声迷惑と押入れに閉じ込め死なす
8・5	東京・板橋、19歳の母親が赤ちゃんを13時間放置して死亡させる
8・20	静岡で野球部1年生部員が試合でエラー、死の特訓で死亡
8・22	徳島で折檻8か月、子どもを死亡させた母逮捕
8・28	横須賀で17歳の無職少女が姉の1歳の子どもの子守頼まれ、殴って殺害
9・12	群馬・高崎、父が炎天下車中に3歳女児を放置死なす。家出の妻を探しに

第3期 1965〜83年

9・17	熊本・荒尾、小学5年が絵を張り出してくれないことに恨み、学校に放火
9・17	静岡の小学校、宿題忘れた罰として28人の学童の下着を脱がす
9・20	福岡で高校生と無職少年を売防法違反で逮捕、中1と小6に売春させる
9・22	埼玉・浦和で高校3年が同性の同級生に片思い。刺殺し自殺
9・24	大分で2歳児が酒飲み急性アルコール中毒で死亡
10・7	奈良で19歳警官の車が暴走、同乗の女子高生死亡
10・10	大阪で再婚の邪魔と5歳の娘を殺害した父親を逮捕
10・12	文部省発表、今春の中学浪人2万人
10・13	岩手・東磐井で2歳女子がカミソリで2か月の妹の顔を切り刻み死なす
10・14	大阪で母の飲酒をいさめた少年が自殺
10・21	大阪の小学校で日の丸掲揚中、手かざした生徒に教師が体罰、昏睡20時間
10・24	大阪・枚方で小3女児が拾ったハサミで2歳女児の髪切り裸にして放置
10・27	神奈川で5歳兄が生後間もない弟に布団かぶせ死なす。泣きやまないから
10・27	山形・飽海(あくみ)で母が6歳長女に保険かけて殺害。離婚して生活が苦しいと
10・31	東京・北区で父親が家庭内暴力の高校2年の長男を思い余って殺害し自首
11・5	新潟で中学2年横田めぐみさん行方不明に（後日、北朝鮮の拉致と判明）
11・6	東京・上野アメ横で小学生高学年4人が高齢女性を取り巻き財布盗む
11・15	千葉の小学校で4年女児が「うそつき」と全員からリンチ、教師先頭に
11・20	東京の児童福祉施設が障害児6人をオリに入れ、汁かけ飯
11・26	京都で障害持って生まれた生後5か月の子どもが不憫と父が殺害
11・29	東京・国立で中学3年ら69人が凶器持って決闘、凶器準備集合罪
12・1	大阪で中学生のシンナー遊びで小学校体育館全焼
12・6	兵庫・尼崎で小学4年が踏切の警報ボタンを押し列車を止める（4回）
12・7	埼玉で父が借金逃れで野宿生活、長男は学校に行けず、次男は栄養失調死
12・9	神奈川・大和、両親が2歳児を虐待して殺害
12・10	横須賀で国士舘大学生と自衛隊員が15歳の混血少年をリンチして殺害
12・11	福岡で若い父が「ウイスキーない」と赤ちゃんに当たり、暴行死なす
12・14	千葉で若い父が泣き声がうるさいと殴り、殺害（兵庫でも同様事件）
12・14	東京で小学生61人が暴走族に加入
12・24	福岡・嘉穂郡で成績のいい転校小学4年女児を同級女児10人がリンチ
12・24	東京・足立の小学校に25歳侵入、カッターナイフで児童2人に切りつける
12・25	三重で信仰から格闘技を拒否した生徒を退学させる

1978（昭和53）年

この年の全般的状況　**革新自治体時代の終焉、有事立法、**
　　　　　　　　　　江川事件、中学同級生殺人事件

　4月9日、京都府知事選で自民党推薦の林田悠紀夫が当選し、28年続いた革新府政にピリオドが打たれ、16日の横浜市長選でも共産党を除く6党相乗りの西郷道一が当選し、革新自治体の時代の終焉が明らかとなった。7月19日、自衛隊統幕議長栗栖弘臣が、有事に超法規的行動はありうると発言、有事研究を前に進めるきっかけとなった。11月21日、投手の江川卓が抜け道〝空白の1日〟で巨人と入団契約を交わし批判を浴びた。

――――――――◆この年の主なできごと◆――――――――

- 1・10　総理府、初の「婦人白書」
- 4・4　キャンディーズ解散
- 4・9　京都府知事選、自民推薦林田悠紀夫当選、京都革新府政終焉
- 11・21　江川卓、巨人入団、空白の1日
- 12・1　暴走族対策のため道路交通法改正
- 12・15　東京・中野区、教育委員準公選条例可決

この年の子どもをめぐる大きな事件

①滋賀県野洲で、中学同級生殺人事件

　2月12日早朝、滋賀県野洲の社長宅に泊まりにきていた社長の長男の同級生5人のうち1人が全身23か所を刺されて死亡、1人が胸を刺されて重体、2人が重傷、1人が軽傷という事件が発生した。警察の事情聴取の結果、2人が、日頃から暴力を振るうリーダー格の少年に仕返しするために襲ったことがわかった。少年たちのグループの中ではしばしば暴力的上下関係、金品を貢がせたりする関係があるが、このもつれの結果だった。

②山口県宇部で6歳女児が叔母に誘拐され殺害

　4月12日午前9時頃、山口県宇部市の小学校から1年女児が連れ出され、行方不明になった。46歳の叔母が連れ出したことがわかり、追及したところ、家に帰りたいと泣くので殺害して自宅床下に埋めていたことがわかり、翌朝逮捕された。本家がこの女児ばかり可愛がるのを恨んでいたこともあるが、家の購入や交通事故で借金があり、その返済に苦しんで、誘拐事件を偽装して身代金を手に入れようとしたものだったことがわかった。

③佐渡で曽我ひとみさん、ミヨシさん母子が拉致される

　8月12日、新潟県佐渡で、買物帰りの母親曽我ミヨシさんとひとみさん（当時19歳）が行方不明となった。家族らが懸命に探したが、何の消息もつかめなかった。02年9月小泉首相が北朝鮮を訪問、金正日総書記は拉致を認めて謝罪、その中で突然ひとみさんが拉致されていたことが判明し、結婚して2人の娘さんがいることも明らかになり、その後、夫のジェンキンス氏ともども帰国したが、母のミヨシさんはいまも不明のままである。

④佐世保の小学生4人が運搬車の中で熱中症死亡

　8月27日午後7時45分頃、佐世保の小学生4人が食品工場駐車場に停められていたパン運搬トラックのコンテナ内で死亡しているのが発見された。4人が駐車場でソフトボールしていたのは目撃されていたのだが、夕方になって帰宅しないので親たちが探していたのだった。ソフトボールをした後、運搬車のコンテナー内で遊んでいてカギがかかってしまい、真夏の炎天下、コンテナ内で熱中症になって死亡したのだろうとみられている。

────────◆1978年の子どもをめぐる事件◆────────

1・ 2	東京・町田で中学1年3人が小6女子6人のスカート切り、7人目で逮捕
1・ 6	東京の少年野球チームの中学生2人、台湾で万引き、少年法廷に送致される
1・17	群馬・多野郡で暴走族「紅蠍」5人が対抗グループの1人を暴行して殺害
1・23	愛知で父親が入院して「植物人間状態」の息子を見かねて殺害
1・26	奈良で父親が酔って幼い娘を投げて殺害
2・ 9	滋賀・大津で中学3年5人が同級女子生徒を騙して自宅に連れ込み強姦
2・12	滋賀・野洲で中学3年2人が日頃のイジメに復讐殺人
2・14	東京・葛飾、中学1年3人が高齢女性ばかり狙ってひったくり15件、窃盗も
2・14	京都・宇治で中学生7人が覚醒剤乱用で逮捕
2・15	大阪・羽曳野で4歳女児が父親の同僚に連れ出され強姦され、殺害される
2・18	兵庫で人気歌手コンビ・ピンクレディーに学童殺到、大ケガ
2・18	鹿児島の眼と耳が不自由な高齢女性宅に小5が盗みに入り現金奪う。3度
2・27	長崎・島原で中学2年男子12人が女子生徒1人を強姦、野球拳で猥褻行為
3・ 1	埼玉・川口で中学1年が祖母を殴り殺害。両親離婚、不登校。小言を言われ
3・ 4	東京・板橋で中学2年女子2人が高齢女性狙って引ったくり
3・ 4	大阪・八尾で小学生兄弟がライターを使って歌手のアクションをマネて火事
3・ 5	横浜の専門学校生17歳が4歳から高校1年まで男子ばかりを脅して猥褻行為
3・ 6	大阪・吹田の中学で1年生が同級生脅して150万円奪う。同級生が逃げて発覚
3・12	神奈川・座間で自衛官19歳が強姦・強盗殺人で逮捕

3・23	京都の中学校で放火3回、イジメられた生徒が仕返しに
3・24	大阪・枚方の中学校で2年4人がやかんに劇物、イジメにあって仕返し
4・2	兵庫で男子中学生が山中で自殺、イジメられて
4・4	岡山・倉敷の高校3年がキャンディーズ・サヨナラ公演に行くため万引き
4・11	東京で松葉杖で入学、からかわれて母子心中
4・15	大阪で長男の学力が低いので6年に留年をと父が中学校入学を拒む
4・18	神奈川で19歳自衛官ら暴走族20人が女子高生7人を集団強姦
4・18	大阪で教師が児童に「死ね」「バカ」と体罰、休職に
4・20	埼玉・与野で中学2年兄がチャンネル争いで小学6年の妹を殺害
4・20	青森・八戸で小学6年女児が同級生宅に押し入り高齢女性を脅し現金奪う
4・26	大阪で中学3年の3人組が小学生の頭をトラ刈りに
4・27	福岡で中学3年が入院中の友人を刺殺。イジメの仕返し
5・3	大阪でマルチ商法からの電話攻勢に女子高生自殺
5・3	岐阜で泥酔の父を高校生が殺害。アルコール依存症で家庭内暴力
5・10	熊本で授業ボイコット不参加問い詰められ高校生が自殺
5・12	大阪で女子中学生8人が同級生にリンチ、重傷になって明るみに
5・14	東京でイジメられた中学生がガス自殺
5・19	大阪・堺の私立高校で3年ら100人が長髪禁止に反対して大暴れ
6・2	東京の私立大学でまたリンチ、被害の新入生の父が抗議自殺
6・5	兵庫の私立高校でも長髪禁止に抗議、生徒荒れる
6・10	東京の私立高校で万引き生徒大量処分、退学など25人
6・22	奈良の私立高校でも長髪禁止に反対して生徒が暴れる
6・23	北海道で高2が同級生宅に侵入。殺害して死姦、ふられてつけまわし
6・27	滋賀・日野町の小学校プールで1年生が溺死
6・30	中学2年2人が東京・練馬の虫プロからアニメ原画1,200枚盗む
7・1	大阪で自転車店主が少年に接着剤吸引遊びのためのゴムのりを大量に売る
7・2	東京で家庭内暴力の子を殺害した夫を止められなかったと妻が自殺
7・3	大阪の小学校で小学5年10数人が学校で喫煙、補導
7・4	岩手・北上で高校1年が教室で2年を刺殺、殴る蹴るの暴行の仕返し
7・5	福岡で小学6年が出産
7・7	三重・度会(わたらい)郡で小学2年女児が高校1年に殺害される。イタスラ失敗
7・13	新潟県一ノ木戸小学校で水泳練習中に2年生がぜん息発作で死亡
7・13	熊本・不知火(しらぬい)中学校で水泳練習中の2年生が排水口に吸い込まれ死亡
7・14	東京・足立で小中学生18人の万引き集団「盗賊エンペラー」逮捕・補導
7・18	大阪で幼い兄弟が溺れたが他の釣り人知らん顔
7・19	秋田県の新山小学校で5年生が浄化口に吸い込まれて死亡

第3期 1965〜83年

7・20	静岡・岩科小学校の臨海学校で1年生が心臓マヒで死亡
7・21	福井で児童が廃車で遊び、トランクが閉まって出られず、炎天下死亡
7・22	北海道・尻岸内中学校の水泳授業中、3年女子生徒が急性心不全で死亡
7・25	静岡・静岡西高校の男子生徒が遊泳訓練中死亡
7・30	神奈川の暴走族がガソリンスタントを襲いガソリンを窃盗、逮捕
7・30	東京・板橋で19歳がささいなことで父親を殺害
7・31	横浜で高校3年がアルコール依存症の父親を殺害。日頃からケンカ
8・1	大阪で中学生に売春させていた秘密クラブを摘発
8・8	愛知・豊橋で九州から家出の高校生が銀行強盗、逮捕
8・8	東京・板橋で中3、中2、小6が主婦から引ったくり、ゲーセン荒しも
8・9	神奈川・大和で中学3年が女子短大生を強姦しようとして捕まる
8・17	京都・山科で中1と小学生の兄弟が小学生4人脅し、カネ奪い川に落とす
8・19	兵庫・松帆小学校で水泳大会の潜り競争で水死
8・26	神奈川・川崎、小学4年女児が隣家に侵入、生後2か月の赤ちゃんを殺害
8・27	長崎でパン輸送車で遊び、学童4人が出られなくなり死亡
8・30	桐生で父が5歳長男殺害。妻はDVで家出、2か月長女は3月に窒息死
9・2	埼玉で夫を失った母が2児と心中、長男が障害を持っていて疲れ切る
9・4	東京・大田で高2と無職16歳が高齢者ばかり狙い引ったくり（杉並でも）
9・8	東京・世田谷の公園で2歳児が砂で窒息死、3、4、5歳児が砂かけ
9・10	大阪の有名私立高校1年が女子中学生3人を同級生に売春斡旋して逮捕
9・17	兵庫でアルコール依存症で家庭内暴力の父が中学1年の娘を殴り殺害
9・23	和歌山県と香川県でゴムのりを吸って少年が死亡
9・28	大阪で児童が小学校の体育倉庫で遊び、ロープが首にからまって死亡
9・29	兵庫・尼崎で父親が4歳の長男を虐待して殺害池に捨てる。なつかないと
9・29	島根で生まれた4児を次々と殺害した父を逮捕
10・7	大阪でビニール袋で遊んでいた赤ちゃんが窒息死
10・8	神奈川でシンナー中毒で母に縛られた少女が死亡
10・16	京都府警、暴走族35人逮捕、検挙、補導、解散に追い込む
10・17	大阪で小学生女児に100円にぎらせ猥褻行為、商店主逮捕
10・19	長崎の高校教師、女子中学生に猥褻行為して逮捕
10・19	大阪の女子高で黒ストッキングはきたいと生徒150人が授業ボイコット
10・20	長崎の高校、柔道着洗わなかった罰として8人に全裸ランニングさせる
10・20	岡山の私立高校、外食禁止、そば1杯で145人停学処分
10・28	福島・いわきで小6が1年にバカと言われ殴り高台から落として死なす
10・31	東京でケンカを教師に叱られ、小学4年が教室で首つり自殺
11・4	広島で留守番の女子高生を襲った中学教師を逮捕

11・ 6	青森で校則違反のズボンをはいた生徒を残して高校の修学旅行出発
11・ 7	徳島で父に青酸カリを買わせ、中学生が家出して自殺
11・ 9	広島でサラ金業者が親が蒸発した家庭の小学2年に催促状送る
11・10	横浜で中3がアルバイト先の社長らに女子高生4人を売春斡旋、15回補導
11・16	熊本で同級生にイジメられ中学生自殺
11・16	北海道・札幌で24歳の母親が2歳長女を餓死させる
11・23	徳島で妻に逃げられた父が9歳の娘に放火させる
11・30	兵庫で転居はイヤと中学生が自宅に放火
12・ 1	島根・簸川(ひかわ)で高校3年が3年女子宅爆破を図ったが失敗。ふられた腹いせ（7・23には野球部室に放火、全焼させていた）
12・ 8	大阪でゴムのり吸っていた高校生が自殺
12・13	大阪で弟妹3人を養っていた定時制高校生が行き詰まって自殺
12・18	兵庫で、先生のミスが多すぎると児童が授業ボイコット
12・21	埼玉で中学生が近くの少女を刺し首を絞める
12・23	東京・豊島で小3男子4人が同級女子宅で庖丁で脅し9回9万円奪う
12・28	大阪の中学校で恐喝していた25人逮捕・補導
12・29	北海道でイジメが嫌で学校に放火した中学生を補導
12・30	大阪で小学6年がナイフ突きつけウエイトレスに猥褻行為

1979（昭和54）年

この年の全般的状況　**ダグラス・グラマン事件、元号法制化、世田谷の高校生が祖母殺害**

ロッキード事件と同じ構図の事件が、また明るみに出た。ダグラス・グラマン事件である。元防衛庁長官松野頼三と日商岩井関係者が疑惑の中心であったが、中曽根康弘ら政治家の名も出た。松野は議員辞職し、うまく逃げた。4月の統一地方選挙では、東京都知事に鈴木俊一、大阪で岸昌が当選、革新自治体の時代が完全に終わったことを印象づけた。6月には元号法が公布施行され、秋からは税金の無駄遣い報道が目立つようになった。

──────◆この年の主なできごと◆──────

- 1・4　米国でダグラス・グラマン事件暴露、日本の商社・政治家暗躍
- 1・13　国公立大学入試で初の共通1次試験
- 3・28　スリーマイル原発事故
- 4・19　靖国神社に東条英機らA級戦犯が合祀されていることが明らかになる
- 10・16　滋賀県議会、琵琶湖富栄養化防止条例（洗剤追放条例）可決

この年の子どもをめぐる大きな事件
①東京・世田谷で、高校生が祖母を殺害

1月14日正午頃、東京都世田谷区の著名な大学教授宅で、16歳の私立高校1年生が祖母を刺殺し、2キロほど離れたビルの14階から飛び降り自殺した。大部の遺書を残しており、自らをエリートとし、世の中の多くの人をバカ扱いしていた。また、祖母が幼い頃から自分を猫可愛がりし、それが高校生になったいまも続き、何かにつけうるさく干渉してくるのが鬱陶しくてたまらず、殺してしまったという趣旨のことが書かれてあった。

②埼玉・新座で母親が生後直後の女児を死なせ焼く

5月10日、埼玉県新座市の道ばたのドラム缶で、赤ちゃんが焼かれているのが発見され、近くの25歳の母親が逮捕された。すでに7人の子どもがいて生活が苦しく、夫から堕胎するように言われ、そうすると約束していたのだが、堕胎する費用もなく、そうこうするうちに臨月となり、こっそり生んで押し入れで育てていたのだが、2日後に亡くなってしまい、夫に叱られるし、葬式の費用もないのでばれないように焼いたのだった。

③大阪で小学6年が強盗殺人犯とされたが冤罪

5月14日、大阪・東淀川区の菓子店で経営者の70歳の女性が殺害され3万円を奪われた。近所に住む小学6年が恐喝で補導され、その取り調べの中で自供し、小学生の殺人としてワイドショーでも大きく取り上げられたが、後に否認した。捜査員の威圧や誘導による供述で、現場には被害者もこの小学生も吸わない煙草が残され、小学生の身長では届かない戸棚が荒らされているなど明確な反証がそろっていたため、無罪と認定されたのだった。

④静岡で中学2年が厳しく教育した父に反抗、刺殺

8月18日、静岡県磐田で父親が中学2年の1人息子に殺害された。愛犬の遺影を写真屋に頼んでいたができていなかった。父親はお前がのろのろしているからだと頭を叩いた。殴られたら殴り返せと言われていたので反撃すると、父親に反抗するとは何事だと殴られ、ナイフを突き付けると父親は逃げた。それで背中を刺した。幼い頃から厳しく教育され、好きなテレビも見せてもらえなかった。息子の日頃の鬱憤がこの日爆発したのだった。

⑤在日朝鮮人中学生がイジメられ自殺

9月9日、埼玉の中学1年が自殺した。保護者やまわりの人たちの調査の中で、在日朝鮮人3世であることで日頃から差別され、イジメを受けていたことが明らかになった。自殺はイジメによるものであることは明らかになったが、校長をはじめ教師たちは認めようとはしなかった。自殺が伝えられた時、同級生たちは「バンザーイ」と歓声を上げたそうである。生徒・教師・学校すべての心が壊れているとしか言いようのない事件だった。

◆1979年の子どもをめぐる事件◆

1・7　埼玉・川口、19歳の対幼女性犯罪犯が再犯（10件、2年前にも）
1・14　東京・世田谷で私立高校1年が祖母を殺害、近くのビルから飛び降り自殺
1・20　広島で友だちと約束の魚釣りを止められ、小学3年が自殺
1・21　広島の定時制高校2年がシンナー乱用して被害妄想、女友だち一家を殺傷
1・22　兵庫・小野で中学2年が学校で同級生を刺殺、服装など注意され恨み
1・22　神奈川・座間の民家が放火される。中学1年を補導。いじめの仕返し
1・27　和歌山・田辺の小学5年3人が梅川事件最中の銀行に脅迫電話
2・6　埼玉で高校1年が何かでかいことと銀行強盗。100万円奪い学校で自慢し逮捕
2・12　大阪で17歳の少女が25歳の女性店員を殺害。刑務所に入るためと
2・13　東京・港区、高1女子が生母刺す。いちいちうるさい。継母のほうがいい
2・13　兵庫で中学2年が3年を刺す。イジメの仕返し
2・25　この頃、各地の中学卒業式荒れる。生徒同士の喧嘩や教師への暴力など

3・13	埼玉・川口の小学校で6年生が授業妨害。叱ると家から日本刀持ち出す
3・16	沖縄で高校生同士ビールを飲んでケンカし刺殺
3・19	東京・世田谷の中学で2年生が番長跡目争いでもめ放火、体育館全焼
4・4	東京・練馬で19歳の母親が1歳11か月の長男を虐待して死亡させる
4・13	兵庫で母思いの少年が家庭内暴力の父を殺害
4・20	静岡で継母が殺されたくなかったら高1兄を殺せと小6弟に指示、未遂
4・26	北海道で業者が賃金払わないので殺したと少年が自首
4・28	北海道・羽幌で中学3年女子が校内で同級生を刺殺、グループ守るためと
4・29	福岡の病院で不登校治療中の男女高校生が心中
4・30	横浜で20歳長男が殺人犯した父に激怒、一家3人殺害して無理心中
5・6	群馬・太田の信用金庫に小学1年2人が侵入、現金盗んで逃げる。警備ズサン
5・13	徳島で19歳と17歳が結婚反対され心中
5・14	大阪・東淀川、小6が菓子店に強盗殺人で逮捕、少年審判で冤罪と認定
5・21	京都で中学3年の妹が兄に殴られ死亡
5・27	福岡で高校3年女子が恋人の愛人39歳を刺す
5・29	兵庫で売春女子高生19人検挙補導
6・1	沖縄・宮古島で小4女子がインベーダーゲームしたくて窃盗、那覇に家出
6・4	広島・尾道で高校生と無職少年5人が酔って交番襲撃、警官100人出動・制圧
6・15	神奈川の全寮制高校でリンチ、26人にケガさせた6人を逮捕
6・17	北大東島診療所で63歳韓国人女性医師が強姦・殺害され中学3年逮捕
6・22	兵庫で女子高生売春仲介の喫茶店主を逮捕
6・22	大阪・箕面で小学2年女児が殺害され18歳看護婦見習い逮捕される
7・7	愛知・猪子中学校の水泳授業中、1年生が急性心不全で死亡
7・11	岡山市、大元小学校の水泳授業中、3年女児が急死
7・13	大阪で最大の暴走族187人を逮捕し送検
7・13	京都で高校の臨海学校でリンチ死亡、暴行された仕返し
7・25	長野・塩尻東小学校で4年男児が水泳中、急性心不全で死亡
7・28	東京・北区で42歳が3歳女児に猥褻・絞殺。同日、別の女児にも。死刑（59年に7歳女児を強姦殺害、無期懲役、発達障害で仮出所しての事件）
8・18	静岡・磐田、中学2年男子が厳しい子育ての父親に反抗、刺殺
8・20	高知で中学生が酒飲んで暴れる父を殺害。一家不幸のもとと
9・2	大阪で5歳が飛び降り。おねしょがばれて叱られると
9・9	埼玉で中学生がイジメを苦に自殺
9・11	千葉・野田で小学1年女児が強姦・殺害される。31歳が逮捕されたが冤罪
9・13	東京・白金台で中学3年が母を刺し自殺図る。長野から転校、精神不安定
9・14	大阪で2つの中学の42人が乱闘

第3期
1965
〜83年

9・18	大阪・大東、高2が勉強しないと兄のようになるの言葉に怒り母と妹刺す
9・26	群馬で息子に単車せがまれ、母が思い詰めて息子を殺害し心中
10・1	京都で高校生30人が乱闘（3日には大阪で暴走族30人大暴れ）
10・11	東京・上野で小学4年女児が2年女児を13階から落として殺害。悪口言われ
10・14	大阪で暴走族が暴れ、注意した市民に暴行、家にまで乱入
10・27	岡山で小学6年が6歳女児にイタズラ、泣き出し殺害（4月にも同様事件）
10・30	千葉の中学校でテスト中、生徒が飛び降り自殺図る
11・5	大阪・枚方で16歳引き籠もりの少年が銀行強盗
11・15	京都で中学3年2人が同級生をトランプ博打のカモにし金奪い暴行、殺害
11・23	千葉で東京の56歳が小1女児殺害し自殺。見知らぬ人を道連れ自殺の遺書
12・2	大阪で暴走族14人検挙、47人補導
12・11	埼玉・朝霞で小学5年のクラスで同級生18人が1人の女児にイジメ、リンチ
12・16	東京都内の中学4校の非行グループ35人を傷害、窃盗、暴行で逮捕補導
12・18	大阪で16歳少年ら2人組が無免許で警官ひき逃げ。無免許バレルのが恐い
12・20	佐賀で小学6年が出産、父親は高校生
12・20	東大阪で2歳の姉が生後6か月の妹に誤って薬を飲ませて死亡させる
12・29	大阪・羽曳野で専門学校女子15歳がシンナー中毒錯乱で池に飛び込み死亡

1980（昭和55）年

この年の全般的状況　ハマコー賭博事件、大平首相急死、
　　　　　　　　　　　金属バット両親殺害事件

　3月のロッキード事件公判で代議士浜田幸一がラスベガスで賭博、負けを肩代わりしてもらっていたという、何とも情けないスキャンダルが明らかになったが、かねてよりの自民党内派閥抗争は5月16日非主流派が本会議を欠席し、社会党提出の内閣不信任案が可決するという前代未聞の事態となり、日程の都合で初の衆参同日選となったのだが、大平正芳首相が選挙演説中に急死し、自民党は圧勝し、鈴木善幸内閣が誕生することとなった。

―――――――――◆この年の主なできごと◆―――――――――
2・7　「イエスの方舟(はこぶね)」事件、親や家族のつながりや役割が問われる
4・1　40人学級12年計画開始
6・22　初の衆参同日選挙実施、自民圧勝（自民党内部混乱するも大平首相急死で）
9・11　富士見産婦人科事件、無資格者が手術
10・5　山口百恵引退

この年の子どもをめぐる大きな事件
①広島で、小学6年が、酒乱で暴行の父を刺殺
　1月30日、広島市で小学6年男児が、酒に酔って母に乱暴する父親を包丁で刺して死なせてしまった。父親は無職で1日中家でぶらぶらしていて、ひまがあれば酒を飲み、収入がないのに母親に酒を買ってこいなど無理を言っては乱暴していた。この日も、父親が酒を飲んで母親に乱暴していたので、見るに見かねて刺して死なせてしまったのだった。
②大阪・茨木の中学で生徒がシンナー中毒で死亡
　7月16日、大阪府茨木市の市立中学校の美術教室で、同中学校3年生2人が死亡しているのが発見された。シンナー中毒だった。2人は前日から行方不明になっていて、保護者や学校関係者が探していたところだった。有機溶剤のトルエンやライター用のブタンガス、大麻や覚醒剤などによる中毒の低年令化が問題になって久しかったが、生徒が学校で死亡していた例は多くはなく、当該中学校のみならず教育関係者にショックを与えた。
③川崎市で2浪の息子が金属バットで両親殺害

11月29日未明、川崎市で2浪の次男が、就寝中の両親を金属バットで殴り殺した。父親のキャッシュカードを無断使用したことを厳しく叱責されたことが、事件の直接のきっかけだったが、東大卒で一流企業支店長の父、旧家出身の母、一流企業に勤める兄という家庭環境の中で、父や兄に対するコンプレックス、冷えた家庭、自分は挫折して浪人といったことが複雑に絡まりあっての事件だった（次男は20歳だったが、少年事件とした）。

───────◆1980年の子どもをめぐる事件◆───────

1・8　茨城・那珂郡で父が5歳長女に熱湯冷水浴折檻、5時間戸外放置、死なす
1・8　兵庫・西宮で中学2年女子がイタズラ電話の犯人にされ切腹、重傷
1・13　富山・氷見で小6が猟銃で小5射殺、銃弾が入っているとは思わず撃つ
1・26　沖縄・島尻で中1女子がシンナー遊びごまかすため誘拐を狂言。父は警官
1・30　広島で小学6年が酒に酔って母に乱暴する父を包丁で刺して死なす
2・2　栃木・大田原で小1が3歳女児に性的イタズラ、告げ口恐れ井戸に落とす
2・3　徳島・三好で中学1年がチャンネル争いで父親の猟銃で姉を射殺
2・15　大阪で求人誌を利用して中学生を集め売春させた料理店主逮捕
3・12　埼玉で中学の教師が「この生徒、暴力常習犯」のビラを配る
3・13　大阪で少年が覚醒剤欲しさに後輩の女子中学生に売春させる
3・20　大阪の中学生、第一志望に不合格、自殺
4・10　京都で中学校生徒会長が学校の教育がなっていないと自殺
4・12　大阪で夫が蒸発して2年、生活が苦しく母子心中
4・19　栃木で国家検定試験の替え玉がばれて高校生が自殺
4・21　京都で別居話に悲しんだ祖母が孫を殺害し、自殺を図ったが失敗
4・23　大阪で生活苦から生んだ赤ん坊を次々6人殺害した母を逮捕
5・5　「子どもの日」、大阪駅に幼い子が捨てられる
5・6　兵庫でタクシー運転手が客の女子高校生に売春をすすめて逮捕
5・11　「母の日」兵庫で夫婦仲が悪いのを苦にした母子心中
5・21　京都の置屋の女将、女子高校生に売春させる
5・23　神奈川・座間で無職19歳が小学3年の脇腹を刺す。働かず父に叱られて
5・23　京都で暴走族「右京連合」10人が女子高校生ら20人を強姦、窃盗も17件
5・25　埼玉・新座で大学進学希望の高3の息子を父が射殺、勤務先倒産で無理
6・6　東京で家出の高校生が父を殴って殺害
6・8　東京でわが子の夜泣きに気兼ねして母が殺害
6・18　神奈川の夫婦、4人の子どもを虐待した末に、放置して蒸発
6・20　東京で小学生が発表文がうまくつくれないと自殺
6・20　静岡で生活苦から生まれた子ども6人を次々殺害して押し入れに

第3期 1965〜83年

6・27	大阪で継父がおねしょしたと妻の連れ子を虐待し死亡させる
6・29	大阪の母親、シンナー中毒で廃人同様の息子18歳を殺害
7・13	香川の高校生、万引きで捕って警官の前で自殺
7・15	大阪・茨木の中学校で3年2人がロッカーでシンナーを吸って死亡
7・22	兵庫で下着泥棒のウワサを苦にして高校生が抗議の自殺
8・3	兵庫で航行中のフェリーから5歳男児が転落死亡、小学2年男児が落とす
8・3	北海道・深川で病院通院の43歳が顔見知りの小学4年女児を裸にして刺殺
8・13	兵庫の宗教団体役員が女子高校生に売春させ逮捕
8・14	岡山で19歳が小学1年男児を刺して殺害
8・26	埼玉で警官が少女に強姦しようとして逮捕
8・30	和歌山の中学2年女子生徒が義兄に暴行した働かない酒乱の叔父を刺殺
9・7	沖縄で警官が酒を飲んで駐在所で女高生を強姦、免職
9・11	福岡の父親が男友だちからのラブレターに怒って娘を殺害
9・20	奈良で暴走族が列車の走行を妨害し逮捕
9・25	兵庫の塾教師、個人指導で女子生徒に猥褻行為
9・29	大阪で暴走族が家族でドライブの車を取り囲み襲う
10・7	山梨の中2が幼児の全身にトイレットペーパー巻きつけ火つけ重傷負わす
10・9	大阪で中学3年の息子のシンナーに怒り、父親が心臓発作で死亡
10・19	兵庫で暴力団が学生相手の高利ローン会社設立
10・27	三重の中学校で叱られた3年23人が職員室の教師12人に暴行
10・28	大阪の小学校の道徳教師、女児を裸にして写真撮影
11・28	埼玉の17歳、同棲の邪魔とわが子を殺害
11・28	大阪の教師、児童の前で校舎3階から犬投げ落とし殺したことが明るみに
11・29	神奈川で支店長夫妻、次男にバットで殺害される
12・2	大阪の男、親類の女子中学生に売春させ逮捕
12・4	徳島の父親、息子が暴走族リーダーで自殺
12・17	大阪でコックリさん占い信じた中学2年女子4人が同級生をリンチ
12・17	大阪で障害もつ娘に売春させた父を逮捕
12・23	大阪で婦女暴行など11件、17歳少年を逮捕
12・30	神奈川で官庁幹部の父、息子にバットで殺害される
12・30	兵庫で息子を叱った父、刺殺される

1981（昭和56）年

この年の全般的状況　**ノーパン喫茶、中国残留孤児調査、家庭内暴力の息子を父が殺害**

　前年後半から関西で流行しはじめた「ノーパン喫茶（パンティーをはいていないウエイトレスが飲み物を運ぶ喫茶店）」が全国に広がり、世も末という声が上がる中、敗戦直後の混乱の中で中国に残された、いわゆる「中国残留孤児」の47人が来日、ようやく調査がはじまったが、身元が判明したのは26人だった。ロッキード事件公判では、田中角栄元秘書だった榎本敏夫被告の前夫人が、被告の不利になる〝ハチの一刺し〟証言を行った。

──────◆この年の主なできごと◆──────

- 2・11　文部省、「建国記念の日奉祝式典」に初めて後援
- 2・12　東京・中野区、教育委員准公選投票実施、俵萌子ら教育委員に
- 3・ 2　敗戦の混乱時、中国に残留を余儀なくされた孤児が初来日、親族縁者調査
- 3・ 8　高知県窪川町で原発誘致町長リコール成立
- 4・ 1　沖縄県教育委員会、主任制実施（これで全国の都道府県で実施）
- 12・ 9　国際障害者年記念事業開催、この日を「障害者の日」

この年の子どもをめぐる大きな事件

①福岡で母親が娘に手伝わせて5歳の娘を殺害

　3月28日午後10時過ぎ、福岡県筑紫郡の女性宅で、母親の制止を聞かずに5歳の三女が飛び跳ねていたところ、カナヅチで何度も背中を殴りつけ、10歳の長女、8歳の次女、3歳の四女に手足を押さえさせて、口を塞いで窒息死させ、さらに子どもたちに手伝わせて遺体を埋め、家出したということにしていたが、4月4日に逮捕された。二度離婚、三女は施設に預けられていたためなつかなかったのか、憎らしくなって殺したと供述した。

②家庭内で暴れる子どもを親が殺害する事件が続発

　前年、家庭内暴力で、息子が両親を金属バットで殺害する事件が起きていたが、子どもの家庭内暴力に悩む家庭は増えていた。5月3日には、東京・世田谷の会社員宅で、かねてより不登校で、家族に暴力を振るっていた高校生の息子を、父親が思い余って絞殺した。「オレがこんな人間になったのは、おまえの育て方が悪かったからだ」とか、「あのとき思うようにさせなかったからだ」とか、あらゆることに難癖をつけ、母親に暴力をふるうのだった。

③新宿歌舞伎町ラブホテル殺人事件

　春から梅雨にかけて、東京・新宿・歌舞伎町のラブホテルで、女性3人が次々に殺害された。このうち6月14日に殺された女性は17歳だった。歌舞伎町は「日本の下腹部」と呼ばれても不思議ではない。きらびやかなネオンの下で、危なっかしい人間たちが、欲望のすべてを商売にし、転がしている。翌年にも歌舞伎町のディスコからドライブに誘われた家出女子中学生2人が、千葉で暴行強姦されて1人は死亡し、1人は重傷を負わされた。

――――――◆1981年の子どもをめぐる事件◆――――――

1・11　静岡で17歳の母親が夫婦ゲンカのはてに自分の赤ちゃんを投げて殺害
1・12　京都の商業高校の生徒60人、長髪禁止反対で授業ボイコット
1・28　滋賀で5歳女児が虐待されて死亡。元幼稚園教諭の母、思い通りにゆかず
1・28　和歌山の2高校の生徒、バイク免許管理反対、免許証返せと授業拒否
1・30　兵庫で服装規制厳しすぎると高校1年、2年の300人が授業ボイコット
2・ 1　大阪で車を盗んだ中学生、老人をひき逃げ
2・ 6　大阪で自分の幼い子を逆さづり、火あぶりして折檻した父親と愛人逮捕
2・16　兵庫で母親が夜泣きの苦情に思いあまってわが子を殺害
2・18　愛媛で教師の暴力に抗議、商業高校生徒100人が集会
2・20　愛知で父親が中学3年の非行息子に思い余って首に鎖して仕置き
2・25　三重の高校生200人、頭髪・服装検査を拒否、校則緩和要求
2・28　和歌山で里親が引取って9か月、幼児がなつかないと折檻して殺害
3・ 6　奈良の中学校で校内暴力、教師20人が殴られ負傷し、生徒も重傷で入院
3・ 9　和歌山で不登校のわが子を殺害した母が自殺
3・17　北海道で母が娘の顔の傷跡が不憫と殺害
3・23　群馬で育児疲れの母が2児を絞殺して自殺
3・24　大阪の中学生がシンナー遊びを叱られ自殺
3・28　福岡の母親が5歳女児を3人の娘に手伝わせて殺害し、埋めて逮捕
4・ 6　神奈川で轢き殺しの口封じに仲間を殺害した少年2人を逮捕
4・ 9　北海道で精神的に不安の母が雪解けの川に赤ちゃんを投げ込み死亡させる
4・20　兵庫で家裁の呼び出し状を手にした少年が自殺
4・24　三重の中学校の授業参観中、生徒が教師を殴る
4・26　広島の集団就職の寮で障害を持つ少年が同室者からリンチ受け死亡
5・ 1　大阪の高校でオートバイ禁止に反対、生徒200人が授業拒否
5・ 3　東京で家庭内暴力の高校1年を父親が殺害
5・ 6　山梨で長男の非行を苦に一家無理心中
5・11　石川で占いに悲観した若い母が2児を殺害

5・14　大阪で警官はねた暴走族の父が詫びて焼身自殺
5・15　愛知で友人の葬式参列不許可、抗議の高校生1,000人が授業放棄
5・21　福井で幼女を預かった親類の男が食塩水を飲ませて殺害
6・2　東京の高校で服装・頭髪の自由を求めて高校生300人が授業放棄
6・3　福岡の高校で取り上げていた運転免許を返せと生徒300人が授業拒否
6・10　大阪の中学校で服装規制に反発、3年25人が授業放棄
6・12　京都の女子高校で生徒500人が頭髪規制に反発、授業放棄
6・14　千葉の中学3年、進路指導で高校進学ムリと言われ小学6年女児を殺害
6・16　福井で無職少年が通り魔的に小学生を殺害
6・19　兵庫の中学校、校内暴力で授業できず1か月自習、中学3年3人逮捕
6・28　兵庫・川西で中学1年男子が通り魔的に5歳幼女刺す
7・2　北海道の中学校、校内暴力がひどく4日間臨時休校
7・3　愛媛・西条、ふられた高校2年女子がふった同級生男子を刺殺
7・5　札幌の中学1年がエレベーター内で4歳女児刺す、連日勉強しろと叱られ
　　　（4・4には小学6年女児を刺していた）
7・9　京都で「席ゆずって」に腹を立て高校生が障害者に暴行
7・16　兵庫・龍野で18歳がピアノうるさいと隣家老夫婦刺殺、嫁にもケガさせる
7・17　福岡・田川の郵便局に中学3年と2年が強盗、26万円奪う
7・22　大阪で中学の同級生を殴り丸坊主にした17歳少女2人逮捕
8・4　山口で絶食療法信じた両親が90日絶食させ4歳の子どもを死亡させる
8・12　京都でチョコ食べたと母親が3歳の子を折檻して死亡させる
8・16　大阪で酒買ってこいとからんだ酒乱の父を15歳の息子が死亡させる
8・18　高知で介護に疲れた母、障害持つ子に食事をあたえず、死亡させる
8・20　神奈川で祖母が小学4年の孫に注意、口論の末、刺殺
8・30　兵庫・尼崎で小学3年女児が母の虐待に耐えかね母の食事に薬物入れる
9・1　青森・八戸で高校3年が親戚の同年女子につきまとい強姦して殺害
9・2　兵庫の私立高校でパーマ禁止に反発38人授業放棄（大阪でも似た事件）
9・12　大阪で中学1年が自転車に乗って吹き矢で女性襲う
9・13　東京・葛飾で小学6年が母親に叱られムシャクシャして連続放火（6件）
9・14　兵庫で中学3年が叱られて自宅に籠城、怒った父がクワで殴り殺害
9・25　宮崎で中学3年が教師の自宅前で車をダイナマイトで爆破、自分も火傷
9・28　神奈川で育児に悩んだ若い母が4か月のわが子を投げて殺害
10・2　大阪で夫がギャンブルに狂い借金苦、妻と2児を殺害して自殺
10・5　宮城で中学3年4人が下級生を殴って髪の毛を焼く
10・15　大阪で暴走族50人がタクシーを襲撃し逮捕
11・11　秋田で母親が単なる病気を重い感染症と思い込み、2児殺害し自殺図る

第3期
1965
〜83年

	11・15	島根で親が障害持つ子の前途を悲観して灯油かぶって焼身心中
	11・16	大阪で長男の校内暴力事件に責任を感じて父が自殺
	11・17	神奈川で窃盗容疑で拘置されていた17歳少年が自殺
	11・23	大阪で中3の兄が1歳の妹ばかり可愛がられると嫉妬して川に放り死なす
	11・29	兵庫の中学2年5人が同級生1人を半年以上にわたりイジメ、逮捕・補導
	12・5	兵庫で21歳の父が2歳の子を虐待して殺害
第3期 1965 〜83年	12・8	兵庫で母親が小学年の子が言うことを聞かないと逆上して刺す
	12・11	兵庫の小学校で同級の6年20人が同級女児にリンチ。先生にツゲ口したと
	12・21	大阪で子どもが夜泣きするので母親が口塞いで死亡させる

国際障害者年・障害者の「完全参加と平等」の実現を図る参議院決議

第94回国会　昭和56年6月5日

　国際連合は、障害者の権利宣言の趣旨に基づき、本年を国際障害者年とすることを宣言し、世界で四億五千万人といわれる障害者の「完全参加と平等」の実現を指して、集中的な行動を行う年と決定している。

　現在、我が国においては、四百万人を超える障害者が、社会の各分野において日々自立への努力を重ねているが、なお障害者の社会参加を阻む幾多の障害も存在する。

　よって政府は、障害者の置かれているこのような現状を打破するため、次の事項について、全力を尽くすべきである。

一、障害者対策については、中央、地方を通じ「長期行動計画」の策定に努めるとともに、障害者に関する現行法制及び諸制度の改善に努力すること。

二、障害者が公共建築物や交通機関等を利用しやすくするため、所要の改善を図ること。

三、働くことの困難な重度障害者の所得保障対策を初めとする各般の福祉対策の確立に努めること。

四、障害者の能力を生かし、社会の進展に参加し寄与することができるよう、雇用対策を初めとする働く場の確保について、特段の努力を行うこと。

五、医療から職業訓練まで一貫したリハビリテーション体制の整備に努めるとともに、専門職員の養成確保を図るよう努めること。

六、精神障害者の社会復帰を促進するための施策の充実に努めること。

七、広範多岐にわたる障害者対策の総合的な推進体制を整備する等、所要の措置について配慮すること。

1982（昭和57）年

この年の全般的状況　**教科書問題、中曽根内閣発足、引きこもりの息子を父が殺害**

50年代にもあったのだが、それから20年、70年代後半になって、再び自民党は教科書を攻撃しはじめた。78年に砂田文相が戦後教育を批判、教育勅語容認の発言をした。80年には奥野法相が国防教育面で教科書に欠陥があると言い、81年には民社党まで加わり、朝鮮植民地支配や中国侵略の記述は間違いだと大合唱し、教科書検定を強化すべきだと言い出し、外交問題にまで発展したが、中曽根内閣の発足により、この動きはさらに強まった。

──────◆この年の主なできごと◆──────
1・22　学校給食、全国統一献立実施
2・8　ホテル・ニュージャパン火災
3・11　山形県金山町で全国初の情報公開条例
6・4　文部省「校内暴力問題を中心に」を配布
9・4　沖縄県議会、教科書からの日本軍による県民虐殺記述復活を求める決議
11・1　大阪府警、トバクゲーム機汚職（この頃から警察の汚職・不祥事増加）

この年の子どもをめぐる大きな事件
①兵庫で家庭内暴力の兄を弟が殺害
　1月1日、兵庫で家庭内暴力の兄を弟が殺害する事件が起き、5日には青森の会社員宅で母親らに暴力をふるう高校2年の長男を父親が殺害した。バイクで高校から注意されて以来、家庭内で暴れるようになり、この日もステレオを買えと母親を困らせていたのだった。8月19日には神戸の団体役員が高校2年の息子が成績、進路問題などで荒れ狂い、連日、母親ら家族に暴力を振るうのを思い余って刺殺するなど、各地で家庭内暴力が深刻化した。

②ひきこもりの高校1年男子が父親を刺殺
　4月27日、新潟市で高校1年生が父親を殺害した。もともと内向的でこもりがちな子どもだったが、高校入学後、不登校となって両親と口論が絶えず、家庭内で暴れるようになった。この日、母親が少年を精神衛生センターに連れていこうとしたところ、これを拒否して障子・戸や襖を破るなどして暴れ、午後6時頃帰宅した父親にそのことで厳しく注意されたことから、カッとなって先を鋭く研いだ曲尺（かねじゃく）で父親の胸を刺して殺害したのだった。

③母親が小学1年のわが子に保険金をかけて殺害

6月29日、京都の桂川河川敷で男児の絞殺死体が発見され、母親が殺害したことがわかった。内縁の夫から義父の葬式代を要求され、小学1年のわが子に350万円の保険をかけ、それを手に入れようとして殺したと供述したのだが、なぜ義父の葬式代を出さなければならないのか、またそのため、なぜわが子の首を絞めなければならなかったのか、理解に苦しむ。結局は男から子どもが邪魔と言われたのではないかと関係者は推定した。

④大阪で中学2年が隣の中学校の生徒と決闘し死亡

7月15日、大阪市城東区の市立中学2年の生徒が、日頃から対立していた隣の鶴見区の中学2年と校内で決闘、直後に急性心不全で倒れ、死亡した。2つの中学校が立地する地域は、現在は場末という感じがあるが、国鉄と京阪電鉄の京橋駅があって、この頃は大阪市東部の歓楽の中心だった。休日ともなるとたいへんな賑わいで、中学生や高校生たちが繰り出し、しばしば違う学校のグループ同士が衝突して縄張り争いを演じていたのだった。

────◆1982年の子どもをめぐる事件◆────

1・ 1　兵庫で両親に乱暴する家庭内暴力の兄を高校2年の弟が殺害
1・ 5　青森で父親が家庭内暴力の高校2年の息子を殺害
1・14　大阪の中学2年女子が男友だちに覚醒剤打たれて常習者に
1・24　千葉のスーパーでの機動戦士ガンダム発売ショーに子ども殺到、21人重軽傷
1・25　兵庫で教師や同級生に暴力・恐喝130件繰り返した中学生を補導
1・27　愛知の旧遊郭に少女を売り飛ばした暴力団員を逮捕
1・30　大阪でシンナー代わりにライターガスを吸った中学2年女子生徒死亡
2・ 1　愛知の16歳の少年、酔って暴力振るう暴力団員の父を死亡させる
2・ 5　東京の中学生が級友の食事に水銀
2・13　大阪・門真で19歳無職の孫が遺産相続をめぐって祖父を殴って殺害
2・16　大阪の18歳の母親が夜泣きする赤ちゃんにふとんかけて死亡させる
2・19　三重の全寮制高校、スパルタ教育に反発、生徒95人脱走
2・22　大阪の中学校で校則違反の生徒に丸刈り・正座、また隠し芸をさせる罰
3・ 1　東京で進路に悩む高校生が白昼、教室で自殺
3・11　山口で小学2年が友人の粘土とったと公表され、教師から注意されて自殺
3・17　大阪で暴走族8グループ66人補導検挙
3・20　高知の少年4人が自動車の排ガスを吸う遊び、一酸化炭素中毒で死亡
3・22　福岡で小学6年女児を強姦、売春強要の大学生と暴力団員を逮捕
3・23　千葉・流山の県立高校長、校内暴力に悩んで自殺

4・4	佐賀で父親の家庭内暴力に耐えかねた妻子が殺害
4・9	神奈川で日頃の行動をたしなめられた17歳少年が婚約者とその母を殺害
4・20	大阪で女子中学生に売春させた47歳の男を逮捕
4・27	新潟でひきこもりの高校1年男子が家庭内暴力のはてに父親を刺殺
4・29	東京で小学校の男性教師が教え子の男児に連続性的イタズラ発覚
5・3	大阪で暴走族75人検挙補導
5・6	山梨で暴力団員が中学3年女子を100万円で売る。買った側は売春させる
5・10	岐阜で親にパーマを切られ中学生が自殺
5・14	愛知で両親が14歳のわが娘に覚醒剤を打って売春させる
5・17	滋賀の中学校で学校が約束を破ったと3年のほとんどが授業放棄
5・27	神奈川・藤沢で高校2年女子が20歳ストーカー男に殺される。妹も、母も
5・28	東京の中学生2人が同級生をイジメ、ライターでヤケドおわせる
6・6	千葉県でディスコ遊びの家出女子中学生2人が殺害される。
6・17	大阪の高校でカバン中身検査に反発、女子生徒300人授業放棄
6・21	福岡で家出繰り返す女子中学生が母に殺される。子育てが失敗だったと
6・29	京都で母親が小1の息子に保険金かけ殺害。内縁の夫にカネを要求され
7・4	京都で国立大名誉教授が孫に殺害される。制止の警官も、母も
7・6	岡山の小学校で宿題忘れた女児に班全員がリンチ
7・13	大阪の両親、借金のカタに娘を売り、料理店で売春させて逮捕
7・14	大阪の城東と鶴見の中学生が決闘、城東の2年が死亡
7・29	大阪で高校生が自分で覚醒剤を注射し逮捕
8・6	大阪で父が中学生の息子に勉強しろと暴行（4日後、死亡）
8・8	兵庫で女子高校生が保護してくれた警官の前で自殺
8・18	兵庫で父親が家庭内暴力の息子を刺殺
8・20	大阪でシンナー遊びやめる約束したが破った少年が仲間からリンチ受ける
8・24	大分で中学3年17人が生意気と2年の1人を集団でリンチして殺害
8・27	神奈川でイジメられて不登校になった中学生の息子に思い余って母が殺害
8・-	福岡の小中学生24人が1人暮らしの老人を繰り返し脅して125万円奪う
9・4	大阪の中学生がライターガスを吸って公園で死亡
9・7	東京の暴走族「ブラックエンペラー」と「立川地獄」乱闘、3日間暴れる
9・21	大阪で覚醒剤を使用していた5つの中学の生徒10人を逮捕・補導
10・2	高知でタバコ代せびったが断られ、15歳の弟が姉を殺害
10・6	東京・中野、日大生がテレビうるさいと隣りの4歳、10歳ら5人を刺殺
10・10	札幌で少年4人が盗んだ車でパトカーとカーチェイス、3人が死亡
10・24	京都で少女ばかりの暴走族が脱会意志の少女にリンチ、熱湯かける
10・25	神奈川で不登校の小学5年が思い余った母に殺害される。母も自殺

第3期 1965〜83年

11・ 6 和歌山の中学で校則違反への「丸刈り」罰に反発、男子20人が校長室占拠
11・ 7 埼玉の10代夫婦、赤ちゃんが夜泣き、折檻して死亡させる
11・12 沖縄の教護院教師、生徒の無断外出に怒り、バットで殴り殺害
11・12 奈良の中学生徒会役員選挙で落選した生徒が当選した生徒に暴行
11・27 大阪の暴力団員、17歳少女に覚醒剤打って売春させる
12・11 東京の帰国子弟の甥19歳が大阪の伯父に日本語できぬのをバカにされ殺害
12・15 戸塚ヨットスクール、傷害致死の疑いで強制捜査
12・19 京都でギネスブックにのせると窓ガラスを割った中学生補導
12・20 京都で中学生が同級生10人からイジメのプロレス技かけられ重傷
12・24 神奈川で中学3年3人が心中

暴走族統計（昭和53年〜平成25年）

年次	構成員数	少年	グループ数	年次	構成員数	少年
53年	22,442	10,683	307	7	26,731	18,881
54	25,183	16,529	472	8	26,720	19,250
55	38,952	29,999	754	9	25,796	19,801
56	40,629	31,139	770	10	25,680	19,346
57	42,510	32,368	712	11	23,704	18,369
58	39,066	29,058	608	12	23,399	17,567
59	37,649	28,513	561	13	22,703	16,565
60	38,172	30,213	594	14	21,178	15,075
61	35,972	29,096	562	15	17,704	11,937
62	34,931	27,721	544	16	15,392	9,577
63	36,934	28,828	552	17	13,706	7,385
元	35,472	26,720	552	18	12,185	6,393
2	37,155	27,858	661	19	10,974	5,859
3	36,428	27,793	744	20	9,985	5,470
4	35,143	27,632	847	21	9,134	5,344
5	32,257	24,506	850	22	7,850	4,863
6	27,736	20,892	840	23	7,193	4,364
				24	6,164	3,836
				25	5,817	3,741

警察庁資料　共同危険型暴走族に限る

1983（昭和58）年

この年の全般的状況　**三海峡封鎖・日本列島不沈空母発言、**
　　　　　　　　　　　　　　暴行生徒を教師が刺す

　この時期の自民党は、最大派閥の田中派はロッキード事件で身動きが取れない中で各派閥の力関係が拮抗、前年末、田中曽根内閣と揶揄されながら中曽根内閣が発足した。中曽根首相が典型だが、"鬼畜米英"世代は中国や韓国に対しては偉そうに言うくせに、敗戦のトラウマで戦勝国アメリカに対しては偉そうなことは言えない。日米首脳会談で、アメリカさんのためなら三海峡も封鎖、日本列島を不沈空母にしますとゴマをすった。

────────◆この年の主なできごと◆────────

1・17　中曽根首相訪米、日本列島不沈空母化発言
2・ 4　文部省、公立学校退学者数発表、全国で63,353人（1.9％）
4・28　サラ金２法成立（借金地獄深刻化対策だったがザル法）
8・ 5　文部省、道徳教育徹底を通知
10・15　西独各地で反核・反ミサイル集会とデモ活発化
12・ 5　文部省、問題行動生徒の出席停止基準緩和

この年の子どもをめぐる大きな事件
①奈良県で女子高校生３人がシンナー中毒で死亡
　１月31日、奈良県上牧町の貸しガレージの乗用車内で、県立農業高校２年の女子生徒３人がシンナー中毒で死亡、１人が重体で発見された。シンナー中毒が中高生に広がっていることは以前から問題になっていたが、多くの場合、都心部あたりの学校や男子生徒の問題と考えられていた。この事件が起きた上牧町は、大阪のベッドタウンとしての宅地開発が進んできたとはいえ、まだまだ牧歌的で、まして女子生徒がと大きなショックを与えた。
②東京で教師が生徒を刺す
　２月15日午前、東京・町田の中学校で、英語教師が生徒の胸を刺し、10日間のケガを負わせる事件が起きた。刺した教師は、生後間もなく広島で被爆したことで病気がちでひ弱で、荒れる中学生の格好のターゲットにされていた。それまでも再三にわたり生徒から暴行を受けていたが、同僚教師は誰１人助けようとはしなかった。この日も暴行を受け、帰宅しようとした時、２人の生徒が襲ってきたので、思い余って刺してしまったのだった。

③三重の３歳男児水死事件訴訟、世論から取り下げ

　２月25日、三重の「隣人訴訟」（77・5・8　３歳男児が溜池で水死、両親が近所の夫婦を相手に訴訟）に津地裁が近所の夫婦の責任を認定、賠償を命じた。それを新聞やテレビが大々的に報道し論評した結果、訴訟の原告・被告双方に対し嫌がらせや批判の無言電話や脅迫状が届き、住んでいられない状態になり、３月７日当事者が訴訟を取り下げざるをえなくなった。その結果、問われるべき溜め池の管理者や自治体の責任が問われなくなった。

④東京で女高生が生んだばかりのわが子を殺害

　11月12日、東京都北区の工場に生まれたばかりの赤ちゃんが全身を刺され、血まみれで捨てられていた。警察が捜査した結果、近くの高校２年の女子生徒が殺人と死体遺棄で逮捕された。取り調べで、女子高校生は、前年12月、３人の男たちに誘われて自動車に乗ったところ強姦され、妊娠してしまい、誰にも相談できないまま、自宅トイレで出産し、顔を見ると、男たちの１人に似ていて、憎らしくなって殺してしまったと供述した。

────────◆1983年の子どもをめぐる事件◆────────

1・7　　秋田で祖父が不登校・家庭内暴力の高校３年の孫を殺害
1・11　　名古屋の中学で女性教師が学級違う生徒が２人いたため注意したところ暴行
1・23　　東京都下で私立か公立かで進路対立、母が中３姉と小６弟を殺害し自殺
1・30　　奈良・上牧町のガレージ車内で高校２年ら女子３人がシンナー遊びで死亡
2・2　　東京・渋谷の駐車中の車から中学１年が1,600万円盗んで豪遊
2・7　　東京・葛飾の小・中学生10人の窃盗団、13歳以下は罪にならぬと71件犯行
2・14　　神奈川・大和の中学３年６人が喫煙叱られ教師をリンチ
2・15　　東京・町田の中学で３年２人が教師に暴行、教師刺し返す（同僚助けず）
2・22　　北九州でシンナー乱用の中３が約束破ったと勉強していた同級生蹴り殺害
2・24　　香川・小豆島の中学校で３年生がナイフで教師を脅し土下座要求
2・25　　山口で校内暴力イヤ、中学３年男子49人が集団登校拒否
2・26　　東京・東村山の暴力と喫煙注意された中３の２人が鉄パイプで職員室襲う
2・28　　愛媛で就職問題めぐり親子が口論、父が息子を射殺
3・1　　大阪で中学３年の２人が24歳の女性教師を保健室に監禁し強制猥褻
3・7　　三重・鈴鹿の３歳児転落水死事件訴訟、いやがらせで原告が訴え取り下げ
3・17　　大阪・天王寺の小学６年が叱られた復讐に教師を待ち伏せして鉄棒で殴る
3・17　　千葉で小学教師がルール破ったと児童の机取り上げ14日間床に正座で授業
3・18　　大阪で小遣い銭欲しさに中学生が売春、あっせんした組長を逮捕
3・21　　東京・練馬で高校２年が深夜放送聞いていて母親に叱られ刺殺

3・27	岐阜で育児に悩んだ18歳の母、赤ちゃんを殺害
4・2	和歌山で3人の家出女子中学生に覚醒剤打って強姦した19歳少年ら逮捕
4・3	東京で交際に反対された18歳少年が女友だちの父を殺害
4・4	大阪で18歳の花嫁が自殺、出席者が少ないと
4・5	大阪で新聞配達中の女子中学生が同級生3人にリンチされる。服装が派手と
4・17	岐阜の高校の寮で新入生が上級生にリンチされ、死亡
4・21	岩手・東和町のバス停で高校1年が自転車を蹴ったと小学校1年を殺害
5・6	大阪で働きなさいと叱られ、無職の15歳少女が祖母を絞殺
5・8	北海道のラブホテルで中学2年少女が暴力団員に覚醒剤打たれて死亡、逮捕
5・9	東京の私立高校、妊娠・中絶は非行と同級生カップルを退学させる
5・13	兵庫・社町の中学校で昼休み中、プロレスごっこで生徒1人が失明
5・23	大阪で恐喝未遂で補導の小6と中1少女が覚醒剤中毒、打った組員逮捕
5・24	大阪で息子が覚醒剤、地域団体役員の父が自殺
5・29	大阪で中学生の娘をホステスとして働かせた両親逮捕
5・30	和歌山で家出女子高校生に覚醒剤打ち売春させた暴力団員逮捕
6・2	シンナー中毒の少年4人が暴走、タクシーに激突、3人死亡
6・3	兵庫の私立女子校で長い髪は校則違反と生徒100人の髪カット
6・17	福岡で小学校で6年25人が授業拒否、先生に教室でのタバコやめてほしいと
6・19	島根で高校2年の寮生が寮監の教師に喫煙を注意され教師を包丁で刺す
6・25	奈良で女子高校生15人が同級生リンチ、6人退学、9人停学
6・29	愛知の中学で生徒が校内で酒盛り、泥酔した中学1年が教室で暴れる
6・30	愛知で成績低下苦に母と中学2年の娘が心中
7・1	奈良で喫煙注意した教師に中学3年がタバコの火を押しつける
7・4	京都で生徒指導に反発した中学3年11人が試験放棄、放送室に籠城
7・5	東京の学校で付き添いのない障害児縛る。教室からの飛び出し防ぐためと
7・8	神奈川の校長が自殺。体罰への抗議に悩んで
7・18	大阪で改造バイクの少年15人逮捕、無免許の息子に単車与えた親も検挙
7・30	兵庫の町会議員、15歳の里子に猥褻行為
8・1	上野公園の路上生活者、少年7人に襲われる
8・9	大阪で少女8人に売春させたデートクラブ経営者逮捕
8・18	愛知で中国残留日本人の17歳の娘が日本語しゃべれないと自殺
8・18	大阪で小学生のわが子の不登校は自分の責任と子どもを殺害し、母も自殺
9・2	大阪の中学運動部員14人が校内で暴れ2人逮捕12人補導
9・4	少女タレントの喫煙写真を雑誌に提供した少年、みなから抗議され自殺
9・11	兵庫で断髪を苦に高校生が自殺
9・19	兵庫でイジメっ子に仕返し、中学3年が自宅就寝中に同級生刺す

第3期 1965〜83年		

- 9・20　岡山の学校職員、少女27人に猥褻行為
- 9・20　大阪の中高生グループ、角材で路上生活者襲う、2人ケガ
- 9・30　新潟の高校ラグビー部顧問、退部申し出の2年に見せしめ特訓、死なす
- 10・7　愛媛の高校で2年がイジメの復讐に教室で猟銃発砲、同級生1人重傷
- 10・18　大阪で家出女子中学生2人に売春させた暴力団員逮捕
- 10・20　福岡の中3が2年生に暴行したことで教頭や担任教師から注意され刺す
- 10・29　宮崎の中学で生徒の暴力に備え、教師全員に非常用の笛を持たせる
- 11・12　東京・北区の高2生んだばかりの子を殺害し遺棄。強姦した男に似てると
- 11・16　神奈川の中学校で校内暴力を警察に知らせたと生徒30人が暴れる
- 11・18　東京・杉並で18歳2人が民家に忍び込み見つかって殺害、金品奪う
- 11・22　富山でテレビの音がうるさいと父親が中学2年の息子を殴り死亡させる
- 11・29　東京で少年2人が寝ていた路上生活者に火をつける
- 12・1　大阪で母親が病気の高校生の息子を殺害
- 12・1　長野で高校生19人が下級生に暴力・恐喝、21人から100万円脅し取る
- 12・8　宮崎で小学1年の子を殺害した義父逮捕、保険金目当て
- 12・8　警視庁、愛人バンクを売春で摘発
- 12・9　大阪の中学校で女子生徒が校内暴力反対の署名運動、学校がやめさせる
- 12・17　長野・塩尻、49歳中学教師が学級崩壊・校内暴力に悩み自殺（労災認定）
- 12・22　大阪で他校に殴り込むなど暴れる中学生24人逮捕

第4期　1984〜97年

安定成長・構造転換からバブル経済、そして破綻・長期不況

鬱屈時代が生み出す残虐不可解殺人、
大人社会のイジメが子どもの世界でも

1984（昭和59）年

この年の全般的状況　グリコ・森永脅迫事件、
　　　　　　戦後政治の総決算、大阪でイジメ復讐殺人

　79年にエズラ・ヴォーゲルが『ジャパン・アズ・ナンバーワン』という本を書き、持ち上げてから日本は「世界一の経済大国」と有頂天になり、この頃、輸出も好調、株価はうなぎ上りでのぼせ上がっていた。社会の情報化とともに、あらゆる出来事が劇場化される時代になっていた。それを逆手に、メディアをさんざん利用して、あざ笑うような事件が起きた。グリコ社長の誘拐、その後の同社と森永の製品に毒を入れたと脅迫した事件である。

第4期
1984
〜97年

◆この年の主なできごと◆

1・5　中曽根首相、首相として靖国神社新年参拝
3・18　グリコ社長が誘拐される、以降、一連のグリコ・森永脅迫事件
6・14　指紋押捺拒否の米国人女性に有罪判決、問題化
6・17　高槻で教育委員準公選条例直接請求（議会は否決）
8・7　臨時教育審議会設置法成立

この年の子どもをめぐる大きな事件
①中学２年男子が「身体障害者」とイジメられ自殺
　１月23日、静岡県小笠郡の中学校体育館で中学２年男子生徒が首吊り自殺した。自殺に追い込まれた原因は、いつも「身体障害者」とはやしたてられ、からかわれていたことである。イジメは身体が弱い子や気の弱い子が狙われ、暴行されたり、金品を奪われたり、辱めを受けたりすることによって自殺に追い込まれるケースが多いが、この中学２年男子もそうだった。生れつきの斜視と斜頸を「身体障害者」とイジメられていたのだった。
②中学３年の３人が同級生に油かけ火だるまリンチ
　２月12日、東京・板橋の中学３年３人が同級生にライター・オイルをかけて火をつけ、火だるまにして大火傷を負わせた。加害者も被害者も非行仲間で、前年秋、別のグループから暴行を受けたとき、被害者が逃げたのでその制裁のためだったと供述した。制服を作業着に着替えさせて火をつけたのだが、テレビ番組をまねたといい、ビデオ撮影もしていた。一歩間違えば死ぬのだが、危険だという意識などまったくなかったのだった。
③広島県福山で市会議員の長男が誘拐・殺害される

2月13日、広島県福山市で、福山市会議員の8歳の長男が誘拐された。1,000万円の身代金要求があったが、誘拐直後に殺害されていた。市会議員の知人の44歳のセールスマンが逮捕・起訴され、翌年7月死刑判決が下った。誘拐は、過去の事例から、決して割のいい犯罪ではないことが明らかになっているにもかかわらず、あいかわらず繰り返され、命が奪われる。幼い子どもの命が奪われるケースが多いが、この事件もそうだった。

④千葉・市川、母親が育児放棄で餓死させた

　4月17日、千葉県市川市の警察に、24歳の母親が自首した。2歳の長男と生後5か月の次男を放置して、男友だちと3日間遊びまわり、もどってみると、次男は餓死しており、長男は衰弱していたのだった。それで餓死していた次男をビニール袋に入れて押し入れに隠し、さらに1週間遊びまわっていたが、遺体の始末に困ってのことだった。1か月前に離婚したばかりで、とにかく遊びたいの一身で、親・保護者としての自覚はゼロだった。

⑤高校生2人による同級生殺害事件

　11月2日、大阪市北区の大川畔で、高校生の遺体が発見された。頭部が鈍器のようなもので何度も殴打された跡があり、両目が潰されていた。激しい恨みからの犯行と想像された。そして2人の同級生が逮捕された。彼らは身体が大きく腕力の強い殺害された高校生に連日暴行され、金品を要求され、性的辱めを受けたりしていた。それから逃れるためには殺すよりないと考え、犯行に及んだもので、両目を潰したのは強い恐怖感からだった。

────◆1984年の子どもをめぐる事件◆────

1・13　大阪の女子高生、妻子ある男との別れ話で全裸でホテルから飛び降り自殺
1・14　兵庫の高校体育館、生徒の放火で全焼、1人逮捕（後日もう1人）
1・23　静岡・小笠郡の中学で2年が「身体障害者」などとイジメられ学校で自殺
2・2　京都で障害持つ同級生へのイジメで中学2年26人補導
2・12　東京・板橋、中3の3人がテレビ番組まね同級生に油かけ火だるまリンチ
2・21　島根・鹿足郡の中3がイジメの仕返しで同級生宅に忍び込み重傷負わす
2・25　富山・下新川の小5が図工室のバケツに入りフタ締めるよう依頼、窒息死
2・27　千葉・野田で小学6年が友人を殴ったのを教師に叱られ自殺
3・4　香川で女子中学生2人が家出して自殺旅行、ためらう友振り切り1人自殺
3・7　大阪で先生がキライと小学生6人が担任の娘にイヤガラセ
3・12　大阪で少女雑誌を手本に女子中学生が売春、補導
3・17　大阪、校内暴力で神経症、事故で重傷の高校教師に公務災害認定

第4期 1984〜97年

4・2	大阪で中学1年が盗み疑われ、父と口論、眼前で自殺
4・5	神奈川・川崎、中学2年がエレベーター内などで女性20人に強制猥褻
4・17	千葉・市川で若い母が2歳と生後5か月を放置して出かけ5か月が餓死
4・18	神奈川で中学1年が父とチャンネル争い、自殺
4・21	長崎で中学3年4人が同級生に暴行、逃げ込んだ職員室で教師にも暴行
4・27	千葉県の小学校の遠足で2人の生徒が生き埋めになり死亡
5・6	東京・港区の中学で3年が同級生をナイフで刺す、仲間はずれに怒り
5・7	京都の小学校で教師が答えられぬ児童を裸にする
5・9	大分の公立校入試判定に警察の非行資料、県教委調査
5・16	千葉で修学旅行費が工面できず、母が小学6年の息子を殺害
5・18	大阪で非行グループ抜けようとした女子生徒にリンチ、中学2年6人補導
5・22	神奈川で小遣い銭稼ぎに女子中学生10数人に売春斡旋した15歳少女逮捕
6・2	兵庫で高校1年女子22人が同級生にリンチ・恐喝、11人逮捕・検挙
6・7	大阪で恋人の出産費用欲しさに17歳少年が老女を殺害
6・11	東京・三鷹で19歳の母親が看病疲れでシンナー吸って1歳の長男を殺害
6・18	大分・津久見、高3が素行悪く野球部退部させられたのを恨み監督を斬る
6・19	東京・墨田の玩具問屋に中高生7人侵入、キン肉マン消しゴム2千個盗む
6・24	北海道・千歳で無職18歳が金属バットで祖父を殺害、金銭トラブル
6・25	東京・大田区の高校1年ら26人が変造硬貨で自販機ドロ
6・27	京都のデートクラブ、経営者は18歳、家出少女に売春させる
7・8	福島・いわきの高3が運転の車が海に転落、少女2人見殺しに逃げる
7・9	栃木で中学2年女子がイジメる同級生の家に放火し全焼させる
7・11	愛知・西尾の高3男子が文通相手の女子高生に小包爆弾、重傷負わす
7・12	東京・江戸川の中学生11人が61件の窃盗、暴走族への上納金稼ぐため
7・13	少女アイドル親衛隊の少年67人逮捕、追っかけの資金稼ぎに窃盗400件
7・15	群馬・伊勢崎で18歳がシンナー吸って15歳の新聞配達少年を殺害
7・21	山梨・中巨摩（なかこま）で小学6年がイジメられムシャクシャして5件の放火
8・12	和歌山で中学2年の息子が離婚した母を慕うのに父が怒り殺害
8・21	群馬の中学生、母の墓前で自殺、盗み叱られると
8・27	京都、同志社国際高校サッカー部員が合宿で倒れ、2週間後に死亡
8・28	大分で祖父らが小学4年女児を金盗んだと折檻して死亡させる
8・28	長崎で女子高生殺害で逮捕された23歳が8年前に女児殺害も自供
9・7	千葉の中学校の運動部でシゴキ、1年生が死亡
9・11	京都の中学校女子運動部の顧問教師、忠誠心試すと部員3人に裸になれ
9・13	福岡のデートクラブ、デート嬢に中学3年5人、経営者逮捕
9・13	大阪と奈良の暴走族46人逮捕送検

9・16	東京で暴力団幹部が家出少女12人を芸者置き屋に売る
9・21	東京の高校で3年同士が教室でケンカ、1人殴られ死亡
10・1	東京・港区で17歳少女トルエン吸って逮捕直前、警官の前で飛び降り自殺
10・3	神奈川の高校で2年が女性教師に包丁つきつけ進路指導室に2時間篭城
10・7	京都の中学で教師が女生徒に殴る蹴るの体罰、ショックで自殺未遂
10・11	東京・小平で高校3年女子が酒乱の父を殺害
10・13	兵庫で中学生の息子を鉄橋から突き落とし殺害した父親逮捕、自殺を偽装
10・18	茨城で中学1年女子が同級生らにリンチされ両足マヒ
10・22	大阪の秋祭りで飲酒の中学生、男子11人丸刈り、女子も18人カットの罰
11・1	大阪で高校2年2人がイジメる同級生に復讐殺害
11・11	愛知で父親が問題を起こす中学生の息子を殺害し自殺はかる
11・12	神奈川の中学教師、バイクへのイタズラで口論となり生徒を指導室で刺す
11・16	大分で同級生を8か月にわたってイジメた中学生3人を送検
11・19	東京で家出の小学6年女児がすぐ金稼げると売春、保護
11・20	東京の父親が11か月の我が子を畳に投げつけ殺害
12・1	大阪の小学校教師、忘れ物した児童の頬に赤ペンキで「現金袋」と書く
12・6	千葉・柏で19歳が隣家の主婦刺殺、カメラ盗む。主婦の長男を7回も恐喝
12・8	岩手・金ケ崎で母親が小1の長女を殺害。蒸発した夫に似て憎らしいと
12・14	石川の教師、イタズラした児童を殴り、鼓膜破る
12・18	大阪のホストクラブ、高校生ホスト2人使って摘発
12・21	群馬で生活指導の教師が校則違反と46人の前髪切る
12・21	兵庫で同級生に暴行、万引き強要の中学3年の3人逮捕
12・22	東京・世田谷で母親が前夫との間の2歳女児を同居男と虐待して殺害

1985（昭和60）年

この年の全般的状況　**田中派分裂・角栄入院、日航機事故、**
　　　　　　　　　　　　　　　　教師の体罰で高校生死亡

　政界の一寸先は闇というが、まさにそのとおりで、田中派の分裂など誰も想像していなかったが、ロッキード事件有罪の流れが竹下登・金丸信・小沢一郎らの離反を招き、2月末、田中角栄は怒りで脳梗塞に倒れた。重しの取れた中曽根首相は長期政権の道をめざし、超保守路線を取り、国家機密法制定などに動いたが反対は多く、廃案にせざるをえなかった。夏には日航ジャンボ機が墜落、最悪の事故となり、520人もの死者を出した。

第4期 1984〜97年

――――――――◆この年の主なできごと◆――――――――

1・22　文部省、学校給食の合理化（民間委託、センター方式、パート化推進）通知
4・18　警察庁、初の「いじめ白書」発表
5・17　男女雇用機会均等法成立（86・4・1施行）
6・18　金の延べ棒商法豊田商事永野一男刺殺事件
8・12　日航ジャンボ機墜落事故、520人死亡、航空事故史上最悪
9・ 5　文部省、小・中・高の入学式・卒業式に君が代斉唱、日の丸掲揚徹底通知

この年の子どもをめぐる大きな事件
①教師の体罰で高校生が死亡
　5月9日、岐阜の高校2年男子が修学旅行先の筑波で、教師から暴行を受けて死亡した。持参禁止のヘアードライヤーが発見されたからだった。生徒が一斉使用したりするとホテルや旅館が停電したりして迷惑をかけるということで禁止していたのだが、死に至るまで暴行しなければならない理由はない。また、女生徒の下着の色は白でなければならないと、スカートをまくって点検した学校もあるようだが、管理教育の弊害というほかなかった。
②信仰上の理由で輸血拒否の児童が死亡
　6月6日、神奈川県で交通事故にあった小学生が出血多量となったが、両親が信仰上の信念から輸血を拒否したため亡くなった。医師は「輸血すればたすかります。この子の命をたすけるため、ぜひ輸血を承認してほしい」と、それこそ必死になって両親を説得したのだが、信仰上の信念は動かず、了承しなかったのだった。その結果、児童は亡くなってしまったのだが、この頃から、このことは各地の学校や病院で問題となっていった。

③暴走族死なせた男性宅に暴走族が連日イヤガラセ

相変わらず各地で暴走族が走り回り、爆音と危険行為、また暴行などで住民の静穏を奪い、子どもは怯え、病気の人たちは苦しんでいた。和歌山でもそうで、7月5日耐えかねた住民の1人が暴走族に木材を投げ、それが当たってオートバイは転倒、1人が亡くなった。男性は過失致死で逮捕されたのだが、彼らは自分たちの暴走行為は棚に上げて、木材を投げつけた男性宅に押しかけ、妻子に人殺しなどと、執拗に嫌がらせをしたのだった。

④テレ朝がやらせ、少女グループによるリンチ

10月8日、テレビ朝日「アフタヌーンショー」でやらせが発覚、18日番組は打ち切りとなった。8月20日に少女グループによるリンチを放映したが、番組関係者に頼まれた元暴走族リーダーが少女2人を煽り、女子中学生5人にリンチさせたのだった。男は暴行教唆、少女2人は暴行で逮捕された。後日、番組関係者も教唆で逮捕されたが、視聴率を上げるために衝撃的なことをやらせたのだった。事件の最中、被害中学生の母親が自殺した。

⑤久留米の無認可保育園で乳児2人が殺害される

12月5日、福岡県久留米の無認可保育園で、生後8か月と10か月の乳児が亡くなった。2人とも窒息死だった。警察が事情を聞いたところ、園長夫妻の19歳の娘が泣き声がうるさかったから、ふとんをかぶせて押さえつけたと自供したのだった。各地の自治体で財政上の理由から保育園を民間委託したり、無認可にまかせるところが増え、保育の質の低下や事故が起きることが懸念されていたが、そのとおりの事件が起きたのだった。

───◆1985年の子どもをめぐる事件◆───

1・ 1　東大阪の石切神社で高校2年生ら20人が初詣で乱闘、うち1人死亡
1・ 3　宮崎・児湯郡で高校2年ら6人が女性問題で16歳無職少年をリンチして殺害
1・12　千葉の保育園で土ダンゴを壊された小学4年が5歳園児を殺害
1・16　静岡で中学生、上級生に金をせびられ、自殺
1・21　岩手で中学2年がガス自殺、家族はイジメが原因と主張、学校は否定
1・21　茨城・水戸で中2女子がイジメ苦に自殺。6人が落書きなど嫌がらせ
1・24　青森・上北の中学で3年が酔って教室乱入、教師に暴行し死亡させる
1・28　和歌山の中学で教師が盗難の調べ暴行8時間半、2年生徒が記憶障害に
1・28　大阪で女子生徒に濡衣着せて殴り、真相判明後もさらに殴った教師告訴
2・ 3　千葉で少年4人が自動車内でシンナー遊び、燃えて2人焼死、2人大ヤケド
2・ 5　大阪の中学校で障害持つ生徒へのイジメが明るみに

第4期
1984
〜97年

2・6	大阪の中学1年女子生徒がイジメ苦に自殺
2・8	静岡の小学校で学級委員の6年女子が自殺、皆が言うことを聞いてくれない
2・16	横浜で小学5年が教師に叱られ抗議メモを残して自殺
2・16	栃木・足利で中学3年女子ら7人が2年を集団リンチ5時間、重傷負わす
2・24	宮城で高校運動部の2年生部員、1年生25人から金品巻き上げる
2・27	名古屋の収容施設で中学2年2人が保母を絞殺、現金奪い、施設から脱走
3・1	茨城の高校で教師が卒業プレゼントに避妊具を配り、問題化して慌てて回収
3・5	京都・宇治の小学校で教師が小4同士を決闘させ、内臓破裂6週間の重傷
3・5	大阪のノーパン喫茶経営者、17歳少女5人をショーに出演させる
3・9	福岡で高1が両親に学校サボリを説教され、金属バットで殴り重傷負わす
3・9	横須賀の中学校で3年2人が生活指導に厳しかった女性教師を襲い髪切る
3・10	香川の中学2年男子、イジメ苦に自殺
3・15	千葉・安房郡で女高生が50歳の男に大学入学をエサに9か月連れ回される
3・28	京都の私立高校1年ら4人が横浜の女子高生を誘拐監禁・強姦で逮捕
4・4	静岡・榛原郡で中学3年が停学処分を恨み校長を木刀で殴り重傷負わす
4・5	宮崎の中学校で生徒2人が担任教師に注意され、給食に水銀
4・6	横浜の中学3年がグリコ犯まねて筑波博覧会など8か所に爆破予告
4・7	佐賀の暴走族高校生、警察から逃れ雨の干潟に一晩、急性心不全で死亡
4・8	岐阜の高校の女子運動部員、厳しい指導・体罰に悩み自殺
4・22	和歌山の私立高校の寮で2人が同室の1人を1か月以上暴行
4・25	愛知の暴走族、暴走やめるよう説得した外国人宣教師に暴行
4・29	広島で生活苦の若夫婦、赤ちゃんを殺害し、コンクリート詰め放置
5・1	大阪で中学3年30人、サボリ注意され教師に暴行、職員室占拠
5・3	大阪の小学校で女性教師の体罰に反発、児童12人が授業拒否
5・9	筑波で修学旅行の岐阜の高校2年がドライヤー持ち込みで教師から体罰死亡
5・14	大阪で女子高生が母への暴行見かね、酒飲んで家庭内暴力の父を殺害
5・29	千葉の中学校廊下で私語禁止の校則違反で女子中学生が教師に殴られケガ
6・2	茨城・鹿島で小学6年が車を盗み50キロ暴走、追突して捕まる
6・4	広島で少年が免許提示に応じぬと検問警官に殴られ記憶喪失に
6・6	神奈川の交通事故で小学生死亡。両親が信仰から輸血を拒否
6・14	神奈川・川崎で無職17歳が自宅に強盗に入り600万円奪う
6・22	福島で中学3年生徒の母、イジメの仕返しを組員に依頼
7・3	福岡の塾経営者、教え子の女高生を愛人に
7・5	和歌山で暴走族に腹立て、男性が角材投げ少年死亡、暴走族が連日仕返し
7・8	札幌で無職の15歳が働かないことを咎められ、両親を殺害し、妹にも暴力
7・11	香川で女子中学生が霊感遊びを非難され自殺

7・19	埼玉・草加で中学3年女子が強姦され殺害される
7・20	埼玉・県立本庄高校2年生徒がトランポリンで首の骨を骨折、全身マヒに
7・25	大阪の高校教師が問題提起とモヒカンカット、マネた生徒処分される
7・30	東京・東大和で高校2年がイジメていた同級生に仕返し、殺人未遂
8・11	岡山の中学校の火事は、学校がイヤになった女生徒の放火
8・15	埼玉・蓮田で高校2年が酒乱で家庭内暴力の父親を金属バットで殴り殺害
8・17	長野・松本で高校2年が自転車の無灯火を注意され警官刺殺
8・29	富山・砺波で小学6年がイジメっ子の親を脅迫
9・14	北海道・札幌の中学2年が泥棒あつかいされて立腹し店主を殺害
9・20	兵庫の中学教師が運動会の練習で動作が鈍いと3年女子全員を竹刀で殴る
9・20	茨城・茨城町小学5年5人がイジメで同級生に重傷を負わす。教育長箝口令
9・21	山形市で中1が見知らぬ小学1年ら4人に水を注射。泣くのが面白いと
9・21	秋田の水産高3年2人がインドネシア沖で同級生を船から突き落とし殺害
9・24	東京で小学6年男児が集会での報告がヘタと教師から体罰うけ骨折4か月
9・25	福島・いわき、中学3年が同級生6人からイジメで暴行、金品奪われ自殺
10・3	東京・大森で中学1年の2人が1人歩きの女性ばかり狙って引ったくり
10・5	奈良で中学生が登校途中の小学生をつかまえ手錠で7時間門にくくりつける
10・6	大阪でシンナーを小分け中に引火、女子中学生が火ダルマ
10・8	「アフタヌーンショー」やらせリンチ発覚、少年少女逮捕。番組打ち切り
10・8	大阪で中学3年3人が同級生を半年間脅し続け、金品奪う
10・17	東京の中2女子11人が転校生をイジメ、金品奪い、リンチして重傷負わす
10・22	東京・荒川の河川敷で15歳ら無職5人組が面白半分にホームレス襲撃
10・22	兵庫の中学校で遅刻した生徒を正門前の道路に正座させる
10・23	大分の中学3年、バカにされて逆上、級友を殴って死亡させる
10・26	東京で中学3年女子がイジメで暴行され転倒して頭部を打ち記憶喪失
11・2	長野の中学生、イジメっ子に命令されて屋根裏に10日間
11・5	東京の中3女子4人が別の1人にバイク盗ませ、捕まった原因はお前と暴行
11・7	神奈川・厚木で高2の2人がイジメの鬱憤晴らし小中生17人を殴り金奪う
11・8	東京・昭島、注意された中学3年が妊娠中の教師の腹部を蹴り中絶させる
11・11	鹿児島・薩摩郡で高校1年が家庭内暴力の父親を絞殺、母も手伝う
11・15	大阪の高校で同級生にカゲ口言ったと土下座させた生徒を停学処分に
11・20	東京・蒲田で中学2年女子がイジメを強要され、できないと自殺
11・20	兵庫で中学2年の5人が引ったくり。イジメ生徒に金を渡すため
11・21	長崎の中学3年が民家に侵入、小学5年女児を誘拐、失敗（9月にも）
11・25	東京・板橋で中学1年がクラブ合宿に行けずに放火、ホステス死ぬ
11・25	和歌山・高野町で中学1年女子3人が告げ口の復讐のため給食に下剤

12・ 1　千葉・野田で中学3年2人がイジメに復讐するため放火、大火傷負わす
12・ 2　福岡で中学2年がイジメの仕返しに級友宅を放火、イジメた12人送検補導
12・ 5　福岡・久留米の無認可保育所の園長次女が泣き声うるさいと乳児2人殺害
12・ 6　千葉の校長、体罰の指摘を恐れ、ケガの生徒にわび料100万円
12・ 6　石川の17歳が母に叱られむしゃくしゃして女子大生を殺害
12・ 9　青森・上北で中2が自殺。同級生や卒業生からイジメ、暴行、金品奪われ
12・13　千葉・富津で中3が自殺。同級生から連日のようにイヤガラセ電話
12・21　石川で中学3年が窃盗21回、イジメる生徒に金を渡すため
12・24　東京で7人の中学生がジャンケンで1人を交代に殴りイジメる

第4期 1984～97年

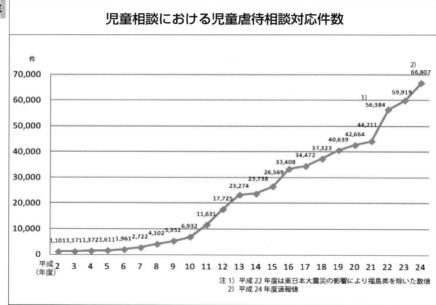

1986（昭和61）年

この年の全般的状況　チェルノブイリ原発事故、
　　　　　　　　　中野の中学生がイジメで自殺

　1月末、米のスペースシャトルが空中爆発した。4月26日にはソ連のチェルノブイリ原発で史上最悪の事故が起き、ソ連・東欧のみならず北半球、さらに地球全体が放射能に汚染された。事故直後の死者は少なかったが、数百万人がガンなどの健康被害を受けている。原発の危険性と恐ろしさを教えたが、日本では夏に衆参同日選が行われ、原発推進の中曽根自民党が圧勝した。

────◆この年の主なできごと◆────
2・5　フィリピン民衆革命、マルコス独裁打倒、アキノ政権成立
4・7　前川レポート発表（米国の対日経済要求受け入れ内需拡大総合経済対策）
4・26　旧ソ連のチェルノブイリ原発事故
4・29　天皇在位60年記念式典
5・27　日本を守る国民会議の『新編日本史』検定通過
12・9　ビートたけし、講談社フライデー編集部に殴り込み

この年の子どもをめぐる大きな事件
①中野の中学生が教師までが荷担したイジメで自殺（鹿川裕史君事件）
　2月1日、東京・中野区の中学2年男子が盛岡で自殺した。原因はイジメだった。男子生徒はイジメをやめさせるよう、担任教師や学校に何度も訴えたが、生徒に転校をすすめるような対応で、もちろん一向に止まず、ついには担任教師までが荷担して、この生徒の葬式ごっこをしたり、教師3人が追悼文を書いたりしていた。「このままでは生きジゴクだよ」との遺書を残して首を吊ったのだった。学校と教師が死なせたようなものだった。
②千葉県市川市で、高校生リンチ殺人
　9月24日、千葉県市川市の私立高校2年生男子生徒が自宅から呼び出され、中学の同級生ら8人のグループによってリンチされ死亡した。男子生徒は、このグループのリーダー的少年たちの使い走りをさせられたり、金品を奪われたり、ときには万引きするよう迫られたり、暴行されたりしていたため、抜け出したがっていた。そして実際、それをグループに伝えた。彼らはそれを怒って殴る蹴るの暴行を加え、殺害してしまったのである。

③大阪で、少年グループがホームレスを襲撃

10月13日深夜、大阪市天王寺区の四天王寺境内で寝ていたホームレス5人が、3人組の少年にエアガンで襲われ、顔などを負傷した。大阪でも主要駅周辺にホームレスが増えていたが、天王寺周辺は日雇い労働者が多く住む釜ヶ崎に近かったこともあって、とくに多かったことから、こうした少年たちの格好の襲撃場所だった。少年たちは、自分の不満を解消するために、こうした労働者を襲って傷つけ逃げまどうのをあざ笑っていたのだった。

④17歳が借金まみれの父親に保険金かけて殺害

6月11日、岡山県和気郡で土木作業員17歳が父親46歳を連れ出して車の中で絞殺、交通事故を装って道路脇の側溝に捨て逃走したが逮捕された。父親が日頃暴力を振るい、サラ金の借金もあるので、殺して保険金を取ろうと父親の雇い主の業者に持ちかけ、4千万円の保険をかけて実行したのだった。母親は愛想尽かして1月に家出し、中学3年の妹は不登校で前年秋に狂言強盗事件を起こしており、家庭崩壊の犠牲者の事件でもあった。

⑤イジメ訴訟を起こした16歳がホームで襲われる

10月21日、青梅線羽村駅ホームで16歳の少年が、スーツ姿の中年男5人に襲われ、あわやというところで事故をまぬがれる事件が起きた。少年は羽村町の中学校を卒業したのだが、在学中にイジメを受け、不登校に追い込まれ訴訟を起こしていた。襲った男たちは、「何百万も取って終わりにしたのに、さらに訴訟を起こすとはなんだ」と蹴飛ばし、電車がホームに入ってくる直前に背中を押したが、少年は転落せず助かったのだった。

────◆1986年の子どもをめぐる事件◆────

1・3　長崎・城山で33歳無職の父が3歳男児に殴る蹴るの暴行、水かけて死なす
1・8　埼玉で女子中学生がイジメを苦に自殺
1・9　東京の中学校でイジメていた13人を補導
1・21　岩手の高校の寮で寮生から暴行受けた1年生が自殺
1・25　京都の中学生、イジメられるのが我慢できず、同情欲しさに強盗被害狂言
1・27　兵庫でイジメ呪ってやると女子中学生が自殺
2・1　東京・中野の中学2年、担任も加担したイジメで生き地獄と盛岡で自殺
2・3　香川・志度町で中学2年自殺。クラブ上級生から日常的に暴行されていた
2・7　兵庫の中学で中学3年が1年生にガラスに顔つけさせ足蹴りし重傷負わす
2・11　大阪で父親が家庭内暴力の息子を思い余って殺害
2・11　千葉で女子中学生がイジメを苦に自殺

2・12	長野の高校2年、学校でみんなに無視され感電自殺
2・16	熊本で小学生が放火、イジメられムシャクシャして
2・22	三重で女子中学生、陰湿なイジメを受け自殺
2・22	大阪の小学生、イジメから抜けたい、この道しかないと自殺
2・23	兵庫で信仰から格闘技拒否の生徒10人、やむをえず退学
3・1	兵庫で小学校の教師が5年女児を裸にして撮影、逮捕
3・5	三重・鈴鹿で中学2年が自殺、殴られたり辱められたりのイジメ受ける
3・5	高知の中学生2人、イジメから逃げるため家出、徳島へ
3・6	仙台で中学3年とその友人が、生活態度にうるさい母を殺害
3・8	広島の高校で、上級生が上納金少ないと、下級生に殴り合いさせる
3・11	山形の電器店、万引き少年の写真張り出す（法務局人権侵害で撤去指導）
3・14	兵庫の中学での2年前のボヤは教師のタバコ判明、生徒疑い持物検査まで
3・15	愛知の高校で髪型靴下校則違反の生徒、問題児として卒業式で隔離
3・29	福岡の小学校長、掃除拒否されたのを根に持ち卒業式で児童の名前呼ばず
4・7	横浜で小学6年女児が短大警備員に強姦・殺害され海に遺棄される
4・8	広島で中学校教師が小学6年女児に猥褻行為、逮捕
4・8	東京でアイドル少女岡田有希子が自殺（後追いの少年自殺、約700人）
4・13	神戸の中学3年がパソコン代欲しさに山陽電鉄に脅迫状
4・16	神奈川の中学生、パソコン遊び叱られ自殺
4・17	大阪の養護施設で小学1年女児が男子小・中学生からリンチされて死亡
4・19	大阪の警官、15歳の少女にワイセツ行為
5・9	東京・深川、小1男児が身代金目的で誘拐され、46歳無職に殺害される
5・11	仙台の中学2年2人が東京の百貨店で17世紀の金貨8枚盗んで売って逮捕
5・22	兵庫でイジメた生徒が教師に脅され円形脱毛症
5・30	香川で中学生2人、イジメの仕返しに放火
6・5	東京・葛飾の無認可夜間保育所で園児が暴行され死亡。所長の夫が酒に酔い
6・10	長野・下諏訪で高1の姉が両親に可愛がられていた中1の妹を殺害
6・11	岡山・和気郡で17歳が家庭内暴力で借金抱える父親を保険金殺人
6・15	兵庫で生徒同士の喧嘩でケガ、父親が殴り込み校長から5万円脅し取る
6・17	静岡・清水で18歳が小1女児を猥褻目的で拉致したが騒がれ殺害し海に
6・16	鳥取の中学教師、生徒に嫌いな級友を投票させ発表
6・23	東京・八王子で17歳女子が酒浸りの父親殺害
6・27	大阪でシンナー遊びの少年、幻覚で川に転落して死亡
6・28	埼玉の女子中学生、私はチクっていないと自殺
7・2	東京の拓殖大学で空手部員6人が下級生に暴行、1人死亡、1人重傷
7・2	石川・小松で中学3年が遅刻して担任に殴られ、3日後に死亡

	7・6	福井・鯖江で高校3年がイジメ復讐のため駐在所の家族を襲って殺人未遂
	7・11	福岡でPTA会長が中学3年のそりこみを黒く塗る
	7・17	埼玉・大宮の中学校で2年がイジメに対し逆襲、イジメた2年を刺す
	7・25	神奈川で暴走族20人が追い抜いた車の19歳の会社員をリンチして殺害
	7・29	東京の私大ゴルフ部で炎天下のマラソンしごき、1人死亡1人重傷
	8・4	千葉で小学5年がソフト試合に負けた罰と炎天下ダッシュさせられ死亡
	8・7	千葉の中学教師、成績悪い子は遺書を書けと発言、30人が書く
	8・17	埼玉・川口で中学3年がイジメに逆襲、同級生を刺す
	8・19	大阪で中学2年が自殺、親にゲームソフト取り上げられ
第4期 1984 ～97年	8・23	東京で小学4年女児がラジオ体操に行かなかったことで母に叱られ自殺
	9・5	横浜・緑区で継母が小学2年女児の顔を風呂に押しつけ殺害
	9・7	群馬で小学4年女児が遊びを断った5歳女児を水につけて殺害
	9・9	神奈川でケンカの息子危ないと母・伯父が相手をケガさせ逮捕
	9・19	広島で保護観察中の高校生が自宅に放火、小学生の弟が焼死
	9・22	秋田で中学講師、授業妨害の生徒に怒り、他の生徒にビンタするよう命令
	9・24	熊本で少年がシンナー吸って暴走、壁に激突、3人が死亡
	9・24	千葉・市川で高1が非行グループ抜けようとして8人から暴行され死亡
	9・30	三重・四日市で中3の2人が塾の前を通行の中3を殴り殺害。人違い
	9・30	兵庫の児童相談所所員、中学2年少女に猥褻行為、友人にも強姦させる
	10・6	東京・西戸山公園で元暴走族メンバー15人がホームレスを襲って逮捕
	10・13	大阪・四天王寺境内で中・高生3人がエアガンでホームレスを襲って逮捕
	10・16	大阪の中学生自殺、塾の月謝でファミコンソフトを買ったのを親に叱られ
	10・21	東京・羽村駅でイジメ訴訟を起こした16歳がホームで襲われる
	10・21	東京・小金井で高校2年がホラー映画制作費用不足をなじられ友人を刺殺
	10・29	埼玉の中学3年の2人、イジメの仕返しで同級生を刺す
	10・30	和歌山で小学2年がイジメを注意され、女児を負傷させる
	11・4	愛媛で学校での電算機導入で、嫌いな同級生を挙げさせインプットの練習
	11・6	福島の児童施設に収容の女子中学生3人を連れ出し猥褻行為の組員逮捕
	11・13	高知の中学生、同級生に殴られ学校内で劇薬飲み自殺
	11・21	大阪で少年のシンナー遊びからアパート火事、3人焼死
	11・27	宮城・迫_{はさま}町の中学校で男子生徒が投げ飛ばされて頭部強打し半身不随に
	11・28	兵庫の学習塾副塾長、教え子の女子中学生を大学生に斡旋、売春させる
	12・7	大阪の高校生が進路でもめ父を切る
	12・14	沖縄で39歳が小学2年女児を猥褻目的で誘拐して殺害し死体遺棄
	12・21	高知の中学、非行生徒名公表、全校集会で謝罪させる。体罰日常的
	12・21	鹿児島で小学校教師が児童のテスト結果を差別語でランクづけ

12・31　長崎でロシアンルーレットをまねた19歳少年、短銃撃って死亡

「いじめ」についての文部科学省の定義

　文科省は、「いじめの防止等は、全ての学校・教職員が自らの問題として切実に受け止め徹底して取り組むべき重要な課題であるという認識にたち、いじめをなくすため、まずは、日頃から、個に応じたわかりやすい授業を行うとともに、深い児童生徒理解に立ち、生徒指導の充実を図り、児童生徒が楽しく学びつつ、いきいきとした学校生活を送れるようにしていくことが重要である」とし、
　「いじめ」とは、
　(1)自分より弱い者に対して一方的に、
　(2)身体的・心理的な攻撃を継続的に加え、
　(3)相手が深刻な苦痛を感じているもの。起こった場所は学校の内外を問わない。
　とし、「個々の行為がいじめに当たるか否かの判断を表面的・形式的に行うことなく、いじめられた児童生徒の立場に立って行うこと」としてきた。
　しかし、平成18年度に改めて調査を行った結果、個々の行為が「いじめ」に当たるか否かの判断は、表面的・形式的に行うことなく、いじめられた児童生徒の立場に立って行うものとし、これを前提として、
　「いじめ」とは「当該児童生徒が一定の人間関係のある者から、心理的、物理的な攻撃を受けたことにより、精神的な苦痛を感じているもの」と広く考えるようにし、もちろん起きた場所は学校の内外を問わない」とした。
　注釈として、
　(注1)「いじめられた児童生徒の立場に立って」とは、いじめられたとする児童生徒の気持ちを重視することである。
　(注2)「一定の人間関係のある者」とは、学校の内外を問わず、例えば、同じ学校・学級や部活動の者、当該児童生徒が関わっている仲間や集団（グループ）など、当該児童生徒と何らかの人間関係のある者を指す。
　(注3)「攻撃」とは、「仲間はずれ」や「集団による無視」など直接的にかかわるものではないが、心理的な圧迫などで相手に苦痛を与えるものも含む。
　(注4)「物理的な攻撃」とは、身体的な攻撃のほか、金品をたかられたり、隠されたりすることなどを意味する。
　(注5) けんか等を除く。
　とした。

1987（昭和62）年

この年の全般的状況　**国鉄分割民営化、朝日新聞阪神支局襲撃事件、大阪で高校同窓生殺人**

中曽根行革最大の目玉である国鉄解体・分割民営化が行われ、4月1日JRがスタートした。実際は地方路線が切り捨てられたりするのに、さもいいことであるかのように宣伝された。一方で国労や動労を解体することで日本労働運動を弱体化させる狙いもあった。中曽根路線によって社会全体の右傾化も進み、言論機関に対する攻撃も強まっていた。そのような時、朝日新聞阪神支局が襲撃され、記者1人が殺され、もう1人が重傷を負った。

──────◆この年の主なできごと◆──────

1・17　日本初のエイズ患者確認（女性、後日死亡）
4・ 1　国鉄分割・民営化、JR発足
5・ 3　朝日新聞阪神支局銃撃、記者1人死亡1人重傷、赤報隊
8・ 7　月刊誌『平凡』『明星』廃刊
11・27　文部省、体罰処分発表、167件で過去最高

この年の子どもをめぐる大きな事件
①兵庫県の小学校の校内マラソン大会で急死

2月26日、兵庫県の小学校の校内マラソン大会で、1人の児童が喘息の発作で急死した。児童が喘息の持病を持っていることは、保護者からの連絡で担任も学校も知っていたから体育の授業、関係行事、校外活動については、児童を参加させるか、見学にするか、体調の連絡を密にして対応していた。この日もそうしていた。児童は見学したいと思っていたが、親ができたら参加させてほしいと言っていたので、担任は参加させたのだった。

②大阪・高槻の高校で同窓生殺人

3月26日、大阪府高槻市の私立高校の校庭で、卒業したばかりの18歳が同じく卒業したばかりの18歳の友人に金槌で殴られ殺害された。2人は自他ともに中学以来の親友と認める関係だったのだが、殺害された卒業生が最近になって別の友人と仲良くなっていることに苛立って成績が下がり、その結果、国立大学の受験にも失敗してしまった。それをこの卒業生が他の卒業生に言いふらしたと誤解して、殴って殺害してしまったのだった。

③中学2年女子がイジメで自殺。担任に訴え届かず

4月23日、長野で中学2年女子生徒が自殺した。原因はイジメだった。「なぜイジメがあるのか」という遺書を残していた。彼女は担任に「イジメられて困っている、悲しい、止めるように言ってほしい」と訴えたのだが、担任がやったのは逆のことで、「彼女のどこが嫌いか」をクラス全員に書かせたのだった。これで彼女は決定的に追い詰められてしまったのだ。イジメられるのはイジメられる側が悪いからだと思うよりなかったのだった。

④大阪で母親がわが子を殺害し淀川に棄てる

7月19日、大阪で34歳の母親が逮捕された。前月、大阪の淀川で男児の遺体が発見された事件にからんでである。母親は郷里の奄美大島で暮らしていたのだが、消費者金融に絡んで詐欺罪で訴えられていた。が、その公判中に男児を連れて大阪に逃げた。住民票も出せず、8歳になる男児を学校に行かせることもできなかった。ある男性と仲良くなり、いっしょに暮らしたいと思うようになり、子どもがいるとできないので殺害したのだった。

━━━━━━━━◆1987年の子どもをめぐる事件◆━━━━━━━━

1・7　大阪で浪人生、同級生宅に強盗、高校2年の妹を縛りお年玉を出せと脅す
1・22　大阪で46歳の男が小3女児誘拐、身代金要求、殺害して能勢山中に遺棄
1・23　大阪で家出女子中学生雇って、猥褻行為させたテレクラ摘発
2・5　沖縄から家出してきた少年が大阪で空き巣生活で8か月、補導逮捕
2・9　岐阜の高校3年、2年の姉妹、家庭不和で自殺した母の後追い自殺
2・22　兵庫で信仰から格闘技拒否の高校生、卒業保留処分（3・23卒業認める）
3・9　大阪の中学生、イジメ告げ口したとリンチされケガ
3・11　東京で遠足費用がなくなり、教師がクラス全員の指紋を採って犯人捜し
3・23　兵庫で中学生を連続7件の不審火で補導
3・24　大阪で小学5年女児が誘拐される。81歳老人が淋しいと連れ去る
3・25　大阪・高槻の高校校庭で3年が同級生を殺害
4・3　東京で名前使われ道交法違反の濡れ衣着せられた高校生、ようやく無罪に
4・5　和歌山で休業中のバンガローでシンナー遊びした少年死亡
4・6　奈良の養護学校生徒、持病の発作おこし路線に転落、列車にはねられ即死
4・15　神奈川・伊勢原市の養護学校での水泳指導中、男子生徒が水を飲んで死亡
4・16　大阪で母に叱られ家出した小学生が2日間で7件の放火
4・19　山口で少年が交際に反対され、女子高生とその父を射殺
4・23　長野で中学2年女子がイジメで自殺。担任教師、訴えを聞かず、逆に煽る
4・24　兵庫で校則の丸刈りを拒否した生徒を隔離授業
4・25　千葉の小学校教師、給食のパン食べ残した児童に殴る蹴るの体罰

第4期 1984〜97年

4・29	福岡で両親がいない間、車内で火遊びしていた幼い兄弟が焼死
5・4	名古屋の小学1年女児が勉強の覚えが悪いと父親に暴行され死亡
5・10	青森で無職16歳2人が児童相談所職員を殺害し、中2女子を連れ出し強姦
5・14	兵庫で河川敷のホームレスに投石・放火した中学生5人を補導
5・17	愛知の中学校、修学旅行の下着は白と一斉検査、違反は取り上げ
5・25	高知の私立高、喫煙者チェック理由に3年生男子全員に指紋押捺強制
5・26	大阪で悪いと知りつつ父の窃盗を手伝っていた少年逮捕。父も逮捕
5・29	富山の中学修学旅行、色柄の下着ダメと列車内で検査
5・30	石川で体育館に生徒を集め、その間に持物をこっそり検査、違反者摘発
6・2	東京の中学で知人の息子殴られたと組員大暴れ、親から60万円恐喝し逮捕
6・4	北海道・函館の市立中学での宿泊研修で、心臓に障害を持つ3年が死亡
6・11	兵庫の中学校で教室前で寝ていた中学生、うるさいと同級生45人に乱暴
6・14	滋賀で少年3人が立ち小便注意した会社員を暴行、死亡させる
6・17	札幌で中学3年がマンションから飛び降り自殺、イジメ受けていたと遺書
6・21	大阪で老人が店番の店ばかり狙っていた小・中学生グループ補導・逮捕
6・29	兵庫で19歳警官が書店から37万円盗み諭旨免職に
7・20	大阪で店長以下全員が未成年の酒場を摘発
7・21	徳島で恐喝された中1息子けしかけ、2年死なせた父逮捕、相手父の眼前で
7・31	東京の高校2年が外泊や成績のことで叱られ、父親を殺害
8・21	神奈川で三重の障害を持つ少年、母が家出後、引取った祖父に殺害される
8・21	東京でライターガスを吸っていた少年が酸欠死(同様事件兵庫でも)
8・28	群馬の女子高生、暴力ふるって厳しく監視する父を殺害
8・31	大阪の中学教師、道聞くふりしてワイセツ行為、公然ワイセツで逮捕
9・3	岡山の女子校で生徒のカバン勝手に開け、手紙コピー、教師回し読み
9・3	神奈川の小学校長、売春で事情聴取
9・5	北海道でシンナー遊びで死亡した先輩の後追い、中学生ら3少年自殺
9・6	大阪で暴走族40人、鉄パイプかざし検問突破
9・9	東京・調布で小6女児が絞殺される。20歳専門学校生が強姦しようとして
9・27	東京で最近遊ばなくなったと友人の高校生を殺害した高校生を逮捕
10・5	大阪でシンナー遊びで警官に追われた少女2人、3階から転落
10・14	岡山で通行禁止区域を通った自転車の高校生、警察官に手錠かけられる
10・19	三重で幼い兄弟が首吊り遊びしていて、足滑らして死亡
10・23	愛知で高校3年同士がケンカ、暴行を受けた仕返しに刺して殺害
10・23	大阪の中学の運動部学外コーチ、試合に負け女子部員殴る、教師止めず
10・29	大阪・釜ヶ崎、中高校生らがエアガンなどでホームレスを襲う
11・7	兵庫で遅刻しそうになりタクシーで登校の2高校生、教師に殴られてケガ

11・13　大阪の小学校で積極的発言しない子出て行けとクラス決議、11人締め出し
11・17　兵庫で自動販売機に洗剤流し込み硬貨を盗んでいた少年ら逮捕
11・24　兵庫で中学1年の息子がバカにされたと母親が学校に殴り込み
11・24　鹿児島で女子中学生7人が叱られた腹いせに教師の弁当に希塩酸
11・24　大阪で遅刻した女子生徒が理由言わぬと教師が殴って女生徒の鼓膜破れる
12・ 1　大阪で小学校担任が忘れ物した児童への罰、パンツ姿で授業受けさせる
12・ 4　兵庫で教師が泥酔して病欠生徒宅を訪問、弟にかみつきケガさせて逮捕
12・10　和歌山で中学生3人が障害者の家に押しかけ、殴る蹴るの暴行、補導
12・19　千葉の高校運動部のエース、病気隠して練習、死亡
12・20　千葉・沼南町で3歳女児が粗相したと父親に暴行されて死亡
12・21　大阪の中学2年男子、教師に練習不熱心と殴られ4針縫うケガ
12・21　東京・江戸川、高校3年、盗みがばれて叔母を殴り殺害
12・27　大韓航空機事件から朝鮮人生徒へのイジメが続発

いじめ防止対策推進法（平成25年法律第71号）　抜粋・要約

（目的）
第1条　この法律は、いじめが、いじめを受けた児童等の教育を受ける権利を著しく侵害し、その心身の健全な成長及び人格の形成に重大な影響を与えるのみならず、その生命又は身体に重大な危険を生じさせるおそれがあるものであることに鑑み、児童等の尊厳を保持するため、いじめの防止等のための対策に関し、国及び地方公共団体等の責務を明らかにし、並びにいじめの防止等のための対策に関する基本的な方針の策定について定めるとともに、いじめの防止等のための対策の基本となる事項を定めることにより、いじめの防止等のための対策を総合的かつ効果的に推進することを目的とする。

（定義）
第2条　この法律において「いじめ」とは、児童等に対して、当該児童等が在籍する学校に在籍している等当該児童等と一定の人的関係にある他の児童等が行う心理的又は物理的な影響を与える行為（インターネットを通じて行われるものを含む。）であって、当該行為の対象となった児童等が心身の苦痛を感じているものをいう。

（基本理念）
第3条　いじめの防止等のための対策は、いじめが全ての児童等に関係する問題であることに鑑み、児童等が安心して学習その他の活動に取り組むことができるよう、学校の内外を問わずいじめが行われなくなるようにすることを旨として行われなければならない。

（いじめの禁止）
第4条　児童等は、いじめを行ってはならない。

1988（昭和63）年

この年の全般的状況　**反核・反原発ニューウエーブ、登校拒否・不登校急増**

　1月5日、バブル景気に沸きはじめた頃、多くの若者が踊っていた六本木のディスコで照明器具が落下、3人が死亡した。風潮の先行きを暗示する事件とみたものもいた。国土庁長官奥野誠亮が「盧溝橋事件は偶発的事件」と発言、辞任に追い込まれたがまったく反省しなかった。ロッキード事件がなお国民の記憶に残っている中、またしても政治家と汚いカネが事件となった。リクルートが未公開株を自民党大物政治家にばらまいたのだった。

────◆この年の主なできごと◆────

1・5　六本木ディスコでシャンデリア落下、踊っていた若者3人死亡
2・19　タレント・アグネス・チャン子連れ出演、林真理子ら反対、論争起きる
5・25　教員新任者研修法成立
6・17　リクルート汚職発覚
11・10　「平凡パンチ」休刊
11・30　文部省、児童生徒の問題行動実態調査、登校拒否中学で激増と報告

この年の子どもをめぐる大きな事件
①岬町で高校生が会社員を線路に突き落とし死亡させる

　1月13日、南海電鉄みさき公園駅で、49歳の男性会社員が府立高校3年男子に後ろから蹴り飛ばされて線路に転落、入ってきた電車とホームに挟まれて死亡した。会社員と高校生は駅地下道でぶつかってケンカになり、高校生はその仕返しにホームで蹴り飛ばしたのだった。ほんのささいなことで人の命を奪ってしまう短絡ぶりに多くの批判が寄せられたが、南海沿線では中・高校生の駅や電車内での暴力や喫煙が問題になっていた。

②名古屋で暴走族がカップルを襲い殺害

　2月27日、愛知県警は17歳少女2人をふくむ暴走族5人を強盗殺人で逮捕した。23日、名古屋市緑区の大高緑地公園駐車場で、大府市のいずれも20歳の理容師男性と同見習い女性が、このグループに襲われて金を奪われ、暴行されて殺害され、三重県大山田村の山中に遺棄されたのだった。このグループはシンナーを吸い、この事件前にも港区の埠頭でカップルを襲って8万円を奪っていた。この頃、シンナー中毒が、また増えていた。

③中学3年2人が借金返せないと15歳の先輩刺殺

2月29日、大阪市福島区で15歳の無職少年が刺殺された。調べてみると、遊び仲間の中学3年2人の犯行であることが明らかになった。殺された少年と殺した中学生とは野球部の先輩・後輩の関係で、いつも先輩少年の部屋でトランプ博打で遊んでいた。中学生2人はカモにされていて、はじめは小遣いで払える額だったが、そのうち払えなくなって後輩を脅して払うようになり、ついにはそれもできなくなり、刺殺してしまったのだった。

④中学2年が厳しい両親と祖母を殺害

7月8日早朝、東京・目黒の中学2年が両親と祖母を殺害した。教育に厳しく冷たかったので金属バットで襲ったが、父にバットを取り上げられ、包丁で父を37回、母を72回、祖母を56回刺したのだった。殺人を手伝うように依頼されていた同級生は驚いて逃げ、別の同級生に死体を見せ、その同級生が教師に連絡、教師が警察に通報して事件が明らかになったのだが、別にアイドル襲撃強姦計画も立てており、理解しがたい事件だった。

⑤母が完全な育児放棄、14歳の兄が妹を死なす

7月18日、東京都豊島区のマンションの部屋の押入から生後数か月の男児の遺体が発見され、2歳女児も殺害されていた。この部屋の母親は離婚して他の男と同棲し、形ばかりの仕送りはしていたものの家には帰らず、完全な育児放棄だった。出生届は出されず、学校にまったく行っていなかった。その14歳の長男が3歳と2歳の妹の面倒を見ていたのだが、食事のことで入り込んでいた友人と折檻して2歳の妹を死なせてしまったのだった。

⑥大阪・堺で、16歳少女がリンチされて死亡

8月19日、大阪府堺市の警察に、5人の少女グループが自首した。仲間の16歳の少女が自分たちの悪口を言いふらしたから、前日夜から未明にかけて、みんなで殴ったり蹴ったりしているうちに死んでしまったというのだった。義務教育終了後、進学するわけでも仕事につくわけでもない少年少女が群がっていると、仲間同士でケンカするか、集団で悪いことをするかになってしまう。前記名古屋の事件、またこの事件は、その典型だった。

⑦少年5人が20歳会社員の車を脅し取り焼き殺す

12月7日、福岡県糟屋郡犬鳴峠で、車が焼かれているのが発見された。中から焼死体が発見され、車の所有者である20歳の会社員であることが判明した。その交友関係などから、同県田川市の無職の19歳、17歳、16歳ら少年

5人が逮捕監禁と殺人の容疑で逮捕された。会社員に因縁をつけて車を脅し取り、事件発覚を恐れて監禁暴行したのだが、逃げようとしたため、ガソリンをかけて焼き殺したのだった。粗暴かつ凶悪という以外にない事件だった。

―――――――◆1988年の子どもをめぐる事件◆―――――――

1・3 東京でバイク購入めぐり父と高2の息子がもめ、父に殴られて死亡
1・5 東京・六本木のディスコの照明が落下、少年少女を含む多数が死傷
1・10 広島で中学2年少女が殺害され焼かれる
1・13 大阪の南海電車みさき公園駅で高3が会社員と喧嘩、線路に転落させ死亡
1・28 奈良でマイカーを傷つけられた教師、生徒が謝罪弁償しても告訴
2・9 東京でファミコンソフト、ドラクエ3求め小中学生学校サボり行列
2・12 東京の小学校で慢性病の子を差別、うつるからと仲間外れに。結局転校
2・23 名古屋で17歳ら暴走族6人がカップルを殺害
2・25 大阪の家出少女が覚醒剤打たれ、売春させられる。組員を逮捕
2・25 東京で校務員をしばり、中学校に椅子で「9」の字をつくって引き上げる
2・26 東京・山谷で中学3年ら6人組がスカッとするとホームレス襲撃
2・29 大阪・福島で中学3年の2人がカケの借金返せないと15歳無職先輩刺殺
3・3 兵庫で幼稚園児が誘拐され連れ回された後、服に火をつけられ大ヤケド
3・3 愛媛の小学校で人間ピラミッド崩れ小6男児死亡、卒業アルバム撮影で
3・5 大阪の暴走族名所で見物の小年108人補導
3・5 山口で6歳女児が猥褻目的で誘拐され自衛隊員逮捕
3・9 大分の養護学校で教諭が障害持つ子を竹刀で叩く体罰、マラソンせぬと
3・10 大阪の地下鉄、障害者用トイレに施錠、高校生の喫煙防止のためと
3・13 兵庫・尼崎で中学2年が3年をイジメの仕返しで刺す
3・17 東大阪市の小学校で6年生がイジメ復讐のため同級生を刺す
3・22 東京で中学教師が殺害される。犯人は教え子、欠席ばれると
3・24 上海で修学旅行中の高知の高校生、列車事故にあう、死者27人
3・28 静岡で校則違反髪型の生徒を卒業アルバムから外し花（抗議で回収）
3・30 兵庫で女高生、シンナーの代わりに汗止めスプレー吸って死亡
4・6 静岡の高校、髪・服装が校則違反と転入女生徒に9か月授業を受けさせず
4・6 福島の小学校、宿題しなかった児童に通知表渡さなかったことが明るみに
4・8 兵庫の中学の卒業アルバム、長髪生徒校則違反と一緒に写さなかった
4・8 青森で長髪生徒を卒業式から締め出していたことが明るみに
4・11 大阪で入学直後の高校生が自殺、イジメから対人恐怖症に
4・15 岡山で野外学習の中学生2人、山火事で死亡（別の生徒の火遊びから）
4・18 高知の母、シンナー中毒の中学生の息子を殺害

4・22	栃木・真岡の16歳女子が家庭内暴力の父を殺害しようと農薬飲ます
4・22	大阪の高校生4人、通行人を無差別に暴行、殴って殺害
4・24	大阪の小学6年、塾に疲れたと自殺
4・26	滋賀の中学校、障害持つ子を卒業アルバムから外していたことが発覚
4・27	東京で女子高生が痴漢25回被害、その都度加害男が千円札を渡す
4・30	兵庫で障害持つ子、教室で焼身自殺、先生さよならとの遺書
5・1	北海道で旧日本軍の不発弾頭が爆発、小学生死亡
5・8	東京・北区で小3男児が中年男性に刺され重傷（4・26には幼稚園児が）
5・14	大阪の修養道場で高校生が導師と信者に暴行され死亡
5・20	新潟・南魚沼の中学校で中学2年女子が同級生に飛び降りさせられて死亡
5・20	東京・練馬の母が生後4か月の子の夜泣き激しいとガーゼで窒息死させる
5・21	埼玉の県立高校の宿泊合宿で生徒30人が泥酔した教師に殴られる。
5・26	広島で少年18歳がアルコール中毒で暴れる父を殺害
5・28	神奈川・厚木で19歳が恩師の5歳女児に猥褻行為、抵抗され殺害
5・31	京都で小学6年女子が保護される。ピンサロでアルバイト
6・7	千葉の全寮制私立高校の寮で盗難、責任問うリンチで寮生1人死亡
6・7	福井の原発で少年労働者が働かされていた。組員がピンハネしていて逮捕
6・19	兵庫で高校早退し特殊浴場でアルバイトしていた女高生補導、店長逮捕
6・21	和歌山で母子家庭の生活支えるため早朝新聞配達の女子高生殺害される
6・28	大阪で暴力団員が中学3年女子を通じて少年に覚醒剤売る
6・30	茨城で中学生の息子に口答えされた母がかっとなって刺殺
7・2	大阪で高校生を含む痴漢グループ逮捕
7・4	東京の高校でスタローン見て集団遅刻の生徒に丸坊主などの罰
7・6	大阪の大和川河川敷で、2中学の7人が決闘、中学2年が殴られて死亡
7・8	東京の中学2年が厳しい両親と祖母を殺害。アイドルを強姦する計画も
7・8	福岡の女子高校の女性教師、校則違反と10数人の前髪切る
7・18	東京・豊島、母が育児放棄、中1の長男らが2歳の妹を折檻して死なす
7・19	神奈川の高校、教室に防犯カメラ、校長室で監視
8・4	三重の小学校のプールに机や椅子、東京の「9」事件まね
8・18	大阪・堺で15歳ら少女6人が悪口言ったと仲間の15歳少女をリンチ殺人
8・22	東京で4歳の女児が殺害される（後に宮崎勤の犯行とわかる）
8・23	東京の少年、ライターのガス回し飲みで死亡
8・26	福岡で児童の母と交際させ、校長から3,000万円恐喝の3人逮捕
8・29	福岡で中学生がアイドル歌手追っかけするため新幹線切符偽造
9・2	三重で国体出場の中高生に丸刈り強制
9・10	兵庫の中学生グループ、車椅子通学の高校生に暴行

第4期 1984〜97年

9・14　大阪で管理教育批判の演説した生徒を自宅謹慎処分
9・24　大阪で車壊された中学教師、全校生徒に犯人名書かせ、3年の4人に体罰
9・26　奈良・河合町で中学2年が同級生に「ネクラ」と言われ殺害
9・28　大阪の17歳の少年が母と同居の男性を殺害
9・29　東京・葛飾の高校3年が靴の紛失を自分のせいにされ同級生女子を殺害
10・1　大阪のテレクラ、中2女子20人雇う。店長逮捕（防犯委員とわかる）
10・3　東京で小学1年女児が殺害される（後に宮崎勤の犯行とわかる）
10・6　大阪・貝塚のパチンコ店で両親と来ていた6歳女児が38歳に殺害される
10・9　東京・羽村の高校文化祭で3年が16歳少年2人に暴行され死亡
10・14　秋田の中学、校内暴力被害者の3年2人自宅待機させ加害者登校させる
10・17　島根の職業訓練校で名簿の別枠に「同和」「精薄」など記入する欄
10・18　滋賀の小学校で焼きイモ中に児童が火傷、教師がアルコール注ぐ
10・22　大阪で置石で電車走行妨害したと逮捕の発達障害少年無罪、アリバイ成立
10・31　兵庫のバス車内で高校生が小学生を切る、ぶつかったのに謝らないと
11・3　愛媛で部活中の高校生が心不全で死亡
11・11　京都の私立高校で万引き生徒捜しに投票やカバン点検
11・14　大阪の高校で服装乱れ・遅刻目立つ生徒を担任らが暴行、退学迫る
11・17　兵庫県で献血センターが献血生徒の性病や肝炎など検査結果を高校へ通知
11・17　長野で児童が配った給食に1品が足りないと教師が3日間授業放棄
11・18　富山県の某市営プール、50万人目の入場記念、養護学校生徒をはずす
11・20　神奈川・川崎で19歳が17歳を刺殺、絡まれて殴られた仕返しに
11・20　大阪で少年らがトイレットペーパー巻きミイラ遊び、火がつき大火傷
11・21　広島でイジメ苦に中学生が鉄塔から飛び降り自殺〕
11・25　京都で高校1年、同級生に脅されて書店に強盗
11・28　愛知の小学校と中学校で罰として犬の真似させていた
12・4　大阪で高校侵入で連行された少年が取り調べ警官の暴行で死亡
12・8　北海道・札幌の小学校でソバアレルギーの6年男児が給食のソバで死亡
12・9　東京で4歳女児が殺害される（後に宮崎勤の犯行とわかる）
12・9　福岡・田川の少年5人が20歳男性から車を脅し取り、焼き殺して逮捕
12・9　埼玉・川越で4歳女児の全裸死体発見（後に宮崎勤の犯行とわかる）
12・13　青森の中学教師、生徒に1日2回「君が代」歌わす、陛下回復祈願と
12・17　大阪・豊中で中学2年4人が警察無線聞きながら連続放火
12・21　富山で中学1年女子生徒がイジメで自殺
12・23　大阪の中学校長、生徒の成績表実名入りでテスト業者に流す

1989（平成元）年

この年の全般的状況　**昭和天皇死去、リクルート事件、消費税、ベルリンの壁崩壊**

　1月7日、昭和天皇が死去、元号は平成と改まった。暗い雰囲気が漂っていたところに、リクルートや明電工など政界とカネをめぐる事件が続発。4月からの消費税導入は生活を直撃、さらに景気を悪くした。竹下首相は辞任を余儀なくされ、継いだ宇野宗佑は女性スキャンダルが発覚、自民党は参院選で大敗、与野党が逆転。中国では天安門事件、東ドイツでは市民の運動がベルリンの壁を倒した。国連では子どもの権利条約が採択された。

──────◆この年の主なできごと◆──────

- 1・7　天皇死去、元号「平成」に
- 1・14　官公庁土曜閉庁、週休2日制前段
- 2・10　文部省、新学習指導要領、道徳教育・君が代・日の丸義務づけ
- 4・25　リクルート・佐川・ゼネコン・ほめ殺し事件などで竹下内閣崩壊
- 11・20　国連総会、子どもの権利条約採択

この年の子どもをめぐる大きな事件

①ピクニックセンターで小学5年女児が殺害される

　3月19日、兵庫県西宮市の仁川（にがわ）ピクニックセンターで、同級生たちと遊びに来ていた小学5年女児が殺害されているのが発見され、翌日、37歳の豊中市職員が逮捕された。取り調べで、鬼ごっこなどで遊んだ後、イタズラしようとしたところ抵抗されたので殺したと供述した。さらに、この事件の2年前の5月にも、同市の甲山にハイキングに来ていた56歳の女性を襲って殺害していたことも供述、供述にもとづいて白骨死体が発見された。

②埼玉・東京での連続幼女殺害、宮崎勤逮捕

　8月10日、26歳の男が幼女姉妹に対する強制ワイセツで父親に捕えられた。男は宮崎勤で、東京・江東区で5歳の幼女を誘拐し殺害していたことを自供し、さらに前年夏以降、埼玉西部と東京で起きていた一連の幼女行方不明事件についても自供した。「今田勇子」名での犯行声明と告白文を新聞社に送り、遺骨は被害幼女の自宅前に置いた。遺体を酷たらしく傷つけ、それを写真やビデオに残していた。2008年6月に死刑執行された。

③17歳女子高校生強姦強殺コンクリート詰め事件

　88年11月25日、東京・綾瀬の少年グループが17歳の女高生を車ではね、ホテルに連れ込んで強姦後、41日間にわたって犯行の中心の少年宅に監禁、連日3人、5人で暴行・強姦、陵辱の限りを尽くして惨殺し、89年1月4日、遺体をドラム缶に詰め、コンクリートを流し込んで江東の海浜公園に遺棄した。日本青少年犯罪史上、類を見ない残虐事件である。なぜ救えなかったのか、監禁少年の家族、また警察は何をしていたのかが問われた。

————————◆1989年の子どもをめぐる事件◆————————

1・2	茨城・土浦で19歳ら4人が友人殺害、死体を遺棄
1・3	愛知で乗用車が海に転落、少年少女4人死亡、シンナー遊び中
1・4	東京・綾瀬で16歳ら4人が女高生拉致監禁・強姦殺害、コンクリート詰め
1・6	高知の高校生らの調査でビキニ被爆漁船発見
1・20	兵庫・芦屋、無認可保育所で8か月男児が昼寝中に窒息死亡
1・22	東京で新聞配達の少年2人、酷使と怒り、販売店に放火、店主の妻が死亡
2・6	奈良で体育授業中のマラソンで高校1年女子が死亡
2・14	大阪でコンバット遊びでホームレス襲った中学生2人補導
2・25	高知で中国残留孤児の子弟中学3年を同級生が殴り骨折させる
2・26	大阪で母に乱暴する18歳の息子が父に刺殺される
2・26	夫婦喧嘩で家出した大阪の母子3人がテント生活、一酸化炭素中毒で死亡
2・26	群馬で17歳暴力団員2人が暴力団組長殺害
3・1	大阪の中学校、パーマをかけた3年女子の卒業写真撮影せず。合成写真に
3・3	埼玉の中学で避難訓練中、シャッター下り中1女生徒首はさまれ重傷
3・7	大阪で中学2年の長女とその友人2人に売春させた母ら逮捕
3・8	福岡で中学生兄弟が借金断られ祖母を殺害し逮捕
3・11	大阪の中学生、サバイバルゲームで火を使い山火事、12人補導
3・16	大阪の中学1年女子21人を補導、同級生イジメて130万円をたかりとる
3・19	兵庫・仁川で豊中市職員37歳が小5女児を殺害（前年に主婦も）
3・24	埼玉で高校教師が罰として女生徒の通知表を文集にのせる
3・29	千葉の高校入試で試験中に毛髪の色、あくび回数など調査、合否判定に
4・6	大阪で三重の障害を持つわが子の前途を悲観して殺害した父親逮捕
4・15	茨城で相乗りバイクの3少年が死亡、2日後に発見
4・17	大阪で不登校だった少年、入学の日焼身自殺
4・18	東京で弱視の母のつえ代わりをしていた保育園児がはねられ死亡
4・22	福岡で17歳ら暴走族13人がカップルの男性に因縁つけ集団でリンチ殺人
4・26	大阪の19歳、妻のお産費用欲しさに強盗

4・27	大阪で探偵ごっこ、小学5年男児、8階から転落
5・8	兵庫でゲーム代欲しさの車内荒し、児童7人補導
5・9	岡山の私立高、生徒の生まれつきの赤毛も染めさせる
5・14	兵庫で上級生から殴られた中学2年女子が校舎4階から飛び降り死亡
5・15	愛知・稲沢の工場の寮で15歳社員がイジメる同僚を刺す
5・20	広島で15歳の少女2人を誘拐して強制猥褻の大阪の男2人逮捕
5・23	大阪で16歳少女に売春させたデートクラブ経営者逮捕
5・24	兵庫で施設費が高いとの雑談で私学を退学させられた元女子中学生5人勝訴
5・29	茨城でスポーツ活動中、教師27歳が小学6年女児4人のヌード撮影
6・4	兵庫で4歳男児を池の中に9時間、近所の48歳男性逮捕
6・6	愛知で爆音うるさいと17歳の会社員が単車の17歳をバットで殴り殺害
6・6	東京・江東で5歳女児が行方不明（後に宮崎勤の犯行とわかる）
6・7	兵庫の中学でイタズラ名乗るのが遅いと体育教師が体罰、3年が肋骨折る
6・11	埼玉で頭・手足切断された女児遺体発見（後に宮崎勤の犯行とわかる）
6・11	群馬で先生の体罰つらいと中学3年が母校の小学校で自殺
6・11	大阪でイジメの仕返し、中学生が同級生を刺す
6・15	兵庫の中学3年、先生に告げ口したと1年生を殴り殺害
6・28	奈良の中3、バイクで学校の廊下を走って注意され、校長室に乱入、逮捕
6・29	鳥取の中学教師、「強者に従う弱者の知恵」の教材配布、抗議受け回収
7・7	鹿児島の教頭、児童が飼っていた子ウサギを生き埋めにしたことが明るみに
7・9	大阪で女子専門学校生や女子高生らが車からエアガンで撃たれる
7・23	東京・埼玉で幼女4人を殺害した宮崎勤が別件の猥褻事件を犯し捕まる
8・6	京都で少年2人、少女1人、シンナー急性中毒で死亡
8・9	奈良で妻と高校3年の長女が家庭内暴力と浪費に思い余って父親を殺害
8・14	栃木の大学生、幼女30数人に猥褻行為、逮捕
8・15	兵庫の保育園で飼っていたウサギが惨殺される
8・15	徳島の小中学生の女子3人がシナリオを書いて自殺図るが助かる
8・20	兵庫の保育センターで飼っていたウサギが殺される
8・27	神奈川の元自衛官41歳が少女への強姦・強制猥褻60件を自供
8・28	北海道・札幌で17歳ら暴走族が乱闘、中学3年が刺殺される
8・30	群馬で高校1年男子、進学でモメ、金属バットで母を殺害
9・15	福井の中学校、校則違反の生徒を学校に入れず
9・17	福岡のカラオケボックスで中学3年男子が飲酒、急性アルコール中毒死
9・19	東京で暴走族を死傷させた中国残留孤児2世に正当防衛で無罪
9・28	岡山で中学生5人、非行更生のためと親が組事務所に預けていた
10・1	大阪・枚方の小学校運動会で出番待機の6年同士が石投げ合い目に大ケガ

第4期
1984
〜97年

第4期 1984〜97年

10・ 2　岡山・鴨方で中学3年がイジメられて自殺、暴行され金品奪われ
10・11　愛知で元喫茶店主、小学2年女児を誘拐し殺害
10・17　北海道で高校2年女子が酒に酔って母に暴行する父を殺害
10・18　大阪・港区でシンナー少年20人、警官と乱闘、逮捕
10・22　福井・東尋坊で大阪の女子中学生、自殺しようとして保護される
10・24　大阪のビジネスホテルの女子トイレに生後2週間の男児が捨てられる
10・27　千葉の2中学生徒が集団決闘、1人死亡、2人負傷
10・29　長崎・島原、中学2年が体育館屋上から飛び降り自殺、喫煙叱られ
11・ 8　愛媛・西条の元市職員、子ども2人の不登校を苦にして一家心中
11・13　大阪・堺、イジメ注意された中学3年8人が担任や校長に暴行、逮捕
11・15　福岡・中間の中学で3年、2年女子らが集団パニック、コックリさん遊びで
11・20　大阪・吹田で中学の音楽教師が女子生徒や卒業生への猥褻行為発覚
11・27　兵庫・加西の小学校女子児童、校長のセクハラを告発
12・ 1　兵庫・尼崎で14歳の長女がシンナー吸引するのを黙認した母を逮捕
12・ 4　神奈川・川崎で3年ぶりに家出から戻った母、4歳女児がなつかぬと虐待
12・ 7　兵庫・川西、中学3年男子、授業中のマンガ注意され、女性教師に暴行
12・10　大阪・岸和田、29歳の母、育児と家事に悩み、1歳6か月の男児と心中
12・19　和歌山・白浜、妻の連れ子がなつかないと義父が虐待し死亡させる
12・20　兵庫・尼崎、中学3年女子4人、タバコを注意した女性教師に暴行
12・22　大阪・東住吉、終業式の前日、中学2年男子が飛び降り自殺
12・24　東京・東村山、19歳2人が女高生を拉致しようとして制止した会社員を殺害
12・26　兵庫・加西で家庭内暴力の息子に思い余って父親が殺害
12・28　栃木・大田原で母が泣き止まない生後2か月長女の口にハンカチ、死なす

1990（平成2）年

この年の全般的状況　**バブル経済、本島長崎市長銃撃事件、**
**　　　　　　　　　　教師が教え子女児を殺害**

　ベルリンの壁が開かれて東西冷戦は終焉、世界は変わりだしたが、日本は相変わらずだった。1月18日、昭和天皇の戦争責任に言及した本島等長崎市長が銃撃された。バブル経済は破綻していたが、なお土地を買い占める連中がいて大阪では地価が50％以上値上がりしていた。10月東西ドイツが統一、中国は改革開放で深圳や福建など沿岸部だけではなく、上海浦東や内陸の開発に乗り出した。子どもの権利条約が発効した。

―――――◆この年の主なできごと◆―――――

- 1・18　本島等長崎市長、昭和天皇の戦争責任発言で銃撃され重傷
- 5・15　大昭和製紙名誉会長斉藤了英、ゴッホの絵画、125億円で落札
- 8・2　イラク軍、クエートに侵攻
- 10・1　東証平均株価2万円割る。バブル経済破綻明確に
- 10・3　東西ドイツ統一
- 12・6　文部省、児童生徒の問題行動調査、校内暴力事件、依然として増加と報告

この年の子どもをめぐる大きな事件
①小学校教師が教え子の6年生に淫行、そして絞殺
　3月26日、広島県豊田郡の小学校教師が、担任していた6年女子児童を殺害した。長期にわたる淫行が発覚したからである。殺害された女児ばかりをひいきするのを怒った同級生たちに行為を録音されていたのだった。殺害したことについて、「殺した方が児童がまわりの好奇な目や非難にさらされて悩まなくてすむから」と供述したのだが、では、なぜ淫行に及んだのか。欲望にかられて教師の基本規範を忘れた身勝手としか言いようのない事件だった。

②福岡県太宰府で17歳少年が小学1年男児を殺害
　2月13日、福岡県太宰府市で17歳の無職少年が逮捕された。高校受験の帰りに、下校途中の小学1年男児を連れ回し、性的なイタズラをしたうえで殺害したのだった。少年は中学生のときにも、小学2年の女児を強姦して少年院に入っており、この事件後、また少年刑務所に10年入ったのだが、2002年に出所し、またしても福岡と佐賀で、6歳から10歳までの14人の子どもを誘拐し猥褻行為をして逮捕されている。

③足利で4歳女児が殺害される（足利事件）

　5月12日、栃木県足利市のパチンコ店から4歳女児が連れ出され、性的イタズラをされ殺害された。翌年12月幼稚園のバス運転手が逮捕され、否定してもDNA鑑定結果や状況証拠などから犯人だと決め付けられ自棄になって自供したが、一審途中から否認した。しかし最高裁で無期懲役が確定したが、再審の結果、自白に対する疑いとDNA鑑定の不十分さから冤罪とされ、2010年3月26日晴れて無罪となった（いわゆる足利事件）。

④神戸の高塚高校で遅刻チェック校門圧死事件

　7月6日、兵庫県立高塚高校で教師が校門を思い切り閉めたため、1年生女子生徒が頭を挟まれ死亡した。この高校では生徒の遅刻をチェックするため、生活指導の教師を中心にマニュアルに従って正門を閉めていた。この朝もカウントダウンし、女子生徒が入り込もうとしているとき、全力で閉めたため頭を挟まれた女子生徒が死亡したのである。この頃、各地で管理教育が進められていたが、その行き過ぎが生み出した事件である。

――――――◆1990年の子どもをめぐる事件◆――――――

1・3　兵庫・西宮、生後1時間くらいの女児が公園に捨てられたが、無事保護
1・6　大阪・キタのライブハウスでのロック公演で中学2年女子が圧死
1・8　埼玉・浦和で教護院脱走の中学生6人が車盗みパトカーとカーチェイス
1・17　大阪・住之江、心臓に持病の小学3年女児、マラソンで死亡
1・21　大分・大平で中学1年男子が栄養失調で死亡、母親が放置
1・22　兵庫・伊丹、中学3年男子、教師の顔見るのもイヤと、女性教師を刺す
2・1　岐阜・多治見の小学校で昼休み中、竹トンボが5年生の目に当たり失明
2・2　福岡・太宰府で無職男性17歳が男子小学生に性的イタズラして殺害
2・10　東京でも大阪でも、ドラクエを求めて小中高校生が大騒ぎ
2・14　佐賀・塩田で高校3年と2年が知り合いの9歳の男児を誘拐脅迫、逮捕
2・25　茨城・境町、夜泣きした1歳のわが子を折檻して死亡させた父親逮捕
2・27　静岡・清水、行方不明になっていた6歳兄、4歳妹の遺体発見、父が殺害
3・1　愛知の高校卒業アルバム、茶髪女子34人の髪の色を勝手に黒に修正
3・9　大阪・富田林、17歳が土建業者に脅されて工事現場で働く。業者逮捕
3・17　大阪・寝屋川で18歳が父親を殺害（翌日、事件のショックで兄が自殺）
3・26　広島・豊田の小学教師が教え子に猥褻行為繰り返し他児童に発覚、殺害
3・28　東京・墨田で17歳女性がわが子を殺害してコインロッカーに遺棄
4・2　群馬・高崎、19歳が暴走族対立の復讐で1か月の重傷負わす
4・5　大阪・豊中、幼児が新3種ワクチン接種後、死亡

4・11	広島の小学校で1人の児童が教師にいつも体罰され、ツバかけられる
4・12	兵庫・有馬温泉で女子高校生20人をコンパニオンとして働かした業者逮捕
4・15	福岡で19歳2人が車の追い越しで大学生を刺殺
4・17	大阪・豊中の高校で体育授業後、高校3年死亡
4・24	神奈川・三浦半島での部活のボードセール中、高校生4人流されて死亡
5・1	埼玉で16歳妻の暴力団やめての言葉に激怒、殺害し埋める。暴力団員逮捕
5・4	大阪・堺、小学2年男子が放火、家が焼ければ母の監禁から逃れられると
5・11	大阪・都島、中2男子が飛び降り自殺、みんなから低い身長からかわれ
5・12	栃木・足利のパチンコ店から4歳女児が連れ出され殺害される（足利事件）
5・25	茨城・勝田、中学2年男子がイジメで殺害される
5・29	兵庫・西宮、16歳少年3人、車盗み無免許運転で暴走、3人死亡
5・30	大阪・高石、中学校長が校内暴力で欠勤
6・1	滋賀・能登川で中学生が自殺、農業後継で悩み
6・4	鹿児島から川崎、中2男子が離婚した母訪ねて無賃旅行、盗みして保護
6・6	大阪・東淀川、少年50人が右翼団体結成、暴力団といっしょに恐喝
6・12	愛媛・松山、退職申し出た16歳に灯油浴びせ火をつけた内装業者逮捕
6・14	徳島・西祖谷(にしいやま)の中学、校則213条に生徒が異議、ボイコット
6・18	大阪・貝塚、女子高生28人をコンパニオンとして派遣した業者逮捕
6・25	大阪・堺、17歳少年がライターガスを吸って死亡
7・6	神戸・高塚高校で1年女子生徒が遅刻、教師が閉めた門扉に頭挟まれ死亡
7・9	「積木くずし」のモデル女性、覚醒剤で逮捕
7・11	福岡の中学教師7人、2生徒を体罰で海岸に生き埋め
7・12	大阪・平野、トラックの荷台に乳児が置き去りに
7・19	大阪・大東の小学5年女児が教師にホウキで殴られ負傷
7・30	大阪・西淀川で中学生ら29人逮捕・補導、連日シンナーパーティー
8・3	横浜で中学3年男子が行方不明（後日遺体発見、父親の保険金殺人発覚）
8・10	東大阪、シンナー注意された少年が注意した防犯委員に暴行、重傷負わす
8・15	宮崎・都城、中3の3人が小学2年を投げたり蹴飛ばしたりして殺害
8・17	大阪・西淀川で暴力団員2人が通りがかりの2少女拉致監禁、覚醒剤打つ
8・18	滋賀・湖北、若者4人が車の中でシンナー中毒死
8・20	新潟、女子高生18歳を2年間監禁し働かせた41歳の男と21歳の女逮捕
8・22	「積木くずし」のモデル、また覚醒剤
8・25	山梨・甲府で19歳浪人生が両親を殺害。小言言われ顔見るのもイヤ
8・28	東大阪、中学2年男子がプールで飛び込み練習、首の骨折る
9・4	滋賀・八日市、ヘッドホンの女子高生、電車の音聞こえず、はねられ死亡
9・5	福岡の高校体育祭の人間ピラミッド練習中崩れ、下敷きにの3年全身マヒ

第4期 1984〜97年		
9・11	大阪・門真、16歳がシンナーを吸って仲間を殺害	
9・15	大阪・藤井寺、女子高校の文化祭でケンカ、高校1年男子刺されて死亡	
9・16	東大阪、喫煙少年グループに注意した青少年指導員が倒され頭部打ち死亡	
9・19	山口の高校、野球の試合で負け、監督が全裸ランニングの罰	
9・20	福岡、警官が女子短大生を拉致した車に発砲、高校生ら7人逮捕	
10・3	大阪で16歳少女6人が2少女を監禁、11時間暴行重傷負わせ逮捕	
10・8	三重・亀山で母親が小学1年女児を殺害	
10・14	大阪・豊中で小5女児が浴槽に放り込まれ重体（12月死亡）、犯人不明	
10・18	東京・国分寺、ロシアンルーレットで16歳店員重体	
10・19	埼玉・浦和の幼稚園で集団下痢、2人死亡、13人重症	
10・27	川崎の両親、息子の家庭内暴力に耐えかねて殺害し山梨に埋める	
11・14	大阪・平野、高校生が級友の説得聞かず飛び降り自殺	
11・15	大阪で小学3年女児が連れ回され35時間後保護、19歳の家出少女逮捕	
11・22	沖縄で暴力団抗争の巻き添えで定時制高校生が死亡	
11・27	滋賀・びわ町で孫を道連れに64歳元住職夫妻が心中	
12・3	群馬で小5女児行方不明（19　父を保険金詐欺で逮捕。3年前には妻も）	
12・9	名古屋で発達障害の27歳が幼女に性的イタズラして殺害	
12・20	福井、泣き止まない生後40日のわが子を殺害した24歳の母を逮捕	
12・25	岐阜・土岐で高校教師が2人の子どもを殺害して自殺	
12・28	岡山で小学4年女児が強姦・殺害され、47歳男性を逮捕	

1991（平成3）年

この年の全般的状況　**自衛隊海外派兵、佐川急便事件、**
　　　　　　　　　　　　　　ソ連消滅、風の子学園事件

　1月16日、米国中心の多国籍軍がイラクを空爆、湾岸戦争がはじまり、冷戦終焉後の世界を暗示した。日本は多国籍軍に1兆2千億円を資金援助、さらに自衛隊輸送機を派遣、4月には掃海艇をペルシャ湾に送った。自衛隊初の海外出動であり、憲法9条の決定的な空洞化だった。一方、東京佐川急便社長が暴力団系企業への融資で逮捕され、またしても自民党中枢を巻き込む疑獄に発展した。年末、ロシア革命から74年、ソ連は消滅した。

──────◆この年の主なできごと◆──────

- 1・16　湾岸戦争開始
- 4・24　自衛隊掃海艇、ペルシャ湾に派遣決定
- 6・30　教科書検定、「君が代」は国歌、「日の丸」は国旗
- 12・26　ソ連最高会議、ソ連邦消滅を宣言
- 12・25　文部省、児童生徒問題行動実態調査、登校拒否と校内暴力依然として増加と報告

この年の子どもをめぐる大きな事件

①岩手の県立高校で生徒が教師を蹴って死亡させる

　7月17日、岩手県下閉伊郡の県立高校で、3年男子生徒が50歳の女性教師の腹部を膝蹴りした。女性教師は、そのまま2か月間入院した後に死亡した。階段でぶつかって、女性教師が注意したところ、口論になり、生徒が逆上して蹴ったのだった。普通の生徒だったということで、校内では注意処分ですませたのだったが、ささいなことですぐにキレ、限度を考えずに殴ったり蹴ったりして、人を殺害してしまう少年事件の典型だった。

②広島・伊佐木島・風の子学園事件

　7月29日、広島県三原市伊佐木島の、「情緒障害児更生施設」と称する「風の子学園」で、14歳の少年と16歳の少女が死亡した。警察が調べたところ、2人はタバコを吸ったことに対する懲罰と称して44時間、コンテナー内に手錠でつながれ、監禁されていた結果、脱水症状を起こして死亡したことがわかった。この園長は教育や児童福祉などについて見識も経験も持たない人物で、こんな施設が野放しにされていることが問題となった。

③大阪で女子高校生が戸籍売って報酬もらう

　10月31日、衝撃的な事件を各紙が報道した。大阪の女子高校生5人が戸籍を売っていたのだった。売るといっても、日本人と結婚することによって日本国籍を得ようとする韓国人男性と偽装結婚し、国籍を得ることができれば離婚するという約束で、報酬を得ていたのだった。彼女らは戸籍についての知識などほとんどなく、仲介したホステス夫婦に、離婚しても戸籍を移せばキズつかないから心配ないなどと騙されていたのだった。

④大阪・豊中、中3女子生徒がイジメで殺害される

　11月15日夕刻、大阪府豊中市立の中学校の花壇で、同校養護学級の女子生徒が倒れているのが発見された。病院に運ばれたが暴行の跡があり、翌日、生徒が名乗り出て、男女2人ずつ4人の生徒が登校してきた女子生徒をからかい、逃げるのを追いかけ、30分ほど暴行したことがわかった。女子生徒は6日後、急性硬膜下血腫で死亡した。同市は人権教育に熱心に取り組んでいるとされていたが、何をしてきたのか、内実が厳しく問われた。

第4期 1984〜97年

————————◆1991年の子どもをめぐる事件◆————————

1・9 　大分、2歳を殺害し心中図った母を中1の長女が説得、思いとどまる
1・10　滋賀・志賀町で高校3年が同級女子生徒を殺害。からかわれたからと
1・12　千葉でセンター試験中、受験生が急死
1・13　滋賀・長浜、16歳の高校1年生、酒乱で家庭内暴力の父を殺害
1・18　福島・郡山、1歳のわが子を10日間放置して衰弱死させた20歳の母親逮捕
1・20　山形・中山、不登校の中学1年の息子を殺害し、父も自殺
1・26　兵庫・相生、父親がシンナー中毒の息子を殺害して自首
1・28　兵庫・姫路の中学校校庭で中学3年男子自殺
1・29　兵庫・須磨で9歳女児が炎症で死亡、育児放棄の両親逮捕、ゴミ屋敷
1・30　大阪・高槻の中学3年女子、内申書公開請求
2・1 　大阪・阪急電車に高校1年女子が飛び込み自殺、ノートに悩みびっしり
2・4 　大阪・羽曳野、祖父が孫の園児2人を連れ出し、イジメかわいそうと殺害
2・5 　兵庫・姫路の教育委員会、丸刈り廃止決定
2・14　神戸・三宮で女子高校生19人がチョコレート万引き（バレンタインデー）
2・18　和歌山・南部(みなべ)高校の教室で女子生徒9人が同級生をリンチ
2・25　滋賀・大津で小学1年の息子が風呂で溺死、実際は母が折檻して殺害
2・28　高槻市個人情報保護審査会、内申書開示認める答申（市教委拒否）
3・6 　広島・安芸区、母親が中学1年、小学5年の子どもと無理心中
3・8 　京都・山科の中学生、高校受験断念自殺

3・10	埼玉で預かっていた子が病死、発覚を恐れ、焼いて河原に捨てる
3・17	福岡、家出少女を100万円で売った業者ら3人逮捕
3・19	大阪・池田、日の丸掲揚めぐり対立、卒業式遅れる（大阪各地でも）
3・27	群馬・粕川で18歳染色業手伝いが交際中の18歳女性を殺し焼く。浮気ばれ
4・3	徳島、小学教師が中1女子誘い出し強姦、写真撮影（後日余罪続々発覚）
4・3	愛知・刈谷で17歳が18歳女性とシンナー吸引中に喧嘩、火付け火傷させる
4・6	兵庫の市立尼崎高校、入試成績いいのに不合格、理由は受験生が筋萎縮症
4・10	大阪府警、女子中学生使ってダイヤルQ_2、業者摘発
4・12	大阪・箕面、中学1年が父とケンカし飛び降り自殺
4・20	和歌山の小学校で下着1枚の身体測定に恥ずかしいと児童訴え、学校無視
4・22	大阪で中高校生にアルコール提供のカラオケ店摘発
4・23	和歌山、中学でも身体測定を半裸でさせていたことが明るみに
4・28	大阪・枚方、暴走族刈りにやられ、17歳2少女死傷
5・2	明治大学替え玉事件発覚、有名タレントの息子が
5・4	栃木・日光、祖母が放火、4歳と2歳の孫が焼死
5・8	大阪・東淀川で小学1年女児が行方不明（後日遺体で発見。迷宮入り）
5・9	福岡・田川、中学1年男子が酔っ払って母に暴行する父を殺害
5・13	赤ちゃん斡旋の菊田医院閉鎖
5・15	大阪・堺、母親が無理心中、自宅に放火、母と小学6年次女が死亡
5・16	兵庫・姫路の17歳がシンナー仲間と吸引中、火を付け、友人が火傷で死亡
5・17	大阪・淀川河川敷で予備校生がシンナー中毒の男に刺され死亡
5・20	母親が白血病の高校1年と無理心中、容体悪化に絶望
5・22	茨城・岩井で17歳ら暴走族4人が仲間19歳をリンチ殺人
5・24	山梨・甲府、プロレスごっこで同級生を死亡させた中学3年を逮捕
6・5	東京・目黒の中学で生徒が有毒薬品を給食に混入
6・9	大阪・西淀川、中学2年が飛び降り自殺、補導されたのを苦に
6・13	和歌山・白浜の小学校、日本語できない中国女児を養護学級に
6・19	滋賀・彦根、高校1年生が同級生に暴行され死亡
6・20	大阪・豊中の中学で女生徒が4階から転落、ふざけて教科書を庇に置かれ
6・21	鳥取・倉吉の小学校で教師が返事をしない児童を死人扱いし葬式のまね
6・28	埼玉・川越、小学校教師が給食マスクを忘れた児童の口にガムテープ
7・2	兵庫・西宮、小学2年女児が姉の眼前で中年男に連れ去られ、遺体で発見
7・16	島根・益田高校、バレー部教諭が女子部員に猥褻行為で逮捕
7・17	岩手・下閉伊郡の県立高校女性教師が3年に蹴られて入院していたが死亡
7・17	奈良の県立施設、教官が女生徒に2年前から猥褻、懲戒免（別の教官も）
7・29	広島・三原の民間更正施設で少年少女2人が炎天下に2日間監禁され死亡

第4期
1984
〜97年

7・31	福井・大野の中学校で教師がいきなり体罰、男子生徒が負傷
8・4	三重・津で送迎バスに2歳幼児が2日間放置され脱水状態で死亡
8・7	福岡、母が8歳の娘、5歳と1歳の息子を道連れに無理心中
8・8	大阪・住之江、カラオケボックスで少年少女7人が覚醒剤吸引逮捕
8・9	愛知・飛島村で19歳ら暴走族3人が見物の19歳を撲殺（11・11逮捕）
8・13	茨城・水戸、コインロッカーに赤ちゃんが放置されたが、冷夏で助かる
8・27	大阪府警、ネズミ講で損、紹介の同級生に暴行・恐喝の高1女子4人逮捕
8・28	岐阜のホテルで神戸の母子3人が心中
8・30	青森で中学2年女子が体罰を苦に自殺
8・31	奈良、小学6年男児が自宅で首吊り自殺、夏休みの宿題苦に
9・1	東京・町田、中学2年女子がイジメ受け電車に飛び込み自殺
9・1	埼玉・所沢、タクシー乗り場で17歳少年ら4人が会社社長を暴行、死なす
9・2	東京・小平、高校2年長女が母と口論となり殺害
9・3	神奈川・川崎、高校生ら9人が深夜の動物園に侵入、動物追い回し死なす
9・4	大阪・ミナミ、家出少女16歳をホステスに雇った店の経営者逮捕
9・6	大阪の若い夫婦、覚醒剤中毒の幻覚症状で育児放棄、逮捕される
9・9	福岡の高校で部活後、ふざけていて竹刀が肛門に刺さって大ケガ
9・11	大阪の妊娠女子中学生、絶対産むと家出、相手18歳と引ったくりで生活
9・20	兵庫・高砂、校門指導の教師、生徒の手にタバコの火を押し付ける
9・23	大阪・東住吉で16歳が信用金庫に強盗（背後に暴力団、覚醒剤も）
9・25	北海道の中学3年女子、担任教師に無断欠席注意され自殺
9・26	大阪・ミナミ、スナックに17歳の少女を紹介した専門学校理事逮捕
10・1	京都・嵐山、バイクの男が高校2年女子や女子中学生を切る
10・10	和歌山・新宮、小学校教師が言うことを聞かない児童同士で体罰させあう
10・17	大阪・松原の中学校、校内暴力・イジメ常態化、3年男子多数逮捕
10・18	大阪、中学3年男子を深夜まで露店で働かせた暴力団夫婦逮捕
10・23	大阪・港区、中学3年2人を事務所番に使った暴力団幹部逮捕
10・28	広島・大野、18歳ら2人がいつも暴力振るっていたカップルに復讐殺人
10・30	大阪の女高生5人が月10万円で戸籍売る。韓国男性と偽装結婚、仲介のホステス逮捕
10・30	神戸の青年会議所元会員が斡旋して17歳女子高校生に売春させていた
11・1	鳥取・船岡、登校の小学生の列に自動車が突っ込み、小学生3姉妹死亡
11・4	広島の少年殺人事件で20歳大工と無職18歳女性逮捕。少女も殺害されたいた
11・13	埼玉・三郷、中学1年がイジメで大ケガ
11・15	大阪・豊中、中学3年4人が養護学級の少女に暴行して殺害
11・21	大阪・堺、制服問題で中学3年男子6人が座り込み

11・22　札幌で19歳女子大生が男といっしょに両親を殺害、ブルドーザーで埋める
11・22　埼玉・浦和の中学１年女子が強姦・殺害される。県立高校２年を逮捕
11・26　大阪の20歳無職男性と少年４人が窃盗、総額2,000万円
11・27　兵庫・太子町で４歳男児が小６男児と幼稚園児２人に暴行され死亡
12・ 6　兵庫・三木で教師が頭髪指導で中学２年男子に体罰
12・ 8　大阪・浪速署、200万円引ったくり山分けした中２男子３人を逮捕
12・10　大阪・箕面の小学校、女性教師が５年男児に体罰
12・11　福井・永平寺町、障害持った小学６年が自殺。イジメられていた
12・12　大阪・東住吉、借金のカタに売春させた暴力団員ら４人逮捕
12・18　奈良・田原本町、中学２年男児がイジメられ骨折何度も
12・21　東大阪、少年３人組が中学１年男子２人を川に突き落とす
12・25　プロ野球投手が小学６年女児や幼稚園児らに猥褻行為

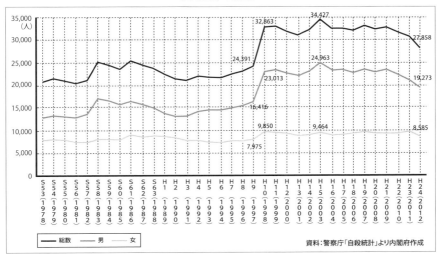

自殺者の推移

資料：警察庁「自殺統計」より内閣府作成

1992（平成4）年

この年の全般的状況　**バブル経済破綻、佐川急便事件、市川経営者一家殺害事件**

　バブル破綻不況が明白になり、日経平均は1万5千円まで下落、不動産価格も暴落、倒産企業も急増した。参院選投票率は過去最低の50.6％となった。連続する疑獄事件で政治不信が高まると同時に、不況で選挙どころではなかったのだ。8月下旬、自民党副総裁金丸信は、佐川急便から5億円の献金を受けていたことで国会議員を辞職、竹下派も分裂、自民党は結党以来最大の危機に陥った。この年の9月、学校5日制がスタートした。

──────◆この年の主なできごと◆──────

- 1・15　旧ユーゴスラビア、民族紛争激化
- 5・22　細川護熙前熊本県知事、日本新党結成
- 5・-　 週刊「朝日ジャーナル」休刊
- 6・15　PKO法案成立
- 9・12　月1回の学校5日制スタート
- 10・23　天皇・皇后中国初訪問
- 12・11　文部省、高等学校中途退学者について報告書

この年の子どもをめぐる大きな事件
①福岡県飯塚市で小学1年の女児2人が殺害される

　2月20日、福岡県飯塚市で、下校途中の小学1年女児2人が行方不明になった。翌日、2人とも甘木市の道路脇で絞殺されているのが発見された。その数年前にも同様の事件が起きており、警察は総力を挙げて捜査したが、犯人はなかなか捕まらず、翌93年9月末になってようやく55歳の無職男性が逮捕されたものの、否認し釈放された。94年になって再び逮捕・起訴され、男性は一貫して無罪を主張し続けたが、死刑判決が下りた。

②千葉県市川市で少年が少女の面前で一家を惨殺

　3月6日午前9時頃、千葉県市川市のマンションで一家4人が惨殺された。警察が駆けつけたところ、19歳の無職少年と一家の15歳の少女がいた。無職少年が殺害を認めたため逮捕されたのだが、少年は、少女の面前で少女の祖母・父母・妹を殺害したのだった。しかも少女はその前に少年に車で轢かれ拉致され強姦されていた。その後少女宅に強盗に押し入り凶行に及んだのだっ

た。少年時の犯罪ではあったが、余りにも残虐で死刑となった。

③奈良の教師が児童の呪い人形、児童が登校拒否

　6月10日、奈良県吉野郡の小学校教師が児童の呪い人形をつくって、児童が登校拒否していることが明らかになった。教師は冗談のつもりでつくったと校長や教育委員会の事情聴取に答え、児童に謝罪したが、冗談ですませられる話ではないことは言うまでもない。児童の人格の否定である。過去のイジメによる児童や生徒の自殺事件で、教師がいっしょになって葬式ごっこをしたり弔辞を書いたりしていたことを知らないはずはないだろう。

────────◆1992年の子どもをめぐる事件◆────────

1・10　奈良で15歳少女の焼死体発見（後日、知り合いの20歳男性逮捕）
1・12　兵庫・尼崎で25歳の母が放火、長女2歳と長男1歳大火傷
1・29　福島の飲食店で父と飲酒中の17歳、口論して殴られ包丁持ち出し刺殺
2・4　沖縄・石垣で中学2年男子がリンチされて死亡
2・6　大阪の17歳女子がマンションの他人の部屋に侵入、1歳女児を投げて殺害
2・6　横浜で母親が3歳の次女を川に投げ込み殺害
2・16　大阪・豊中で16歳少女が17歳少女とケンカ、刺殺される
2・21　福岡で小1女児2人があいついで殺害される。いずれも性的イタズラ目的
2・27　名古屋・西区で小学6年と中学1年が盗んだ車で引ったくり。6年が運転
3・2　香川・仲多度で高校1年が叔母の頭や顔を殴って殺害（3・5逮捕）
3・5　千葉・市川で19歳が一家4人惨殺。その前に長女強姦、その後、押し入る
3・5　高知で高1姉が中1の妹を殺害（当初、男が侵入して刺したと供述）
3・13　日大でもイジメ、1年生が自殺図る
3・18　大阪・吹田で中学3年が入試合格発表後、自殺図る
4・3　愛知・幸田で暴走族7人が17歳を集団リンチで殺害。脱退言い出したため
4・4　福島の中学の見習い講師が3年女子と旅行
4・19　大阪・門真で4歳女児が折檻されて死亡
4・23　埼玉・花園町で37歳の母親が3児を縛り放火殺人
4・25　人気ロック歌手・尾崎豊急死（この後、若者の後追い自殺続く）
5・8　千葉・市川で非行の17歳の息子を監禁して死亡させた父親逮捕
5・12　兵庫・神戸、教師とケンカした中学2年が意識不明に
5・13　大阪の府立高校で教師の体罰で生徒が2か月の重傷
5・17　奈良の小学6年女児が行方不明（23　26歳の男を逮捕）
5・29　荻窪駅の階段で女性とぶつかり負傷させた小学6年に98万円の賠償命令
6・3　徳島・池田の小学教師が複数の女児の裸の写真を撮っていたことが発覚
6・5　神戸の小学校で体育教師が手首痛めた児童に懸垂させ同級生授業拒否

第4期 1984～97年

6・7	福島の中学校、校則違反の生徒の髪をバリカンで刈り上げる
6・10	奈良・吉野郡で小学教師が児童の呪い人形つくったことで児童が不登校に
6・25	赤ちゃんを折檻して死亡させた20歳の父親を逮捕送検
7・2	女子高生と猥褻パーティを開いた大阪市交通局職員11人が処分される
7・3	宮城・仙台、同じ中学出身の高校生3人が次々と自殺
7・6	大阪・岸和田で小学5年が死亡、同級生に腹部を蹴られたことが原因か
7・11	姫路の18歳少年が死亡。シンナー吸引とダイヤルQ_2が原因で父が死なす
7・17	北九州の中学で成績の悪い生徒に変圧器使い電気ショックを与えていた
7・20	大阪・高槻で3歳男児変死事件。寮管理人が折檻して死亡させる
8・1	長野の中学で喫煙生徒に教師が付き添い校内で吸わせていたことが発覚
8・8	東京・八王子、高校2年が中学時代の教師を爆殺未遂、中学時代の恨み
8・11	愛媛の県立高校で退学勧告受けた生徒と親が教頭や教師に暴行
8・21	福岡の小学校女性教師が反抗的な生徒に低い評価をつけていたことが発覚
9・6	静岡・沼津で自分の子ども3人をオノで殺傷した父親が逮捕される
9・7	茨城・笠間で無職19歳が男性23歳を果物ナイフで刺す。男女関係のもつれ
9・16	北海道・恵庭、小学6年がイジメられたとの遺書を残し自殺
9・18	名古屋・緑区で小学生と中学生が3歳女児に暴行して重体にさせる
9・22	群馬・多野で無職少年4人が中学3年をリンチし意識不明の重体に
9・25	千葉・船橋で母親が段ボール箱に3歳男児を詰めて殺害
9・30	京都・城陽の高校で退学した少年が3年を刺す。女性関係のトラブル
10・2	京都・長岡京、別れ話で高校3年女子生徒が殺害される
10・19	アメリカ・ルイジアナ州で、留学中の日本人高校生が射殺される
10・21	横浜の中学校で弓道の練習中、2年生に矢が刺さり重体に
10・23	大阪・泉大津、中学教師が体罰で生徒の首を踏みつけ負傷させる
10・24	北九州市の中学3年女子が自殺、背景にイジメ
11・11	東京都千代田区の小学校廃校計画に反対、児童180人が登校せず
11・15	神戸のスーパーで1歳女児が連れ去られる（小6女児2人の犯行判明）
11・21	兵庫・神戸の小学校で教師が特定の児童を仲間外れにするよう指導
12・1	愛媛の公立中学校で教師が裁断機で生徒の指を切る
12・2	東京・東久留米で2歳男児が折檻されて死亡
12・6	北海道・札幌、中学3年が両親を刺殺する
12・22	東京で米国人を母に持つ男子中学生へのイジメ、人権救済申し立て
12・24	東京・八王子、高校2年が中学教師宅に爆薬、中学時代の指導への恨み
12・31	茨城・水戸で中学3年女子生徒3人が集団飛び降り自殺
12・31	兵庫・神戸、中学1年男子2人が通行人を殴り死亡される

1993（平成5）年

この年の全般的状況　**金丸信逮捕、細川連立政権発足、**
　　　　　　　　　　　　　山形・新庄中・イジメ殺人事件

　1993年3月、金丸信が脱税で逮捕・起訴、6月には宮沢内閣不信任可決、7月に総選挙が行われ、自民党は過半数割れ、社会党も半減、日本新党など新党が躍進、いわゆる「55年体制」は完全に崩壊、8月には日本新党細川護熙を首相とする内閣が発足した。この年は4月末には雲仙普賢岳噴火で大規模火砕流が発生、7月中旬北海道南西沖地震で奥尻島が津波で大きな被害を受けた。米作は過去最悪となり、減反政策の見直しも行われた。

────◆この年の主なできごと◆────

3・16　最高裁、家永訴訟で教科書検定は合憲の判決
4・ 8　国連選挙監視ボランティア中田厚仁、カンボジアで銃撃され死亡
7・18　総選挙、自民党過半数割れ、政権維持できず。55年体制崩壊
8・ 9　細川護熙首班の非自民8党連立政権誕生
8・17　1ドル100円台に
12・16　最大派閥崩壊、キングメーカーも過去の話。脳梗塞闘病の末、田中角栄死去

この年の子どもをめぐる大きな事件
①山形県新庄市の中学校でイジメ殺人事件
　1月13日、山形県新庄市の市立中学校の体育館用具室で、1年生男子生徒が体育マットに逆立ちにした状態で巻かれ、窒息死しているのが発見された。この生徒は以前から複数の生徒によってイジメられているのが、しばしば目撃されていたが、この日も1～2年生らがイジメ、マットに巻き、逆立ち状態で放置したため窒息死したのだった。7人が逮捕され、うちの3人は無罪となったが、他の4人の暴行によって死亡したと認定された。
②沖縄で17歳少年が58歳男性をはねて焼き殺す
　5月3日深夜2時頃、沖縄県伊江村で、17歳の塗装工の少年が無免許で乗用車を運転中、58歳の男性をはね、キャンプ場から灯油を盗み出し、まだ生きている男性の全身にかけ、ライターで火をつけて焼き殺した。なかなか犯人は見つからなかったが、ようやく1か月後の6月2日になって逮捕され、事故をかくすために焼いたと供述した。少年が無免許運転だっただけではなく、このような残虐な事件を起こしたことに沖縄県民はショックを受けた。

③将棋の森安九段宅で中学1年の長男が母を刺す

　11月23日、兵庫県西宮市の将棋の森安秀光九段宅で、森安氏が就寝中に刺殺されているのが発見された。母親が警察に連絡しようとすると、中学1年の長男が「勉強や成績のことで文句を言うからや」と叫び、母親を刺して家を飛び出し、翌日、ゲームセンターにいるところを保護された。12歳なので罪を問うことができず、また、父親が死亡したことについて一切関係ないと主張し続けたため、これについては解明されないままとなった。

────────◆1993年の子どもをめぐる事件◆────────

1・13	山形・新庄の中学で1年男子生徒が体育マットに巻かれ放置され窒息死
1・25	愛媛・松山で中学3年が自殺。背景にイジメ
2・1	大阪・旭区、母親が2人の子どもを絞殺
2・1	兵庫・尼崎で中学3年がイジメられて万引き
2・10	静岡の私立高校、100台の監視カメラ設置
2・12	大阪・茨木でファミコン欲しさに少年が店員を刺す
2・14	東京でナイフ持つ教師に児童が飛びつき重体に
2・15	北九州で長女が父と口論の末、放火し母親と長女と弟が死亡
2・16	茨城・日立の19歳2人が21歳を殺害・遺体遺棄で逮捕。女性関係トラブル
3・2	栃木市の中学の体操部部室で中学2年が首吊り自殺。背景にイジメ
3・10	北海道・千歳、イジメられていた中3女子が抗議のため自分に硫酸かける
3・10	大阪・淀川区の福祉会館に赤ん坊が置き去り
3・11	中学の卒業式、全国で荒れる（式で暴れたり、学校のガラスを破ったり）
3・24	京都で君が代拒否した小学4年2人を職員室に隔離していたことが発覚
3・28	和歌山で少年5人組が男女を拉致・監禁
4・1	大阪の中学での恐喝被害、過去3年に延べ5千人、5千万円
4・2	山形の小学校5年担任が女子児童11人におたがいのヌード写真を撮らせる
4・6	兵庫・明石の教護院、無断外泊少年に汲み取り式便所便槽に正座の体罰
4・11	三重の全寮制高校で3年男子が死亡、3人の同級生を暴行で逮捕
4・19	大阪・東淀川の中学生がプロレス遊びで死亡、同級生2人によるイジメ
4・29	秋田の療育センターで看護士が4歳の自閉症男児に注射針を刺す体罰
5・3	沖縄で17歳少年が58歳男性をはねて、生きたまま火をつけ焼き殺す
5・6	秋田・合川で高校1年が自殺。背景にイジメ
5・8	栃木で無職15歳少女が中学在籍中に性的関係持った教師脅迫226万円奪う
5・8	京都・舞鶴高専で新入生2人が2年生8人から暴行されていたことが判明
5・8	天理大学生寮で11人が本名で通す在日韓国人学生に暴行
5・12	北九州で無職18歳ら6人が無職男性23歳を金属バットで殺害、遺体放置

第4期
1984
～97年

5・20	宮崎の中学、校則違反の服装の3年男子8人を半年間隔離していた
5・27	福岡・行橋で中学2年が自殺。背景にイジメ
5・29	岐阜の工業高校のケンカで、生徒が投げた傘が1年生の頭に刺さり死亡
5・31	沖縄・国頭村(くにがみそん)で無免許17歳が男性58歳をはね、石油をかけ焼殺
6・1	北海道立高校で1年男子が下着姿で暴行され撮影されていたことが発覚
6・10	兵庫県立養護学校中等部1年が死亡した事件、腹部を蹴られた結果
6・15	名古屋・金城ふ頭で少年3人が会社員18歳をリンチして殺害
6・23	兵庫・姫路の小学校で修学旅行中の6年に嫌いな子の名前を書かせる調査
6・24	高知の小学校で担任が席替えの参考にと一緒になりたくない級友名書かす
6・26	東大阪で水泳授業中の中学2年生が急性心不全で死亡
7・7	京都・八幡(やわた)の中学2年男子が空き家で首吊り自殺、イジメが背景か
7・8	北海道・苫小牧で中1女子鉄道自殺。イジメ背景（8か月前には男子も）
7・19	大阪・天王寺で女児の遺体を石膏に入れて持ち歩いていた若い夫婦を逮捕
7・31	岡山・津山で無職27歳が小学2年女児を強姦しようとして抵抗され殺害
8・6	広島駅のコインロッカーからバッグに入れられた赤ちゃんが見つかる
8・10	東京、女高生の使用済み下着買い取り猥褻ビデオに出演させた男4人逮捕
8・12	千葉・市原、高1の女子生徒を脅して強姦した習志野の中学教師逮捕
8・18	大阪・岸和田、16歳の少年が少年グループに追われ、踏切に入り死亡
8・23	山梨・甲府の信金女子職員19歳が誘拐、殺害される。犯人はセールスマン
9・1	山陽新幹線岡山駅で家出中の愛知の高校生男女が飛び込み自殺図る
9・2	群馬・前橋で16歳ら10人が暴力団員を射殺し死体遺棄
9・6	大阪・摂津の府立高校の合宿中、教師が脱衣場をビデオで盗撮、諭旨免職
9・27	大分・別府で無職19歳が温泉管理人女性を殴り殺害。少年時代の恨みからと
9・28	東京・国立で無職19歳が通行人に暴行、仲裁に入った消防士を刺殺
9・28	大阪・羽曳野で店員17歳が酒乱の母親を諭したが、聞き入れられず殺害
9・28	和歌山の高校、私服登校続ける女子生徒を修学旅行に参加させないと決定
10・15	警察庁発表、前年の刑法犯、戦後最悪の235万件
10・15	大阪府警発表、少年による引ったくりが前年に比べ3倍にと
10・20	埼玉・大宮駅で無職17歳が会社員28歳と肩が触れたと、首を刺して殺害
10・26	兵庫・伊丹の中学校、1年生のクラスで校則違反の生徒の名前を書かせる
11・3	兵庫・神戸の踏切で中学2年女子がはねられ死亡、ヘッドホンで聞こえず
11・5	愛知・碧南の中学校で国語担当の講師が、自分たちの死亡記事を書かす
11・19	岡山の中学教師がクラブ活動で体罰、左目の網膜剥離
11・20	滋賀・湖東町で中学2年が自殺。背景にイジメ
11・21	大阪・豊中、窃盗で逮捕された少年4人、58件、200万円
11・23	兵庫の自宅で森安秀光九段が刺殺され、中1長男が母を刺し家を飛び出す

11・25　広島で4歳児が虐待されて死亡、母親を逮捕
11・29　神奈川・川崎で小3女児絞殺の会社員40歳遺体遺棄（翌年5・20逮捕）
12・ 3　大阪で新聞配達の18歳の長男が死亡したのは過労死だと両親が提訴
12・ 7　兵庫・尼崎、中学生がトランプ賭博、1人が45万円脅し取られていた
12・ 9　大阪のブルセラ・ショップ摘発、下着を売った女高生らも補導
12・17　鹿児島の中学2年186人が指導が厳しすぎると教師14人に土下座させる
12・25　東京の区立中学校校長が1年生の生徒に膝蹴り

**第4期
1984
～97年**

「学習権宣言」（抜粋）85年3月29日、第4回ユネスコ国際成人教育会議

　学習権を承認するか否かは、人類にとって、これまでにもまして重要な課題となっている。
　学習権とは、
　　読み書きの権利であり、
　　問い続け、深く考える権利であり、
　　想像し、創造する権利であり、
　　自分自身の世界を読みとり、歴史をつづる権利であり、
　　あらゆる教育の手だてを得る権利であり、
　　個人的・集団的力量を発達させる権利である。

　成人教育パリ会議は、この権利の重要性を再確認する。
　学習権は未来のためにとっておかれる文化的ぜいたく品ではない。それは、生き残るという問題が解決されてから生じる権利ではない。それは、基礎的な欲求が満たされたあとに行使されるようなものではない。学習権は、人間の生存にとって不可欠な手段である。
　"学習"こそはキーワードである。
　学習権なくしては、人間的発達はありえない。
　学習権なくしては、農業や工業の躍進も地域の健康の増進もなく、そして、さらに学習条件の改善もないであろう。この権利なしには、都市や農村で働く人たちの生活水準の向上もないであろう。
　しかし、学習権はたんなる経済発展の手段ではない。それは基本的権利の一つとしてとらえられなければならない。学習活動はあらゆる教育活動の中心に位置づけられ、人々を、なりゆきまかせの客体から、自らの歴史をつくる主体にかえていくものである。
　それは基本的人権の一つであり、その正当性は普遍的である。学習権は、人類の一部のものに限定されてはならない。すなわち、男性や工業国や有産階級や、学校教育を受けられる幸運な若者たちだけの、排他的特権であってはならない。

1994（平成6）年

この年の全般的状況　**細川首相が佐川疑惑で辞職、松本サリン事件、「悪魔」命名騒動**

　3月11日、政治不信を払拭すべく、小選挙区比例代表並立制など政治改革法が公布されたが、細川護熙首相が佐川急便から1億円を借りていたことが明らかになって辞職、羽田内閣が発足したが、少数与党で2か月もたずに総辞職、村山富市社会党委員長を首相とする自民・社会・さきがけ連立政権が発足した。6月27日、松本サリン事件が起きたが、根本的に間違った捜査が行われた。日本でも、子どもの権利条約が批准され、発効した。

――――――◆この年の主なできごと◆――――――
- 4・8　細川首相、佐川急便からの借金などの疑惑で辞意表明
- 5・22　国連子どもの権利条約、国内で発効
- 5・10　経済企画庁、不況は37か月連続と発表、戦後最長。バブル破綻不況深刻化
- 6・27　松本で化学物質撒布事件、後にオウム真理教によるサリン撒布殺人事件と判明
- 6・28　自民・社会・さきがけ連立政権発足、村山富市社会党委員長が首相に
- 10・13　大江健三郎ノーベル賞受賞、文化勲章は辞退
- 12・16　文部省、いじめについて対応すべき点について通達

この年の子どもをめぐる大きな事件
①東京の夫婦、我が子に「悪魔」と命名
　東京・昭島の夫婦に男児が生まれ、「悪魔」と命名、出生届を出した。市役所は一旦受理したものの、考え直してほしいと返したため1月12日、夫婦は家裁に不服申し立てした。新聞・テレビなどが大きく取り上げ話題となった。最終的には「悪魔」は取り下げ、「阿久」にしたそうだが、人名漢字を改める問題にまで発展した。その後、夫婦は離婚、父親は窃盗や覚醒剤で逮捕されたとのことで、子どもにとっては何とも残念なことである。

②千葉県の児童養護施設「恩寵園」で園長が虐待
　9月18日午後4時頃、千葉県船橋市にある児童養護施設「恩寵園」で、園長が7歳の園児の左手小指を刈り込みハサミで挟み、10日から2週間の傷を負わせた。園長は否定し、刑事告発され2001年7月有罪判決が下った。施設内虐待は日常的かつ長期にわたって行われてきて、96年4月には園児13人

が児童相談所に訴え出ていたが、いっこうに改まらず、刑事告発されることになり、後に裁判所も園長らの虐待を認定したのだった。

③大阪・愛知・岐阜連続4人リンチ殺害事件

9月28日、大阪市中央区で男性が拉致され、19時間にわたって暴行されたうえ殺害された。10月6日、尾西市で男女関係をめぐって22歳男性が激しく暴行され殺害された。翌7日には3人の男性が拉致され、2人が殺害された。生き残った男性の供述から、一連の事件が同一少年グループによる連続強盗殺人であることが明らかになった。わずか11日間に4人を無差別に襲って殺害するという残虐さで、7年後、最高裁で死刑が確定した。

④愛知県西尾市立中学校2年男子がイジメで自殺（大河内清輝君事件）

11月27日、愛知県西尾市立中学校2年男子生徒が自宅裏で首吊り自殺しているのが発見された。小学校以来、数人からイジメられてきていたのだが、中学校に入ってからは人数が増え、さらにひどくなって水死寸前まで暴行されたり、いやがらせされたりするだけではなく、110万円をこえる金を奪われ、もはや限界だといった遺書が残されていた。学校は知っていながら放置したのみならず、突然死などと隠蔽しようとしたのだった。

──────◆1994年の子どもをめぐる事件◆──────

1・3　大阪市の教会の前に生後間もない女児の遺体放置
1・8　浦和の少年鑑別所で18歳の少年が自殺
1・9　福岡の中学校、組員の要求に応じ、組員冷やかした生徒を丸坊主にさせる
1・10　福岡県警、学校を脅迫し中学生を丸坊主にさせた組員を強要で逮捕
1・22　横浜のゲームセンターで高3が中学生グループと口論、中3を殺害
1・26　静岡・磐田、嬰児殺害遺棄で祖父自首、実際は嬰児の母が殺害し遺棄
2・5　長野・中野市で中学1年が万引きで事情聴取されたが濡れ衣
2・18　東京、ダイヤルQ₂で知り合った女子中学生に性交迫った朝日記者逮捕
2・19　東京・府中のマンション屋上で小学生が中学生をナイフで脅しカネを奪う
3・1　京都・亀岡の小学校の焼却炉に1年生の焼死体、誤って転落か
3・11　宮崎県で中学3年が日頃から暴力を振るう無職の兄17歳をメッタ刺し
3・12　大阪の中学、2年生徒22人トランプ賭博、学年主任が2年全員正座させる
3・19　徳島・美馬の中学、髪染めた卒業生の髪を染め直して卒業式に出席させる
3・24　北海道・岩見沢、父親が10歳の息子を殺害。ＴＶゲーム機ねだられ
4・4　埼玉・飯能で2歳女児餓死、21歳の母親が2週間放置、育児放棄
4・7　岐阜・羽島の小2女児が殺害され公園に遺棄（4・30　無職20歳逮捕）
4・9　大阪で車盗難の少年グループ、職質中逃走、警官発砲、16歳無職少年死亡

4・16	福岡・築上で無職17歳がバットで父親を殴る
4・21	福岡・瀬高で、少年5人が遊び仲間の17歳を金属バットなどで殴打し殺害
4・26	吉本興業のタレント、女子中学生への猥褻行為で逮捕
4・30	長崎で中学3年男子が交際を許してくれない相手の父を刺殺
5・4	宮城・矢本の中学、教材忘れた1年生に屈伸100回の体罰、4日後に死亡
5・13	長野・松本の中学3年担任がクラス33人に平手打ち、2人鼓膜損傷、1人脳震盪
5・16	早稲田大学、入学式で校旗につばかけた新入生を退学処分に
5・18	東京の小学5年、母親に暴行され硬膜下出血で死亡
5・30	岡山・総社で中学3年が自殺。7人から暴行恐喝のイジメを受けていた
5・―	東京や大阪の朝鮮人学校の女子生徒のチマチョゴリが切られる事件連続
6・3	愛知・安城で高校1年が飛び降り自殺。背景にイジメ
6・6	奈良で中学3年女子生徒と母親を逮捕、下級生から150万円脅し取る
6・8	東京・国分寺、市立中学3年男子が跳び箱練習中に落下、死亡
6・17	7歳の長女を学校に通わせず車で全国各地で窃盗の夫婦を兵庫で逮捕
6・18	京都の警察官宅、長男らと飲酒の16歳少女死亡
6・24	東横線網島駅で朝鮮中高級学校中級部の3年生徒が腹部を男に殴られ入院
6・24	大阪・高石で左官18歳が配管工18歳を殺害。金銭トラブルで
6・24	大阪・豊中の父親が障害持つ2人の子どもと兵庫県で心中
6・27	兵庫・西宮で1歳長女が21歳の母に虐待されて死亡
7・2	大阪・地下鉄動物園前駅で18歳少年が女性を線路に突き落とし死亡させる
7・5	東京・江戸川で中学3年が自殺。イジメを受けていたという遺書
7・15	神奈川・津久井で中2が自殺。転校してからイジメ受けていた
7・18	大阪・西成の中学3年が車のトランクに入り出られなくなり熱中症で死亡
7・22	岡山・倉敷、バレーボール部員2人にセクハラの中学教師、懲戒免職
8・3	岩手の小学3年担任、標本紛失の罰として全員に蛇の抜け殻を食べさせる
8・3	横浜の小学教師が名札忘れた児童に他児童からブーイングさせたことが発覚
8・9	イッキ飲み調査、過去10年間で29人死亡
8・9	大阪・高槻の中学校の水泳クラブ活動で飛び込み、2年男子が重傷
8・10	福島・会津若松、県立高校の柔道部合宿中、生徒が熱中症で倒れて死亡
8・10	高知の高校1年が高槻でのサッカー大会試合中に落雷を受けて重い障害
8・17	広島・能美町の中学校、炎天下でサッカー練習、部員の2年男子が死亡
8・26	福島・相馬で高校2年が自殺。金を脅し盗られるなどイジメを受けていた
8・28	岐阜・揖斐川町で車のトランクに閉じ込められた3歳と1歳幼児が死亡
8・30	兵庫県の在日韓国人高校生宅に民族差別電話
9・2	三重・伊賀の溜め池に中学3年女子のバラバラ死体、新潟の男を逮捕

第4期 1984〜97年

9・5　岡山・倉敷で中学2年が自殺。イジメが背景に
9・16　和歌山・龍神村で5歳、2歳の幼児が死亡、母親が重体、無理心中
9・20　兵庫・龍野で小学6年男児が自殺、直前に教師が体罰
9・28　無職少年4人による木曽川・長良川連続リンチ4人殺害事件、最初の犯行
10・6　横浜の高校でリンチ、1年女子が失明の危機、3人逮捕、5人取り調べ
10・12　大阪・平野のホテルで高校2年女子が死亡、男に覚醒剤打たれ
10・16　大阪・城東で暴走族少年5人がクラクションに怒り2人に重傷負わす
10・18　神奈川・相模原で暴走族少年4人が他車を襲い、1人を殺害、1人に重傷
10・19　岡山のJR車内で女高生2人が絡まれていたのに校長・教頭知らんぷり
11・1　静岡・浜松の19歳2人がケンカの仲裁に入った会社員をナイフで刺殺
11・4　札幌で2歳男児殺害され遺棄。22歳グラビアモデルの母に（12・8逮捕）
11・17　大阪・十三(じゅうそう)のストリップ劇場、女子高校生を全裸で踊らせる
11・27　愛知・西尾で中2が自殺。4人から暴行恐喝、110万円以上脅し取られる
12・2　千葉・印西町(いんざい)のJR線に中学3年男子が飛び込み自殺、遺書残す
12・7　広島・比婆郡の小学校で5年男児が教師から拳固で殴られる体罰半年以上、入院
12・8　福岡・田川の中学、女子を含む3年13人が男子生徒から100万円脅し取る
12・13　愛知・岡崎で中学1年生が自殺。イジメを受けていた
12・14　福島・石川町で中学3年がイジメられ首吊り自殺。遺書に同級生3人の名
12・14　兵庫・加古川で無職38歳が階下の小1女児を強姦しようとして騒がれ殺害
12・25　奈良・高取町の中学で2年生30人が終業式ボイコット、校内暴力に抗議して
12・30　千葉・市原、小学3年女児が絞殺され、同居の34歳叔父を逮捕
　　　　（この月、全国各地の小中高校でイジメ事件が表面化する。100件こえる）

1995（平成7）年

この年の全般的状況　**阪神淡路大震災、東京地下鉄サリン事件、沖縄米兵少女強姦事件**

　1月17日早朝、阪神と淡路島をＭ7.2の地震が襲い、最終的には死者約6千5百人、負傷者約4万4千人、ビル家屋の損壊約40万戸の大被害となった。その混乱の最中、オウム真理教が東京の地下鉄でサリンを撒いた。前年の松本事件、さらに以前の坂本弁護士一家殺人事件につぐテロ事件だったが、捜査は後手に回った。既成政党批判がさらに高まる中、知事選では東京・青島幸男、大阪・横山ノックが当選、無党派風が吹いた。

◆この年の主なできごと◆

- 1・17　阪神淡路大震災
- 1・28　文部省、高校中退者の総合調査研究会議発足させる
- 3・20　オウム真理教、東京地下鉄でサリン撒布、無差別大量殺人テロ
- 4・9　統一地方選、東京都知事に青島幸男、大阪府知事に横山ノック、無党派旋風
- 6・5　育児休業法公布
- 9・4　沖縄で小学生女児が米兵3人に強姦される

この年の子どもをめぐる大きな事件

①都立高校海洋科新入生シゴキ水死事件

　5月13日、東京都大島の都立高校海洋科寄宿舎の3年生が、大島町差木地港の堤防で、1、2年生に斜面をよじ登るよう命じ、できなかった1年生に罰として10メートル下の海に飛び込ませたのだが、この日は波が荒く、4人が死亡し、1人が行方不明となった。これは毎年、寄宿舎恒例の新入生歓迎行事として行われ、逆らうことを許されないものとして行われてきたのだが、東京地裁は上級生3人によるイジメと判断し、賠償を命じた。

②沖縄で小学生女児が米兵3人に強姦される

　9月4日、沖縄に駐留する米海兵隊員2人と海軍軍人が12歳の小学生女児を拉致・監禁し強姦した。3人の犯行であったことが明白であったにもかかわらず、日米地位協定によって起訴されなければ身柄が引き渡されないということで、米軍が匿うかたちとなり、沖縄県民の怒りは爆発した。この日は奇しくも、40年前に嘉手納村で幼稚園女児が米兵によって酷たらしいやり方で強姦強殺された日でもあった。何も変わっていないのだった。

③新潟で中学1年男子がイジメで自殺

　11月28日、新潟県上越市で中学1年男子が、自宅のバスケットボールのゴールにひもをかけ、首吊り自殺した。遺書があり、5人の生徒を名指しして、暴行、金品強奪、辱めなどさまざまなイジメを受けていたことが書かれてあり、それが耐えられなくなっての自殺であることが明らかになった。担任はイジメを口止めし、学校もイジメを否定していたが、生徒たちの証言から遺書に書かれていたイジメが事実であると確認されたのだった。

────────◆1995年の子どもをめぐる事件◆────────

第4期 1984～97年

1・5　愛知・阿久比町で小学6年女児が自殺
1・7　沖縄で前年12月から行方不明だった小学生ら3人、タンク内で死亡
1・11　兵庫・神戸、家出女子中学生に覚醒剤、入れ墨した組員逮捕
1・15　兵庫で中学3年男子が犬の鎖で自殺、和歌山では女子生徒がJRに飛び込み
1・26　島根・三刀屋町の中学3年が自宅で自殺、学校が怖いと
1・31　佐賀・唐津、小学1年が下校途中殺害される。無職の男逮捕、にらんだからと
2・1　北海道・札幌で母親が急死して世話する人なく、1歳女児数日後死亡
2・5　静岡・浜松で中学2年が飛び降り自殺。イジメられていた
2・6　福岡・遠賀郡の中学3年女子生徒2人逮捕、下級生をイジメ、売春させる
2・9　兵庫・伊丹、小学6年女児がランニング中に死亡
2・22　茨城・美野里町の中学2年自殺、イジメられたと遺書、他の生徒も
3・5　東京の少年4人逮捕、阪神大震災被災百貨店から宝石等1億4千万円盗む
3・14　福岡・宗像、中学2年の息子がイジメられ、父親が加害中学生を監禁暴行
3・17　埼玉・本庄市で死後1週間の中学生の首吊り遺体を発見
3・28　三重・伊勢市で中学3年が47歳の男性に暴行して殺害し遺体を捨てる
4・2　大阪・吹田で3歳児を折檻して殺害した同居の男性逮捕
4・3　青森・三沢で中学3年がイジメに耐えかね高校2年を刺す
4・7　愛媛・松山で中学2年女子が自殺、イジメられ半年間不登校だった
4・15　山梨・上九一色村のオウム施設で53人の子どもを保護
4・16　福岡・豊前の中学2年自殺、イジメを苦にしての自殺、遺書
4・22　大阪・堺の中学3年、無関係の1年を監禁、4日間暴行し連れ回す
4・27　奈良・橿原で中学2年が首吊り自殺。イジメられていた
4・28　長崎の中学校屋上から2年女子が飛び降り自殺。男子からイジメられていた
5・1　大阪・寝屋川で専修学校生15歳が首吊り自殺。難病でイジメられていた
5・11　熊本・山鹿の中学で弓道の練習中、矢が刺さった3年、脳挫傷で死亡
5・13　伊豆大島の水産高校新入生歓迎行事で飛び込まされ4人水死、1人不明
5・18　徳島県内の小学校教師、3年にわたり教え子の女児に猥褻行為で懲戒免職

5・27	大阪・貝塚、内妻の5歳の子どもをトランクに押し込め殺害した男を逮捕	
5・31	鹿児島で中学3年が首吊り自殺、イジメの可能性	
6・1	大阪・寝屋川の私立専修高校1年生が難病でのイジメを苦に自殺	
6・6	福岡の中学、教師が服装違反の1年を殴り、頭蓋骨骨折の重傷負わす	
6・16	東大阪の中学教師が肝試し大会で下半身を露出させ、緊急保護者会で謝罪	
6・18	大阪・豊中の駐車場で暴走族少年6人が指圧師と経営者から注意され殺害	
6・23	大阪・八尾、小学1年がヤミ金業者に連れ去られる。親に借金返済迫るため	
6・26	千葉・八千代で中学3年男女飛び降り自殺	
7・3	鹿児島で中学1年男子が自殺、学校がイヤになった	
7・7	大阪・淀川区で無職少年15歳らが会社員のバッグを強奪して刺殺	
7・8	兵庫・三田の中学3年女子が教師に殴られ前歯折る	
7・18	兵庫・姫路の中1女子が小学6年から売春させられていた。暴力団員逮捕	
7・18	福岡・飯塚の高校で教師に殴られ転倒した女子生徒死亡	
7・26	山口で20歳の母親が生後3か月を車内に放置し買い物、死亡させる	
8・4	静岡・西伊豆の小学校プールで5年男児が排水口に右足吸い込まれ死亡	
8・4	神戸の小学校教頭自殺、子どものトラブルが親同士に発展、解決できず	
8・11	大阪・東淀川のデートクラブ経営者逮捕、売春斡旋、女子中高生49人補導	
8・11	長崎の高3男子が福岡で自殺、地元新聞社に教師に追い込まれたと遺書	
8・18	千葉・船橋高校、女子陸上部員5人退部、顧問教師の日常的体罰が理由	
8・24	茨城の中学で3年女子2人が下級生男子に命じて同学年女子を強姦させる	
8・27	横浜の私立高校の教室で1年女子が首吊り自殺、クラブでイジメの遺書	
8・30	岡山・瀬戸の高2弓道部員が中2にヤジられ、矢を放ち、上腕貫通	
9・2	大阪・堺の公園で中学3年死亡、暴行の少年4人逮捕、日頃、使い走り役	
9・4	北海道・登別で阪神大震災被災者仮設住宅暮らしの女性が4歳女児殺害	
9・4	沖縄米軍基地近くで小学生女児が米兵3人に強姦される	
9・5	千葉・松戸で高校2年が母親を殺害し逮捕	
9・10	長野・大町、オウムに殺された坂本弁護士一家長男竜彦ちゃんの遺体発見	
9・18	大阪・阪南の少年が近くの工事現場で自殺、警察でどつかれたとの遺書	
10・1	兵庫・今田町で中学1年男子が首吊り自殺	
10・4	千葉・柏のアパート空室から嬰児7人の遺体発見される	
10・7	大阪・高槻で2歳女児が折檻されて死亡、父母逮捕	
10・15	大阪・寝屋川の中学で集団暴行、男子の前で裸にされた1年女子が不登校	
10・24	東京・世田谷区の託児所に嬰児10遺体を放置、産み捨ての元保育士を逮捕	
10・28	大阪・吹田で暴走族40人が乱闘、高校3年が対抗暴走族の高校3年を殺害	
11・4	大阪・守口の高層マンションから消火器、玄関近くにいた小3女児死亡	
	（11・20 男子児童2人補導、上から落とすのが面白かった）	

第4期 1984〜97年	
11・13	東京・北区でホームレスを暴行して殺害した少年3人を逮捕
11・26	愛知・西尾のイジメで自殺した中学生の命日、新潟や鳥取でイジメ自殺
11・23	静岡・瀬名のマンションで少年18歳が同棲女性23歳を絞殺
11・27	愛知・蟹江で高校1年が同級生と決闘して刺す。6人の同級生が見ていた
11・28	新潟・上越で中1男子がイジメで自殺、教師も学校もイジメ否定していた
11・29	奈良・藤ノ木古墳が荒らされた事件で中学2年3人が自首
12・ 1	福岡・中間市で少年17歳が中3女子を刺殺、女子の母親にも重傷を負わす
12・ 4	新潟・上越の小学校6年生21人が10日以上も授業ボイコット
12・ 8	千葉・神崎町(こうざき)で中2女子が自殺、5人の実名入りでイジメられたとの遺書
12・13	滋賀・日野の中学で2年3人が1年からカネを巻き上げ、3年5人が取る
12・19	福岡の中学校で教師が2人の生徒の教科書を焼却炉で焼く
12・21	大阪・高槻で中2男子がパイプ椅子で教師を殴り骨折させる
12・28	栃木・宇都宮の5年男児が教師に「麻原」のあだ名つけられ不登校に

「児童の権利に関する条約（子どもの権利条約）」
1989年11月国連総会で採択、94年5月日本で発効

「児童の権利に関する条約(子どもの権利条約)」は、前文と本文54条からなり、子どもの生存、発達、保護、参加という包括的な権利を実現・確保するために必要となる具体的な事項を規定しています。
「子どもの権利条約」－4つの柱から成り立っています。
◎生きる権利
子どもたちは健康に生まれ、安全な水や十分な栄養を得て、健やかに成長する権利を持っています。
◎ 守られる権利
子どもたちは、あらゆる種類の差別や虐待、搾取から守られなければなりません。紛争下の子ども、障害をもつ子ども、少数民族の子どもなどは特に守られる権利を持っています。
◎育つ権利
子どもたちは教育を受ける権利を持っています。また、休んだり遊んだりすること、様々な情報を得、自分の考えや信じることが守られることも、自分らしく成長するためにとても重要です。
◎ 参加する権利
子どもたちは、自分に関係のある事柄について自由に意見を表したり、集まってグループを作ったり、活動することができます。そのときには、家族や地域社会の一員としてルールを守って行動する義務があります。

（ユニセフまとめ）

1996（平成8）年

この年の全般的状況　**自民党が再び政権の座に、社会党凋落、再びイジメが各地で**

　10年前の中野の中学生の自殺以来、文部省も、地方の教育委員会も、もちろん学校も、イジメをなくすための努力をしてきたはずだが、歯止めがかからず自殺が続出していた。1月5日、「人心一新」したいと村山首相が辞任、橋本龍太郎が継ぎ、自民党は3年で首相の座を取り戻し、初の小選挙区制選挙となった10月の総選挙でも復調したが、社民党（旧社会党）とさきがけは惨敗、とりわけ社民党の凋落は著しく、55年体制は終わった。

────────◆この年の主なできごと◆────────

- 1・5　村山首相辞任（1・11　橋本龍太郎内閣発足、自民党に首相が戻る）
- 2・10　文部省、いじめが再び増加傾向にあり、対策本部を設置
- 4・1　差別隔離法「らい予防法」ようやく廃止
- 7・-　大阪・堺市の学校給食でO-157中毒発生、小学生死亡
- 10・20　初の小選挙区比例代表並立制選挙が実施され、自民党が圧勝

この年の子どもをめぐる大きな事件
①中・高校生のイジメ自殺が、なおも続く
　1月8日、神戸市須磨区のJR山陽線踏切で、高校1年の女子生徒がはねられ死亡したが、自殺をほのめかすメモを持っており、調べたところノートに複数が書いたとみられるイジメ落書が発見された。24日には福岡県城島町で中学3年男子が自殺した。両親宛の遺書に3年間にわたって3人の生徒から日常的に暴行を受け、30万円以上奪われていたことが明らかになった。この他、各地の小・中・高校でイジメによる自殺が起きていた。
②小・中・高校生の間で覚醒剤中毒事件多発
　この年は、覚醒剤使用が青少年にまで広がり、女子高校生、さらには小学生までが逮捕・補導されたりした。3月6日、埼玉県警少年保安課と大宮西署は、東京と埼玉の女子高校生9人を逮捕した。女子高校生たちはダイエットに効くといって覚醒剤を使用していたのだった。26日には千葉県松戸市で小学6年男児をふくむ4人の少年が覚醒剤使用で逮捕・補導された。4月26日、警察庁が発表した統計では、前年に覚醒剤使用で補導された青少年は1千人をこえ、とくに中・高校生に広がっていることに注意を喚起した。

③東京・足立で59歳男性が5歳の幼女殺人未遂

4月21日、59歳の清掃作業員の男性が5歳の女児に猥褻行為をし、首を締めて放置していた。幼女は命を取り留め、男性は殺人未遂で逮捕された。この取り調べの中で1月6日に41歳の女性を殺害して首を切断、証拠を隠すため遺体を焼いていたことも明らかになった。男性は74年7月に19歳の少女を強姦して殺害したとして逮捕され、一審では無期懲役だったが二審で無罪となり釈放されていた。結局、また無期懲役となった。

④兵庫県姫路市で母親が7か月の男児に覚醒剤

7月27日、兵庫県姫路市内の母親と、その交際中の暴力団員が、母親の生後7か月の男児に覚醒剤入りのプリンを食べさせたとして逮捕された。逮捕のきっかけは、男児の様子がおかしくなって病院に運ばれ、薬物中毒の疑いがあることがわかったからだった。警察の取り調べで自らも使用していた母親らは覚醒剤を入れたプリンを食べさせたら、子どもが元気になると思ったと供述したのだった。無知の恐ろしさを教える哀しい事件だった。

――――――◆1996年の子どもをめぐる事件◆――――――

1・8 神戸・須磨区の踏切で高1女子生徒が自殺。嫌がらせや無視のイジメ
1・17 群馬・前橋で16歳ら3人が車の警笛に怒り2人に暴行、頭蓋骨骨折の重傷
1・23 福岡・城島で中3が自殺、暴行や30万円奪われるイジメ、同級生2人逮捕
1・24 東大阪で暴走族17歳を逮捕、追い越した会社員を刺し2か月の重傷
1・25 愛媛の中学2年女子が自殺、男子生徒がブス、バカ、汚いなどイジメ
1・30 愛知・稲沢で2歳男児が継母に虐待されて死亡。自分になつかないと虐待
2・1 愛媛・今治の少年が中高生4人に脅され、亡父の遺産1千万円奪われる
2・12 兵庫・小野で高校2年が悪口を言っていると同級生をナタで殺害
2・13 兵庫・尼崎で中3の息子を学校に行かせず土木作業させていた父親を逮捕
2・20 大阪・枚方の中2が同級生の頭をトイレ・ブラシで殴り頭部骨折させる
2・27 北海道苫小牧市の書店に中学3年が侵入、経営者の妻に見つかり殺害
2・28 大阪・八尾の小学校で4年男子が校舎3階から転落し死亡
3・3 北海道十勝で高校1年が元同級生16歳を刺す。千円返せと
3・5 東京と埼玉の女子高生9人、覚醒剤使用で逮捕、ダイエットに効果があると
3・7 京都・下京で女子高生ら3人が高校2年男子を刺す
3・15 福岡・嘉穂郡の高校内で10数人が覚醒剤使用で逮捕
3・21 姫路の養護学校体験学習参加の6年、カゼ理由にバスから突き落とされる
3・25 千葉・松戸で小学6年をふくむ少年4人が覚醒剤使用で補導・逮捕
4・2 岡山・勝央の採石場でアルバイトしていた中学3年が労災事故で死亡

4・5	大阪・浪速区、女子高生ら30人に売春させていたデートクラブ摘発
4・7	松山市のJR予讃線に中学2年女子が飛び込み自殺、イジメられていた
4・10	千葉・流山の中学3年男子が飛び降り自殺、イジメを苦に
4・17	岡山・日吉町で2少年が19歳を殺害し、吉井川に遺体を遺棄する
4・19	大阪・枚方で小学5年を補導、暴走族に加わっていた
4・21	東京・足立で過去の事件で冤罪とされた59歳が5歳女児に猥褻行為、殺人未遂（1月6日には41歳女性を殺害し首を切断していた）
4・26	茨城・関城で中学2年女子が自殺。遺書にはイジメた男女同級生3人の名
5・1	神奈川・川崎、暴走族38人が対立抗争、3人が拉致され1人が殺害される
5・7	大阪・寝屋川で3年にわたり中学の後輩から金品脅し取っていた16歳逮捕
5・10	高松で中学新入生の茶髪染め直し事件、親が教師に暴行、逮捕
5・13	千葉・野田で4歳女児が同居の23歳の男に殴られ死亡。母親も一緒に暴行
5・20	長崎のイジメで自殺した中学2年女子の父と兄がイジメた生徒に暴行
5・30	大阪・和泉、父親の虐待に耐えかね、小学生の姉と弟が小屋で暮らす
5・30	兵庫・高砂、中学3年男子が同級生から30万円脅し取り逮捕
6・1	岡山・邑久町の小学校と幼稚園で集団中毒、小学1年女児が死亡、O-157
6・3	神奈川・大和で朝帰りを叱られた高校1年男子が母親を殺害
6・4	大阪・堺の小学校女性担任がケガの3年からかい、イジメ誘発、不登校に
6・6	千葉・旭市で3歳女児が母と同居していた男に暴行され死亡
6・12	大阪・高石、19歳男性から現金脅し取り、30時間監禁した19歳女性ら逮捕
6・15	東京・足立区で母親がパチンコ、車内の2幼児が熱射病で死亡、逮捕
6・24	東京・東村山で中学3年女子がライターのガスを吸って酸欠で死亡
6・28	東京・駒沢公園で土木作業員17歳ら4人が強盗目的で2人襲い19歳を殺害
7・2	茨城・伊奈町で高2女子が無職少年17歳に殺害される。冷たくなったと
7・7	兵庫・姫路の橋上で警察に挟み撃ちされた暴走族50人が飛び降り重軽傷
7・13	大阪・堺の33小学校の318人が食中毒症状、O-157中毒
7・15	大阪・淀川区のブルセラショップ経営者逮捕、女高生10人に売春させる
7・22	福岡・粕屋郡で17歳が介護に疲れ父親を殺害
7・27	姫路で、暴力団員と交際中の母が7か月男児に覚醒剤入りプリン食べさす
8・8	千葉市内の1歳女児がO-157で死亡
8・12	東大阪のコンビニで女子高生が深夜労働、経営者逮捕
8・15	大阪・堺のO-157で入院していた小学6年女児が死亡
8・23	和歌山・新宮、里帰り中の5歳女児が叔父に殺害される
8・24	千葉・市川で少年ら20人が乱闘、3人が重傷
8・27	福島・郡山で高2男子が別れ話で2年女子を殺害、母親と共謀、遺体遺棄
8・29	滋賀・雄琴のソープランドで家出中の女子高生が働き、経営者逮捕

第4期 1984～97年

9・ 3	大阪・堺の16歳少女逮捕、友人に売春斡旋
9・ 6	宮城・多賀城で17歳女子が生後6か月男児を殺害。警察に捕まりたかった
9・ 6	大阪・泉大津で少年2人が軽自動車内でシンナーを吸って死亡
9・17	千葉・松戸で高校1年ら少年4人が無職16歳をリンチで殺害
9・18	神戸・北区、後輩の家に勝手に入り込み好き放題していた少年4人を逮捕
9・20	大阪・枚方で専門学校生18歳が女性宅に侵入、女性の妹を殺害し、放火
9・20	大阪・ミナミでエアマックスを履いた中高生が靴奪われる（各地でも）
9・23	名古屋・港区で18歳がシンナー常用を注意され祖父を刺殺
9・26	沖縄・那覇で高2女子が6人とシンナー吸引、19歳に関係迫られ焼き殺す
9・30	鹿児島・知覧での中3イジメ自殺事件、加害者とされた生徒の父が自殺
10・ 5	静岡の高校生、人気の靴を安く売ると騙し別物を送り、奈良県警に逮捕
10・ 8	兵庫・西宮、女子中学生に売春させた18歳少年と18歳女子短大生逮捕
10・22	大阪・ミナミ、中3男子を少年8人が脅し、現金とエアマックス奪う
10・25	埼玉・川越で中学3年がライターのガスを吸って死亡
10・29	大阪狭山市で高校1年ら3人が車に因縁付け、運転していた店員を殺害
10・30	新潟・下山、中学2年女子がイジメを苦に自殺
11・ 2	愛知・幸田で3歳女児が母親に暴行されて死亡
11・ 6	東京・文京で中学3年の長男の家庭内暴力に耐えかね父親が殺害
11・ 8	生後7か月の娘を殺害して放置、タイに逃亡した横浜の夫婦を逮捕
11・15	東京・深川の中学で異臭騒ぎ、3年男子が催涙スプレー噴射
11・17	東京・渋谷の高校生ら5人、スポーツ店に侵入、エアマックスなどを盗む
11・19	広島・向島の運転手、生後8か月の長女を殴って死亡させる
11・24	静岡・新居の少年3人が仲間の手足・首を縛って湖に投げ込み死亡させる
11・30	静岡・国際海洋高校の生徒3人を覚醒剤取締法違反で逮捕、野球部員
12・ 7	横浜の3歳男児が26歳無職の父親に全身暴行され死亡
12・ 8	岡山・備前の中学2年女子が京都の男に誘拐・監禁される
12・ 9	福岡の少年4人がホームレスから220万円盗む
12・19	大阪・西淀川、同棲相手の長男を虐待して殺害した21歳の男を逮捕
12・24	北海道・帯広の中学3年3人、高校生に暴行、ビデオ撮影し観賞
12・25	広島市のホテルで女子高生5人がライターのガスを吸引中に爆発し大火傷
12・27	栃木・小山、7歳の息子を風呂に沈め殺害した父親逮捕

1997（平成9）年

この年の全般的状況　**消費税引き上げ、景気急減速、金融危機、酒鬼薔薇聖斗事件**

　4月1日、政府は日本経済がバブル破綻不況から回復したと判断し、消費税を5％に引き上げた。しかし、消費にブレーキがかかって景気は低迷、秋にニューヨーク株式が暴落、世界同時株安が進んだこともあって、すでに破綻していた日産生命についで三洋証券、山一證券、さらに北海道拓銀が破綻、膨大な不良債権が日本経済を揺るがし、金融恐慌寸前となった。その一方で実質的安保改定である日米防衛ガイドラインの見直しが行われた。

―――――――◆この年の主なできごと◆―――――――

- 4・1　消費税5％に引き上げ
- 4・24　高槻市、小中学生の指導要録開示決定
- 6・28　神戸で児童連続殺傷事件、14歳の中学生の犯行（酒鬼薔薇聖斗事件）
- 8・29　最高裁、第三次家永訴訟で検定合憲と判断しながら、書き直し部分は賠償命令
- 10・27　世界同時株安、山一、三洋証券、北海道拓銀など経営破綻、金融恐慌寸前
- 12・17　介護保険法公布

この年の子どもをめぐる大きな事件
①酒鬼薔薇聖斗事件（中学生による連続殺傷事件）
　2月10日、神戸市須磨区の女児2人がハンマーで殴られ重傷を負い、3月16日午後には小学4年女児がゲンノウで殴られ1週間後に脳挫傷で死亡、さらに小学3年女児が小刀で刺され重傷を負い、5月27日早朝には同区の中学校正門に男児の頭部が放置され、口に声明文がはさまれ、「酒鬼薔薇聖斗」と書かれてあった。6月28日、警察は近くの14歳の中学生を逮捕した。この年齢の少年がなぜこのような殺傷事件を起こしたのか、その心の底、親・保護者の子育て・教育のあり方、また学校の役割が大きく問われた。
②無職16歳少年が母の焼殺に失敗、自宅に放火
　9月18日深夜、愛知県名古屋市で、16歳の無職少年が就寝中の母親に灯油をかけ、ライターで火をつけて焼き殺そうとしたが、母親が異常に気づいて逃げ出し、少年の計画は失敗した。その腹いせに家に放火し全焼させたのだが、警察での事情聴取で、中学卒業後、進学も就職もせず1日中猫と遊んでいるの

を母から毎日厳しく文句を言われ、殺そうと思ったと供述した。ニート、引きこもりが社会的に大きな問題になりはじめての事件だった。

③栃木で中学2年男子がDVの父を殺害

9月26日、栃木県で中学2年の男子が就寝中の父を殺害した。原因は父の家庭内暴力だった。生徒の父は連日、母や自分に対し、何かにつけ暴力を振るっていた。母は友人の主婦らに相談をしていたが、他人が忠告や意見をすると、「オレの悪口を言いふらしやがって」などと言って、さらに暴力はエスカレートし、男子生徒と母、友人の主婦は、もう殺す以外にないと思いつめ、母らが押さえつけ、生徒が父の腹部に包丁を突き刺して殺害したのだった。

──────◆1997年の子どもをめぐる事件◆──────

1・6　千葉・野田の寺院で障害持つ10歳の長男と父親の僧侶が無理心中
1・8　長野・須坂の中学1年男子がイジメられたとの遺書を残し自殺
1・14　滋賀・大津、おばちゃん刈り＝主婦専門の引ったくりで中学3年3人逮捕
1・18　兵庫・神戸でおやじ刈り、会社員襲い現金奪った中学3年ら4人逮捕
1・29　北海道・砂川、中学校のトイレで1年女子が首吊り自殺
1・30　大阪・ミナミ、戎橋で仲間の少女にリンチ加えた5人逮捕
2・1　大阪府警、テレクラ規制条例施行に合わせ、援助交際は売春とみなす方針
2・10　神戸・須磨区の女児2人がハンマーで殴られ重傷
2・16　大阪・堺、連続放火・窃盗容疑20件の19歳を逮捕
2・19　滋賀・米原、中学2年が車を運転し衝突、同乗の小中学生4人が重軽傷
2・24　京都・山科の小学生3人、教師の暴言で不登校に
2・28　横浜市の中2男子4人、小中学生からたまごっちを脅し取って補導
3・1　大阪・泉南の保育所で男児にパンツ下げさせる体罰、人権救済申し立て
3・4　神奈川・横須賀の母、娘の退学はイジメによるものと加害女高生を殴る
3・6　兵庫・川西の小学校6年クラスで学級崩壊、教師3人配置
3・10　横浜の川で全身焼かれた男児の遺体発見（後日、母親と同居男逮捕）
3・16　神戸・須磨区で小4女児が殴られ死亡
3・22　三重・三重郡で中学2年が窃盗目的で民家に侵入、帰宅した主婦を殺害
4・9　大阪・浪速、小3女児を男44歳が殺害。小さい子なら誰でもよかった
4・18　和歌山・かつらぎ町で小学5年男児が校内で首吊り自殺
4・25　島根の高校野球部監督、女子マネージャーにセクハラ繰り返す
5・6　奈良・月ヶ瀬村で中2女子行方不明（8・1三重で遺体、25歳逮捕）
5・11　奈良・斑鳩、3歳長女が虐待され死亡（当初、父親逮捕。実際は母親）
5・15　京都で茶髪刈り、高校2年女子と高校1年女子2人逮捕
5・17　東京・大田区で中学3年女子が覚醒剤使用で逮捕、売り渡した男と母逮捕

5・25	兵庫・相生で中学3年が1年先輩を殺害。イジメの仕返し	
5・25	福岡・三橋町(みつはし)で中学3年男子が自殺、イジメが原因	
5・26	兵庫・神戸の中学正門に殺され切断された男児頭部が置かれ口に挑戦状（6・6酒鬼薔薇聖斗の名で新聞社に犯行声明）	
6・2	大阪・高槻、1歳4か月の男児を虐待して死なせた男逮捕	
6・3	名古屋で病気の小学6年の娘を介護せず死なせた母親逮捕（後に父親も）	
6・6	大阪・守口の中学、転校女生徒が授業中にリンチされ、26万円恐喝される	
6・12	奈良の高1女子が伝言ダイヤルで援交相手募集、友人に売春させていた	
6・17	東京・日野、19歳少年の遺体、高校2年が仲間と殺害した	
6・18	徳島の小学校教師が担任の特定児童をイジメていたことが発覚、校長辞表	第4期 1984〜97年
6・21	奈良で83歳女性から現金300万円奪い取った少年18歳2人逮捕	
6・24	長崎を修学旅行の大阪・和泉の中学生、被爆体験の語り部にヤジ	
6・26	大阪・此花、19歳女性がポリ袋に乳児を入れて捨て逮捕	
6・30	香川・高松の中学2年女子がマンションから飛び降り自殺	
7・3	名古屋で小学6年女子ら少女と援助交際していた会社員ら9人逮捕	
7・6	東京・品川で暴走族100人が乱闘、1人死亡	
7・7	東大阪で大学生を狙って恐喝していた中学3年男子3人逮捕	
7・10	大阪・堺のパチンコ店の駐車場に生後間もない赤ちゃんが捨てられる	
7・15	大阪・羽曳野の小学校で養護学級の6年男児がイジメられる	
7・17	香川・多度津で2歳の長女をタンスに閉じ込め死亡させた両親逮捕	
7・22	静岡・庵原郡(いはら)で17歳少年2人が覚醒剤急性中毒で死亡	
7・24	兵庫・東播磨地区の31高校が同和地区出身や母子家庭など記入していた	
7・30	大阪・泉佐野の19歳が元職場寮に侵入、76歳男性をアイスピックで刺殺	
8・7	大阪・門真で言語障害の少年を監禁暴行、現金奪おうとした少年3人逮捕	
8・13	大阪・平野のスーパーで催涙スプレーをまいた少年3人逮捕	
8・14	大阪・貝塚の母親、長女を業者に紹介して売春させたとして逮捕	
8・15	静岡・御殿場の18歳母親、1歳長男の衰弱を知りながら放置し死亡させる	
8・22	茨城の銀行に17歳の少年と16歳の少女が押し入り逮捕	
8・22	大阪・住之江、小学6年女児に猥褻行為しようとして中学生2人逮捕	
8・25	千葉の中学、生徒が万引きした物まとめ、保護者には謝罪に行くなと指示	
9・1	兵庫・三原町の中2が始業式の朝に焼身自殺、浜松では中1が鉄道自殺	
9・7	猥褻ビデオなどを販売して捕まった札幌の男、6年前少女に猥褻行為	
9・11	栃木・宇都宮で2歳長女の車内排尿に怒り、外に放り出し殺害の母親逮捕	
9・13	大阪で小学生女児に猥褻行為、ビデオ撮影した男2人逮捕	
9・14	群馬・桐生のビデオ販売店に18歳が侵入、駆けつけた警察官を刺殺	
9・22	栃木・足利で5歳男児が母親と同居男に布団蒸しの暴行を受け死亡	

第4期 1984〜97年

9・26　栃木の中学2年が母親とその友人とで、日頃から暴力をふるう父親を殺害
10・2　大阪府警発表、府下の女子中学生の逮捕者、前年の4倍の190人
10・9　大阪・大正、暴走族を装い女子高生に暴行、恐喝していた中3女子逮捕
10・16　大阪・西成の中学、テスト中、注意した教師に3年男子が集団暴行
10・20　島根・松江、女子高生を自宅に住まわせ、テレクラに電話させていた男逮捕
10・28　東大阪の少年7人が若い男女をワゴンに監禁、連れ回して現金奪い逮捕
11・2　和歌山の高校教師、試験点数のかさ上げをほのめかし、マツタケを要求
11・6　大阪・枚方の中学校で男性教師を殴ってケガさせた3年男子逮捕
11・12　千葉の高校2年が祖母に学校をサボったことを注意され、刺殺
11・17　大阪・西成、4歳の女児に暴行、死亡させた23歳実母と内縁の夫逮捕
11・20　北海道・釧路で母親が3歳男児を柱にぶつけ死亡させる
11・24　東京の盲学校高等部の女子生徒2人が電気コードまき付け自殺
11・28　和歌山・粉河町(こかわ)で小学1年女児が殺害される。運転手41歳逮捕、猥褻目的
12・4　大阪・高石の中学3年が父を殺害。別居の母と会っていたことを叱られ
12・5　大阪・西成の10歳女児、母親と内縁の男に1年間折檻され、衰弱して死亡
12・10　滋賀・マキノ町、小1男児が急性覚醒剤中毒、父親がジュースに入れ飲ます
12・13　大阪で現金520万円を引ったくった中学2年、恐くなって130万円燃やす
12・17　北海道で中学3年が高校2年の姉を殺害。日頃から仲が悪かった
12・21　長野の小学校で級友が体罰されるのを見て、同級生が不登校に

第5期　1998〜2010年

バブル破綻不況に、リーマンショックが追い打ち

生活保護世帯・無職男性・ワーキングプアーの増加と子どもへの虐待・ＤＶ問題化

1998（平成10）年

この年の全般的状況　**バブル破綻不況深刻化、金融危機寸前、和歌山毒入りカレー事件**

1月、国税庁は税滞納額が約2兆8千億円、過去最大と発表した。大蔵省は総貸出額約625兆円のうち不良債権総額は約77兆円と発表、不良債権は増える一方で、預金者保護・金融機能安定緊急措置法が公布された。GDPはマイナス、戦後最悪を記録、7月の参議院選挙では自民党が惨敗、橋本は辞任を表明、小渕恵三が継いだが、長銀系の日本リースが倒産、次いで長銀、日債銀も破綻、国有化されるなど、金融危機回避に追われた。

◆この年の主なできごと◆

第5期
1998〜
2010年

2・7　冬季オリンピック、長野大会
4・28　新ガイドラインにもとづく周辺事態法関連3法など閣議決定（後日、国会で成立）
7・12　参院選、自民惨敗、橋本龍太郎首相辞意表明、消費税引き上げで景気後退が原因
7・25　和歌山毒入りカレー事件、小学生ら中毒死
10・23　日本長銀経営破綻（12・12日債銀も）、金融危機が依然として続く
11・18　文部省、新学習指導要領、ゆとり教育

この年の子どもをめぐる大きな事件

①堺の中学生がシンナー吸引を止めようと暴行

1月15日、大阪府堺市の中学校で3年男子生徒8人が暴行事件を起こし、1人の男子生徒にケガを負わせて逮捕・補導された。警察での取り調べに対し、生徒がシンナーを吸っていたので、先生から「おまえらの友だちが、もしシンナーを吸ったりしていたら、シンナーは脳も神経も体もむちゃくちゃにする。廃人になるから体を張ってでも止めなあかん。それが友だちや」と言われていたので、みんなで殴ったり蹴ったりしたと供述した。

②中学1年男子生徒が女性教師をナイフで刺殺

1月28日、栃木県黒磯市立中学校で、26歳の英語担当の女性教師が1年生男子生徒にバタフライナイフで刺され、出血多量で死亡した。男子生徒は、この教師だけではなく、授業中の態度や遅刻などを注意する教師に対し、日頃から反抗的であった。この日、体調が悪いと、3時間目の英語の授業に遅刻し

た。これについて女性教師が注意したところ反抗的だったので、授業終了後、さらに注意するうち、生徒がナイフで刺したのだった。

③和歌山毒入りカレー事件、高校生、小学生ら4人死亡

7月25日、和歌山市園部で行われた夏祭りで、提供されたカレーを食べた67人が次々に吐き気などを訴え、病院に搬送されたが、64歳と54歳の男性、16歳の女子高生、10歳の男子小学生が亡くなった。カレーから亜ヒ酸が検出され、その中毒と判断され、いまも後遺症に悩まされている人もいる。地区住民の女性がヒ素を混入させたとして逮捕され、筆者も裁判を傍聴したが、死刑判決が下った。女性は冤罪だとして再審請求している。

④東京・区立中学生徒による偽やせ薬郵送事件

8月26日、東京都某区立中学生徒宅に、「やせ薬」と書かれた液体が送られきて服用したところ、気分が悪くなって病院に運ばれた。警察が調べたところ中身はクレゾール。この生徒だけではなく、他の生徒や教師にも送られていて、送られた手紙の筆跡鑑定などから、警察はある女子生徒から事情を聞いたところ、いじめられたので復讐のつもりでやったと話したのだが、被害生徒らは身に覚えがないとのことで、真相は不明の事件だった。

──────◆1998年の子どもをめぐる事件◆──────

1・7　大阪・堺でシンナー常習19歳が5歳園児と母、女子高生刺す。園児死亡
1・8　愛媛・松山で高校3年女子が私生活で口論、母を殺害
1・11　滋賀・大津で2歳の息子を虐待して死亡させたとして母親と元夫を逮捕
1・14　神奈川で中学3年男子が進路で母ともめて殺害
1・15　大阪・堺市の中学校で生徒が集団暴行、シンナー吸引やめさせるため
1・16　大阪・藤井寺、言うこと聞かないと父が小5男児を折檻して死亡させる
1・18　栃木で中学1年が女性教師から遅刻の理由を質され、ナイフで刺殺
2・2　埼玉・狭山、中学生3人が中学3年にバタフライナイフ突きつけ現金奪う
2・5　女優三田佳子の高校3年次男、覚醒剤取締法違反で逮捕されていた
2・5　愛知・渥美の中学で授業中遊んで注意され、エアガン撃った中3逮捕
2・18　埼玉・浦和、女子中学生2人が69歳男性を暴行して殺害
2・26　大阪・大正で1歳8か月のわが子に食事を与えず衰弱死させた両親を逮捕
3・3　愛知・豊田で2歳長女に食事を与えず餓死させた25歳の父親を逮捕
3・4　群馬の中学2年、喫煙の反省文を求められ自殺
3・6　愛知・日進で中学3年女子が無職19歳に殺害される。独り占めにするため
3・13　鹿児島・鹿屋で無職17歳が91歳の独居老人を殺害。金を奪うため
3・19　千葉・成田で中2男子が先輩にカネ払えないと自殺、17歳無職を逮捕

第5期 1998〜2010年

3・25	鳥取の会社員宅で高2の娘の不登校に悩み、母が無理心中。母だけ死亡
4・2	千葉で友人の父殺害し中2が逮捕された。長男も逮捕、暴力の父への復讐
4・7	岩手で小学2年女児殺害される。45歳運転手が強姦目的で自宅に連れ込み
4・14	大阪・堺の中学グランドで中2男子自殺、「プロレスごっこ辛い」と訴え
4・23	福島で高校3年が自殺、直前に同級生5人が暴行
4・28	群馬・安中で少年3人が元同級生18歳を殺害。女性をめぐってトラブル
5・2	X JAPANの元メンバー自殺。後追い自殺多発
5・14	愛知・岡崎のショッピングセンターで少年16歳が主婦刺し、斧で切りつけ
5・16	東京で中3女子、大阪で女子高生が自殺、ロックグループの自殺をまねて
5・22	京都の公園で中学3年男子死亡、同級生ら4人逮捕
5・23	兵庫・高砂の高校で野球の試合中、3年が車で乱入、3人はね、重軽傷
5・29	前年の鹿児島の中学でのイジメ自殺事件、教師も暴行していたことが判明
6・8	茨城で18歳板金工が恋人の女子短大生を絞殺。他の男性との交際に怒り
6・16	大阪・大正の父母、1歳8か月を衰弱死させ、3女も殺害、保険金
6・17	北海道・千歳で16歳、15歳の姉弟が生活態度を叱る祖父を殺害、遺体遺棄
6・19	福島、16歳が親戚の18歳の障害者女性を殴って殺害し逮捕
6・29	大阪・都島、高3男子が飛び降り自殺、教師に死ねと言われたとのメモ
6・29	大阪・平野、家出中女子2人が400回売春させられる。宿泊の代償に
7・2	大阪・松原、家族でシンナー販売の53歳父、18歳長女、16歳長男逮捕
7・3	長崎の県立高校カウンセリング室で3年男子が首つり自殺
7・7	神奈川の44歳母親逮捕、10歳長女を児童ポルノに出演させる
7・8	大分・佐賀関のJR駅で始発の屋根上に乗っていた少年少女6人が感電
7・17	大阪・阿倍野、3歳長女を折檻して死亡させた22歳の父親を逮捕
7・19	岡山で31歳の母が6歳の長男の前で、4歳、1歳の娘を連れて入水自殺
7・24	福岡・筑紫野、無関係の18歳が大学生宅に入り込み暴力振るい続け逮捕
7・26	和歌山市園部の夏祭りでカレーに毒物、女高生と小4男児死亡、66人中毒
7・29	香川・高瀬、生後9か月の長女を虐待して死亡させた23歳父親逮捕
8・6	大阪・福島、男性を襲い大型バイク奪った少年8人と中2の1人を逮捕
8・9	岐阜・武芸川(むげがわ)のコンビニ駐車場で暴走族8人が22歳を殺害しダムに捨てる
8・15	横浜・青葉区で高校3年ら4人がリーダーに命令され暴走族脱会者を殺害
8・19	広島・福山で高1男子が同級生から何度も恐喝され自殺、他の同級生も
8・24	千葉・印西のコンビニで中学2年が無職少年2人に暴行され死亡
8・26	東京・港区の中学3年男子が郵送されてきたヤセ薬を飲み重症、偽もの
8・30	岐阜・各務原(かかみがはら)で高校3年の息子が54歳の父に射殺される。父は自殺
9・1	大阪・平野、内妻の小1女児にタバコ押し付けるなどの虐待、36歳男逮捕
9・5	名古屋の医師逮捕、ツーショットで知り合った女子中学生2人に淫行

9・13	兵庫・伊丹、高校2年女子がビニール袋かぶり自殺
9・14	神戸の小学教師、2年男児に注意する際、ナイフ突きつけケガ負わす
9・25	大阪・天満、少年3人逮捕、夜の仕事と称して路上強盗、少年3人逮捕
10・2	兵庫・西宮で無職19歳が通りがかりの小学1年男児を6階から突き落とす
10・7	大阪・高槻の中学校、昼食用の麦茶に漂白剤、3年女子中学生逮捕
10・12	京都・山科の中学で教師がバットで殴られ手足骨折、生徒8人事情聴取
10・13	暴力団員が福岡の少女を新潟、大阪の旅館に売春目的で売り飛ばし逮捕
10・18	北海道・中標津の高校で生徒がケンカ、同級生を刺殺
10・19	静岡の県立高校教師、ピアスの2年女子の耳たぶを引っ張りケガ負わす
10・29	埼玉・川口の公園で中学3年男子が5人の中学生らの暴行で殺害される
11・1	神戸の中学の柔道部顧問、3年女子部員に強制猥褻、市教委処分せず
11・6	群馬・大泉で暴走族12人が対抗勢力4人に暴行、1人死亡、3人重傷
11・9	兵庫・生田のパブ店長逮捕、女子中学生15人にパブの接待させる
11・18	大阪・貝塚、高校3年男子が恐喝され殴られて死亡
11・28	大阪・大正の18歳ホステス、1歳5か月の息子を殺害。遊ぶ時間欲しいと
11・30	長野・伊那の公園で16歳少女が少女8人から暴行受け死亡
12・3	神戸のマンションから女高生飛び降り、下にいた61歳に落ち、ともに重傷
12・7	大阪・城東の中3男子、2年女子を刺す。誰でもいいから殺したかった
12・9	名古屋の中学で注意された中学3年が女性教諭に猥褻行為
12・18	大阪地裁、夫以外の精子使った人工授精で誕生の子の嫡出否認認める判決
12・22	大阪で中学3年が強盗目的で80歳の女性店主を殺害
12・26	大阪・浪速、小学3年の娘に毒物飲ませ殺害した34歳の母親逮捕

1999（平成11）年

この年の全般的状況　**新ガイドライン安保、国旗・国歌法施行、文京・2歳児殺害事件**

　1月、沖縄返還時の佐藤とニクソンの核持ち込み密約がアメリカで明らかになったが日本政府は否定、日米防衛ガイドラインは法律や予算に影響を与えないとしながら、5月には周辺事態に共同対応する関係法が成立、日米安保は軍事同盟の性格をさらに強める一方で日の丸・君が代が法制化された。東海村JCOで初歩的ミスによる信じがたい臨界事故が発生、作業員2人が死亡、100人が被爆、周辺住民31万人に避難勧告が出された。

――――――――◆この年の主なできごと◆――――――――

3・12　金融再生委員会、大手銀行に7兆5千億円の公的資金注入
6・23　男女共同参画社会基本法公布
8・ 9　国旗・国歌法成立（13　公布・施行）
9・30　東海村JCOで初歩的ミスで臨界事故、作業員2人死亡
12・ 1　改正労働者派遣法施行、対象業務原則自由化

この年の子どもをめぐる大きな事件

①パソコン通信で女子高生らの全裸写真がさらされる

　この頃からケータイの出会い系サイトによる性犯罪事件が大きな問題になりはじめていたが、パソコン通信を利用してワイセツ画像や動画、音声がさらされる事件も起きていた。1月26日、東京・世田谷でアダルトサイト運営者3人が逮捕された。200人近くの女子高生・女子大生・OLらの全裸姿や性行為中の写真を撮影し、それを流して儲けていた。何人かの少女が自殺したのだが、彼女らの写真は、いまもネットにさらされ続けている。

②光市で少年が主婦と赤ちゃんを惨殺

　4月14日午後、山口県光市で極めて残虐な事件が起きた。23歳の主婦とその11か月の赤ちゃんが惨殺された。4日後、18歳の少年が逮捕された。少年は被害者宅に強盗・強姦目的で押し入り、主婦に抵抗されたため殺害したうえで辱め、泣き叫ぶ赤ちゃんを床に投げつけ、首をしめて殺害し、財布を奪って逃走したのだった。逮捕・起訴されて後の被告の言動に対し、被害者の夫が激しく怒り、少年凶悪犯罪に対し、厳しい問題提起をした。

③東京・文京の2歳児が誘拐されて殺害

11月22日、東京都文京区音羽の幼稚園で、園児迎えの母親の1人が連れてきていた2歳児が行方不明になった。警察は事件・事故の両面で捜査に着手、身代金要求がないことから公開捜査に踏み切ったが、その3日後、保護者のうちの1人の母親が夫に付き添われて警察に出頭し、自分が連れ出して殺害し、実家近くに埋めたことを自供した。犯行の背景には保護者間の人間関係のもつれや鬱屈があったとのことだが、なぜ殺さなければならなかったのか。

④栃木で少年が監禁され残虐なリンチで死亡

　12月4日、少年が警視庁に自首、残虐このうえない事件が明らかになった。父親が警察官の19歳を主犯とする栃木の少年4人が、19歳の労働者を監禁、酷い暴行を加えて引し回し、預貯金を引き出させ、さらにサラ金からも650万円をこえる借金をさせて遊んだ末に、殺害して山中に埋めたのだった。県警は身内がからむ事件として、まともに対応せず、殺害された少年を元暴走族とし、事件は仲間割れであるかのような報道をさせたのだった。

⑤京都市伏見区の小学校で2年男児が殺害された

　12月21日午後、京都市伏見区の小学校で小学2年男児が刺されて死亡した。現場近くには、この2年前の神戸の児童殺害事件を思わせる声明文が置かれ、大々的に報道された。2月5日、京都府警は遺留品などから21歳男性に任意同行を求めたが、男性は拒否、説得するうち逃げ、団地13階から飛び降り自殺し、声明文に小学校に恨みがあるなどと書かれていたことの真偽、あるいは中身などまったく解明されないまま闇に入ってしまった。

───────◆1999年の子どもをめぐる事件◆───────

1・ 5　茨城・石岡、置き去りにされた4歳女児の遺体発見、26歳母親逮捕
1・15　埼玉・熊谷で19歳・15歳の少女2人がタクシー強盗
1・19　東京・駒場で東大2年が同学部女子学生を何度も刺して重傷負わす
1・21　東京・台場で無職16歳が小学3年を人質にマスコミを呼べと叫ぶ
1・26　東京のアダルトサイト運営者3人逮捕、女高生らの全裸写真をパソコン通信に
1・27　大阪・阿倍野、内妻の7歳と5歳の子を虐待した31歳風俗店員の男逮捕
2・ 5　女優三田佳子の高校3年息子が覚醒剤保持で逮捕
2・ 8　佐賀・鳥栖で16歳男女2人が郵便局強盗、258万円奪ったが、逮捕
2・ 9　鹿児島・日置郡の15歳が小2女児監禁、殴って脅迫、1300円奪い逮捕
2・19　熊本の車椅子の女子中学生が修学旅行に行かないとの父あての手紙を校長に書かされる
2・27　東京・保谷の中学で授業中麻雀はじめた2生徒、注意した教師に暴行逮捕

第5期 1998〜2010年

2・28　広島・尾道、日の丸掲揚・君が代斉唱でもめた県立高校長が自殺
3・3　千葉・八千代でタバコ強要されるなどのイジメを受けた中学1年が自殺
3・13　福島・いわきで小6飛び降り自殺、兵庫・古川町で小6首吊り自殺
3・19　広島市の中学2年、授業中に教師に椅子投げ、ケガさせ逮捕
3・27　名古屋・熱田、母親に暴力の義父を15歳の息子が殺害
3・29　群馬・吾妻（あがつま）、高校1年が父親の愛人を刺す
4・1　東京・深川、中学生男子がオモチャの短銃で強盗するよう母に強要される
4・5　茨城・取手、5歳男児がカレーを無断で食べたと折檻され死亡。両親逮捕
4・8　大阪・寝屋川、女子高生3人伝言サービスで240人と売春させた男逮捕
4・14　山口・光市で主婦と11か月女児が強殺される（18日、18歳を逮捕）
4・17　広島市で女性の5歳の長男が暴行され死亡、24歳の同居無職男逮捕
4・20　京都・下京、幼い子ども2人が電車に置き去り、32歳母逮捕
4・30　神奈川・川崎、コインロッカーに赤ちゃん、若い父母、ラーメン店で食事
5・4　群馬で2幼児がダムで溺死、車窃盗男30歳が後部座席で就寝中を放り込む
5・6　東京・新宿で18歳女子短大生が慶応大学医学部学生5人に集団強姦される
5・11　東京・八王子、5歳女児が虐待され死亡、33歳の父親逮捕
5・15　千葉・市川で1歳女児が食事を与えられず衰弱死、18歳母の育児放棄
5・22　横浜・泉区で中学2年の息子が欠席を叱られ、母を殺害
6・5　名古屋・天白、牛乳盗み飲みした18歳少年、職務質問中に飛び降り死亡
6・10　埼玉の防衛医大寮で高1が防大生人質に「日本国憲法破棄」などと要求
6・20　東京・町田の小学校で6年男児が3階窓から宙づりにされる。教師が体罰
6・23　北海道・富良野のコンビニのゴミ箱に嬰児死体、修学旅行の女高生が捨てる
6・27　大阪・生野の2歳女児が殺害される。36歳の母が離婚話から
7・12　東京・杉並で中学1年女子が首吊り自殺、そばに『完全自殺マニュアル』
7・20　東京・中央の貴金属店に栃木の中3が強盗、ロレックス1,260万円奪い逮捕
7・25　岐阜、障害持つ子が猥褻行為の被害、26歳教師逮捕
7・30　福岡・八女（やめ）の短大附属高校運動部寮で3年ら4人が女子高生を集団強姦
8・3　愛知・岡崎の中学2年自殺、イジメが原因として中学生2人逮捕
8・9　愛知・西尾で無職17歳が高2女子を待ち伏せして殺害、一方的恋愛感情
8・10　大阪・柏原（かしわら）、17歳少女保護、家出してテレクラで知り合った男相手に売春
8・29　名古屋の小学校で教師がホームルームの時間に特定児童をイジメる会を開く
8・30　長崎・諫早、高校1年の息子に保険金かけて殺害した母親と交際相手の男を逮捕（前夫の死亡時9,000万円受け取る。男は娘の殺害も図る）
8・31　愛知・犬山、女子高生との性行為をビデオ撮影していた小学校教師逮捕
9・1　大阪・松原の公園で高校3年が集団リンチされる。暴走族22人逮捕
9・6　静岡・藤枝の中学1年男児、イジメ苦に「みんな死ね」のメモ残し自殺

9・7	茨城・ひたちなか、6歳女児が両親・知人に虐待され、8時間放置で死亡
9・19	名古屋・中川区で3歳女児が急性中毒、母親の覚醒剤をなめ。母親逮捕
9・22	和歌山市で母親が小学1年男児の頭をタンスにぶつけ死亡させる
10・3	宮崎・都城でオートバイ2人乗りの高校生らが警察官を襲う
10・7	東京・玉川、17歳少女がストリップ劇場で踊る。劇場経営者逮捕
10・8	東京・八王子市の女子高で1年女子が遅刻を注意され教師を刺す
10・24	山口の高2がネットで毒物売買詐欺、モデルガン改造し試射、逮捕
10・27	鎌倉・由比ヶ浜で高校3年と中大生ら5人が女子中学生を集団強姦
10・28	大阪府警の援助交際調べ、上半期だけで150人検挙・保護、前年の倍
11・14	京都・左京区の山中、ワゴン車内で幼い女児ふくむ母子4人排ガス心中
11・19	大阪・高槻、暴力団幹部宅で覚醒剤使用の女高生と密売手伝う女高生逮捕
11・22	東京・文京区で2歳女児が行方不明（25 遺体発見、近所の主婦が殺害）
11・23	山口、子育ての煩わしさから生後9か月の長男をメッタ刺しにした母逮捕
11・26	栃木・鹿沼、中学3年男子がイジメを受けて首吊り自殺
12・3	兵庫・柏原、高校3年ら2人が高校教師に713回イタズラ電話して逮捕
12・3	福岡の市立小学校でぜん息持病の3年女児が持久走練習中、発作で死亡
12・6	大阪・福島、同居3歳女児を熱湯風呂に入れ、大火傷させた19歳の男逮捕
12・21	京都・伏見・日野小で2年男児が刺殺される（識別記号てるくはのる）
12・24	大阪・浪速、家出女子中学生を働かせていた出張マッサージ経営者逮捕
12・28	大阪・高槻、市民総合センターのトイレでへその緒がついた赤ちゃん発見

2000（平成12）年

この年の全般的状況　**バブル破綻深刻化、暴力的債権取り立て、5,400万円奪うイジメ**

　この年、バブル破綻不況はさらに深刻化、商工ローン大手日栄のように暴力的で執拗な取り立てを行うところもあって自殺者が出て問題化、業務停止命令も出た。一方、高齢化が進み、4月1日から介護保険制度がスタートした。小渕恵三首相が倒れて死去、森喜朗・自・公・保三党連立内閣が発足、景気刺激策を続けたが好転せず、そごう、共栄生命などが破綻した。国債依存率は高まり、国債残高は400兆円近くになっていた。

───────◆この年の主なできごと◆───────

- 1・27　商工ローンに業務停止、悪質暴力取り立て
- 2・6　前知事横山ノックの強制猥褻事件後の大阪府知事選で太田房江当選、初の女性知事
- 7・2　雪印乳業大阪工場の製品で大規模集団食中毒、後日大阪工場閉鎖
- 7・12　そごう経営破綻、バブルの後遺症
- 7・28　森首相、教育基本法抜本見直しを表明
- 10・15　長野県知事に田中康夫、脱ダム宣言
- 11・20　児童虐待防止法施行

この年の子どもをめぐる大きな事件
①新潟で小学3年から拉致・監禁されていた女性が保護される
　1月28日、新潟県柏崎市の38歳の男が逮捕された。90年11月13日、同県三条市で下校途中だった9歳女児を拉致、逃ると殺すぞと脅し、そのまま9年2か月自宅に監禁したのだった。男の母親に対する暴力で医療保護措置が実施されることになり、医療関係者・保健所職員・警察官が立ち入ったところ、監禁されていた少女を発見、男を逮捕すると同時に、少女を保護したのだった。
②名古屋の中学3年が5,400万円脅し取られる
　4月5日、名古屋で中学を卒業したばかりの3人が同級生から900万円を脅し取ったとして逮捕されたが、調べの中で脅し取った金額は何と5,400万円をこえることがわかった。被害中学生は父が亡くなって多額の保険金が入ったこともあって脅されるたびに多額の金を渡すうち他校生徒もふくめ13人が脅しに加わり、さらには暴力団関係者も絡んでエスカレートしたのだが、中学

生が被害届を出していたのに放置した警察の責任も大きい。
③愛知県豊川市で高校３年が主婦を殺害
　５月１日午後６時過ぎ、愛知県豊川市で自宅にいた60代後半の主婦が、近くに住む17歳の高校３年男子に全身を刺されて死亡した。この最中、女性の夫が帰宅、今度はこの夫に向かって刃物を振るい重傷を負わせて逃走した。通報を受けた警察官が付近にいた少年を逮捕したのだが、襲った理由について、たまたま家の戸が開いていたからで、どこの家でも、どこの誰でもいいから、「人を殺す体験をしてみたかった」と答えたのだった。

④西鉄高速バスジャック事件
　５月３日午後、佐賀発・福岡天神行きの西鉄高速バスが九州道を走行中、17歳の少年が乗っ取り、運転手に牛刀を突きつけ、山陽自動車道に入って広島まで走行後、福岡県警と大阪府警の特殊部隊によって逮捕されたが、その間、乗客３人に切りつけ、68歳の女性が出血多量で亡くなった。少年はイジメを受けて家庭に引きこもり、暴力を振るっていたが、事件前はおさまっていた。だが、②の事件に刺激された可能性が指摘された。

⑤山口で16歳の少年が母親を金属バットで殺害
　７月29日深夜、山口で16歳の少年が母親を金属バットで殴って殺害した。少年の父は事件の５年前に肝硬変で亡くなり、当時は母親と２人暮らし、母親は働かず借金まみれ、少年の働きで生活していたようなものだった。少年の不満は鬱積、口論するうち殺害したのだった。この後、中等少年院に送られ、出所後、大阪で働いていたが、05年11月盗みに入り、飲食店勤めの姉妹を強姦して殺害、逮捕され、死刑を言い渡され、09年７月執行された。

⑥広島で６歳男児と４歳男児が同居男になぶり殺された
　12月４日、呉の山中で幼い男女児の遺棄された遺体が発見された事件で、広島市内の27歳の男と24歳の女性が逮捕された。２人は女性の子どもだった。離婚して風俗店に勤め２人を育てていた女性のもとに、ＤＶで離婚した男が転がり込んだことで悲劇が起きた。男はヒモ状態で１日家にいて、残忍残虐としかいいようのないやり方でなぶり殺した。女性は暴力が恐くて止められなかったと供述したが、殺害された２人が憐れすぎる事件だった。

―――――◆2000年の子どもをめぐる事件◆―――――
１・７　　大分・日田、86歳女性宅に押し入り殺害して現金奪った16歳逮捕
１・11　　和歌山・かつらぎ町の中学、放課後に35歳男性侵入、１年男子切られる

第5期 1998〜2010年

1・12	熊本・人吉で16歳ら少年3人が仲間の18歳をリンチして殺害
1・14	岩手・盛岡の高校3年が同級生を脅して1,100万円奪う
1・20	宮崎・加江田の宗教団体で男児6歳と乳児のミイラ化遺体発見、代表逮捕
1・28	新潟・三条で19歳女性保護、小4の時に37歳男に誘拐され監禁されていた
2・1	大阪で内妻の娘12歳に猥褻行為、児童ポルノサイトに投稿の義父逮捕
2・8	神奈川・相模原、帰宅途中の少女にナイフ突きつけ猥褻行為、小6補導
2・10	東京・夢の島公園で定時制1年と中3が男性33歳に暴行・殺害、財布奪う
2・12	兵庫・明石で6歳男児死亡、母親の交際相手35歳を傷害致死で逮捕
2・14	埼玉・浦和、小1男児の頭をホッチキスで止めるなど虐待した義父逮捕
2・17	福岡市で中学2年と1年の兄弟がアルコール依存症の母を殺害
2・25	福岡・芦屋の中学校で中学2年が1年を刺殺、呼び出され殴られ対抗
3・2	北海道・釧路、3歳男児の顔にエアガン、食べ方が気に入らないと義父が
3・4	埼玉・杉戸、バイクの少年2人組、中学生のプレステ2を引ったくる
3・7	鳥取・米子、生後4か月の子夜泣きうるさいと暴行、死亡させた両親逮捕
3・13	福岡市の中学生男女、16歳男女を覚醒剤使用で逮捕、買うため万引き
3・15	愛知・瀬戸、中学生長男の生活指導に腹立て、ガラス割らせた母逮捕
3・27	大阪・吹田、おやじ狩りの中高生8人逮捕
4・5	名古屋で中学卒業の3人が同級生に暴行、900万円脅し取り逮捕
4・13	千葉・木更津、高校3年が同級生宅に放火、バカにされて仕返し
4・15	神奈川・川崎で無職17歳が高1女子が産んだばかりの赤ん坊を殺害・遺棄
4・15	東大阪、母と同居の男性から暴行受け、小学2年が重傷
4・18	神奈川・津久井で高2女子が父親を殺害。部屋に男友だちといて殴られ
4・25	北海道・札幌の16歳と13歳の兄弟に暴行、100万円奪った高校1年逮捕
4・27	兵庫の高校で授業中のマージャン注意され、生徒20人が校長と教師に暴行
5・1	愛知・豊川、高校3年が人を殺す経験したかったと主婦を殺害、翌日自首
5・3	佐賀の無職17歳が高速バス乗っ取り、乗客1人殺害し広島で逮捕
5・6	埼玉・入間で中高生ら4人が高2をリンチ殺害。以前からイジメていた
5・7	静岡・御殿場で6歳の次男を虐待して死亡させた母親と同居の男逮捕
5・12	横浜で高校2年が根岸線電車内でハンマーを振り回し48歳男性を殴る
5・15	茨城・北茨城で17歳女子2人が女性を全裸監禁、耳たぶ切るなど暴行
5・16	栃木・宇都宮の中学生が自殺、以前からイジメられ、暴行されていた
5・19	海自江田島術科学校でシゴキ受けた16歳脱走（前年には自殺事件も）
5・21	神戸・東灘のマンション屋上で中学生ら8人がシンナー吸い3年が転落
5・24	鹿児島・始良（あいら）町のスーパーでアルバイト少年が店長に注意され包丁で刺殺
5・24	福島・いわきの高1女子ら5人が妊娠装い、関係した22歳会社員に暴行
6・2	神奈川・藤沢の男女高校生3人が大麻を学校で販売
6・2	愛知・豊橋、中学時代の同級生から18万円脅し取った18歳を逮捕

6・4	岩手・盛岡で無職15歳が放火して老夫婦焼死、むしゃくしゃしてと
6・5	千葉・成田、息子の家庭内暴力に悩んで殺害し、両親が自首
6・6	岐阜・輪之内で暴走族19人が構成員を騙っていた高校2年に暴行、殺害
6・7	大阪・アメリカ村で集団暴行、19歳が数十人に暴行され死亡、6人逮捕
6・8	沖縄・那覇で少年2人が警察に通報した15歳少年に暴行し殺害
6・10	千葉・富里、両親が家庭内暴力の高校1年に思い悩み殺害
6・12	岡山で家庭内暴力の高校1年に悩み、父親が殺害し自殺
6・14	福岡・太宰府で私立高校2年ら5人が3人から30万円恐喝、被害生徒自殺
6・15	東京・墨田で大学生や会社員らがホームレスを襲撃し殺害
6・19	沖縄・宜野湾(ぎのわん)で無職16歳が後輩の中学生3人から百数十万円恐喝
6・20	愛知・豊橋の母送検、息子が無免許運転するのをわかりつつバイク与え
6・21	岡山・邑久の高校でイジメられた3年が復讐、4人重傷、自宅で母を殺害
6・27	大阪・高槻、19歳が小中学の同級生を30回以上恐喝、425万円脅し取る
6・27	神奈川・大和、無認可保育所の園長逮捕、2歳男児を虐待して死亡させる
6・29	兵庫・西脇、少年3人が2少年に暴行、灯油かけて焼き1人死亡
7・1	静岡・富士、次女5歳を殺害した24歳の父親逮捕
7・10	東京・港、母親が家庭内暴力の14歳次女を刺殺し、飛び降り自殺
7・13	茨城・高萩、家庭内暴力の15歳の孫逮捕、祖父母に暴行、重傷負わす
7・15	奈良の母親、高1長女に薬物飲ませ殺害しようとした母逮捕、保険金狙い
7・17	栃木・佐野、生後直後の長女を殺害し埋めた17歳の父、33歳の母を逮捕
7・18	茨城・鹿嶋、会社員夫婦が9歳の長男を虐待し死亡させたとして逮捕
7・26	神戸の中学2年、同級生2人から600回以上暴行、万引き強要され提訴
7・29	秋田で野球部員がふざけて高校2年部員を湖に投げ込み死亡させる
7・29	山口市で新聞配達の16歳が金銭にルーズな母親を金属バットで殴り殺害
	（この少年は5年後、大阪で27歳と19歳の姉妹を殺して死刑確定）
8・1	埼玉県で中学1年男子がイジメに苦しみ、「ＨＥＬＰ」の文字残し自殺
8・4	北海道・札幌で大学3年の兄がダウン症の弟を殺害。将来を案じ
8・6	高知の児童養護施設で中学生ら男子が小学生ら5人に性的暴行繰り返す
8・8	神奈川・大和、園児死なせた無認可保育所長、別の園児殺害で再逮捕
8・14	大分・野津(のつ)、高1が近くの一家3人を殺害し、3人重傷、ノゾキ見つかり
8・15	大阪・守口、同居相手の女性の4歳女児を虐待、殺害した30歳の男を逮捕
8・18	大阪・泉南で5人の子どもを餓死させた母親、宗教にのめり込み育児放棄
8・24	神戸・西区、登校日に中学3年男子自殺
8・29	三宅島、噴火で全島避難、小中高校生136人避難
8・29	京都・宇治、リストラされた19歳、会社に放火
9・2	大阪で3歳双子にタバコ押し付けるなど虐待、26歳母と同居25歳男逮捕

第5期
1998〜
2010年

9・9	埼玉・上尾、小学3年女児を絞殺した母を逮捕
9・17	静岡で2歳児を2階から投げ落としてケガさせた26歳父親逮捕
9・19	大阪・吹田の児童養護施設で女児を投げ落として殺害した17歳少女を逮捕
9・22	姫路で長男を殺害し遺体を遺棄した夫婦、長女にも虐待
9・27	大阪・淀川区で高3女子が小学校女性教師刺す。男性教師と恋愛のもつれ
10・1	埼玉で小学校1年女児を自室に誘い猥褻行為の県職員27歳逮捕
10・6	大阪・西成、路上にへその緒がついたままの赤ちゃん放置される
10・12	岡山・津山の中学3年女子が校内で大麻を所持していたことがわかり逮捕
10・15	千葉の中学3年がイジメをほのめかす遺書を残し自殺
10・17	愛知・豊田、小学5年男児に暴行、食事や水を与えず死なせた両親逮捕
10・17	兵庫・葺合(ふきあい)、同居女性の2歳長女を虐待、殺害した17歳を逮捕
10・22	東京・多摩、33歳の父親が生後8か月の子どもを布団に押し込み死亡させる
10・22	香川で少年5人が少年を殺害したが、加害少年の母親が遺体隠しを手伝う
10・24	北海道・旭川、託児所の園長27歳が1歳8か月の園児を窒息死させる
10・28	山梨・南甲府、2歳の長男に暴行し死亡させた母親逮捕
10・31	岐阜で母親29歳が双子の男児と無理心中
11・1	前年、北九州の中学3年男子自殺事件、暴行加えていた元同級生3人逮捕（11・23には自殺した生徒を恐喝し現金を脅し取っていた4人も逮捕）
11・7	徳島のホテルで高2女子が覚醒剤中毒死、いっしょにいた21歳男逮捕
11・10	京都医療少年院に入院中の14歳少女が自殺
11・15	東京で制服姿の中学3年にビールを売ったキオスク店員送検
11・18	千葉・柏で生後2か月次女を殴り重傷負わせ放置した母21歳、父24歳逮捕
11・20	熊本の町立小学校で女児7人が裸にされる。指導に従わないと教師が怒り
12・1	大阪・此花、中学3年女子に集団リンチした少女5人逮捕
12・2	広島・福山、生後5か月の長男を虐待し死亡させた22歳の母逮捕
12・4	広島・呉で28歳の同居男が26歳の女性の長男・長女を虐待殺害遺棄
12・6	群馬・前橋、入院の生後1か月の長女に病院で暴行した19歳の父親逮捕
12・10	福島・三春、生後2か月の次男に熱湯かけ大火傷させた母逮捕
12・11	愛知・武豊で3歳の娘が両親の暴行で死亡。祖母になついたことを怒り
12・12	大阪・西成、兄10歳に弟7歳を暴行するよう命じた義父を逮捕
12・21	奈良の私立中の試験で法に触れず夫または妻を殺す方法を2つ書けと出題
12・23	静岡・清水、中学2年男子が隣の男性を刺殺
12・23	熊本の私立幼稚園で39歳女性教諭が6歳男児を縛る体罰
12・27	兵庫・御津でタクシー運転手が殺害される（29 16歳の男女高校生逮捕）
12・30	東京・世田谷一家殺害事件、両親、8歳長女、6歳長男が殺害される

第5期
1998〜
2010年

2001（平成13）年

この年の全般的状況　**小泉純一郎内閣発足、**
　　　　　　　　　　アメリカで同時多発テロ、池田小学校事件

　1月6日、中央省庁が再編され1府12省となった。2月9日、ハワイ沖で宇和島水産高校の練習船が米原潜に衝突され、8人が死亡、1人が行方不明となる事故が発生したが、森首相がゴルフしていたことに批判が高まり、それ以前にも失言を連発していたことで批判が増幅され、辞職に追い込まれ、総裁選の結果、小泉純一郎が予想外に圧勝、内閣を発足させた。9月11日、4機の旅客機がハイジャックされ、米国は同時多発テロに襲われた。

──────◆この年の主なできごと◆──────

1・6　中央省庁再編、1府12省庁に
2・9　ハワイ沖で宇和島水産高校実習船がハワイで米原潜に沈没させられる
4・26　小泉純一郎内閣発足、ワンフレーズの劇場政治
6・8　大阪教育大学付属池田小学校に男が乱入、児童8人殺傷
9・11　米、同時多発テロ（10・7　米、アフガニスタン空爆）
12・18　日本育英会廃止決定

この年の子どもをめぐる大きな事件
①大津の高校生が2人の少年からリンチされ死亡
　3月31日、大津市の小学校の給食室裏庭で、16歳の高校生が15歳と16歳の少年2人に暴行され死亡した。被害にあった高校生は中学生のときに交通事故にあい、右半身不随になったが、何とか高校に進みたいと努力し、甲斐あって全日制高校に合格したのだった。少年2人は合格を祝ってやるといって呼び出し、リンチして殺害したのだが、合格したのが腹立ったからというのだから許しがたいが、厳罰を求めた両親の怒りは届かず、判決は軽いものだった。
②尼崎市の小学6年生が母を刺して死亡させる
　4月14日、兵庫県尼崎市の小学6年男児が44歳の母親を刺して死亡させる事件が起きた。母親の病気治療のために同市内ではあったが、転校を余儀なくされることになった。男児は事情はわからないではなかったが、友人関係がこわれてしまうことが残念で、包丁で自殺しようとした。それを母親に見つかり厳しく叱られ、それが父親に言いつけられるのを恐れて刺殺したのだった。思春期の子どもにとって、友人関係は非常に大きいのだった。

③大教大付属池田小学校で9人の児童が殺害された

6月8日午前10時過ぎ、37歳の男が大阪教育大学付属池田小学校に侵入、教室に入り込んで次々と児童たちを刺し、異変に気づいて駆けつけた教師に切りつけた後、さらに教室に入って児童に切りつけたところで、教師たちに取り押さえられた。8人の児童が殺害され、13人が重軽傷を負い、教師2人も重軽傷を負った。力の弱い小学生を狙ったまったくの無差別殺人で、死刑判決が下りて1年と少し、異例の早さで死刑が執行された。

④中国道で中学1年女子生徒が車に轢かれて死亡

7月24日午後10時36分頃、中国自動車道下り線で少女が轢かれているのが発見され、病院搬送後に死亡した。9月8日に兵庫の中学教師34歳が逮捕された。少女は大阪の中学1年でツーショットダイヤルで教師と出会ったのだが、手錠され催涙スプレーをかけられたことに恐れをなし、走行中の車から脱出を図り、後続車両に轢かれ死亡したのだった。少女は父親から虐待を受けていたことも明らかになり、轢いたトラック運転手は自殺した。

⑤尼崎市の実母と継父が6歳男児を虐待して殺害

亡くなったものを迎えてねんごろにまつるお盆の8月13日、兵庫県尼崎市大浜町の運河で、全身を暴行された全裸の男児の遺体が発見された。警察が調べたところ、同市内の小学1年生男児とわかり、遺体を遺棄して逃走していた24歳の母親と継父を逮捕した。母親は18歳で男児を産んだのだが、若年出産の多くの例と同様、まったく育てる気などなく、実父と別れ、継父といっしょになったが、この継父も最初から邪魔もの扱いで、十分な食事を与えず、連日ひどい虐待を続け、ついには蹴って殺害し、運河に捨てたのだった。

──────◆2001年の子どもをめぐる事件◆──────

1・4　茨城で12歳の兄と10歳の妹が風呂で潜り競争、2人とも死亡
1・5　香川・善通寺市成人式で新成人が飲酒しているのを見て来賓の市長が帰る
　　　（この頃、全国各地の成人式で新成人が飲酒して暴れる事件が多発した）
1・10　大阪・河内長野で、2児に灯油をかけ無理心中図った母逮捕
1・11　埼玉・川越、ケンカに負けた小学6年が仕返しに中学1年を刺す
1・17　岡山・備前、27歳の母親が3歳の三男を虐待して死亡させる
1・19　東京では女子中学生に、大阪では女子高校生に売春させた男を逮捕
1・23　千葉市内で生後間もない赤ちゃんを置き去りにした29歳の母逮捕
1・23　山口・宇部、生後9か月の腹を踏みつけ殺害した27歳の母逮捕
1・29　大阪・枚方、女子小中生を脅し現金奪い裸撮影、口止めした少女3人逮捕

1・29	兵庫・姫路、家出女子中生を車に閉じ込め、1か月連れ回した男2人逮捕
1・30	大阪・西区、女高生4人が遊ぶカネ欲しさに売春、同級生にも売春させ逮捕
2・7	広島・可部の26歳と20歳の夫婦、2歳長女に食事与えず衰弱させ逮捕
2・10	ハワイ、宇和島水産高校の実習船が米原潜に衝突され生徒9人死亡
2・25	兵庫・網干（あぼし）、長男が食事しないことに腹を立て虐待し殺害した17歳の母逮捕
2・27	名古屋の中学で教師が遅刻していた生徒に水に薄めた塩酸を飲ませる体罰
2・28	石川・松任（まっとう）、生後4か月の女児の首を締めて殺害した母親を逮捕
3・1	東大阪、「ヴィトン刈り」＝高級ブランド女性狙って恐喝、少年8人逮捕
3・2	愛知・小牧、2歳の娘の遺体を自宅放置と母が自首、家族で暴行
3・5	千葉西、交際女性の6歳長男に暴行、死亡させた28歳無職男性逮捕
3・7	埼玉・入間、小6の娘がイジメっ子と名指しされ怒った父、相手門扉壊す
3・7	大阪・都島、中学1年男子が携帯電話料金で母親とケンカ、蹴って死なす
3・8	神奈川・相模原、父親が3歳長女に食事与えず犬のエサ食べたと暴行殺人
3・13	京都・亀岡の中学、茶髪の3年2人の卒業式出席を認めず
3・17	埼玉・浦和の中学、不登校の生徒の写真・氏名を卒業アルバムに記載せず
3・17	兵庫・西宮、男児2歳が母親に虐待されて死亡
3・22	大阪・平野、仲間同士で覚醒剤、中学生4人をふくむ少年9人逮捕
3・24	岩手・沢内村、グランドで遊んでいた5年が雪氷塊の下敷きになって死亡
3・31	大津の小学校で、障害持った高校生が少年2人に呼び出され殺害される
4・3	埼玉・杉戸、2歳の次男に暴行、死亡させた母逮捕
4・7	千葉・袖ケ浦、3歳男児が母親ら家族4人に暴行され死亡
4・9	福岡の病院に運び込まれた1歳5か月女児、覚醒剤反応、内縁の夫を逮捕
4・10	岡山・倉敷で小学1年女児が母親に絞殺される。「子育てに疲れた」と
4・11	北海道・札幌の中学男性教師、担任クラスの女生徒とホテルで写真
4・13	大阪・枚方、1歳女児を布団に巻いて殺害した28歳母を逮捕
4・14	兵庫・尼崎、6年の息子、転校イヤで自殺図ろうとして母に見つかり殺害
4・15	京都・木津、27歳母が2歳長女の首締め殺害
4・18	大阪・ミナミ、中3の娘をホステスとして働かせていた母親と経営者逮捕
4・19	群馬・前橋、長男7歳の両足首縛り逆さづりした42歳の男と母26歳逮捕
4・20	愛知・尾張の中学、校則守らない3年を5か月間別室隔離
4・20	福井・河野村（こうの）、幼児の骨片見つかり、無職27歳の父逮捕（後日、母も）
4・29	三重・津の中学バスケ大会でヤジ飛ばした生徒に注意の教師を少年が暴行
4・30	京都・峰山、6か月の次男を殴って意識不明にした父親逮捕
5・1	東京・江戸川、高1が強要され信金に押し入り逮捕、強要の2人も逮捕
5・1	熊本学園大学の新入生歓迎コンパで新入生18歳が急性アルコール中毒で死亡
5・5	東京・三軒茶屋で銀行員が若者に殴られ死亡。18歳少年4人逮捕

第5期
1998～
2010年

5・7	群馬・高崎、3歳児を虐待で殺害し埋めた30歳の母親と内縁の夫25歳逮捕
5・10	和歌山で高3男子脅し消費者金融から借金させ奪った少年2人逮捕
5・10	鹿児島・指宿、1歳女児が発熱で泣いたりするのに腹立て殺害した母逮捕
5・14	福岡で妻の連れ子を虐待して死なせた38歳逮捕
5・15	宇治川で19歳女大生の遺体発見の事件、出会い系で知り合った2人逮捕
5・18	奈良で1歳7か月の長男に食事を与えず餓死させた19歳の母親逮捕
5・21	東京高裁判事村木保弘が女子中学生に淫行し逮捕（11・28罷免）
5・21	海自横須賀教育隊で未成年隊員に飲酒を強要
5・21	佐世保刑務所刑務官、18歳女子高生買春で逮捕
5・23	長崎・大浦、同じ中学の2年女子の背中を刺した3年男子を逮捕
6・3	島根・津和野、次女8歳が仏壇の菓子を食べと父が木に吊して死なせ逮捕
6・6	山口・小野田の中学で教師から「臭い」と言われ障害女生徒が不登校に
6・8	大阪教育大付属池田小学校に男侵入、児童7人殺害し、22人に重軽傷
6・11	福岡・前原で小学2年女子生徒が見知らぬ男に、いきなり暴行される
6・13	北九州の小学校で5年担任教師が授業で刃物を使い人を殺すやり方を話す
6・18	福岡の児童養護施設で戸籍のない子がいることが判明
6・19	東京・向島、16歳の少女アイドルタレントがトルエンを所持
6・19	大阪・西成、内妻の長男4歳を虐待、火傷させた無職22歳逮捕
6・22	東京・豊島、無認可保育園「ちびっこ園」で4か月乳児死亡、社長ら逮捕
6・27	大阪・摂津、職業訓練生18歳がアルバイト先で監禁・暴行と遺書残し自殺
6・28	大阪・枚方、中学生に暴行、カネ奪った男女中高生4人を逮捕
6・30	島根・松江、泣き止まない赤ちゃんを浴槽に投げ込んで死なせた母32歳逮捕
7・4	大阪・浪速、内妻の長女10歳を殴って殺害した無職男性49歳逮捕
7・4	大分・南春日の中学で水泳授業に遅れた女生徒23人に腕立て伏せ、5人火傷
7・5	大阪・寝屋川、炎天下の車中に2歳男児を放置、死亡させた母25歳を逮捕
7・5	愛媛・松山、中3男子を3週間監禁、万引き・恐喝させていた21歳男逮捕
7・9	大阪のPL学園野球部で1年部員が3年部員に暴行されていたことが発覚
7・11	大阪・平野の中学2年女子2人、同級生にテレクラで稼げと命じ、現金奪う
7・16	大阪・キタ、16歳少女2人を働かせたラウンジを摘発
7・17	名古屋で小学2年女児が虐待されて死亡、31歳母と内縁の29歳男を逮捕
7・24	中国自動車道で中1女子が車から脱出、はねられ死亡（後日教師逮捕）
7・30	山口・平生、躾と称し7歳次男を山中に放置した父30歳、母32歳を逮捕
7・30	東京・福生で生後52日の長女を床に投げ、首を絞めて殺害の母33歳を逮捕
7・31	神奈川で小3が誤ってタオルで首つり死亡（8・3昭島で小学6年も）
8・2	東京・町田で母親が中学1年の息子に殴られ死亡
8・6	大阪・生野、メル友になった女子高生を強姦した30歳の会社員逮捕

第5期
1998〜
2010年

8・8	北海道・広尾の民家に男が侵入、子ども3人を刺して逃走、2人死亡
8・10	福岡県警、テレクラで知り合った女子中学生に淫行した小学校教師逮捕
8・13	長崎で同居女性の長男6歳の手足縛り熱湯かけ火傷させた29歳男性逮捕
8・17	金沢市の漫画喫茶駐車場の車の中で女児1歳が熱中症で死亡
8・23	茨城・石岡、同居女性の8歳長男に躾と称し刺した45歳会社員を逮捕
8・24	大阪・城東、小学生らを脅し、現金奪った中学3年男子2人を逮捕
8・27	大阪・西淀川で小5男児と巡査部長がひき逃げされ、男子高校生16歳逮捕
8・30	埼玉県内でおやじ狩りを繰り返していた高校1年11人を逮捕
8・31	京都・舞鶴湾で1〜2歳男児の水死体、母親の死体も発見、無理心中
9・1	福岡で女子中学生を働かせていた風俗店経営者ら逮捕
9・4	大阪・枚方、女子中学生14歳に売春させていた出張ヘルス営業24歳逮捕
9・6	大阪・枚方の中学校で連続放火事件、女子中学生2人送検
9・8	中国自動車道で車から脱出はねられ死亡した中1女子を監禁した教師逮捕
9・15	栃木・矢板、生後1か月の長男に熱湯かけ、火傷させた19歳の父親逮捕
9・17	大阪・浪速、長女2歳を虐待して重傷を負わせた30歳無職の父親逮捕
9・17	大阪・天王寺、ホームレスを暴行して死亡させた中学3年男子逮捕
9・24	兵庫・明石、生後間もない男児を殺害し、用水路に棄てた27歳の母親逮捕
9・26	静岡で交際中の女性の1歳男児を暴行して殺害した19歳無職男性逮捕
10・1	大阪・住之江、息子19歳を殺害した父親と母親逮捕
10・2	都立定時制教師、札幌への修学旅行で生徒をソープに引率発覚、諭旨免職
10・8	名古屋・中区で若い男性飛び降り自殺、アパートには高校1年女子の遺体
10・9	滋賀・大津の高校の空手部員6人が1年生部員に集団暴行、意識不明の重体
10・9	東大阪の54歳逮捕、小学2年と3年女児を猥褻目的で誘拐
10・12	東京・小松川、長男7歳に暴行、死亡させた母親逮捕
10・12	長崎・諫早で無職23歳が小学1年女児を絞殺
10・14	大阪・泉佐野、同級生をナイフで刺した中学1年女子を補導
10・21	北海道・空知で無職16歳が父親にバカにされたとスコップで殴り殺害（7年後、東京で母も殴り殺害。俺をこの世に出したおまえが悪いと）
10・22	京都・太秦、覚醒剤取締法違反の現行犯で高1女子と無職16歳少女2人逮捕
10・23	滋賀・水口、生後6か月の長男を虐待したとして25歳の父親逮捕
10・24	大分少年院で14歳少年自殺
10・28	福岡市で同居する22歳の長男4歳を虐待死させたとして25歳無職男性逮捕
10・31	青森・八戸で中学1年がチャーハンが水っぽいと母を殴り死亡させる
11・3	京都・伏見、長男7か月が泣き止まないことに腹立て暴行、32歳の父逮捕
11・7	大阪・ミナミのマンションで16歳家出少女が殺害され、無職17歳少年逮捕
11・10	北海道・函館、少女15歳を強姦した巡査部長逮捕

第5期
1998〜
2010年

11・11	埼玉・久喜で女子中学生2人が、生きていることに疲れたと自殺
11・13	大阪・藤井寺、職質から逃げた少年が踏切に入り列車にはねられ死亡
11・13	大阪・泉南で少年ばかり狙って恐喝した中学1年生ら少年6人逮捕
11・15	香川・高松で2歳男児を虐待したとして無職27歳の父親逮捕
11・16	京都・舞鶴で高3女子殺害される（後日、中年男性が逮捕されたが無罪に）
11・21	岡山・津山の高校で3年女子が食べた豚汁に注射針
11・20	愛知・一宮で内縁の妻の4歳長男を虐待し死亡させた31歳の男逮捕
11・20	大阪・柏原の小学校で喧嘩の4年生2人を担任がけしかけ負傷させる
11・26	奈良・郡山で生後7か月の長男に布団かぶせ窒息死させた無職19歳父逮捕
12・2	京都・亀岡のマンションで母33歳と長男5歳が殺害され、36歳の夫逮捕
12・3	岡山で2歳長男殴り殺害の無職29歳父逮捕（男児は施設から一時帰宅中）
12・5	埼玉・越谷、高校1年男女がホテルから飛び降り
12・5	大阪・港区で中学3年女子を買春した27歳会社員逮捕
12・11	大阪・ミナミで中学3年女子を働かせていた飲食店経営者を逮捕
12・17	埼玉・さいたま市で5か月の長女を絞殺した32歳の母親逮捕
12・17	大阪・黒山で女児4歳が殺害され、母親が飛び降り自殺
12・19	北海道で生後1か月の子を雪の中に放置して殺害の22歳の母と祖父母逮捕
12・21	大阪・平野、ひったくり・強盗を繰り返していた中学3年ら少年7人逮捕
12・21	福岡・田川で23歳の母親と無職男22歳が2歳男児を虐待して死なせ逮捕
12・30	兵庫・明石の大蔵海岸で砂浜陥没、4歳女児生き埋め（02・5・26死亡）

2002（平成14）年

この年の全般的状況　**小泉劇場政治、
　　　　　　　　　東村山中学生ホームレス男性殺害事件**

　2002年、小泉は総裁選中もそうだったが、首相就任以降はさらに単純化したフレーズを絶叫、過剰なまでのパフォーマンスを行って支持率を高めた。中国や韓国などが批判するのもかまわず靖国神社に参拝し開き直った。総裁選でコンビを組んだものの官僚と問題を起こす外相田中眞紀子を切る一方で、訪朝して金正日と会談、拉致被害者5人を帰国させ、支持率が上昇する中で、米軍後方支援として海自イージス艦を派遣させた。

──────◆この年の主なできごと◆──────

- 1・23　雪印食品、輸入牛肉を国産と偽装（他の何社も同様の偽装）
- 3・4　鈴木宗男、北方4島支援事業便宜供与で逮捕
- 3・12　辻本清美秘書給与詐取事件で辞職（後日、加藤紘一、田中眞紀子も）
- 3・29　警察庁、校内犯罪4万2千件、過去最多と発表
- 4・1　学校完全5日制実施
- 8・5　住民基本台帳ネットワークシステム本格稼働（実際はまったく役立たず）
- 9・17　小泉首相訪朝、拉致認めさせる（10・15再訪朝、拉致された5人と帰国）

この年の子どもをめぐる大きな事件

①中学2年男子3人が55歳ホームレスを暴行して死亡させる

　1月25日午後、東京都東村山の図書館で、中学2年男子生徒3人が騒いでいたのを55歳のホームレス男性に注意されたことを逆恨みし、夜になってゲートボール場で寝ていた男性を襲撃し暴行を加えて死亡させてしまった。少年たちは、それまでにもこの男性を襲っていて、逆に追い払われ、いつかやってやると思っていた時に図書館で注意され、復讐の念をつのらせ、年長者も加わって暴行をエスカレートさせ、死亡させてしまったのだった。

②愛知の児童自立支援施設職員が殺害される

　10月4日、愛知県春日井市の児童自立支援施設で、15歳から12歳の入所少年がケンカするふりをして、仲裁に入った34歳の職員を押さえつけて絞殺し、5万円を奪って逃走したが、翌日に逮捕された。「施設の食事はいつも薄味で、たまには違う味のものを食べたかった」と犯行の動機を供述したのだが、正直なところは、昼間はジャージー、夜はパジャマなど、細かい規則でしばり

つけられるのがイヤで、脱走を図ったのだった。
③京都で高２男子２人と無職少年を恐喝で逮捕
　12月3日、京都府警は市内の高校２年男子２人と、16歳の無職少年１人を逮捕した。３人は中学で同級だった高校２年男子を呼び出し、「100万円出すか、死ぬか、どちらかにしろ」などと脅し、１年ほどの間に600万円ほどを脅し取っていた。中学校以来、気の弱いこの同級生をイジメ続けていたのだが、被害生徒は誰にも相談せず、言いなりになってカネを持ってくるのをいいことに、どんどん金額をエスカレートさせたのだった。

──────◆2002年の子どもをめぐる事件◆──────

１・８	山口・萩の土建業宅で火災、小学４年と２年の男児焼死
１・13	沖縄・那覇の成人式で新成人が酒飲んで大暴れ、６人逮捕
１・20	愛媛・今治、無職30歳男が生後３か月の女児に暴行、死亡させる
１・22	静岡・三島で19歳女子短大生が拉致・強姦・焼殺され、男36歳逮捕
１・25	東京・東村山の中学２年３人がホームレスを暴行して死亡させる
１・27	横浜・港北の３歳女児が重体、同居の35歳無職男が暴行
２・６	千葉・柏高校柔道部顧問が女子部員に体罰、重傷負わせたことが明るみに
２・16	石川・金沢の29歳母逮捕、４歳男児、１歳女児を放置してスキーに
２・16	兵庫・神戸で母親逮捕、１歳男児餓死、２歳男児も栄養失調、育児放棄
２・19	香川県の無認可保育所で１歳２か月の男児が園長の暴行により死亡
２・23	さいたま市で２歳女児が暴行されて死亡、31歳無職父、24歳母逮捕
３・３	岡山で２歳男児が暴行されて意識不明に。同居の35歳会社員逮捕
３・７	北九州で17歳少女が暴行され、同居の男女逮捕
３・21	東京・武蔵野の小学校運動場のバックネットが倒れ、児童７人が下敷きに
３・22	神奈川県警が外務省キャリア官僚を中学３年少女への淫行で逮捕
３・24	神奈川・相模原で一家が花見中、犬に襲われ５歳児の耳が食いちぎられる
４・７	埼玉・戸田のアパートで６乳児の遺体発見、住人の男女行方不明
４・12	横浜・泉区、母親を殺害した高校３年が自殺
４・14	大阪で母子殺害放火事件
４・15	富山・氷見で16歳少女に対する強姦未遂で逮捕されたタクシー運転手冤罪
４・27	愛知・尾西の中学でパンの早食い競争で生徒のノドが詰まり死亡していた
５・１	林野庁課長が17歳少女買春で逮捕
５・３	埼玉・戸田の彩湖に小学３年男児と３歳女児が転落死亡
５・19	埼玉・狭山、生後２か月女児が高校教師の父に殴られ意識不明に
５・21	長野・諏訪で登校中の中学１年が同級生に刺される。イジメの仕返し
５・28	横浜・港北のマンションから３歳男児が転落死亡

5・31	東京・立川でバイク無免許運転の女子中学生がダンプにはねられ死亡（葬式後、中学生の仲間10人がバイク貸した2人をリンチで死亡させる）
6・15	福島・安達町、農協職員宅で火災、小学3年女児、2年男児焼死
6・15	大阪・高石の府立高校に男が侵入、3年男子が切られる
6・15	岡山・倉敷で生後5か月の次女が母に殴られ頭蓋骨骨折の重傷
7・5	茨城・石岡で3歳男児に暴行し、死亡させた24歳父逮捕
7・5	名古屋・西区で1歳2か月男児を餓死させた24歳の母逮捕
7・14	三重・津で長男15歳の両足に鎖、監禁虐待していた父逮捕
7・14	高知の会社員2人、伝言ダイヤルで小学6年女子を買春、逮捕
7・19	群馬・粕川村で無職36歳が女子高生16歳を誘拐、絞殺して身代金要求
7・28	愛知・御津で1歳10か月男児が連れ出され海に投げ込まれ死亡
8・2	割り箸がノドに刺さって4歳男児が死亡した事件で医師が起訴される
8・10	宮城・塩竈、女子高生が殺害され腹にブロック、30歳男逮捕
8・17	岩手・胆沢で高1が友人4人に手伝わせ、生活態度注意した祖父母を殺害
8・19	愛知・刈谷で10か月男児が急性アルコール中毒で死亡、飲ませた母逮捕
8・21	大阪・豊能の中学校長と教師送検、心臓疾患生徒の体育授業死亡事故で
8・27	兵庫で5歳女児が預けられていた家で虐待され死亡
8・27	福岡・二丈町の民家に侵入し立て籠もった男に9歳女児が刺されて死亡
8・29	愛媛・宇和、2歳女児がワゴン車に7時間放置され熱中症で死亡、父逮捕
9・1	北海道・音更の花火大会で重傷を負った小学3年死亡
9・3	山梨・明野村の中学で草刈り中爆発、生徒4人ケガ、花火大会の残り爆発
9・3	神奈川・座間、内縁の夫の連れ子3歳に暴行、死亡させた継母逮捕
9・29	長野・小諸で高校生が4人から暴行され死亡
10・4	神奈川・横須賀で母親に殴られ6歳男児が重傷
10・4	愛知の児童自立支援施設の職員が脱走を図った入所少年に殺害される
10・8	埼玉・所沢、内縁の妻の連れ子4歳女児を餓死させた義父を逮捕
10・22	鹿児島で2歳女児が内臓破裂で死亡、母親と同居の男逮捕
10・31	静岡で自販機が爆破された事件で高校生逮捕
11・3	栃木・宇都宮で里子の3歳女児を殴り死亡させた養母を逮捕
11・4	三重・四日市、19歳の母が生後10か月の長男に暴行、意識不明
11・5	北海道で16歳弟が18歳兄を殺害。携帯のムダづかい注意され
11・15	千葉・市川でライトバンの後部座席から3歳女児が転落して死亡
11・26	埼玉・狭山の高校2年の息子がリストラで酒浸りの父を殺害
11・29	埼玉・熊谷の中学2年3人がホームレスに暴行、死亡させる
11・30	千葉・習志野の中学3年、授業妨害を注意され教師に暴力、逮捕
11・30	神奈川の中学3年女子を監禁、5か月強姦し続けていた群馬の26歳逮捕

12・ 3　京都の高校生2人らが中学の元同級生を暴行・恐喝、600万円脅し取る
12・ 9　横浜で雪合戦の小学生、マンション屋上から転落重体
12・21　岡山で高校生が無免許・飲酒運転で短大生をはねて死亡させる
12・23　奈良・香芝の放置軽自動車の中に赤ちゃんが置き去りにされる
12・25　東京・町田で3歳児が殴られ意識不明、同居の無職男20歳を逮捕
12・25　静岡で2歳と1歳の兄弟を風呂に放置、水死させた母を逮捕

児童虐待の防止等に関する法律
(2000年5月24日公布　2014年6月13日最終改正)

(目的)
第一条　この法律は、児童虐待が児童の人権を著しく侵害し、その心身の成長及び人格の形成に重大な影響を与えるとともに、我が国における将来の世代の育成にも懸念を及ぼすことにかんがみ、児童に対する虐待の禁止、児童虐待の予防及び早期発見その他の児童虐待の防止に関する国及び地方公共団体の責務、児童虐待を受けた児童の保護及び自立の支援のための措置等を定めることにより、児童虐待の防止等に関する施策を促進し、もって児童の権利利益の擁護に資することを目的とする。

(児童虐待の定義)
第二条　この法律において、「児童虐待」とは、保護者(親権を行う者、未成年後見人その他の者で、児童を現に監護するものをいう。以下同じ。)がその監護する児童(十八歳に満たない者をいう。以下同じ。)について行う次に掲げる行為をいう。
　一　児童の身体に外傷が生じ、又は生じるおそれのある暴行を加えること。
　二　児童にわいせつな行為をすること又は児童をしてわいせつな行為をさせること。
　三　児童の心身の正常な発達を妨げるような著しい減食又は長時間の放置、保護者以外の同居人による前二号又は次号に掲げる行為と同様の行為の放置その他の保護者としての監護を著しく怠ること。
　四　児童に対する著しい暴言又は著しく拒絶的な対応、児童が同居する家庭における配偶者に対する暴力(配偶者(婚姻の届出をしていないが、事実上婚姻関係と同様の事情にある者を含む。)の身体に対する不法な攻撃であって生命又は身体に危害を及ぼすもの及びこれに準ずる心身に有害な影響を及ぼす言動をいう。)その他の児童に著しい心理的外傷を与える言動を行うこと。

(児童に対する虐待の禁止)
第三条　何人も、児童に対し、虐待をしてはならない。

2003（平成15）年

この年の全般的状況　**イラク戦争開始、足利銀行破綻、吉川友梨ちゃん行方不明事件**

　3月下旬、米国はイラクがテロを支援し、大量破壊兵器を保有しているとして、対イラク戦争を開始した。4月9日には首都バグダッドを制圧、フセイン体制を崩壊させたが、事態は混乱するばかりであった。一方、小泉首相は「改革なくして景気回復なし」「怯まず、恐れず、退かず」と絶叫、新・自由主義的経済政策を進めたが、景気は回復せず、4月28日の日経平均は7,607円まで下落。地方銀行も厳しくなって足利銀行が破綻した。

────◆この年の主なできごと◆────

- 3・20　米など対イラク戦争開始、フセイン体制崩壊
- 3・30　全国私教連調査、私立高校生の経済的理由による退学が過去最高、1校1.56人
- 4・28　日経平均株価7,607円、バブル経済破綻後最安値
- 6・ 6　有事法制3法成立
- 11・ 9　総選挙、自・公減、民主増、社民惨敗
- 12・13　米、フセイン元大統領拘束

この年の子どもをめぐる大きな事件

①静岡県浜名郡の中学3年男子を恐喝で逮捕

　3月12日、静岡県浜名郡の中学3年男子生徒が恐喝で逮捕された。男子生徒は1年生の終わり頃から同級生を脅したり、実際に暴力をふるったりして金品を奪っていた。卒業を前にして、恐喝されていた生徒たちが我慢できなくなり、警察に訴えた結果、逮捕されたのだった。被害を受けていた生徒は15人、脅し取られた金額は150万円をこえていた。1人で20万円ほど脅し取られていた生徒もいたが、学校は知らぬふりをしていた。

②大阪府熊取町の小学4年吉川友梨ちゃんが行方不明に

　5月20日午後3時頃、大阪府泉南郡熊取町の町立小学校4年の吉川友梨ちゃんが下校途中に行方不明となった。警察は事件・事故の両面から捜索を続けてきた。小学校のPTAや地域の人たちもみんなで探してきたが、まったく今日に至るまでも行方がわかっていない。両親は当然のことだが、必死になって探し続けている。それこそワラにもすがる思いだったが、それにつけこみニセ情

③早稲田大学の学生らが女子大生を集団強姦

　6月19日、早稲田大学の学生サークル「スーパーフリー」の男子学生5人が、未成年の女子大生に酒を飲ませ、まったく抵抗できない状態にして集団強姦して逮捕された。逮捕後、彼らの供述から早稲田の学生だけではなく、東大・慶応などの学生たちも加わって酒を飲ませ集団で日常的に強姦、準強姦を重ねていたことが明らかになった。この後、関西の大学でも同様の事件が起きており、学生たちの性モラルの喪失が厳しく断罪された。

④長崎で中1男子が4歳幼稚園男児を投げ落とし殺害

　7月1日、長崎市内中心部の立体駐車場屋上から4歳の幼稚園男児が投げ落とされ死亡した。園児は裸にされ、性器はハサミで傷つけられていた。9日になって防犯カメラの映像などから中1男子の犯行とされ、12歳なので補導となった。男子は小学3年の頃に性器を傷つけられており、それが影響しているとみられた。一方、園児を投げ落としたのは防犯カメラの存在を知り、殺すよりないと思ったとのことだった。

⑤22歳夫が偽装結婚がばれるのを恐れ16歳妻を殴り殺害して焼く

　10月1日午前7時頃、千葉で女性が焼かれているのが発見された。女性は飲食店アルバイトの16歳で結婚していた。22歳の夫や周辺を調べるうち、夫が知り合いに手伝わせて殺害し、身元をわからないようにするため顔を潰し、焼殺を図ったことがわかり逮捕された。2人は偽装結婚で、少女は飲食店で働くため、夫は姓を変え借金するためだったが、少女は関係を清算しようとし、偽装結婚を警察に話すといったことに激怒し殺害したのだった。

──────◆2003年の子どもをめぐる事件◆──────

1・6　東京・足立で32歳の母と11歳の娘が飛び降り死亡、無理心中
1・9　群馬・館林の15歳無職少女と中学3年女子を同級生に援交強要し逮捕
1・17　山梨・甲府で一家心中、両親と5歳男児、9か月女児が死亡
1・18　長野・真田のホテルで修学旅行の高知の高2がナタを振り回して暴れる
1・20　東京・国分寺の中学教師、高校1年買春で逮捕
2・4　埼玉・川越の21歳母と20歳内縁の夫を3歳女児に対する虐待で逮捕
2・9　岡山の母の実家に帰省していた8歳・5歳の姉妹が道に迷って凍死
2・10　栃木・石橋で17歳ら3人が衝突死亡、無免許運転
2・12　東京・青ヶ島村の課長、女高生買春で逮捕
2・16　石川・金沢の29歳母逮捕、4歳男児と1歳女児放置し、スキーに出かける

2・23	さいたま市で2歳女児が虐待されて死亡、31歳無職男性、24歳母逮捕
3・ 8	埼玉・川越の高校1年男子が横浜の中学2年女子を買春、送検
3・ 9	東京・葛飾の病院が腸閉塞の5歳児を放置、手遅れで死亡させる
3・12	静岡・浜名の中学3年、恐喝で逮捕、150万円以上脅し取る
3・19	千葉・稲毛で36歳の母親が小学4年の娘を殺害
3・27	静岡・浜北の24歳母逮捕、パチンコ店駐車場の車に1歳女児放置、死なす
4・ 8	三重・鈴鹿、内妻の連れ子1歳8か月男児に暴行、殺害した夫逮捕、DVも
4・14	海上自衛隊厚木基地の一等海尉、中学生買春で逮捕
4・16	新潟で1歳6か月の女児が同居男性に暴行され死亡
4・24	横浜・港北、高校3年長男が父に朝寝を注意され殺害
5・ 2	長野市内の暴走族少年逮捕、中学2年男子の足縛り、1.5キロ引きずる
5・10	宮城・白石、3歳と生後11か月の2児を道連れに母自殺
5・20	大阪・熊取町の小学4年吉川友梨ちゃんが連れ去られ行方不明
5・30	東京・練馬で中学3年女子2人が飛び降り自殺
6・ 1	長野・和田村で広島の一家が心中、両親と小5女児、小1男児死亡
6・ 9	茨城・三和町、無職15歳少年が3人グループにリンチされ死亡
6・15	仙台・太白区の中学で注意された3年が教師に熱湯かける
6・19	早稲田大学学生による集団強姦事件
6・20	福岡で一家4人が惨殺される。11歳男児、8歳女児も
7・ 1	長崎で4歳男児が駐車場から投げ落とされ死亡
7・ 2	東京・三鷹、高校3年に引ったくり・恐喝を強要した少年5人逮捕
7・ 5	沖縄・北谷(ちゃたん)で中1男子の遺体発見、イジメで殺害される。同級生3人補導
7・ 6	東京・足立区の女子高生が茨城・五霞(ごか)町で遺体となって発見
7・10	長崎・福江で修学旅行の小学6年が流され、救助の教師も死亡
7・13	東京・稲城の小学6年女児4人行方不明(17 保護。監禁の男自殺)
7・22	北海道・帯広で火災、4歳・3歳兄弟と6か月の妹が焼死
8・ 7	東京・蒲田で27歳無職男性逮捕、高校2年女子を半年間監禁連れ回す
8・18	熊谷で28歳刺殺、女性3人拉致1人死亡2人重傷、組員・中学生12人逮捕
8・21	東京・板橋で高1女子が無職50歳に殺害される。はずみで殺したと供述
8・31	東京・江東、11階から5歳男児転落死。その後、気に病んだ母が飛び降り
9・ 1	埼玉・和光の中学3年、校舎4階から飛び降り自殺
9・11	埼玉の中学に卒業生が侵入、2時間半包丁振り回す
9・13	新潟・村上の中学3年女子連れ去られ、11日ぶりに保護、無職26歳逮捕
9・18	東京・京葉線潮見駅で小学1年が転落、はねられ死亡
9・18	東京・豊島、暴力団員と高2女子が大学生に暴行、前歯7本ペンチで抜く
10・ 1	千葉・若葉区で22歳夫が16歳妻を殺害し焼く。偽装結婚ばれるのを恐れ

第5期 1998〜2010年

10・ 7	三重・桑名で小学3年女児誘拐、翌朝保護。23歳逮捕
10・18	福島・須賀川の中学柔道部で女子が男子からイジメ、投げられ意識不明
10・19	名古屋・昭和区で4歳男児死亡、母の交際相手の高校生に暴行される
10・24	東京の小学校教師、教え子に対する強姦未遂で逮捕、他にも被害
10・31	東京・渋谷、16歳少女3人に売春強要の暴走族逮捕
11・ 1	大阪・河内長野で18歳の息子が両親を刺し、母親が死亡
11・16	千葉・我孫子で27歳母と53歳祖母を逮捕、5歳女児を暴行で死亡させる
11・16	東京・巣鴨、生んだばかりの嬰児をコインロッカーに放置した31歳母逮捕
11・17	福岡・古賀の24歳父を逮捕、4か月の女児の頭を柱に打ち付け死亡させる
11・19	神戸大学病院で乳児への心臓手術でカテーテルの挿入間違え死亡させる
11・20	東京医科大で難聴幼児の耳の手術で左右間違えたことが発覚
12・ 4	神奈川・海老名の中学校長、15歳少年への猥褻行為で逮捕
12・ 6	香川・さぬきで4歳・2歳の兄弟と祖母が殺害され、25歳会社員逮捕
12・ 8	埼玉・朝霞、生後4か月の次女を感電死させた父逮捕
12・18	京都・宇治の小学校に男が侵入、1年男児に切りつける

第5期
1998〜
2010年

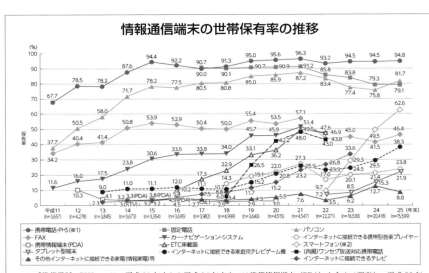

2004（平成16）年

この年の全般的状況　**美浜原発事故、米軍ヘリ沖縄国際大墜落、岸和田中3男子虐待事件**

　米国がイラク攻撃の理由とした大量破壊兵器の存在について、同政府調査団は「なかった」と発表、大義なき戦争が明らかになった。当然、自衛隊イラク派遣も無意味だったのだが、帰国隊員の自殺が相次いだ。小泉首相は5月に再訪朝、先に帰国の拉致被害者家族5人を帰国させたが、その後は何の進展もなかった。8月には関西電力美浜原発で5人死亡の事故、普天間基地の米軍ヘリが沖縄国際大に墜落、同基地の危険性が改めて問題化した。

◆この年の主なできごと◆

- 1・9　陸上自衛隊、イラク派遣
- 4・7　福岡地裁、小泉首相の靖国参拝に憲法違反の判決
- 6・2　道路公団民営化関連法成立（05年10月1日道路公団民営化）
　　　　学校設置・運営の外部委託可能に
- 8・9　関西電力美浜原発で蒸気漏れ事故、5人死亡
- 8・13　普天間基地の米軍ヘリ、沖縄国際大学に墜落

この年の子どもをめぐる大きな事件

①大阪・岸和田の中学3年男子虐待事件

　1月25日、大阪・岸和田の夫婦が、中学3年の長男を1年半以上にわたって、殴る蹴るの暴行を加え、監禁状態にしたうえで、食事も十分に与えず、41キロだった体重が25キロに減るまでの状態にし、自力歩行などはもとより、脳に重度の機能障害まで起こす虐待をしたとして逮捕された。母親は継母で、その立場もあってか、自分の言うことを聞かないことに焦り怒り、実父も同調して虐待を続けたのだった。長男はいまも寝たきりである。

②佐世保で小学6年女児が同級生を殺害

　6月1日、長崎県佐世保市の小学校で、小学6年女児が同級生女児によってカッターナイフで首を切られ、出血多量で死亡した。2人は仲良しで、このような事件が起きる関係などとは、他の同級生も担任教師も思っていなかったが、加害女児はインターネットの掲示板で「ぶりっこ」と書かれたことが動機と供述した。直接顔を見て話しあっていたら、こんな事件は起きなかっただろう。ネットによる意思交流の怖さを示した。

③大阪で19歳男性が母親と知人の虐待で餓死

　8月2日午前4時頃、大阪府阪南市のパート従業員宅から救急出動の要請があり、駆けつけると、女性の19歳の息子がすでに死亡しており、身長182センチあるにもかかわらず、体重はわずか32キロしかなく、司法解剖の結果、餓死であることが明らかになった。調べの中で、母親の知人男女が「しつけ」と称して暴行、タバコの火を押し付けたり、食事を与えなかった結果だった。衰弱していることはわかっていたが、母親は収入が少なく借金がふくれあがっていて、病院に連れて行ってやることができなかったと供述した。

④栃木・小山で4歳と3歳の兄弟が殺害される

　9月4日、栃木県小山市で4歳、3歳の兄弟が殺害されているのが発見された。警察が調べたところ、2人が父親とともに転がり込んでいた部屋の住人である父親の知り合いの男性に殺害されたことがわかった。兄弟の父親が収入があるにもかかわらず、十分な部屋代や食費を出さず、しかも仕事の関係で兄弟を預けたままにしていたことに鬱屈した感情を抱いての事件だった。兄弟の父はシングルファーザーだったが、育児放棄が疑われていた。

⑤奈良市で小学1年女児が誘拐・殺害される

　11月17日午後、奈良市内の小学1年女児が下校途中に行方不明になった。家族、学校、地域関係者らが探していたが、翌18日午前0時過ぎ、平群町で女児の遺体が発見された。犯人は母親のケータイに遺体の写真を送りつけたり、次は妹を狙うと脅したりしたが、なかなか逮捕されず、12月30日になって奈良県警はケータイの通信履歴などから、ようやく36歳の新聞販売店員を逮捕した。2年後に死刑判決が下り、13年2月に執行された。

──────◆2004年の子どもをめぐる事件◆──────

1・6　愛知・豊川、次女6歳の胃が破裂して死亡、暴行の母逮捕、長女にも虐待
1・10　福岡・筑城の自衛隊宿舎で火災、幼い双子死亡
1・18　山形県警、5歳児殺害遺棄事件で母と出会い系で知り合った男逮捕
1・18　静岡の中学校長自殺、サッカーゴールが倒れ、3年生死亡に責任感じ
1・25　大阪・岸和田の夫婦が中3長男を虐待、衰弱させ脳に高機能障害負わす
1・27　東京・大田の高校1年、校内で合成麻薬を売って逮捕
2・2　02年7月の園児死亡事件で保育園園長逮捕
2・2　埼玉県警、女子高生2人を強姦した少年グループ11人逮捕
2・18　北海道・江差、ダンプの後輪がはずれ、3歳保育園児に当たり死亡
2・19　岩手・盛岡で生後4か月の長女を殴り死亡させた父親を逮捕

2・23	東京・荒川の29歳、17歳少女を買春、撮影してビデオを販売、逮捕
3・4	神奈川・横須賀の中3少女逮捕、出会い系で会わずに5万円振り込ませる
3・4	石川・金沢の父親逮捕、小学2年の長男にタバコの火を押しつけ火傷させる
3・4	愛媛・東予の父親45歳逮捕、生後3か月の長女にスタンガン
3・11	群馬・高崎で7歳女児が拉致・殺害され、26歳の男逮捕、猥褻目的
3・16	大阪・泉佐野の24歳母、20歳無職父逮捕、3歳女児、10か月長男虐待死
3・26	東京・六本木ヒルズの回転ドアに6歳男児がはさまれ死亡
4・2	大阪・高槻の団地の同じ遊具で6歳男児、10歳女児が指を切断
4・14	東京・品川の少年少女5人が出会い系で会社員を呼び出し恐喝
4・19	東京・町田の私立小学校教師が中学3年男子買春で逮捕
5・1	群馬・太田の父、4歳長女と1歳長男を殺害して自首
5・26	大阪・豊中の30代父母逮捕、6歳長女に食事与えず衰弱させ暴行死なす
5・26	兵庫県警、無職少女に売春強要、拒否され風俗関係者に売った男2人逮捕
5・28	映画監督、中学2年女子買春で逮捕
6・1	長崎・佐世保で小学6年女児が同級生を刺殺
6・3	埼玉・蕨の中学生「告白ゲーム」を苦にして自殺
6・17	神奈川・相模原の小学校プールで塩素ガス漏れ、児童800人避難
6・20	茨城・板東で高校1年女子が殺害される
6・23	青森・三沢で生後2か月の長女を投げつけて死亡させた20歳母逮捕
6・27	兵庫・西宮の商業施設のエスカレーターで遊んでいた2歳児が転落して死亡
7・1	栃木・宇都宮、4か月女児にミルクを与えず衰弱死させた若い両親逮捕
7・6	新潟・三条の小学校で6年が別学級の6年に包丁で切りつける。仕返しと
7・10	兵庫・明石で交際女性の1歳児に暴行した男逮捕
7・13	埼玉県警、高校内で大麻を売買した20人逮捕
7・13	広島・三次の中学3年、授業態度を注意した調理指導員に包丁突きつける
7・13	島根・出雲、妻の連れ子3歳児振り回し柱に叩きつけ重体にした24歳逮捕
7・28	名古屋・昭和区、長男5歳を殴り死亡させた母逮捕
8・2	大阪・阪南市で19歳の息子を虐待・餓死させた母親48歳と知人を逮捕
8・11	千葉・松戸、47歳母、18歳姉と友人逮捕、14歳長男に熱湯かけ死亡させる
8・18	横浜で生後1か月の男児を死亡させた両親逮捕
8・28	仙台の会社員逮捕、小学1年女児を自宅に連れ込み猥褻行為
9・3	岡山・津山で小学3年女児が自宅で殺害される
9・4	栃木・小山で4歳・3歳の兄弟が父の知人に殺害される
9・4	大阪・枚方で小学1年長女と3歳次女が殺害されて母自殺、無理心中か
9・9	愛知・豊明で放火、母とともに15歳長男、13歳長女、次男9歳が焼死
9・11	栃木・小山で幼い兄弟が川に投げ込まれ死亡、預かっていた40歳男性逮捕

9・17　福岡・大牟田で一家4人が金銭トラブルで少年4人を殺害
9・25　神戸で民家に放火、少年17歳逮捕、少年院に入りたい
10・5　広島・廿日市で高校2年女子が殺害される
10・8　大阪・高石、2歳児を暴行し死亡させた父逮捕、日常的に暴行
10・12　北海道・札幌の母逮捕、4歳女児に日常的暴行、万引きもさせる
10・13　大阪のキッズプラザのエスカレーターで将棋倒し、小学1年重傷
10・22　兵庫・福崎、生後48日の長女が泣き止まないと殴り死亡させた21歳父逮捕
10・27　海上自衛隊護衛艦内でイジメ・暴行・恐喝、上官見ぬ振り、1等海士自殺
11・2　埼玉・春日部の中学生3人、級友3人に継続的暴力、恐喝で逮捕
11・9　広島・中区の生後6か月の女児、24歳無職の父に殴られ死亡
11・17　奈良の小学1年女児が誘拐される（18　遺体発見）（有山楓ちゃん事件）
11・25　東京・葛飾の女子中学生6人、中学3年女子をリンチ、逮捕
11・26　東京・小金井の小学校でパニックに陥った児童が体育館の窓から転落死亡

第5期
1998～
2010年

12・1　国士舘大学サッカー部員15人、女高生を集団強姦
12・14　福島・会津若松、生後2週間の男児、30歳の両親に殴られ重体
12・23　千葉・茂原の女子高生が少年4人に拉致・殺害される。強盗見られて
12・27　長野・松本、9歳の娘、3歳の息子が母に殴られ死亡

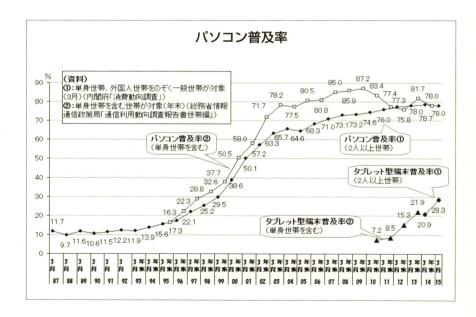

2005（平成17）年

この年の全般的状況　　JR福知山線事故、郵政解散、
　　　　　　　　　　　学習塾講師が小学6年女児を殺害

　1月、安倍晋三ら自民党有力議員がNHK報道番組に介入したとされる問題が起きた。経団連は改憲を求める報告書を出した。自民や財界の右傾化は強まり、中国・韓国などは靖国参拝や教科書問題で反発を強め、反日デモが激化し、4月には中国で大使館や進出企業に対する破壊事件も起きた。国内ではJR福知山線で107人が死亡する脱線事故が起きたが、小泉首相は劇場政治で、〝郵政解散〟を仕掛けて圧勝、自己満足していた。

―――――◆この年の主なできごと◆―――――
4・5　次年度以降使用の全教科書から従軍慰安婦の記述消える
4・9　中国で反日デモ激化、小泉首相の靖国参拝や教科書問題などで
4・25　JR福知山線で脱線事故
7・15　全国各地の石綿製造工場、石綿使用工場や周辺で多数のアスベスト被害
8・8　小泉首相郵政民営化解散（10・14郵政民営化法成立）

この年の子どもをめぐる大きな事件
①和歌山の児童養護施設で女性保育士が性的暴行
　6月17日、和歌山県の児童養護施設の女性保育士が児童福祉に携わる者の基本に反する行為をしたとして資格停止の処分を受けた。女性保育士は収容されていた少年を学校帰りに待ち伏せして自宅に連れ込み、再三にわたり淫行を強要していたことが少年の申し出によって明らかになったからだった。調査によって、他の職員がこれを手助けしていたり、他の児童に同様の性的虐待や暴行などを行っていたことも明らかになった。

②定時制高校1年が両親を殺害
　6月20日、東京都板橋区の会社の社員寮で爆発事件が発生、火災が起きた。現場を調べると、管理人夫婦が殺害されているのが発見された。行方がわからなくなっていた定時制高校1年生の息子を探していたところ、草津温泉の旅館にいるところを発見され、警察が事情を聞いたところ、両親の殺害と爆破を認めたため逮捕された。日頃、自分や母親に対し乱暴をふるい、ハードな仕事ばかりを押しつける父親に対する反発からの犯行だった。

③栃木県今市で小学1年女児が誘拐・殺害される

　12月2日午後、栃木県今市市（現日光市）の小1女児が帰宅しないということで、家族から警察に捜索願が出され、捜査がはじまったが、自宅や学校周辺では見つからず、翌日になって常陸大宮の山中に遺体が遺棄されているのが発見された。警察は捜査を続けていたが、迷宮入りかとみられたが、2014年6月3日になって鹿沼市の32歳の無職男性が逮捕された。外国生まれで学校や社会になじめず、長らく孤立した生活を送っていた。

④京都・宇治の学習塾で6年女児が講師に殺害される

　12月10日午前9時頃、京都府宇治市の学習塾で、通っていた小学6年女児が男子大学生の講師によって刺殺され、逮捕された。講師は女児に対し特別な感情を抱いていて、事件前に何度も異様な行動をとっていたことから、不安を感じた女児がそれを両親に伝え、両親は塾に対し抗議し、対応するよう申し入れていた。そして講師は女児から授業を受けないということを聞いて逆上し、講義室に呼び出して何度も刺して殺害したのだった。

第5期
1998～
2010年

───────◆2005年の子どもをめぐる事件◆───────

1・ 5　北海道・札幌で18歳少女が3人にホテルに連れ込まれ強姦される
1・ 7　愛知・刈谷で生後7か月の女児が18歳の母に暴行され意識不明に
1・30　埼玉県警が29歳の男を逮捕。入間の中学1年女子を誘拐、2週間監禁
2・ 3　新潟・見附で雪遊びの小学1年が誤ってプールに転落死亡
2・ 7　兵庫・尼崎で5歳男児が23歳の母に絞殺される
2・ 8　名古屋・緑区の中学3年男子がニセ札つくり駄菓子屋で使い逮捕
2・ 9　群馬・高崎の中学3年3人、同級生宅に喝上げ、代わりに父親を脅し殺害
2・ 9　千葉・市原、7か月の長男が父親に虐待され死亡
2・14　大阪・寝屋川の小学校に元卒業生乱入、教師を殺害。小学校時代の恨みと
2・27　岐阜・中津川で57歳公務員が2歳男児、生後3週間女児ら一家5人を殺害
3・ 7　東京・品川で3歳男児が母に殺害される。交際相手に子ども邪魔と言われ
3・16　大阪・平野で1歳児が床に投げつけられ死亡、24歳父逮捕
3・17　東京、家出の女子中学生を監禁、2年間売春させた26歳逮捕
3・30　千葉・銚子、3歳女児が虐待で死亡、両親逮捕
3・31　鹿児島で火災、留守番の子ども5人焼死、両親パチンコ
4・ 6　京都の聖神中央教会で主管牧師が小学生女児ら7人に性的暴行を繰り返す
4・21　東大阪で17歳が4歳男児をハンマーで殴り自首、誰でもいい殺したかった
4・27　名古屋の女子高生を監禁、強姦した2人逮捕
4・27　三重・伊勢、幼い娘の裸を撮影、ネットに送信した父逮捕

5・2	宮城・加美の日焼けサロンの19歳女店員が22歳に殺害されスーツケースに
5・11	警視庁は少女を3か月監禁した札幌の無職24歳を逮捕
5・15	大阪・茨木の女子高生が堺の29歳の男に3週間監禁される。男逮捕
5・25	兵庫・姫路の5歳児、両親の虐待で失明、歩行困難に。両親逮捕
6・2	埼玉・川越の無職15歳が23歳の兄を殴り死亡させる。日頃からケンカ
6・10	山口・光高校で3年が手製爆弾投げ、53人負傷
6・17	和歌山の児童養護施設で女性保育士による性的虐待発覚、保育士免許停止
6・19	福島・飯舘村の少年少女5人が出会い系サイトで知り合った男性を殺害
6・20	東京・板橋、ゼネコン社員寮で息子が管理人の両親を殺害し放火
6・26	沖縄・那覇で1歳女児が自衛官の父に殴られ死亡
7・13	東京・墨田の公園でホームレスが19歳らに殺害される。酔った勢いと供述
7・16	人気アイドルの未成年が酒飲んで暴れる。フジのアナウンサーも同席
7・20	東京・立川の少年6人、元同級生に暴行、全裸で2キロ走らせる
7・30	群馬・前橋、中学3年が運転、激突死亡
8・5	大阪・堺の36歳男性が自殺サイトを利用して男子中学生ら3人を殺害し逮捕
8・10	東京・国立医療センターに入院中の脳性マヒの9歳女児の胃から画鋲
8・17	群馬・勢多、生後1か月の女児が父に暴行され重体
8・17	埼玉・春日部で9歳の娘が父に首まで埋められる虐待受ける
8・17	長野・飯田で1歳女児が43歳の母に殴られ死亡
9・4	千葉・成東で農作業中の高校生が落雷で重体に
9・8	東京・世田谷の税理士、少女買春で逮捕
9・9	北海道・滝川の小学校6年女児がイジメから自殺
9・21	山形の高校2年が中学3年女子に売春強要して逮捕
9・21	岡山の高校野球部で全裸ランニングをさせられていたことが明るみに
9・29	滋賀・彦根で4歳長女に虐待繰り返し死亡させた母と内縁の33歳市職員逮捕
10・6	埼玉・三郷でフィリピン人の母が中2、小2の子どもを道連れに自殺
10・8	横浜・港北の22歳男、女子高生を1週間監禁して逮捕
10・19	大分で4歳女児が殺害される。母にストーカーの男に
11・1	東武鉄道野田線で運転士が3歳の長男を運転席に入らせる
11・15	福岡、RKB毎日放送記者が知人と少女を強姦、口止めのためビデオ撮影
11・17	大阪・浪速区のマンションで19歳女性飲食店員と姉が強姦・殺害される
11・22	広島で小学1年女児が殺害され、ペルー人逮捕
12・1	栃木・今市で小1女児が行方不明になり、常陸大宮で遺体となって発見
12・6	長野の丸子実業高校の男子バレー部員が自殺
12・10	京都・宇治の学習塾で小学6年女児が講師に殺害される
12・30	東京・江東で30歳父が4歳長女に食事与えず、盗み食いしたと暴行し殺害

2006（平成18）年

この年の全般的状況　ライブドア・村上ファンド事件、
　　　　　　　　　　第1次安倍内閣、教育基本法改悪

　小泉・竹中の新自由主義経済路線でカネ儲け主義が再びはびこり、1月にライブドア堀江貴文、6月に村上ファンド村上世彰が逮捕される一方、「改革なくして景気回復なし」でも何ひとつ景気回復は実感できず、批判は高まるばかりだった。それを悟ったか、終戦記念日に靖国神社に参拝、中国や韓国が反発する中、小泉は辞職、第1次安倍晋三内閣が発足、憲法や教育基本法改「正」を掲げ、まず12月に教育基本法に愛国心を盛り込んだ。

◆この年の主なできごと◆

1・23　ライブドア堀江貴文、証券取引法違反で逮捕
6・5　村上ファンド代表村上世彰、証券取引法違反で逮捕、「金儲けして悪いんですか」
9・15　オウム真理教教祖松本智津夫の死刑判決確定
9・26　第1次安倍晋三内閣発足
12・15　教育基本法改悪（22　施行）

この年の子どもをめぐる大きな事件
①秋田・藤里町で母親が娘を殺害し、近所の男児も
　4月10日、能代川河川敷で女児の遺体が発見され、秋田県藤里町の小学4年女児と判明した。事故死とされたが、5月18日になって女児の2軒隣の小学2年男児の遺体が女児遺体発見現場近くで発見され、県警は連続殺人を疑い、捜査をはじめた。6月5日に女児の母33歳を逮捕、取り調べの中で殺害を認めたのだが、離婚後の子育ての煩わしさから女児を殺害し、それが事故処理されたことに対する警察への不信から男児を殺害したと供述した。
②奈良県で高校生が自宅放火、義母・異母弟妹死亡
　6月20日午前5時頃、奈良県田原本町の医師宅で火事があり、38歳の妻と小2男児、5歳女児が焼死した。長男の16歳の高校生の行方がわからず、探していたところ、2日後に京都で発見され、放火を供述して逮捕された。亡くなったのは義母、異母弟妹だったのだが、そうした家庭環境が原因ではなく、父親から医師になるよう厳しく勉強させられ、成績が少しでも悪くなると殴られ、精神的に追い詰められ自棄になって放火したのだった。

第5期
1998～
2010年

③埼玉の養護施設で虐待

 8月19日、埼玉の民間児童養護施設で女性保育士が収容されている10代の少年に対し、自宅に呼びつけるなどして性的関係を強要、拒否されると暴行を加えていたことが明らかになった。県がさらに調査したところ、男性職員が少女に対して暴行を働き内々に処分されていていたこと、過去に男児6人、女児2人も虐待されていたことが判明した。当然、懲戒処分は行われたが、少年少女たちが裁判を嫌がったため、刑事告発は見送られた。

④札幌で4歳と3歳女児が同居男の虐待で殺害される

 9月23日、北海道・札幌のホテルに女性があらわれ、同居男性が2人の娘を殺したので警察に連絡してほしいと言った。ホテル従業員は驚きつつ連絡、警察が駆けつけ、事情聴取と捜査がはじまったのだが、同居男性が女性の4歳と3歳の娘を壮絶な虐待で殺害し、女性に手伝わせて遺体を遺棄すべく、段ボールに詰め、自宅に放置していたのだった。女性は虐待を止めさせようとしたが、男の暴力の前に何もできず、また逃げないように家の中では全裸を強制されていたなどの状況から、警察に連絡もできなかったというのだった。

⑤福岡県で中2男子がイジメで自殺、教師が口火（森裕史君事件）

 10月11日夜、福岡県筑前町の中2男子生徒が自殺した。ズボンのポケットに複数のメモが入っていた。そこには暴行、いやがらせ、性的辱めなど、長期にわたってイジメを受けていたことが書かれてあった。加害者の生徒の名前も記されていた。学校も教育委員会も当初はイジメの存在を否定していたが、認めざるを得なくなったのだが、問題は担任教師が何度も生徒をからかい、それが同級生たちのイジメのきっかけになったことだった。

⑥京都・長岡京で3歳男児が虐待・餓死させられる

 10月22日、京都・長岡京の運送業宅から119番通報があり、救急車が倒れていた3歳の長男を搬送したのだが、死亡していた。体重は同年齢標準の半分ほどしかなく、胃内部は空っぽ、死因は食事を与えられなかったことによる低栄養、餓死とされた。顔や頭、また全身に傷跡が見受けられ、日常的に暴行され、食事も与えられなかった結果による死亡が明らかになり、両親は保護責任者遺棄致死で逮捕された。父親は食事を与えないと死ぬと、妻に言ったが聞き入れてくれなかったと供述したが、本気で止めさせようとはしなかった。

―――――◆2006年の子どもをめぐる事件◆―――――

1・4　兵庫・姫路で民家全焼、小学生5人焼死

	1・7	さいたま市大宮区、8か月男児が母の交際相手の男32歳に暴行され死亡
	1・16	福島・下郷、町立保育所で園児3人が落雪に巻き込まれ1人死亡
	1・22	千葉・船橋、6歳の保育園児が母に殺害される。母は自殺、家に放火
	1・26	京大アメフト部員、19歳女子短大生強姦
	2・4	奄美大島の臨時教員、4児をトイレに連れ込み猥褻行為
	2・5	山口・宇部、小学3年男児がディスカウントショップに放火
	2・7	群馬・渋川で25歳父と28歳母が3歳の目つき気に入らないと水風呂で殺害
	2・8	香川・高松で25歳母が3歳次男を餓死させる。長男のほうがかわいいと
	2・17	滋賀・長浜で幼稚園児2人が同じ幼稚園の保護者に殺害される
	2・27	栃木・足利で3歳女児が熱湯浴びせられ大火傷、同居の30歳逮捕
	3・9	東京・世田谷の中学2年が父に叱られ家に放火、両親重傷、妹死亡
	3・10	東京・江東の漫画喫茶トイレで赤ん坊産み、放置して死亡させた33歳母逮捕
	3・16	兵庫・姫路の中高生4人逮捕、ホームレスを焼き殺す
	3・20	神奈川・川崎で小学3年男児がマンション15階から投げ落とされ死亡
	4・3	RKB毎日放送記者、少女強姦して逮捕、口止めにビデオ撮影
	4・7	奈良・下市町の34歳父と27歳母逮捕、子ども3人に万引きさせる
	4・10	秋田・藤里町で小学4年女児の水死体発見(6・5 母親を逮捕)
	4・19	岐阜・中津川の中学2年女子が殺害され、高校1年男子が逮捕される
	4・24	和歌山・高野町で高校2年が写真館経営者を殺害
	5・1	神奈川・平塚の女性宅で19歳娘と35歳男性、さらに乳児3遺体も発見
	5・17	秋田・藤里町で小1男児殺害され、川に捨てられる(4・10事件の母逮捕)
	5・23	大阪・淀川区の22歳、32歳女性を前年11月に19歳を暴行して殺害と逮捕
	5・23	仙台・宮城野で9歳女児がマンションから転落死亡
	5・28	愛知・豊明のパチンコ店駐車場で乳児が車内に放置され熱中症で死亡
	6・3	東京・港区の住宅エレベーターが突然上昇、高校2年がはさまれ死亡
	6・3	警視庁、交際拒否され高3女子を6日間連れ回し脅した無職29歳を逮捕
	6・7	神奈川・秦野の中学3年と小学6年が大学院生に強盗、逮捕される
	6・8	岡山・備前西市駅で高1男子が口論して男女高校生を線路に突き落とす
	6・10	山形・鶴岡で高校3年長男が父親に殺害される。夫婦喧嘩のまきぞえで
	6・20	奈良・田原本町で民家全焼、母と7歳、4歳が死亡。異母兄が放火、逮捕
	7・3	宮崎県警は無職28歳に29日間監禁されていた桑名の19歳女性を保護
	7・5	滋賀・新旭で航空自衛官24歳が妻の連れ子2歳に空気銃・熱湯で虐待殺害
	7・10	吹田で関西大学生19歳が罰ゲームで毒キノコ食べ飛び降り死亡
	7・28	福島・泉崎で40歳と33歳両親が三男3歳を衰弱死させ、他の2人も栄養失調
	7・31	埼玉・ふじみ野、小学2年女児がプールの吸水口に吸い込まれ死亡
	8・5	大阪・淀川、母が3歳女児、1か月長男と飛び降り心中

8・19	埼玉の民間児童養護施設で女性保育士が収容されている少年に強制猥褻
8・25	福岡の大橋で追突され、一家が海に投げ出され、4歳、3歳、1歳が水死
8・27	北海道・稚内の高1が友人に手伝わせ46歳母を殺害。離婚がイヤだったと
8・31	福島・いわき、高校教師が教え子だった17歳少女買春で逮捕
9・10	兵庫・伊丹、母がイジメに悩んでいた中学2年の娘を殺害し心中を図る
9・13	東京・墨田、未熟児で生まれた4歳児に食事与えず餓死させた29歳母逮捕
9・23	北海道・札幌で24歳母が4歳と3歳の娘が同居男性に殺害されたと通報
9・30	北海道・滝川市教委、前年9月9日の女児自殺、イジメによると認める
10・11	福岡・筑前の中2男子が同級生のイジメで自殺、教師のからかいが発端
10・22	京都・長岡京で3歳男児が28歳父と39歳母に虐待され餓死、長女も衰弱
10・23	秋田・大仙で4歳男児が母と母の交際相手に暴行され死亡、用水路に遺棄
10・30	北海道・苫小牧の母20歳が4歳と1歳を1か月放置し1歳を餓死させる
11・2	横浜・旭区、車が衝突し倒れた街路灯が1歳女児を直撃死亡させる
11・7	江戸東京博物館で見学の小学6年の11人が将棋倒し
11・12	埼玉・本庄、中学3年自殺、別のクラスの同年からカネを要求されていた
11・13	秋田・大仙の保育園児水死事件で母親と交際中の男逮捕
11・14	新潟・神林村の中学生が性的辱めなどのイジメを受け自殺
12・5	神奈川・川崎で32歳父が生後2週間の男児を布団に叩きつけ殺害
12・8	兵庫・尼崎の小学校で4年男児による同級女児の性的イタズラ問題化
12・12	愛知・岡崎、ホームレス女性殺害で中学2年男子逮捕、他に強盗も
12・18	宮城・柴田、物置に乳児2遺体を隠した母逮捕

2007（平成19）年

この年の全般的状況　**世界同時株安、安倍首相辞任、
　　　　　　　　　　　万引き少年コンビニ店員殺害事件**

　2月、年金記録の5千万件もの不備が判明、信頼は崩れた。3月には北陸電力志賀、東北電力女川、東京電力福島第2の原発事故隠蔽が発覚したが、各社の謝罪は単なる形だけだった。首相は憲法改「正」国民投票法を成立させたものの、7月の参院選では民主党が圧勝、衆参ネジレが生じ、8月には米サブプライムローン破綻で世界同時株安が進んで経済の先行きは不透明となり、安倍晋三は病気を理由に突然首相辞任を表明、福田康夫が継いだ。

────────◆この年の主なできごと◆────────

1・10　文科省有識者会議、いじめ定義見直し
2・17　公的年金記録の不備、5,000万件明らかに
5・14　憲法改正国民投票法成立（共産、社民以外すべて賛成）
7・29　参議院選挙、民主党圧勝（衆参ねじれ、決まらない政治）
8・ 9　米の金融システム不安表面化、サブプライムローン破綻
9・12　安倍首相病気辞任、福田康夫内閣発足

この年の子どもをめぐる大きな事件
①会津若松で高3男子が母親を殺害し、首を切断する
　5月15日午前7時頃、福島の高校3年男子が「母を殺した」と会津若松署に自首した。持っていた通学用バッグには切断された頭部が入れられていた。警察が自宅アパートを調べてたところ、頭部が切断された母親の遺体があり、殺人と死体損壊の容疑で逮捕され、「午前1時頃、寝ていた母を殺し、頭をノコギリで切断した」「誰でもいいから殺したかった」と供述したのだが、精神面での問題があるということで医療少年院送りとなった。
②京都府京田辺市で16歳の娘が警察官の父を殺害
　9月18日午前4時30分頃、京都府京田辺市の警察官宅で、この家の16歳の少女が、父親の警察官が手首から血を出して亡くなっていると母親に伝えた。警察が駆けつけて調べたところ、少女は大量の返り血をあびており、血のついた手斧も落ちていた。少女に問い質したところ、自分が殺害したことを認めたため緊急逮捕された。父親に女性がおり、嫌悪感を抱いていたところに、専門学校への進学を許されなかったため殺害したのだった。

③寝屋川市で少年がコンビニで「かごダッシュ」万引き、店員を殺害

　10月6日午前1時前、大阪府寝屋川市のコンビニで、2人組が缶ビールやプリンなどを万引きした。27歳の店員が気づき、追いかけて捕らえたところ、19歳の少年にナイフで刺され、出血多量で死亡した。昼頃、少年は親に付き添われて自首、逃走した15歳の少年は、その後逮捕された。少年2人はコンビニで買い物かごに大量に商品を入れ、かごごと全力疾走して逃げて万引きする「かごダッシュ」と呼ばれる万引きをしたのだった。

──────◆2007年の子どもをめぐる事件◆──────

1・3	岡山・倉敷で31歳女性宅で4歳男児死亡。全身濡れ、口に唐辛子詰められ
1・15	京都・左京区で精華大学生が刺されて死亡、未解決
1・12	宮城・名取、母親と生後3か月女児が殺害される。交際相手の35歳逮捕
1・17	大阪・八尾駅前歩道橋から3歳児が突き落とされる。知的障害の41歳逮捕
1・20	兵庫・宝塚のカラオケボックスで火災、18歳焼死、同窓の2人重体
2・1	千葉・松戸の中学2年男子が自殺、イジメ加担を謝る
2・20	北海道・苫小牧、1歳男児の育児を放棄し死亡させた21歳母逮捕
2・27	宮城・仙台の中学2年、11階から転落死亡、タミフル服用後
3・6	東京・高島平団地で女子高生2人飛び降り自殺
3・17	宮城・大崎で少年少女4人逮捕、ツーショットで呼び出し男性殺害、金奪う
3・20	東京都教育委員会、子どもの裸や事故死写真を公開した教師を処分
3・20	大阪・能勢で38歳母自殺。中学生の息子への虐待で起訴されたことを悩み
3・27	京都・伏見、インフルエンザの小6が9階から転落死、タミフル服用せず
4・11	東京・東村山、自転車接触事故、転倒53歳車にはねられ死亡、高1逮捕
4・13	東京・江戸川、8か月の長女の頭を柱にぶつけ死亡させた20歳母逮捕
4・23	大阪・能勢の山中、頭に袋、1歳男児遺体（5・16　母と再婚相手逮捕）
4・24	宮城・大崎のスーパー駐車場での公務員殺害事件、15歳男女ら5人逮捕
5・5	大阪・エキスポランドのジェットコースター脱線、19歳女性死亡
5・10	石川・小松、嬰児遺体を廃車に放置した母逮捕（知人宅に別の遺体）
5・13	横浜・磯子の病気の5歳児、放置され死亡、父逮捕
5・15	会津若松の高校生が母を殺害し、首切断、ボストンバッグに入れて警察に
5・20	三重・松阪、高校3年男子ら逮捕、少女に暴行、小指切断
6・5	新潟・長岡、高3が学校のトイレで男児出産、便槽に放置、水死させ逮捕
6・8	大阪の追手門学院大学でインド人留学生がイジメに耐えられないと自殺
6・11	さいたま市岩槻区、4歳児が母の交際相手26歳に暴行され死亡
6・26	仙台・宮城野で中学生6人重軽傷、ガス吸引遊びでスプレー缶爆発
6・26	愛知・犬山、巡業中の時津風部屋で新弟子17歳が集団暴行で死亡

7・1	愛知・豊橋、校庭の遊具踏み外し小学1年男子死亡
7・3	神戸・須磨の高3男子がイジメを苦に自殺（9月に同級生ら4人逮捕）
7・11	宮城・名取で生後3か月の長女が父親によって母とともに殺害される
7・13	兵庫・小野で4歳が父に両手足縛られ衣装箱に入れられ死亡、冷蔵庫に
7・20	大阪・東淀川で仕事に行き詰まり一家心中、夫婦と5歳男児と2歳女児
8・4	藤沢・鵠沼海岸河口、離岸流に流され中学生2人死亡
8・7	岩手・陸前高田の海水浴場で落雷、小学3年男児重体
8・13	富山・糸魚川、7歳女児、3歳男児、仕事に行き詰まった父に殺される
8・26	北海道・函館、高校生が中学時代から続く7人によるイジメ暴行で死亡
9・1	長野・安曇野番所大滝遊歩道から5歳男児転落死亡
9・2	東京・練馬・石神井で3歳児ら3人が30歳男に池に突き落とされる
9・4	名古屋・中川区の公園のコーヒーカップ遊具で遊んでいた6歳が指切断
9・14	北海道・蘭越町で出会い系で知った男に暴行され37歳母死亡、長女も重傷
9・18	京都・京田辺で16歳の娘が警官の父の女性関係が許せず殺害
10・3	群馬・沼田、4歳長男が布団かぶせられ窒息死、33歳父逮捕
10・6	大阪・寝屋川のコンビニ店員が万引き19歳、15歳追いかけ、刺されて死亡
10・16	兵庫・加古川で小学2年女児が自宅横で刺殺される。未解決
10・18	滋賀・大津で5か月男児、8時間放置され窒息死、32歳父と22歳母逮捕
10・25	茨城・ひたちなかの高校で3年がヘリウム入り袋をかぶり死亡
11・1	神奈川・大和で2歳男児がマンション9階から転落死亡
11・16	香川・坂出で祖母とともに5歳と3歳姉妹が大叔父に殺害され埋められる
11・22	福岡・博多で生まれた子どもに乳を与えず死亡させた夫婦逮捕
12・3	和歌山で12歳男児が祖父、母とともに殺害される
12・4	東京・杉並、保育園児11人の列にトラック、3歳男児負傷、そのまま逃走
12・14	佐世保のスポーツクラブで銃乱射、指導者ら2人死亡、子ども6人重軽傷
12・23	京都・下京で4歳長女を窒息死させた母逮捕
12・23	東京・渋谷、見知らぬ男が小学6年女児の頭にフォーク突き刺す
12・24	東京・外環、サッカー遠征帰りの小学5年、走行中のバスから転落死亡

第5期
1998〜
2010年

2008（平成20）年

この年の全般的状況　リーマンショック、
　　　　　　　　　　　　　　　　　秋葉原無差別殺人事件

　2月、トヨタ自動車がGMを抜き、生産台数で世界一とはなったが、円高で海外生産は増える一方であり、国内工場の生産現場は労務コスト引き下げのため非正規雇用労働者が中心になっていた。6月8日東京・秋葉原で非正規労働者がトラックで通行人をはね、ナイフで切りつけ、7人を殺害する事件が起きた。9月半ば、米証券会社のリーマン・ブラザーズが破綻、世界同時不況に発展したが、それがトヨタを世界一にしたのだから皮肉である。

　　　　　　　　━━━━━◆この年の主なできごと◆━━━━━
- 1・27　大阪府知事にタレント弁護士橋下徹当選（大阪自民分裂、維新グループ結成へ）
- 6・18　東京・秋葉原で派遣社員男性が無差別殺人
- 9・15　米証券会社リーマン・ブラザース経営破綻、世界金融危機に
- 9・24　福田康夫首相が年金不払いで辞職、麻生太郎内閣発足
- 11・5　米大統領に民主党バラク・オバマ当選
- 11・12　文科省、ネット上のいじめに関するマニュアル発表

この年の子どもをめぐる大きな事件
①奈良で生後4か月の双子を虐待し死傷させる
　3月10日、奈良市月ヶ瀬の29歳の父親と21歳の母親が、虐待で逮捕された。生後4か月の双子が生まれた直後から日常的に頭・顔・あごを殴ったり、腹部を殴ったりつねったり、投げ飛ばしたり、さらにはバンジージャンプと叫んで、両足をつかんで頭から投げ落としたりし、両太腿や肋骨は骨折、脳にも重い障害が生じていた。次男は7月4日に亡くなった。長男は意識はあるものの、脳にも四肢にも重い障害が残る可能性が高い。

②19歳の少年が岡山県職員を線路に突き落とし殺害
　3月25日夜、大阪府四條畷(しじょうなわて)市の19歳の少年が、JR岡山駅で38歳の岡山県職員を線路に突き落とし殺害してしまった。少年は当日朝から行方不明になり、両親が家出人捜索願を出していた。少年は成績がよかったのだが、一家が阪神淡路大震災で被災し、経済的に厳しい状況に陥り、大学進学できなくなってしまったことから、精神的に不安定になっていたのだった。当日の朝も、進

路や生き方をめぐって、父親から突き放すような言い方をされ家を飛び出し、この事件を起こしたのだった。裁判では広汎性発達障害とされた。

③秋葉原で無差別殺人、学生５人が殺害される

6月8日12時30分頃、東京・秋葉原の歩行者天国に加藤智大25歳が2トントラックで突っ込み次々人をはね、降りてさらにナイフで刺した。その結果、通行中の7人が亡くなり（うち5人が19歳の学生）、救助の一般人、警官ら17人が重軽傷を負った。取り調べで非正規労働者、負け組といった自分の現在の境遇が犯行の動機ではなく、電子掲示板が荒らされたことに対する抗議だと供述した。2014年2月13日死刑判決が確定した。

④青梅市で少年らが知的障害者を集団で襲う

8月22日、青梅警察署は、支援学校生徒や知的障害を持っている6人を継続的に暴行したり、からかったり、金品を奪っていた16歳の少年2人と7人の中学生を逮捕・補導したと発表した。取り調べにおいては、「自分たちより弱い人間を狙った」「障害者をイジメて何が悪い」などと述べ、悪いことをしたという意識も、反省の気持ちもなかったそうである。加害者の中学生が通っていた中学校は実質的に取材を拒否したとのことである。

──────◆2008年の子どもをめぐる事件◆──────

1・5　東京・戸越銀座で高校2年が両手に包丁、5人に切りつける。
1・14　宮城・石巻、無職の父親37歳が生後4か月の次女を窒息死させる
1・26　大阪・守口で生後18日の子どもが母によって殺害され、母自殺
1・27　東京・北区、ＤＶで戸籍のない子に住民票
1・27　神奈川・川崎で16歳長男に暴行、裸で風呂場に放置、死亡させた父親逮捕
2・3　高知・南国、小5男児が投げられ死亡、母と内縁の無職31歳に虐待暴行
2・8　北海道・芽室、高校1年男子自殺、元同級生からイジメ（15　2人逮捕）
2・11　沖縄、米兵が14歳女子中学生を連れ去り強姦
2・21　埼玉・上尾で17歳少女が中学2年女子を32歳会社員に売春斡旋
2・26　大阪・岬町で5歳男児が30歳の父親に虐待されて死亡
3・10　奈良・月ヶ瀬で29歳父と21歳母を逮捕。4か月の双子を虐待、死傷させる
3・15　埼玉・吉川、2歳男児が10日間放置されて衰弱死、27歳母逮捕
3・15　東京・中野、小学1年女児が連れ込まれ強制猥褻、医師逮捕
3・25　岡山駅で大阪・四條畷の19歳が県職員を線路に突き落とし死亡させ逮捕
4・1　青森・八戸、小学4年男児が母30歳に殺害される
4・3　東京・小金井、4歳女児が母47歳に殺害される
4・13　東京・江戸川、19歳女性が26歳男に10日間監禁され、覚醒剤打たれる

4・22	鹿児島・姶良町で19歳自衛官がタクシー強盗、運転手殺害
4・30	大阪府警巡査逮捕、女子中学生に淫行
5・1	京都・八幡、パチンコ浸りで母26歳が育児放棄、4歳女児を死亡させる
5・2	愛知・豊田で高校1年女子生徒が殺害される
5・6	京都・舞鶴で15歳の女子高生が殺害される（59歳男性が逮捕されたが無罪）
5・18	福岡県警巡査部長、デリヘル手伝い、少女売春幹旋
5・22	山梨・笛吹で小学6年が体育館天井裏に忍び込み転落死亡
6・2	福岡の41歳母、15歳の息子にタスポ貸し喫煙幇助
6・8	東京・秋葉原で無差別殺人事件、7人死亡（5人学生）、10人重軽傷
6・9	新潟・村上の中学校で中学2年男子2人同級生が女子を縛って強盗
6・18	東京・杉並の小学校で屋上での授業後、天窓から転落、死亡
6・26	三重・熊野、無職18歳が知人宅に押し入り知人の母殺害。カネ欲しかった
7・3	岩手・川井村の河川敷で17歳少女の遺体発見（29 28歳男逮捕）
7・12	東京・大田の高校マーチングバンド部員、練習中に熱中症、12人病院搬送
7・15	東名高速、中2が高速バス・ジャック、親に叱られ、困らせてやろうと
7・28	兵庫・神戸で局所的豪雨、川が一瞬で増水、学童保育の小学生ら4人死亡
7・29	愛知・知立の中学、18歳無職が在校時代の厳しい指導を恨み、元担任刺す
8・10	神奈川・鎌倉の高校で3年が4階廊下で競争、窓突き破って転落死亡
8・18	大相撲の未成年力士が大麻所持で逮捕
8・22	東京・青梅で少年と中学生が支援学校生徒を集団で襲い暴行、金品奪う
8・28	石川・金沢の中学3年男子、母親と同居の男性を殺害。2人の喧嘩がイヤ
9・2	埼玉・白岡のコンビニ駐車場で船橋の母子が心中、小学3年死亡
9・14	福島・玉川村、出産直後の女児が川に投げ込まれ死亡、40歳母逮捕
9・21	千葉・東金で4歳女児が殺害され遺棄（12・6 21歳男性逮捕）
9・28	静岡・磐田、3歳女児が22歳母に暴行され死亡
9・29	神奈川・横須賀、学校嫌いの小学6年男児、40歳母に殺害される
10・2	横浜のネットカフェで男児出産、放置した30歳逮捕、男児無事
10・10	三重・紀北で高校2年女子が縛られ、カネ要求されたが63歳男逮捕
10・18	大阪・淀川区で中3女子が車で男性はね180メートル引きずる。無免許
10・30	札幌で小学6年から8年間、母に監禁されていた少女保護
11・8	栃木・宇都宮の小学校砂場で中学生が砂風呂遊び、2年生が死亡
11・10	新潟・江南、小学生の登校の列に車が突っ込み、3人負傷、23歳逮捕
11・14	群馬・高崎、高校1年男子ら少年3人、強姦で逮捕
11・16	大阪・富田林、新聞配達16歳がはねられ6キロ引きずられ死亡、41歳逮捕
11・22	三重・鈴鹿で小学生女児3人を車に乗せ連れ回した38歳逮捕
11・27	栃木・宇都宮の高校教師、合宿で女子生徒を強姦し逮捕、合意の上と主張

12・5　青森市内のアパートで新生児3遺体発見、39歳母逮捕
12・6　福島市の自宅で女児を出産後、遺棄した38歳母逮捕
12・19　兵庫・播磨町で中1・小6の姉妹が殺害される。父が無理心中図る
12・24　京大病院に入院中の1歳の娘の点滴に腐敗水注入の35歳母逮捕
12・27　山形・市辺、小学3年女児が祖母に切られて死亡

教育基本法改正法成立を受けての内閣総理大臣の談話

平成十八年十二月十五日

　本日、教育基本法改正法が成立いたしました。
　教育基本法の改正については、平成十二年の教育改革国民会議の報告以来、国民的な重要課題として取り組んでまいりましたが、今般この法律が成立したことは、誠に意義深いものがあり、ここに至るまでの関係者の御努力、国会の御審議に感謝申し上げます。
　昭和二十二年に制定された教育基本法のもとで、戦後の教育は、国民の教育水準を向上させ、戦後の社会経済の発展を支えてまいりました。一方で、制定以来既に半世紀以上が経過し、我が国をめぐる状況は大きく変化し、教育においても、様々な問題が生じております。このため、この度の教育基本法改正法では、これまでの教育基本法の普遍的な理念は大切にしながら、道徳心、自律心、公共の精神など、まさに今求められている教育の理念などについて規定しています。
　この改正は、将来に向かって、新しい時代の教育の基本理念を明示する歴史的意義を有するものであります。本日成立した教育基本法の精神にのっとり、個人の多様な可能性を開花させ、志ある国民が育ち、品格ある美しい国・日本をつくることができるよう、教育再生を推し進めます。学校、家庭、地域社会における幅広い取組を通じ、国民各層の御意見を伺いながら、全力で進めてまいる決意です。
　国民各位におかれましても、今回の改正の意義について御理解を深めていただき、引き続き、御協力賜りますようお願いする次第であります。

2009（平成21）年

この年の全般的状況　**政権交代と落胆、年越し派遣村、
　　　　　　　　　　大阪・西淀川・女児虐待殺害遺棄**

　前年のリーマン・ショックは日本経済を直撃、生産も消費も低迷、経済に強いが売り物の麻生内閣に対する批判は高まる一方で、8月30日総選挙で自民党は大敗、「政権交代」を掲げた民主党が480議席のうち308議席を獲得、国民は期待した。鳩山内閣は「仕分け」など動きは派手だったが、沖縄基地問題での裏切りなど落胆のほうが大きかった。年末には厳しい経済状況で派遣切りされた労働者のための「年越し派遣村」ができた。

────────◆この年の主なできごと◆────────

- 2・26　名古屋市長に河村たかし
- 4・30　米クライスラー社が経営破綻、リーマンショックの影響拡大
- 5・21　裁判員裁判制度スタート
- 8・30　総選挙で民主党大勝、政権交代。自民党が野党に転落
- 11・20　厚生労働省、日本の貧困率15.7％と発表、子どもの貧困の深刻化も問題に

この年の子どもをめぐる大きな事件
①大阪で小4女児が実母と義父の虐待で殺害される
　4月7日、大阪市西淀川区の34歳母と38歳の内縁の夫が、小学4年女児が行方不明になったと捜索願を出した。警察は捜査をはじめたが、2人による女児に対する酷いとしか言いようのない虐待が明らかになった。2人の暴行と食事制限で女児は衰弱して死亡、遺体の始末に困り、身元がわからないよう全裸にして奈良の山中に埋め、それをごまかすために捜索願を出したのだが、23日に遺体が発見され、2人は保護責任者遺棄致死で逮捕された。

②大阪で高校1年生が他高校の3年を撲殺
　6月12日、大阪府富田林市の石川河川敷で、少年が頭蓋骨が陥没するほど殴られ、川岸に倒れているのが発見されたが、すでに死亡していた。捜査の結果、殺害されたのは公立高校3年男子生徒で、殺害したのは私立高校1年生であることが明らかになった。原因は、1年男子が好意を持っていたという女子高校生が3年男子に拘束されているなどと言っていたことから、何とかしてやろうと思って、油断したところを頭部を狙ったと供述した。

③少年が殺害されドラム缶に入れられ遺棄された

　福井県の小浜湾に、大阪府泉南市の19歳の少年の遺体がドラム缶に入れられ、捨てられていた事件で、大阪府警と福井県警の合同捜査本部は、10月27日に泉南市の26歳男性、17歳無職少女、高校3年の女子生徒2人ら6人を逮捕した。6人は4月26日、少年が仲間の私物を盗んだなどといって殴る蹴るの暴行を加えて放置した。少年は3日後に死亡、遺体の始末に困った6人はドラム缶に入れ、浮かんでこないよう重しをつけ捨てたのだった。

──────────◆2009年の子どもをめぐる事件◆──────────

1・5	さいたま市大宮区で生後間もない女児が無職27歳父に暴行され22か所骨折
1・8	千葉・市川で17歳少年が父親を刺殺、引きこもりを打開するためと
1・19	福岡の中学1年男子が飛び降り自殺。「先生また体罰」のメール残し
1・24	神奈川・松田町の河川敷で乳児2人の遺体放置
1・31	福島・本宮、高校2年女子、生んだばかりの女児を殺害し遺棄
2・9	兵庫・稲美でのタクシー運転手殺害事件で加古川の19歳逮捕
2・17	山梨・甲府で小学6年の兄、小学4年の妹が殺害され、母親が鉄道自殺
2・17	沖縄・北中城村で高校1年女子が母親を殺害
2・21	愛知・小牧で小学5年女児が殺害され、姉は軽傷、母が飛び降り自殺
3・1	神戸・生田区で4歳と2歳を投げ落とし、母が飛び降り自殺
3・5	三重・伊勢で高校1年が自殺。7人からイジメられているとのメモ残し
3・8	千葉市の男子中学生、バレーボール練習中に顧問に殴られ前歯2本折る
3・11	沖縄・石垣島、夫婦と3人の幼い子どもの遺体、無理心中
3・30	北海道・稚内で4歳男児が同居男性と母に冷水浴びせられる等虐待で死亡
4・6	神奈川県警、女子中学生買春で東京消防庁消防士を逮捕
4・7	大阪・西淀川で小4女児が虐待で殺害され埋められる。内縁の夫と実母逮捕
4・7	佐賀の中学生と高校生の娘が母によって売春させられ、母逮捕
4・11	埼玉・蕨の高校生18歳がライターのガスを吸って窒息死
4・27	東京・八王子で27歳の母と3歳男児が殺害され、父29歳行方不明
5・10	佐賀の高校野球部員、練習中に熱中症で4人病院搬送
5・27	青森・藤崎の中学校で柔道部1年男子が練習中頭を強打、搬送先病院で死亡
5・29	鹿児島の高校総体ボクシング競技で試合後、高校2年が意識不明に
6・6	兵庫・姫路のアルバイト17歳少年が高3女子を刺し自殺、バカにされたと
6・9	広島少年院で教官が収容少年に暴行して4人逮捕される
6・12	大阪・富田林で高校1年が他高の3年を撲殺
6・16	広島で双子の4歳男児、3歳女児が殺害され、41歳の父は自殺
7・4	奈良・桜井で高校3年男子が同級生に刺され死亡

第5期
1998〜
2010年

7・7	島根・出雲で中学2年男子が勉強しろという父を殺害
7・19	東京・大田区・多摩川で高校生2人が突き落とされ溺死、同級生家裁送致
7・24	警視庁、中学1年、2年女子を脅して裸の写真を送らせた22歳男を逮捕
8・1	千葉・美浜の会社員宅で火災、高校3年長男による放火、祖母焼死
8・7	埼玉・所沢の市役所職員、15歳高校1年女子買春で逮捕
8・7	東京・板橋、生後直後の女児遺棄、死亡させた18歳少女、19歳少年逮捕
8・28	福岡・久留米、高校生逮捕、筑後川河川敷のホームレス男性の小屋に放火
9・1	横浜・青葉区の中学3年男子が中1少女買春で逮捕
9・4	埼玉・熊谷の中学1年男子が硫化水素で自殺、助けようとした父も中毒死
9・7	福岡・東区、1歳男児が冷蔵庫に入れられ負傷、父40歳逮捕
9・16	東京・青梅の36歳女性、5年前の長女死亡、虐待容疑で逮捕
9・27	茨城・桜川、女児が親類の男に2階から投げ落とされ重傷
10・5	岡山・津山で生後1か月の男児が29歳の母に殴られて死亡
10・11	茨城・牛久で小学生4人が35歳無職の男に誘拐される。男逮捕、無事保護
10・27	大阪の19歳を殺害しドラム缶に入れて小浜湾に遺棄した少年少女6人逮捕
10・26	島根・浜田の19歳女子大生行方不明（1週間後、広島山中で遺体一部発見）
10・30	東京・新宿歌舞伎町で高校1年女子が49歳の男に強姦される
11・4	東海大高輪高校でアーチェリー練習中、矢が高2男子の額に刺さり、死亡
11・13	千葉・旭の駐車場で18歳が殺害され、少年4人が暴行で逮捕
11・24	神奈川・松田の川音川河川敷で乳児の2遺体発見
11・27	武蔵野の小学校校舎3階から4年女児が転落、下にいた女性が受け止める
11・28	東京・葛飾の1歳10か月の女児が母と同居の無職男に暴行され死亡
12・9	さいたま市岩槻区で園児が送迎車にはねられ9人負傷、園長が運転
12・11	埼玉・入間の3歳男児が母親に投げられ死亡
12・11	東京・千代田区のネットカフェで置き引き、元ジャニーズJr.2人逮捕
12・21	横浜で1歳女児が木箱に入れられ窒息死、両親「いつも入れていた」

2010（平成22）年

この年の全般的状況　**政権交代に国民落胆、
　　　　　　　　　　　大阪・西区で2幼児育児放棄死亡事件**

　依然として米国発の金融危機の影響から脱却できず、また円高で輸出は落ち込み、主要メーカーは大幅減産を余儀なくされ、倒産もあいつぎ、首切りが行われた。日本航空は破綻し会社更生法適用申請に追い込まれた。普天間基地移設について鳩山政権が裏切ったことに対し、沖縄県民は厳しい抗議の声を上げ、首相辞任に追い込まれて、菅直人が継いだが、尖閣諸島付近で中国漁船が巡視艇に体当たり、日中関係は一気に緊張状態に入った。

────────◆この年の主なできごと◆────────

1・19　日本航空が経営破綻、会社更生法適用申請
4・25　沖縄で普天間基地の県内移設反対集会に9万人集まる
5・28　普天間基地移設先は辺野古の日米共同声明。民主党政権が裏切り、鳩山首相辞任
7・11　参院選、政権与党民主党惨敗。政権交代への期待が大きかっただけに失望も大
9・7　尖閣諸島付近で中国漁船が日本の巡視船に体当たり、緊張一気に高まる
12・1　文科省、給食費徴収状況発表、未納者増加

この年の子どもをめぐる大きな事件
①少年が元交際相手宅に押し入り、姉らを殺害

　2月10日午前6時40分頃、石巻の少年18歳が知人の少年を連れ、元交際相手の18歳少女宅に押し入り、その場にいた少女の姉20歳、友人少女18歳を殺害し、男性20歳にも重傷を負わせ、少女を連れ去ったが、通報を受けた警察に逮捕された。少年は少女との間に4か月の子どももいたが家庭内暴力で別れていた。それを逆恨み復縁を迫っての犯行で、姉や友人たちは、少年が襲ってくるのではないかと心配し、家に集まっていた時の事件だった。

②大阪・西区で2幼児が育児放棄され死亡

　7月30日深夜、大阪西区のマンションで異臭がするとの通報で、警察が調べたところ2児の腐乱死体が発見された。借り主は23歳女性で、自分の3歳女児と2歳男児であり、2か月放置していたことを認め、逮捕された。もとは名古屋に住んでいたが、離婚して大阪に移り、風俗に勤めるうち育児放棄して

しまったのだった。幼児の泣き声が何度もして隣人が市や警察に通報していたのに救えなかった。児童相談所などのおざなりな対応も問題になった。

③沖縄で女子中学生が少年に集団強姦され自殺

9月17日、沖縄県警豊見城署は19歳の無職少年2人を逮捕した。容疑は7月11日に14歳の女子中学生に酒を飲ませ、抵抗できない状態にして強姦したことだった。事件が発覚したのは、9月15日女子中学生が事件を苦にして自殺し、母親が警察に届け出たことによってだった。少年は「合意の上だ」と主張したが、少年や少女ら10人が市内の公園に集まって長時間にわたって酒を飲み、女子中学生が拒否したにもかかわらずの犯行だった。

──────◆2010年の子どもをめぐる事件◆──────

1・10　この年も各地の成人式で新成人が飲酒して暴れた
1・19　神奈川・秦野で6か月女児が母に揺さぶられて死亡、母に虐待の意識なし
1・24　東京・江戸川で小1男児が20歳の母と継父に躾と称して連日暴行され死亡
2・10　宮城・石巻で少年18歳が知人17歳と元交際相手の姉とその友人を殺害
2・10　福岡・博多で3歳女児が死亡、全身にアザ、両親から事情聴取
2・11　兵庫県警三田署は前年6月の4歳女児死亡につき、継母を虐待で逮捕
2・14　兵庫・日高町で中学2年男子が意識不明、同級生4人を暴行で逮捕
3・3　東京・清瀬教育委員会、2月に自殺の中2女子のイジメに関するメモ公表
3・10　大分で夫婦喧嘩を止めようとした18歳長女が父に刺され死亡、父自殺
3・21　愛知・豊田で中3男子が継父に殴られ死亡、片付けろの注意無視したと
3・30　大阪・西淀川、自宅プランターに2児遺体遺棄の母逮捕、中1息子が発見
3・31　岡山の児童養護施設職員が入所児童に性的虐待、解雇
4・6　東京・荏原で小6女児に淫行した大阪の会社員逮捕、ネットで知り合う
4・9　大阪・寝屋川の両親逮捕、1月に1歳女児が死亡した事件で虐待が判明
4・12　福岡・博多、3歳女児がテーブルから突き落とされて重体、両親逮捕
4・15　大阪・堺で1歳7か月男児が死亡、母の交際相手無職23歳逮捕
4・28　東京・江戸川、18歳少女が女子高生買春を斡旋して逮捕
5・1　大分・竹田、高校での柔道練習中、投げられた3年が頭打ち死亡
5・4　神奈川・川崎で生後9日目の女児が絞殺され、母逮捕
5・9　和歌山で生後9か月男児が布団に投げつけられ重体、無職21歳の父逮捕
5・13　高知のパチンコ店駐車場、車に放置された6か月男児死亡、母逮捕
5・31　東京・八王子、勤務する高校の女子生徒に淫行、講師逮捕
6・1　沖縄で生後3か月の男児が同居男性に投げつけられ死亡
6・6　北海道・三笠、4歳児が記念館のトロッコで指切断
6・9　神奈川・川崎、中3男子が硫化水素自殺（7・27イジメ被害明らかに）

6・20	八甲田山で山菜採りの中学2年女子が火山性ガスで死亡
6・20	新潟で生後1か月の男児が18歳の父親に殴られ死亡
6・23	名古屋・天白区で4歳女児が食事与えられず脳機能障害、両親逮捕
6・27	福岡・久留米で5歳女児が首にひもまかれ死亡、母逮捕
7・9	警視庁、09年7月の男子高校生水死事件で、突き落とした同級生逮捕
7・12	栃木・足利で、見知らぬ乳児を抱き、骨折させていた女性逮捕
7・22	広島・安佐南区の男子高校生、三者懇談直後に自殺
7・30	大阪・西区で2児が2か月放置され餓死、23歳母逮捕
8・10	高知で3歳女児の目に遊具のピンが刺さり重傷
8・20	茨城・大洗町の高校2年男子が祖父を殺害
8・20	埼玉県警、6月の18歳従業員死亡事件で勤務先の会社社長ら暴行で逮捕
8・28	愛知・岩倉で小6男児が17歳兄に刺され死亡、バカにしたと喧嘩
8・31	広島・福山で2歳女児が風呂で死亡、全身にアザ、母と同居の男逮捕
9・1	東京・昭島、中学1年女子が転落死亡、イジメ被害うかがわせる遺書残し
9・1	埼玉・春日部で小学5年女児が母に殺害される
9・3	栃木・塩原、児相に保護された小6長女を取り戻そうとした虐待父逮捕
9・17	東京・大田、仲間から抜けようとしていた女子高生をリンチした7人逮捕
9・17	沖縄・豊見城で19歳無職2人が女子中学生強姦で逮捕（15 被害者自殺）
10・7	京都・宮津、5歳女児が母と同居の男に殴られ重体
10・10	神戸のマンション屋上天窓で遊んでいた小学6年男児、転落して死亡
10・18	茨城・水戸、1歳女児の遺体放置、31歳父逮捕
10・23	群馬・桐生の小学6年女児がイジメで自殺、母がフィリピン人
10・24	長崎・対馬で病気の17歳女子が放置され死亡、母逮捕
11・4	東京・町田の中学校で下級生に暴行の3年3人を逮捕
11・9	大阪・門真、7月の会社員殺害事件で少年2人逮捕、強盗殺人
11・11	東京・江東で1歳男児が父に暴行され死亡
11・14	千葉・市川、中学2年男子が自殺、イジメられて
11・22	北海道・札幌で中学2年女子が飛び降り自殺、イジメの遺書
11・23	大阪・北区のアパート共同トイレに新生児遺体、35歳母逮捕
12・1	埼玉・東松山、5歳男児が同居の34歳女性に暴行され死亡
12・1	千葉・横芝光町、6歳男児と34歳の母が父43歳に殺害される
12・8	都立高校教師53歳、17歳無職少女買春で逮捕
12・8	石川・野々市、中1女子が誘拐され1億円身代金要求、暴力団組員逮捕
12・17	茨城・取手、路線バス内で27歳の男が女子中学生ら14人に切りつける

第5期
1998〜
2010年

第6期　2011〜15年

政権交代幻想の破綻、東北大震災、政権は元に戻ったものの新たな不安

減らない子どもに対する虐待、
再び増えているイジメ・不登校、
そして引きこもり

2011（平成23）年

この年の全般的状況　**東日本大震災、福島原発炉心溶融、クレーン車児童の列に突っ込む**

　1月、中東では独裁者が政権を追われた。2月には中国のGDPが世界第2位となり、日本経済の地位低下が印象づけられた。ニュージーランドでM6.3の地震が発生、日本人28人が亡くなった直後の3月11日、M9.0の東日本大震災が発生、地震と津波で岩手・宮城・福島三県沿岸部は壊滅的打撃を受け、福島原発の炉心溶融で付近住民は避難を余儀なくされたが、政府は混乱するばかりで、9月、菅首相は辞職、野田佳彦が継いだ。

————◆この年の主なできごと◆————

- 1・20　中国が日本のGDPを追い越し世界第2位の経済大国に
- 3・11　東日本大震災、千年に一度の激震による破壊と巨大津波による激流で未曾有の犠牲
- 3・12　地震と津波によって東京電力福島原発が炉心溶融し高濃度の放射能が飛散
- 6・ 3　大阪府議会、教職員に「君が代」斉唱義務づけ条例可決
- 11・27　大阪府知事・大阪市長ダブル選挙、知事に松井一郎、市長に橋下徹

第6期
2011
～15年

この年の子どもをめぐる大きな事件

①長岡高専男子学生が女子学生を刺し投げ落とし殺害

　2月14日午後1時20分頃、長岡高専4階講義室から2人の学生が落ちたとの通報があった。男子学生は重傷で、女子学生はその後死亡した。当初、校長ら高専関係者は単なる転落事故と発表していたが、実際は男子学生による無理心中だった。男子学生が別のクラスの女子学生の腹部を複数回刺して投げ落として殺害し、飛び降り自殺を図ったが回復後、殺人罪で起訴され、判決では確定的殺意が認定され、不定期刑であるが有罪とされた。

②集団登校の小学生の列にクレーン車、6人死亡

　4月19日、栃木県鹿沼で集団登校中の小学生の列にクレーン車が突っ込み、4～6年の男女児6人が亡くなった。運転手は居眠りしていたということだったが、てんかんの持病があったにもかかわらず、前夜は遅くまでチャットをして寝不足、またクスリを服用していなかったことなどが重なっての事故だった。この後、京都でも同様の事故が発生、運転中に眠ってしまうような持病があっても、運転免許を与えていいのかが問題となった。

③千葉で2歳男児が餓死させられる

　8月9日、千葉県柏市の39歳の父親と27歳の母親が、2歳10か月の男児を餓死させた保護責任者遺棄致死で逮捕された。事件は5月26日、母親が子どもが呼吸していないと救急電話したことから発覚した。救急隊員が駆けつけ、病院に搬送したが、死亡が確認されたのだった。体重は平均の半分以下、ガリガリだった。貧しくて食べさせられなかったと供述したが、夫婦と長女は丸々していた、長女だけを偏愛して餓死させたのだった。

④滋賀県大津市の中2男子生徒がイジメを苦に自殺

　10月11日午前8時10分頃、滋賀県の大津市内の中学2年男子生徒が、同級生によるイジメを苦にして自殺した。事件発生直後、中学校、教育委員会は記者会見で、イジメはなかった、家庭に問題があったなどと発言したが、生徒にアンケートを実施したところ、日常的な暴行、性的辱め、万引き要求、金品強奪、自殺要求など執拗で理不尽なイジメが明らかになった。同級生3人が逮捕・補導され、裁判では自殺とイジメの関係が認定された。

⑤静岡の磐田西高校生の集団万引き事件で校名公表

　12月6日、静岡県は磐田西高校生による集団万引きについて校名公表に踏み切った。同校では何年も前から生徒が集団万引きしていることは知られ、対策を取っていると言いながら万引きがなくなることはなく、表面化することもなかった。しかし、県の監査で問題の深刻さが指摘され、減るどころか増えている実態から校名公表に踏み切ったのだった。何年もの間、300人をこえる生徒が学内外で万引きしていたのだから驚くほかはない。

───────◆2011年の子どもをめぐる事件◆───────

1・ 4　茨城・土浦のホームセンターで中3男子刺され、覚醒剤使用の34歳男逮捕
1・11　大阪・堺、2歳男児が同居の男に踏みつけられ両足骨折
1・12　北海道・室蘭、児相に保護されていた少女に淫行、元指導員63歳逮捕
1・16　東京・大田、3歳女児死亡、火傷跡、アザが全身に、母と同居の男逮捕
1・17　大阪・住之江、生後3か月男児死亡、全身にアザ、骨折多数、21歳父逮捕
2・ 2　東京・渋谷、元講師が女子中・高生の猥褻写真撮影して逮捕
2・ 9　福岡・糟屋で高校1年男子2人が飲酒運転の車にはねられ死亡
2・14　新潟・長岡高専で男子学生が女子学生を刺し、4階から投げ落とし殺害
2・15　神奈川・平塚の42歳逮捕、09・11に交際女性の1歳9か月男児虐待死で
2・27　広島・安佐北区で教頭逮捕、強姦目的で女子中学生誘拐未遂
3・ 3　千葉・柏で中学2年の弟が高校1年の兄を刺す

	3・22	岩手・花巻で生後1か月の女児が母に殴られ死亡
	3・22	東京・日野の2歳男児が同居の無職26歳男に殴られ死亡
	3・22	熊本のスーパーのトイレで3歳女児が殺害され、大学生20歳逮捕
	3・31	大阪・城東区、3歳女児がゴミ袋に閉じ込められ窒息死、母と同居男逮捕
	4・12	東京・町田で2歳男児が口にパン詰められ死亡、母28歳逮捕、男の子嫌い
	4・18	栃木・鹿沼で集団登校小学生にクレーン車突っ込み6人死亡、運転手持病
	4・22	茨城・つくば、小学生集団登校の列に乗用車が突っ込み3人負傷
	4・27	前年11月の6歳女児死亡事件で母の元交際相手逮捕、母にもDV
	5・3	福岡・久留米の高校柔道部で2年が1年の首締め気絶させ撮影していた
	5・8	秋田・湯沢の高校生カップルが生まれたばかりの赤ちゃんを遺棄
	5・16	千葉市の緑地公園で中学2年が暴行され死亡、中学生4人逮捕
	5・23	福井・勝山、高校2年男子が88歳祖父に暴行、死亡させる
	5・23	岡山市の知的障害持つ16歳の娘が母に殺害される
	6・8	千葉・柏の3歳男児が死亡、体重平均の3分の1、親が食事与えず
	6・11	名古屋・中区、6か月の女児が投げ落とされ死亡、母逮捕
第6期 2011 ～15年	6・15	中学2年女子に淫行、日本医科大医師逮捕
	6・17	大阪・西成、車中に残された3歳女児がポルシェ動かし事故
	6・28	東京・小平、高校1年女子を買春、眠らせ撮影した中学教師逮捕
	6・29	大阪・西成で1歳女児が変死、向精神薬検出、母も重体
	7・2	千葉・木更津で1歳男児衰弱死、母24歳逮捕、離婚後育児放棄
	7・3	千葉・若葉区、1歳11か月男児死亡、父が虐待
	7・3	兵庫・明石で小学生3人死亡、溜め池の柵乗り越え、転落溺死
	7・18	大阪・東淀川の小学3年女児が顔を切られ母逮捕、子育てに悩み
	7・26	千葉・柏の児童相談所から2歳男児連れ出した母逮捕、職員気づかず
	8・2	北海道八雲町で民家火災、高校3年男子が放火、一家全員の殺害図った
	8・20	東京、里子の3歳幼稚園男児を虐待し死なせたとして声優逮捕
	8・23	千葉・市川で2歳男児に熱湯かけ、重傷負わせた父逮捕
	8・26	大阪・西淀川、7歳男児死亡、両親逮捕、日常的に暴行、食事与えず
	8・30	札幌の中学2年男子、教師の面前で飛び降り自殺、イジメ
	9・16	東京・世田谷、小4男児がマンションから飛び降り、すごいことできると
	9・16	東京・新宿で16歳少女ホストクラブ代金払えず売春させられる
	9・22	東京・北区、無職16歳少年、1,400万円詐取、オレオレ詐欺
	9・25	栃木・宇都宮、9か月の男児窒息死、28歳父親逮捕
	9・27	熊本で中2女子が椅子に縛られ滝行として流水浴びせられ窒息死、父逮捕
	10・6	北九州の病院から新生児連れ去られたが、2時間半後に保護
	10・11	滋賀・大津で中学2年男子がイジメ苦にして飛び降り自殺

10・13　茨城・水戸、8・27の高1男子水死で川に突き落とした少年少女4人逮捕
10・22　名古屋・名東区で中学2年男子が母親の知人に暴行され死亡
10・25　埼玉・春日部の5歳男児死亡事件、27歳の父と叔父が暴行、逮捕
11・ 2　長野・岡谷の高校生が平手打ちされている動画が流される
11・ 7　長野・松本で小学生が鉄塔に登り感電
11・10　長野・伊那の小学生が生活苦から母親によって売春させられる。母逮捕
11・26　富山・射水で中学2年自殺、イジメが原因
11・26　大分・別府で4歳男児死亡、母親が日常的に暴行、食事も与えず
11・28　福岡・筑紫野、8か月女児虐待、19歳母と交際相手の無職18歳逮捕
12・ 3　東京・東村山、生後12日の女児、母親に顔押さえつけられ窒息死亡
12・ 6　静岡の磐田西高校の生徒による集団万引き事件が明るみに
12・10　兵庫・加西、月食観察の小学生兄弟、飲酒運転の車にはねられ死亡
12・12　東京・国分寺、中2男子が道聞くふりして2人の女子大生の髪切り逮捕
12・16　青森市で6歳男児が父親から継続的暴行を受けて死亡
12・18　青森・山田高校野球部で寮で禁止の焼肉した1年が2年に暴行され死亡
12・31　北海道・旭川の団地で火災、4歳・2歳の男児死亡、母の留守中

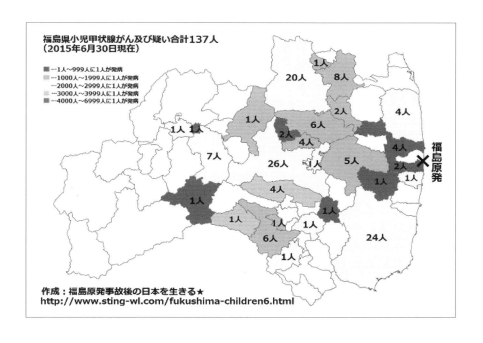

2012（平成24）年

この年の全般的状況　**自暴自棄国会解散、自民党政権復帰、
　　　　　　　　　　　大阪・桜宮高校体罰自殺事件**

　東日本大震災による犠牲、福島原発の炉心溶融による放射能汚染は極めて深刻で、復旧復興・収束のめどは一向に立たず、政府の右往左往ばかりが目立った。経済は混迷したままで産業事故が多発していた。尖閣諸島をめぐって日中関係が緊迫する中、政府は突然国有化し、険悪なものとなった。さらに野田首相は突然、民・自・公で消費税増税に合意、それを国民に問うとして国会を解散、総選挙となったが、自民党の圧勝に終わった。

――――――◆この年の主なできごと◆――――――

- 4・1　中学で武道必修化
- 4・29　関越道で高速バス居眠り運転事故で7人死亡
- 9・11　民主党政府が尖閣諸島を国有化、日中関係が一気に緊張、一触即発
- 11・16　衆議院解散（12・16総選挙投開票、自民圧勝。民主党、野党に転落）
- 12・2　中央道笹子トンネルで天井板崩落、9人死亡
- 12・26　第2次安倍晋三内閣発足

第6期
2011
〜15年

この年の子どもをめぐる大きな事件
①18歳が無免許・居眠り運転で小学生らを死亡させる
　4月23日、京都府亀岡市の府道で、集団登校中の児童と保護者の列に軽自動車が突っ込み、児童2人、付き添いの母親とその胎児が死亡した。運転していたのは18歳の少年であった。30時間以上寝ずに遊びまわっていた状態で運転していた。少年は無免許で、定員4人のところを6人が乗っていた状態だった。被害者にとっては危険運転致死罪が適用されるか否かが裁判の焦点の一つだったが、検察はそれを見送って過失致死で起訴した。
②28歳の母親が10歳の娘を暴行し死亡させる
　10月1日、広島県府中町の交番に母親が「子どもの様子がおかしい」と駆け込み、警官が助手席をみると、女児がぐったりしていた。救急搬送されたが、くも膜下出血と脳挫傷で亡くなった。母親は「ウソをつくので、しつけのため、ゴルフクラブで30分ほど殴った」と供述した。母親は17歳で出産、世話ができないので施設に預け、1年ほど前から引き取っていたが、その直後から母親、祖母の両方が日常的に虐待していたのだった。

③大阪駅周辺でホームレス男性が暴行され死亡

　10月13日、14日未明、ＪＲ大阪駅周辺でホームレス男性5人が連続して暴行された。そのうちの67歳男性が頭や腹などを蹴られたりして死亡した。13日未明、通報を受けた曽根崎署員が駆けつけたが、救急搬送も被害届提出も拒否したため、そのままにしていたところ、14日未明に死亡したのだった。付近の防犯カメラの映像などから府立高校1年16歳男子や無職少年など6人が逮捕されたが、ストレス解消のため面白半分で襲ったと供述した。

④大阪桜宮高校バスケ部主将、教師の体罰で自殺

　12月23日、大阪市立桜宮高校バスケットボール部主将2年男子が自宅で自殺した。直接にはその日、試合に負け、顧問教師から30～40発殴られたとのことだったが、体罰は毎日で、唇や口が切れて血が出るのは普通、時には鼓膜が破れるほどのもので、ついに耐えきれなくなったのだった。顧問は殴れば試合に勝つと信じる暴力至上主義者で、野蛮極まりない暴行を傲然と続け、他の教師も黙認、自殺が明らかになったのは年が明けてからだった。

　　　　　　　　◆2012年の子どもをめぐる事件◆

- 1・5　埼玉・川越で中学2年生が暴行されて重体に陥り、同級生3人逮捕
- 1・16　東京・八王子で2か月女児が父に激しく揺すぶられ脳腫脹で重大な後遺症
- 1・18　大阪・淀川区で小学5年男児が35歳女性に刺され重傷
- 1・25　福島・白河で5歳男児の目に劇薬、視力障害負わせた母の交際相手逮捕
- 2・3　東京・立川で5歳男児が殺害され、母逮捕、前途が不安で、心中しようと
- 2・7　岩手・北上、落雪の下敷きになって5歳・2歳の兄弟死亡
- 2・10　群馬・前橋、高校1年男子が校舎から飛び降り、同級生と諍いの後
- 2・15　福岡で16歳の少女が35歳無職の義父に切られ殺虫剤注射される。義父逮捕
- 2・24　東京・あきる野の保育所で1歳男児が白玉をノドに詰まらせ死亡
- 2・25　東京・新宿、4歳男児が殴られ死亡、母の交際相手27歳逮捕
- 3・2　神奈川・秦野、小学6年男児と19歳無職男がひったくりで逮捕・補導
- 3・3　岩手・盛岡でワゴン車のドアが開き、3歳女児転落死亡、37歳母運転中
- 3・9　北九州・小倉で2歳男児が殴られ死亡、母の交際相手19歳男性逮捕
- 3・19　埼玉・東松山で工事の足場が園児の列に落ち、男児1人死亡、1人重傷
- 3・25　鹿児島市内で子どもの3遺体発見、37歳母逮捕
- 4・3　東京・大田、中学3年男子が飛び降り自殺
- 4・6　東京・江戸川で無理心中、父自殺後、精神不安定の母が小学生兄妹を殺害
- 4・7　大阪・大正、両親外出中、11か月女児、こたつで死亡
- 4・11　横浜のガールズバー摘発、少女ら保護

	4・18	東京・町田、女子中学生にワイセツ行為、神奈川県警巡査逮捕
	4・23	京都・亀岡で集団登校の小学生に無免許・居眠り運転の車突っ込み3人死亡
	4・27	東京・練馬、2歳男児殺害される。母親が顔の上に座る
	5・4	宮城・石巻、3歳幼児用水路に転落死亡
	5・11	千葉・松戸、16歳少女にストーカー行為、25歳無職男性逮捕
	5・15	神奈川・相模原、中学3年3人が小学生をイジメ、動画撮影投稿、逮捕
	5・25	小樽商大アメフト部員、急性アルコール中毒で死亡
	6・1	栃木・宇都宮、児童相談所からの逃走図った女子中学生2人逮捕
	6・12	浜松で中学2年男子が飛び降り自殺、同じ塾の6人が長期にわたりイジメ
	6・13	神奈川県警、下着姿の女子高生に接待させた居酒屋店主逮捕
	6・24	愛知・扶桑、高校3年が後輩宅に放火、困らせてやりたかった
	7・4	京都府警、東京の中学2年補導、コンピュータ・ウイルス作成で
	7・9	埼玉・朝霞で5歳男児死亡、全身に暴行跡、母と同居男性逮捕
	7・11	千葉・市川で18歳少年が溺死、むりやり飛び込ませた19歳逮捕
	7・14	栃木・高根沢の中学、バレー部教師がグランド100周走らせ、5人熱中症
第6期	7・15	三重・津の小学校校長、イジメ対応で精神的に疲れ、自殺
2011	7・26	岡山の高校で野球部マネージャー高校2年男子自殺、監督に叱られ
～15年	8・1	東京・新宿、18歳の息子が44歳の母を殺害。人を殺したかった
	8・6	栃木・桐生の工事現場でアルバイトの中学生、ブロックの下敷きで死亡
	8・16	茨城・常陸太田で中学2年男子自殺、同級生イジメ・メール
	8・16	三重・桑名、5か月男児死亡、母親パチンコに夢中
	8・23	茨城・五霞、認可外保育所で水遊び中の3歳児溺死
	8・24	東京・池袋サンシャインから高校生飛び降り自殺
	8・30	奈良の中2男子2人が全裸にさせられた事件で同級生3人と高校2年逮捕
	9・2	東京・目黒、5歳男児がゴミ袋かぶせられ死亡、母逮捕
	9・2	兵庫・川西、高校2年男子自殺、同級生がイジメ
	9・4	東京の大学2年が広島で小学6年女児を拉致誘拐しようとして逮捕
	9・5	北海道・札幌、中学1年男子が飛び降り自殺、イジメ示唆するメモ残し
	9・11	東京・練馬の中学3年男子、タコウイルス拡散で送検
	9・15	名古屋・天白区で、小6男児を51歳母親が金属バットで撲殺、自殺図る
	9・26	東京・品川区立中学1年自殺、同級生5人がイジメ
	10・1	広島・府中で母親が子どもの頭を練習用ゴルフクラブで殴り死亡させる
	10・6	千葉・匝瑳（そうさ）、横断中の7歳と2歳の姉妹がはねられ重体
	10・13	大阪駅周辺でホームレス5人が襲われ1人死亡、高校生ら少年6人逮捕
	10・22	三重・四日市で10か月女児が暴行され死亡、母24歳逮捕
	10・22	大阪・枚方、夫の連れ子4歳の両足を熱湯につけ重傷負わせた母25歳逮捕

11・1　埼玉県警、中学2年女子に裸の写真を送らせた大分の小学教師逮捕
11・5　沖縄・読谷村(よみたんそん)で男子中学生が米兵に殴られ負傷
11・6　兵庫・丹波市、小学6年男子が母親40歳に刺殺される
11・22　大阪・貝塚署、前年秋に自殺した少年に引ったくりなど強要した18歳逮捕
11・26　埼玉・草加、1歳女児が風呂に沈められ死亡、41歳の母逮捕
12・8　神奈川・座間、町田の中学1年女子が飛び込み自殺、イジメ示唆メモ
12・15　神戸・兵庫区、1歳11か月男児がゴミ袋に入れられ死亡、34歳母逮捕
12・17　大阪・枚方、5歳女児が40歳の母に殺害される。育児に悩んで
12・18　京都・右京、中学の同級生男子に入れ墨した同級生女子逮捕
12・19　さいたま市南区で34歳母が無理心中、5か月次男死亡、2歳長男重傷
12・20　東京・調布、小学5年女児が給食後死亡、食物アレルギーで
12・23　大阪市立桜宮高校バスケ部主将の高校2年生自殺、顧問の連日の体罰で

体罰の禁止についての文科省通知　抜粋要約

平成25年3月13日

　体罰は、学校教育法11条において禁止されており、校長及び教員は、児童生徒への指導に当たり、いかなる場合も体罰を行ってはならない。体罰は、違法行為であるのみならず、児童生徒の心身に深刻な悪影響を与え、教員等及び学校への信頼を失墜させる行為である。

　体罰により正常な倫理観を養うことはできず、むしろ児童生徒に力による解決への志向を助長させ、いじめや暴力行為などの連鎖を生む恐れがある。もとより教員等は、指導に当たり、児童生徒一人一人をよく理解し、適切な信頼関係を築くことが重要であり、このために日頃から自らの指導の在り方を見直し、指導力の向上に取り組むことが必要である。懲戒が必要と認める状況においても、決して体罰によることなく、児童生徒の規範意識や社会性の育成を図るよう、適切に懲戒を行い、粘り強く指導することが必要である。

　指導と称し、部活動顧問の独善的な目的を持って、特定の生徒たちに対して執拗かつ過度に肉体的・精神的負荷を与える指導は教育的指導とは言えない。

2013（平成25）年

この年の全般的状況　アベノミクスと軍国路線、
　　　　　　　　　　　　　広島少女リンチ殺人事件

　再び首相の座についた安倍晋三は、アベノミクスと称する円安・株価上昇・脱デフレ政策を掲げて前年末の総選挙に圧勝したことに味をしめ、超保守路線を隠し、日銀に異次元の金融緩和政策をとらせ、7月の参院選でも大勝、衆参ねじれも解消し、何でもできる状態になった。9月にはオリンピックが東京に決定したことも追い風となり、12月には特定秘密保護法を成立させ、軍事秘密国家体制を構築、憲法改悪の道をさらに走り出した。

―――――――◆この年の主なできごと◆―――――――

- 4・4　日銀が異次元金融緩和実施、政府と一体でなりふり構わぬ円安と株高への誘導
- 6・22　富士山が世界遺産に
- 6・28　いじめ防止対策推進法成立
- 7・21　参院選、自民党が大勝、民主党惨敗、維新が存在感
- 9・8　2020年オリンピック開催地が東京に決定
- 12・6　特定秘密保護法成立、軍事機密国家へ

この年の子どもをめぐる大きな事件
①広島で高2年男子が祖父母を殺害

　1月16日深夜、広島県安佐北署に「祖父母を殺した」と近くの県立高校2年男子生徒が自首してきた。警察官が自宅に駆けつけると、2階で祖母、1階で祖父が殺害されていた。取り調べで男子生徒は、「不登校を祖母に叱られ、口論となり、ダンベルで後頭部を殴って殺し、その後、祖父の腹や背中を包丁で刺して殺した」と供述した。男子生徒は父親と住んでいたのだが、折り合いが悪くなって祖父母といっしょに住んでいたのだった。

②広島の少年・少女グループが16歳少女を殺害

　7月12日、1人の少女が母親に付き添われ、同じ専修学校に通う少女を殺したと自首してきた。供述どおり呉の山中で遺棄された16歳の少女が発見されたが、首の骨が折られるなど非常に残虐な殺し方で、少女1人での犯行では矛盾があるところから追及したところ、異性関係や金銭関係のもつれなどで争いになり、16歳の男子2人、女子3人、さらに鳥取県の21歳の男性が加わり、

③三重県朝日町で15歳の少女が殺害された

　8月25日、三重県朝日町の15歳少女が女友だちと出かけ、帰宅途中、自宅近くで友だちと別れた後に行方不明となった。家族や関係者、もちろん警察が捜した結果、29日になって少し離れた林の中で、遺体が発見された。その状況からカネ目当てとか物盗りの犯行というより、性犯罪的傾向が強いとみられ、捜査が続けられた結果、翌年の3月2日になって四日市警察署によって18歳の少年（犯行当時は高校3年生）が逮捕された。

④東京・三鷹で女子高校生が元交際相手に殺害された

　10月18日午後5時頃、東京都三鷹市井の頭の路上で、近くの3年の女子高生が刺され、2時間後に死亡した。女子高生が以前つきあっていた交際相手によるストーカー行為を警察に相談していたことや、付近の監視カメラなどの映像から、よく似た風体の男性に事情を聞いたところ犯行を認めたため逮捕された。逃走中に復讐するために女子高生の裸の写真などをインターネット上にさらしたことが問題になり、リベンジポルノ禁止法が成立した。

⑤福祉施設で19歳の知的障害者が職員に暴行されて死亡

　11月26日、千葉県袖ケ浦市の袖ケ浦福祉センター養育園で、19歳の知的障害者が死亡した。検死によって腹膜炎が死亡原因であることが判明した。施設職員らから事情を聴いた結果、職員の1人が腹部を蹴ったことが明らかになり逮捕された。この事件を契機に調べたところ、5人の職員が10人の入所者に暴行・虐待していたことも明らかになった。福祉の基本は優しさと愛情を持って接することであるが、この基本を忘れた事件だった。

──────◆2013年の子どもをめぐる事件◆──────

1・3　川崎・宮前、少年少女が乗った車が塀に激突、1人死亡、4人重軽傷
1・6　埼玉・三郷、8歳女児、6歳女児が殺害され、母は自殺、無理心中
1・14　東京・町田で祖父が孫の小3女児を殺害し自殺図る。生活苦から
1・15　神奈川・藤沢、出産したばかりの男児を死亡させ遺棄した24歳保育士逮捕
1・15　山口・下松のレジャー施設で5歳女児が監禁され、25歳男性保育士逮捕
1・16　広島・安佐北区、高校2年が祖父母を殺害。不登校叱られ
2・4　川崎・幸区、2幼児乗せた母運転の自転車横転、5歳女児車にはねられ死亡
2・8　大阪・東住吉、6歳女児死亡届出さず、子ども手当受け取っていた両親逮捕
2・9　長野・飯田、19歳男性、親族女性にストーカーの男に刺殺される
2・14　大阪・大東、小学5年男児自殺、学校統廃合しないで

第6期 2011〜15年

2・16	福岡・西区、障害持った15歳の孫が祖父に殺害される。前途不安になって
2・20	群馬・邑楽で3歳女児餓死、フィリピン人の母は帰国中
3・1	川崎・宮前区の19歳男子が母43歳を殺害し遺体を切り刻む
3・7	東京・多摩、中学2年男子飛び降り自殺
3・15	東京・滝野川、中学2年女子が性的接待、風俗経営者逮捕
3・21	佐賀・鳥栖の中学1年男子が同級生10人から脅され70万円奪われる
3・23	福島・二本松、小学6年男児が母33歳に殺害される。生活苦
4・7	兵庫・南あわじ、祭りのだんじりに轢かれ、中学2年男子死亡
4・9	大阪・USJで19歳大学生らが迷惑行為繰り返す
4・14	東京・ジョイポリスで遊具のカメラが落下、4歳男児重傷
4・18	横浜のガールズバー摘発、3年・1年の女子高生に接待させた経営者逮捕
4・23	神奈川・秦野の7歳女児、母の交際相手の男に殺害され遺棄される
4・27	滋賀・大津、7か月女児が骨折、22歳父逮捕
5・1	神奈川・小田原の中学2年女子2人、学校を水浸しにして児童相談所送致
5・4	埼玉・上尾、2歳女児を4階から投げ落とした母逮捕
5・7	広島・廿日市で中学3年女子自殺、イジメの有無調査へ
5・14	広島・三原、中学2年男子、高校3年女子が父に刺され死亡、父逮捕
5・22	東京・足立、定時制18歳男子生徒に火を付け、動画撮影した同級生2人逮捕
5・29	広島・呉、2歳男児が揺さぶられて死亡、母と同居の26歳無職男性逮捕
6・4	東京・町田で相模原の女子中学生が鉄道自殺
6・14	埼玉・毛呂山で高校1年女子が鉄道自殺（18には八王子でも）
6・27	札幌の小学校で2年男児が給食のスモモをノドに詰まらせ死亡
6・28	東京・練馬、小学校門前で下校の3児童が47歳男性に切られる
7・5	埼玉・八潮で小学生3人の首を締めた中学1年男子、児童相談所に送致
7・7	長崎の小学校6年女児自殺未遂、イジメの存在、市教委が認める
7・11	名古屋の中学2年男子がマンションから飛び降り自殺、イジメが背景に
7・12	広島・呉の山中で16歳少女の遺体遺棄、リンチして殺害した6人逮捕
7・18	千葉・流山、高校2年男子が姉とのケンカに仲裁に入った祖母を殺害
7・25	神奈川・湯河原の中学2年男子自殺、暴行した同級生3人を児童相談所送致
8・5	長野・松本の保育園で77人が食中毒
8・8	大阪・箕面、高校アメフト部員、試合中に倒れ病院搬送後死亡、熱中症
8・15	京都・福知山の花火大会でガソリン爆発、小5男児ら3人死亡、59人重軽傷
8・23	山形の高校での2年男子転落死亡事件、背景にイジメの学内調査
8・29	三重・朝日町で行方不明の中3女子の遺体発見（14・3・2　18歳逮捕）
8・29	静岡・浜松の小学校教師56歳、16歳女子高校生買春で逮捕
9・1	長野・上田、菅平高原のグランドでサッカーゴール倒れ、19歳死亡

9・2	大阪・西区のマンションから小学6年女児が始業式の前に飛び降り自殺
9・6	東京・江東で5歳男児が暴行され死亡、45歳無職父逮捕、日常的に虐待
9・18	埼玉・所沢、3歳女児が絞殺され、34歳母逮捕、前途を悲観して
9・24	京都・八幡、登校児童の列に車、小学生5人重軽傷、運転の18歳逮捕
10・3	京都・綾部で2歳児が川底に叩き付けられ死亡、34歳父逮捕
10・3	広島・北広島で19歳男性の足を縛り川に放り込んだ少年4人逮捕
10・8	東京・三鷹、高3女子が殺害され、元交際相手逮捕、全裸写真を投稿
10・9	愛知・刈谷の10か月女児が風呂で溺死、24歳母はネットに夢中
10・26	大阪・豊中で1歳女児が床に投げつけられ死亡、38歳父逮捕
10・29	名古屋・守山区の高校3年が恐喝された金が払えず自殺、脅した22歳逮捕
10・31	千葉・松戸、高校2年男子、生活態度注意され、母親を殴って殺害
11・4	大阪・堺で16歳少年が川に落とされ死亡、知人ら5人がイジメ暴行
11・6	東京・田園調布の中1女子誘拐、2,000万円身代金、無事保護、3人逮捕
11・6	川崎の小学6年、教師に叱られた直後に自殺
11・25	福岡・糟屋の中学校で生徒から没収した拳銃誤射、ホンモノだった
11・28	横浜・旭区の保育ママが預かっていた1歳7か月女児が死亡、急性肺炎
12・6	埼玉・本庄で5歳女児が異母兄の中学2年男子に殴られ死亡
12・6	愛知・豊橋、7か月女児揺さぶられ死亡、双子の姉も脳損傷、33歳父逮捕
12・6	愛媛・今治、5歳・3歳兄弟と38歳母が死亡、無理心中
12・9	兵庫・尼崎で中学3年男子が監禁され肉体的暴行や性的虐待受けていた
12・23	東京・文京の小学校校庭で小3男児が父に火を付けられ死亡、父も自殺

2014（平成26）年

この年の全般的状況　**安倍自民圧勝、9条解釈変更強行、佐世保女子高生同級生殺害事件**

　アベノミクス効果など中小企業や地方、またほとんどの国民には無縁であることが明らかになるにつれ、批判と不満が高まる中、消費税が引き上げられたことで、不況色はさらに強まった。7月、安倍首相は集団的自衛権行使のため、憲法9条解釈の変更を閣議決定で行うという暴挙に出た。批判が強まる中、野党の準備不足の中での解散という奇襲作戦に出て、経済政策が争点であるかのように偽装、与党で3分の2以上を確保、ほくそ笑んだ。

──────◆この年の主なできごと◆──────

4・1　消費税を5％から8％に引き上げ
7・1　集団的自衛権行使を可能にする憲法9条の解釈変更を閣議決定で強行
6・13　教育委員会制度変更、教育委員長と教育長との統合、地方首長の権限強化
8・20　広島市北部で土砂災害、74人死亡
9・27　御嶽山噴火、57人死亡、6人行方不明
12・14　安倍首相の奇襲解散による総選挙、自民空前の圧勝

この年の子どもをめぐる大きな事件
①17歳孫による祖父母殺害、母親が命令していた
　3月26日、埼玉県川口市で祖父母を殺害し、現金やカードを奪ったとして、孫の少年17歳が強盗殺人で逮捕された。しかし、取り調べの過程で、とんでもない事実が明らかになった。少年は幼い頃から両親（父親は義父）に虐待（暴行と育児放棄）され、定住した家がなく、小学校4年頃からまったく学校に通っていなかったことがわかった。この犯行も、金に困った母親が祖父母を殺してでもいいからカネを借りてこいと命じてのことだった。

②佐世保の高校1年女子が同級生を殺害
　7月27日、長崎県佐世保市の15歳の女子高校生が同級の女子生徒殺害で緊急逮捕された。前日、被害生徒が帰宅しないので家族が警察に届け、加害生徒が住むマンションを調べたところ、生徒の遺体が発見されたのだった。鈍器で殴り、首を締めて殺害した後、遺体は腹部を切りさき、頭部と左手首などを切断したのだった。加害生徒は調べに「人を殺してみたかった。遺体をバラバラにしたかった。体の中を見たかった」などと供述した。

③無職の18歳少女が3か月の赤ん坊を殺害

　8月26日、長野市で18歳の無職少女が、同居していた知人女性の3か月の赤ちゃんを死亡させて逮捕された。少女は殺意を否認したが、以前にも赤ちゃんに対する暴行容疑で逮捕されており、その時、赤ちゃんの首を締めたら、「赤ちゃんが苦しがるのを見て快感をおぼえた」と供述しており、この時も殺意は否定したが、首を締めると赤ちゃんが苦しがるのを見て同様に快感をおぼえ、首を締めたものと見られ、殺人で逮捕されたのだった。

④借金苦、強制執行日、母親が中学2年の娘を絞殺

　9月24日早朝、千葉県銚子市の県営住宅で、44歳の母親が中学2年の娘をハチマキで絞殺した。母と娘の2人暮らし、パートタイムで働いていたが、収入は十数万円、生活は苦しかった。娘のクラブ活動の体操着など必要なものを買ってやりたいと思って借金したが、たちまちにして追い詰められた。生活保護を申請したが認められず、家賃も滞納、強制退去させられることになり、その朝、思い詰めて娘の首を締めてしまったのだった。

⑤19歳の母親が難病の3歳女児を死亡させる

　11月20日、大阪府茨木市で19歳の母親と22歳の養父が3歳の長女に十分な食事を与えず、死亡させたとして逮捕された。長女が難病に指定される疾患を抱えていたため、母親らは病気が原因で食欲がなくて亡くなったのであって、自分たちが面倒をみなかったからではないと否定していたが、普通の3歳児と比べて半分の体重しかなく、この難病で子どもが食事を受けつけなくなるということはなく、もし仮にそうなら、病院に連れて行くなどすべきであったにもかかわらず放置したということで、母親と養父を逮捕したのだった。

────────◆2014年の子どもをめぐる事件◆────────

1・5　愛媛・松山の予讃線踏切で、5歳男児がはねられ死亡
1・7　山形・天童、中学1年女子が新幹線に飛び込んで死亡（始業式）
1・15　埼玉・春日部、5歳男児に日常的虐待を加えていた34歳の父逮捕
1・29　千葉・木更津、生後3週間の長女に暴行、死亡させた父逮捕
1・30　東京・葛飾、2歳の娘を殴り死亡させた33歳無職の父逮捕
2・7　岡山・倉敷、生後10か月の息子を絞殺した27歳母逮捕
2・17　愛知・豊橋、生後7か月の双子姉妹が父の虐待で死亡、父を再逮捕
2・22　東京・武蔵野、1歳女児が母に殺害され、母は自殺
2・24　広島・三原の高校1年野球部員が自殺、部内でイジメ
2・25　東京・昭島の高校2年男子が前年9月5日酔って会社員を殴殺の疑いで逮捕

3・2	三重・朝日町で中3女子殺害事件で、高校卒業直後の18歳男子逮捕
3・6	前年11月に福岡の高校3年男子が自殺した事件で同学年7人を逮捕
3・8	徳島市内の3歳男児が犬の首輪でつながれていて両親を逮捕
3・17	埼玉・富士見で2歳男児がベビーシッター宅で死亡、シッター26歳男性逮捕
3・26	埼玉・川口、17歳孫が祖父母を殺害し、カネを奪う。母親に命じられ
4・2	鹿児島で生後1か月の長女に暴行の母24歳逮捕
4・3	さいたまの高校1年男子、車の急発進で、会社員を死亡させた疑いで逮捕
4・10	茨城・つくば市で小学4年女児が頭を木刀で殴られ、父37歳逮捕
4・16	福島・郡山、転落した3歳女児を助けようと、川に入った小学1年男児死亡
4・31	千葉県立福祉センターに入所の少年死亡（13・11・24）で23歳職員逮捕
5・1	船橋駅構内で中学3年男子が成田エクスプレスに飛び込み自殺
5・4	新潟・上越市で波にさらわれた小学生3人死亡、救助の父ら2人も
5・10	滋賀・長浜、小学5年男児が溜め池に転落死亡
5・19	東京・葛飾、生後2か月女児が刺され死亡、36歳母逮捕
5・31	神奈川・厚木で白骨化した男児遺体発見、父を育児放棄で逮捕、愛人でき
6・3	05年12月の栃木・今市の小学1年女児殺害事件で32歳無職男逮捕
6・7	熊本・人吉で行方不明の高3女子遺体発見、別件逮捕の無職男が殺害自供
6・9	福岡・粕屋、中学3年男子を川に突き落とし、首しめた同級生逮捕
6・13	仙台・宮城野、2歳女児が暴行され死亡、母の交際相手32歳男性逮捕
6・27	埼玉・草加、3歳女児が押し倒され頭をぶつけ死亡、32歳母親逮捕
7・6	東京・板橋、横浜の女子高校生と28歳無職男がヘリウムガス中毒自殺
7・14	岡山・倉敷で小学5年女児が誘拐されたが19日に保護、49歳無職男逮捕
7・27	長崎・佐世保で高校1年女子生徒が同級生を刺殺、人を殺してみたかったと
7・28	前橋育英高校バスケットボール部で1年が2年2人に暴行される
7・31	西東京、中2男子自殺、継父日常的暴行虐待、24時間以内に自殺してくれ
8・1	神奈川・山北のキャンプ場で家族4人が流され、母子3人死亡
8・5	愛知・碧南、中学3年男子が500万円脅しとられ、少年3人恐喝で逮捕
8・9	北海道・札幌の中学2年、大阪・堺の高校3年飛び降り自殺
8・15	愛媛・伊予、17歳少女が殺害される。少年少女3人と36歳女性ら8人逮捕
8・22	大阪・西淀川、小学4年男児が指を傷つけられる。酔って暴行の父逮捕
8・26	長野市で無職18歳の少女が知人の3か月の赤ちゃん殺害
8・31	東京・墨田で中学1年男子、愛知・安城で中学2年女子が自殺
9・1	茨城・鉾田、支援学校2年男子がダンプにはねられ死亡
9・4	千葉・銚子で中学2年の娘が母に殺害される。生活苦、強制執行の日に
9・6	東京・大田、小学6年女児2人が飛び降り自殺
9・8	埼玉・川越駅で全盲の女子高校生が蹴られ負傷

第6期 2011〜15年

9・12	埼玉・狭山で4歳女児が蹴られて死亡、父逮捕
9・23	神戸・長田、行方不明2週間の小1女児、遺体で発見、47歳無職男性逮捕
10・1	北海道・空知、高校2年女子が母と祖母を殺害。日頃何かと厳しく言われ
10・3	熊本・慈恵病院「赤ちゃんポスト」にわが子の遺体入れた31歳母逮捕
10・5	長崎・佐世保、同級生を殺害した女子高生の父自殺
10・9	滋賀・長浜、小学2年男児が首輪され鎖につながれる。両親逮捕
10・15	広島・福山、2歳男児がエアガン乱射され全身に傷、父25歳逮捕、妻にも
10・17	東京・東村山、中3男子が"失神ゲーム"の標的にされる。同級生3人逮捕
10・29	東急・田園調布駅、19歳が53歳会社員を線路に突き落とし逮捕
11・4	愛媛・愛南町の中学校で2年男子が校舎から転落重傷、イジメ訴えていた
11・12	福岡の知的障害を持つ少女が66歳男性から猥褻行為
11・17	秋田の男子高校生17歳が母親を刺す。あれこれ干渉されるのがイヤ
11・20	新潟・燕市で3歳女児が投げ落とされ死亡、24歳母逮捕
11・20	大阪・茨木、難病の女児が衰弱死、19歳の母と継父が放置で逮捕
11・26	埼玉・越谷の中3女子が高齢者から260万円詐取、オレオレ詐欺一味
12・1	群馬・伊勢崎で小学6年男児が飛び降り自殺、フィリピンから来日1年
12・9	仙台・青葉区、生後4か月女児が毛布などで窒息死させられ、母31歳逮捕
12・20	新潟・阿賀野、小学生男児が父にオノで殴られ重傷
12・23	広島市の高校3年が小学校時代の同級生宅を訪れ、元同級生と両親を刺す
12・26	高知で3歳女児が粘着テープでぐるぐる巻きにされ窒息死亡、母27歳逮捕
12・29	東京・荒川、5歳男児が母に首締められ、13階から突き落とされ重傷

2015（平成27）年

この年の全般的状況　**安倍首相戦争法制推進、名大女子学生知人殺害、岩手でイジメ自殺**

　前年末の総選挙中、安倍首相は「景気回復、これしかない」と連呼したが、圧勝したとたんに集団的自衛権行使や改憲に力点を置き、戦後70年談話も、村山談話・小泉談話を踏襲すると言いながら、むしろ多くの反対の声を無視して戦争法制を成立させた。雇用派遣法が改正されたが、正社員への道が開かれたわけではなく、落胆や批判の声のほうが大きかった。またしてもイジメ自殺が起き、中学1年男女が惨殺される事件も起きた。

――――――◆この年の主なできごと◆――――――

1・7　フランスの風刺週刊誌、イスラム過激派テロリストに襲撃され12人死亡
1・20　イスラム過激派、日本人2人を人質に身代金要求（1・31には2人とも処刑）
1・21　米とキューバ、国交回復交渉開始
5・18　自衛隊の海外派兵をさらに進める安保法制国会提出
6・17　18歳選挙権法案国会成立・小中一貫校進める学校教育法改正も

この年の子どもをめぐる大きな事件
①名古屋大学の女子学生が77歳女性を殺害
　1月29日、名古屋市昭和区のアパートで77歳の女性が殺害されているのが発見され、住人の19歳の名古屋大学理学部の女子学生が逮捕された。女子学生はツイッターで犯行予告めいたことを書き、犯行後は「ついにやった」と報告もしていた。警察の取り調べでは、「オノで殺した。昔から人を殺したかった。誰でもよかった。オノなど殺すための道具は中学生の頃から持っていた。高校時代には同級生に毒を飲ませた」と供述したのだった。

②川崎市の中1男子が18歳少年らに殺害される
　2月20日、川崎市の多摩川河川敷で、市立中学1年男子が刃物で切られ、全裸状態で殺害されているのが発見された。27日、過去に交友関係でトラブルがあった18歳、17歳の少年3人が逮捕された。万引きを拒否したことなどから暴行を加え、それを抗議に来た別グループから謝罪させられたことを逆恨みし、呼び出して中1男子を多摩川で泳がせ、上がってきたところをさらに暴行を加え、カッターナイフで首を切りつけ死なせたのだった。

③岩手県矢巾町で中学2年男子がイジメで自殺

　7月5日、中学2年男子生徒が岩手県矢巾町でJR東北線の電車に飛び込み自殺した。事故直後、生徒の中学校校長はイジメの認識はないと言っていたが、生徒の「生活記録ノート」には執拗な暴行が記されていた。担任教師はイジメを止めさせることができなかっただけではなく、死にたい、死ぬ場所は決まっていると、SOSを発していたにもかかわらず的外れな対応をし、絶望に追いやったのだった。みんなも見て見ぬ振りをしていた。

④大阪・寝屋川の中学1年の同級生男女、45歳契約社員に殺害される

　8月13日の深夜、大阪府北部の高槻市で30か所切られた女性の遺棄死体が発見され、4日後に身元が判明し、寝屋川市の中学1年であることがわかったが、同時に同級の男子生徒も行方不明になっていることがわかった。捜査するうち21日になって少年の遺棄死体が大阪府南部の柏原市で発見され、45歳の契約社員男性が逮捕されたが、2人が深夜から明け方にかけて京阪電鉄寝屋川市駅付近にいるところを車に連れ込まれたのだった。

──────◆2015年の子どもをめぐる事件◆──────

1・9　和歌山・海南の中学3年男子が女性を刺し逮捕される。不登校
1・11　茨城・ひたちなか、パトカーに追われたバイクの中学生死亡
1・18　福島・会津美里、3歳男児が除雪作業中の祖父にはねられ死亡
1・23　埼玉・深谷、17歳無職少年が祖父を殺害。遊んでないで働けと言われ
1・26　栃木・宇都宮、高校1年男子が暴行され死亡、中学2年男子逮捕
1・29　名古屋大学の女子学生が77歳女性を殺害し逮捕。殺してみたかった
1・30　奈良・御所で5か月女児が殴られ頭蓋骨骨折の重傷、父逮捕
1・31　福岡・豊前、行方不明の小学5年女児の遺体発見、46歳男逮捕
2・3　大阪・泉南、6か月男児死亡事件（前年5月）、36歳父逮捕
2・5　和歌山・紀の川市で小学5年男児が刺され死亡、近くの22歳無職男性逮捕
2・9　千葉・柏、4歳・1歳の娘を絞殺した母36歳逮捕
2・17　愛知・東海市で2か月男児が暴行され、22歳母逮捕
2・20　川崎の多摩川河川敷で中学1年男子がリンチされ死亡、3少年逮捕
3・4　大阪・淀川区、首もみ施術で乳児を死亡させたNPO法人代表逮捕
3・5　金沢の中学校で2年男子が校舎から転落
3・16　東京・立川、中3男子が深夜、小学校に侵入、ヤギを襲って逮捕される
3・24　香川・三豊の溜め池で5歳男児が転落水死（5年前には姉、当時3歳も）
3・25　岩手・滝沢の中学、前年5月の2年自殺事件、イジメ関係との報告書
4・11　横浜・鶴見の高校3年3人逮捕、17歳に暴行、川に投げ込み死亡させる

4・23	千葉・船橋の18歳少女行方不明事件で監禁した少年少女2人逮捕	
4・28	東京・足立の3歳男児が小型ウサギ小屋に3か月も閉じ込められ、両親逮捕	
5・8	東京・目黒、生まれたばかりの乳児死亡、母が飛び降り心中図る	
5・7	茨城・土浦の風俗店経営者と群馬の会社員、家出女子中学生を売買	
5・10	東京・練馬、女子高生にコーヒーかけていた32歳男逮捕	
5・15	東京・立川の中学教師、イジメ防止とクラス全員の指紋採取	
5・18	横浜・戸塚、高校1年男子が50歳の母、81歳の祖母を殺害	
5・19	栃木・那須塩原、生まれたばかりの女児を殺害し埋めた30歳の母逮捕	
5・22	福岡の中学校の柔道部練習中、1年女子生徒が大外刈りかけられ死亡	
6・6	北海道・砂川、飲酒の車に追突された家族3人と引きずられた高1男子死亡	
6・6	愛知・刈谷で高校1年が暴行され無理に泳がされて溺死、3人逮捕	
6・9	大阪・豊中で小学生集団登校の列に居眠りの車が突っ込み、6人重軽傷	
6・10	神戸の児童連続殺傷事件の元加害者、手記を発行、被害者怒り	
6・25	北海道・札幌の高校3年男子、父親をバットで殴り殺害	
6・30	兵庫・高砂の児童発達支援センターで園児4人が職員に虐待されていた
7・1	大阪・堺の障害者施設女性管理者、園児3人に自宅の掃除させ、反省なし
7・4	名古屋の建築専門学校で1年男子が耳に画鋲さされるイジメ、5人逮捕
7・4	奈良・香芝で小6女児が拉致され、5日夜無事保護、26歳無職男性逮捕
7・5	岩手・矢巾町で中学2年男子が電車に飛び込み自殺、イジメ苦に
7・6	大分・杵築で住宅全焼、子ども4人焼死、自衛官の父親が放火
7・11	東京・中央線車内で防衛省人事局課長が小学生女児の下半身に猥褻行為
7・12	愛知・日進市で65歳男性が刺殺され、高校3年男子逮捕（19日）
7・19	兵庫・宍粟、中国自動車道で少年がバイクで逆走、死亡
7・21	愛媛・八幡浜の民家で乳児5遺体発見、34歳無職女性逮捕
8・8	長野市で6年前に行方不明の19歳を殺害した当時17歳2人逮捕
8・13	大阪・高槻で若い女性の遺体発見（後に寝屋川の中1と分かる）
8・21	大阪・柏原で寝屋川市の中1男子の遺体発見
	大阪・寝屋川の中1男女生徒殺害で45歳逮捕
8・26	奈良・明日香村で車が激突19歳6人全員死亡
9・8	京都の児童養護施設長、入所少女に猥褻行為逮捕
9・9	横浜の簡易宿泊所で16歳少女が36歳男性に殺害される
9・11	茨木・水戸で3歳男児が母親に殺害され、他の3児も放置
9・17	大阪市内の小学校で小1女児が給食を喉に詰まらせ重体
9・20	北海道・札幌、4歳男児が24歳養父に殴られ死亡

第6期 2011〜15年

子どもの事件に関する統計資料

　以下の統計については、なるたけ戦後70年の推移が通観できるものを作成しようとしたが、法務省や警察の犯罪・事件統計は一貫しているものの、文科省や厚生労働省などが調査・集計している統計については、戦後70年一貫したものがなかったり、途中で調査対象や内容を変えているものがあって、残念ながら作成することはできなかった。そこで、現在またこれからも見ておく必要があるだろうと思われるものについて、以下に参考資料として引用させてもらうことにした。

① 刑法犯少年の検挙人員と人口比推移

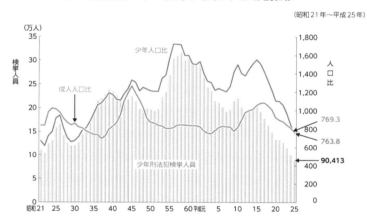

② 一般刑法犯の検挙人員と人口比推移

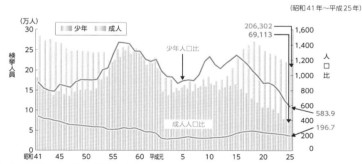

注　1　警察庁の統計、警察庁交通局の資料及び総務省統計局の人口資料による。
　　2　犯行時の年齢による。ただし、検挙時に20歳以上であった者は、成人として計上している。
　　3　触法少年の補導人員を含む。
　　4　「①」において、昭和45年以降は、自動車運転過失致死傷等による触法少年を除く。
　　5　「少年人口比」は、10歳以上の少年10万人当たりの、「成人人口比」は、成人10万人当たりの、それぞれ刑法犯・一般刑法犯検挙人員である。

③ 少年による刑法犯検挙人員（罪名別）昭和—1

① 昭和

年次	刑法犯総数	自動車運転過失致死傷等	一般刑法犯総数	殺人	強盗	傷害	暴行	脅迫	恐喝	凶器準備集合	窃盗	詐欺
21年	111,790	-	-	249	2,903	2,874	-	-	-	-	87,825	3,193
22	104,829	-	-	216	2,851	3,059	-	-	-	-	77,514	2,999
23	124,836	-	-	354	3,878	*1,904		**6,826		-	90,066	4,173
24	131,916	-	-	344	2,866		14,203			-	94,214	4,470
25	158,426	-	-	369	2,897		19,698			-	111,526	6,368
26	166,433	-	-	448	2,197	8,653	3,126	461	3,635	-	127,122	4,886
27	143,247	-	-	393	1,956	8,519	3,243	459	3,285	-	104,344	4,954
28	126,097	-	-	383	1,582	7,992	3,339	416	2,819	-	88,586	4,875
29	120,413	-	-	411	1,830	9,195	3,245	448	3,041	-	81,298	4,310
30	121,753	-	-	345	2,003	10,329	3,784	485	4,007	-	80,626	3,885
31	127,421	-	-	324	2,033		23,107			-	80,770	3,122
32	144,506	-	-	313	2,222		30,590			-	86,065	3,318
33	155,373	-	-	366	2,405	15,939	10,250	840	11,948	-	83,528	2,860
34	176,899	-	-	422	2,624	16,410	11,165	854	14,013	-	96,793	2,549
35	196,682	-	-	438	2,762	16,268	10,897	940	14,564	-	110,752	2,388
36	216,456	-	-	448	2,442	17,197	11,490	982	14,834	-	127,234	2,331
37	220,749	-	-	343	2,307	16,164	11,842	1,031	15,771	-	132,096	1,870
38	229,717	-	-	393	2,139	15,290	12,793	1,117	15,829	-	136,027	1,778
39	238,830	-	-	361	1,987	16,669	13,881	1,252	15,228	-	135,849	1,781
40	234,959	-	-	370	1,998	15,774	13,705	1,141	13,506	-	128,341	1,711
41	226,203	43,948	182,255	368	1,901	16,221	13,652	1,049	11,014	-	117,938	1,803
42	215,477	55,097	160,380	343	1,500	15,280	12,011	786	8,557	-	104,206	1,487
43	218,950	71,596	147,354	286	1,261	12,543	9,645	593	6,702	-	100,266	1,067
44	218,458	79,781	138,677	265	1,198	10,867	8,518	448	5,867	-	96,032	833
45	224,943	76,921	148,022	198	1,092	10,211	8,962	450	6,909	-	106,359	722
46	214,799	73,602	141,197	149	869	8,500	7,892	349	6,361	-	102,671	629
47	198,441	61,461	136,980	149	790	7,091	6,784	231	6,029	490	103,451	561
48	202,297	55,340	146,957	111	705	7,923	6,946	286	5,796	601	111,529	487
49	198,763	47,132	151,631	102	677	7,293	7,246	233	5,989	997	116,863	418
50	196,974	44,592	152,382	95	732	7,302	6,814	354	6,681	771	116,849	517
51	194,024	43,860	150,164	80	618	6,940	6,162	179	5,314	735	116,838	520
52	197,909	43,373	154,536	77	529	7,357	6,384	205	4,527	1,115	119,805	471
53	224,095	46,376	177,719	91	522	7,120	6,724	245	4,150	1,077	140,611	547
54	233,292	48,453	184,839	97	572	7,030	6,167	160	3,996	1,284	146,469	504
55	269,769	49,813	219,956	49	788	9,068	7,633	206	4,830	1,681	172,842	556
56	303,915	51,107	252,808	60	779	10,415	8,918	202	6,358	2,576	197,397	538
57	310,828	52,972	257,856	86	806	11,635	8,409	171	8,417	1,405	198,701	591
58	317,438	55,804	261,634	87	788	11,406	7,660	158	8,504	1,116	202,028	662
59	301,252	52,712	248,540	76	690	11,594	6,450	100	8,192	804	190,420	744
60	304,088	53,956	250,132	100	572	10,639	6,062	193	8,185	870	191,238	770
61	292,290	57,114	235,176	96	708	10,860	5,842	119	9,173	852	177,766	696
62	289,196	61,218	227,978	79	604	9,977	4,462	113	7,357	756	173,029	828
63	292,902	61,692	231,210	82	569	10,154	3,992	122	6,914	495	175,734	1,036

③ 少年による刑法犯検挙人員（罪名別）昭和—2

(昭和21年〜63年)

年次	横領	遺失物等横領	盗品譲受け等	強盗	強姦わいせつ等	強制わいせつ	放火	住居侵入	器物損壊	危険運転致死傷	その他
21年	1,132	…	…	258	282	…	164	…	…	…	12,910
22	1,209	…	…	298	163	…	116	…	…	…	16,404
23	2,020	…	…	584	272	…	173	…	…	…	14,586
24	2,475	…	…	1,176	283	…	340	…	…	…	11,545
25	3,148	…	…	1,538	447	…	470	…	…	…	11,956
26	3,142	…	…	1,530	347	…	446	…	…	…	10,440
27	3,117	…	…	1,870	338	…	530	…	…	…	10,239
28	3,155	…	…	1,535	407	…	410	…	…	…	10,598
29	2,787	…	…	1,977	459	…	407	…	…	…	11,005
30	2,393	…	…	2,121	495	…	328	…	…	…	10,952
31	2,005	…	…	2,053	600	…	321	…	…	…	13,086
32	2,095	…	…	2,865	689	…	334	…	…	…	16,015
33	1,723	…	…	4,649	1,044	…	412	…	…	…	19,409
34	1,655	…	…	4,599	1,114	…	445	…	…	…	24,256
35	1,655	…	…	4,307	1,265	…	605	…	…	…	29,841
36	1,482	…	…	4,224	1,320	…	694	…	…	…	31,778
37	1,242	…	…	3,983	1,473	…	642	…	…	…	31,985
38	1,227	…	…	3,898	1,560	…	530	…	…	…	37,136
39	1,123	…	…	4,242	1,630	…	535	…	…	…	44,292
40	1,145	…	…	4,362	1,759	…	513	…	…	…	50,634
41	1,014	…	…	4,281	1,772	…	381	…	…	…	10,861
42	945	…	…	3,851	1,698	…	375	…	…	…	9,341
43	839	…	…	3,294	1,506	…	390	…	…	…	8,962
44	927	…	…	2,515	1,371	…	534	…	…	…	9,302
45	1,107	…	…	2,212	1,208	…	469	…	…	…	8,123
46	1,441	…	…	2,022	1,043	…	585	…	…	…	8,187
47	2,062	1,987	1,510	1,818	966	791	351	1,346	438	…	2,913
48	3,079	3,021	1,692	1,526	863	737	394	1,415	513	…	3,091
49	3,254	3,203	1,641	1,499	716	579	370	1,448	607	…	2,278
50	3,770	3,712	1,534	1,341	685	553	387	1,456	595	…	2,499
51	4,522	4,489	1,579	1,035	623	495	393	1,266	756	…	2,604
52	6,101	6,067	1,474	949	708	570	453	1,279	687	…	2,415
53	7,748	7,706	1,592	946	746	616	446	1,352	1,135	…	2,667
54	9,533	9,502	1,702	925	709	596	510	1,251	1,155	…	2,775
55	12,612	12,582	1,742	984	720	608	478	1,331	1,573	…	2,863
56	15,582	15,551	1,883	1,027	778	663	527	1,628	1,492	…	2,648
57	17,666	17,604	1,884	878	823	668	574	1,693	1,322	…	2,795
58	19,624	19,590	1,760	750	756	621	389	1,934	1,244	…	2,768
59	20,848	20,808	1,950	757	714	596	383	1,721	881	…	2,216
60	22,658	22,621	2,192	681	760	645	364	1,919	943	…	1,986
61	21,042	21,003	1,807	635	640	564	343	1,700	1,056	…	1,841
62	22,958	22,938	1,920	567	581	485	330	1,800	878	…	1,739
63	24,616	24,586	1,792	509	593	517	273	1,583	984	…	1,762

③ 少年による刑法犯検挙人員（罪名別）平成—1

② 平成

年次	刑法犯総数	自動車運転過失致死傷等	一般刑法犯総数	殺人	強盗	傷害	暴行	脅迫	恐喝	凶器準備集合	窃盗	詐欺
元年	264,678	65,034	199,644	118	590	9,976	3,419	82	5,971	440	149,688	694
2	244,122	61,794	182,328	71	594	9,376	2,992	67	5,787	280	130,802	623
3	236,224	59,127	177,097	77	690	8,900	2,305	57	5,184	410	122,583	1,124
4	215,148	57,981	157,167	82	713	8,807	2,340	74	5,129	312	103,332	1,016
5	211,376	53,076	158,300	75	726	8,616	2,178	73	5,500	280	105,104	709
6	201,837	46,758	155,079	77	933	7,976	1,704	103	6,201	191	102,537	550
7	193,308	44,171	149,137	80	873	8,101	1,945	67	6,339	371	99,076	456
8	196,448	39,625	156,823	97	1,082	8,316	1,931	52	6,287	257	103,495	466
9	215,629	36,679	178,950	75	1,701	9,627	2,303	81	7,134	361	118,581	576
10	221,410	37,120	184,290	117	1,566	9,914	1,847	86	6,767	162	121,261	673
11	201,826	37,602	164,224	111	1,644	9,244	1,652	76	6,315	150	103,529	510
12	193,260	40,447	152,813	105	1,668	11,502	2,368	178	7,365	147	92,743	535
13	198,939	40,218	158,721	109	1,695	10,926	2,227	167	6,384	408	95,388	482
14	202,417	40,137	162,280	83	1,611	9,957	2,104	167	5,089	250	97,557	590
15	203,684	37,711	165,973	96	1,800	8,817	2,009	161	4,474	362	95,960	700
16	193,076	38,025	155,051	62	1,301	6,996	1,962	141	3,401	240	90,347	1,106
17	178,972	34,717	144,255	73	1,172	6,902	1,969	165	2,976	70	84,483	1,062
18	164,220	32,597	131,623	73	912	6,683	1,887	176	2,393	145	74,582	1,224
19	149,907	28,742	121,165	65	785	6,316	1,968	191	2,058	140	69,343	1,091
20	134,415	25,823	108,592	55	735	5,867	1,974	189	1,886	76	63,913	1,071
21	132,594	24,236	108,358	52	713	5,502	1,717	144	1,551	75	66,810	1,084
22	127,188	23,561	103,627	44	580	5,627	1,761	174	1,614	50	64,512	924
23	116,089	21,720	94,369	59	611	5,518	1,642	150	1,387	17	59,159	908
24	101,098	21,668	79,430	47	613	5,676	2,040	177	1,253	18	47,508	884
25	90,413	21,300	69,113	55	564	5,298	2,113	236	1,005	52	41,203	811

注 1 警察庁の統計及び警察庁交通局の資料による。
  2 犯行時の年齢による。ただし、検挙時に20歳以上であった者を除く。
  3 触法少年の補導人員を含む。
  4 ＊は、傷害の上半期（1月～6月）のみの数で、昭和23年上半期の暴行、脅迫及び恐喝は「その他」に含む。
  5 ＊＊は、下半期（7月～12月）のみの数で、傷害、暴行、脅迫及び恐喝の総数である。
  6 「強制わいせつ等」は、公然わいせつ及びわいせつ物頒布等を含む。
  7 昭和40年以前の「その他」は、交通関係業過を含む。

③少年による刑法犯検挙人員（罪名別）平成—2

（平成元年〜25年）

年次	横領	遺失物等横領	盗品譲受け等	強姦	強制わいせつ等	強制わいせつ	放火	住居侵入	器物損壊	危険運転致死傷	その他
元年	22,410	22,397	1,370	445	538	451	230	1,377	840	−	1,456
2	25,998	25,989	1,288	348	510	436	181	1,352	747	−	1,312
3	30,231	30,213	1,216	321	465	388	192	1,329	707	−	1,306
4	30,056	30,050	1,155	318	460	383	214	1,083	871	−	1,205
5	29,730	29,712	1,339	275	429	383	231	1,119	810	−	1,106
6	29,663	29,651	1,154	320	436	350	237	1,033	826	−	1,138
7	26,652	26,641	1,071	268	461	396	258	1,238	757	−	1,124
8	29,669	29,659	1,026	227	480	409	262	1,223	810	−	1,143
9	32,869	32,858	1,031	409	514	451	245	1,286	1,102	−	1,055
10	35,847	35,840	1,129	460	458	394	236	1,494	1,095	−	1,178
11	34,862	34,845	1,194	438	450	391	217	1,430	1,164	−	1,238
12	29,412	29,397	1,182	311	501	434	210	1,661	1,598	−	1,327
13	33,659	33,647	1,410	260	500	426	228	1,954	1,567	−	1,357
14	37,104	37,088	1,503	244	442	381	192	2,196	1,754	28	1,409
15	42,157	42,139	2,015	256	518	452	272	2,998	1,975	30	1,383
16	40,442	40,378	1,814	158	442	361	282	3,234	1,972	13	1,138
17	35,767	35,729	1,857	153	472	391	245	3,260	2,308	21	1,300
18	33,687	33,635	1,800	113	443	354	297	3,554	2,354	19	1,281
19	29,448	29,405	1,790	131	470	391	232	3,366	2,591	37	1,143
20	23,282	23,231	1,560	135	499	398	141	3,339	2,694	58	1,118
21	21,328	21,275	1,579	135	555	435	192	3,301	2,451	47	1,122
22	19,308	19,252	1,714	129	589	486	133	3,251	2,138	54	1,025
23	16,324	16,275	1,421	79	640	449	140	2,984	2,179	57	1,094
24	13,089	13,055	1,300	133	754	515	173	2,802	1,905	37	1,021
25	10,243	10,211	1,042	136	768	550	137	2,411	1,903	52	1,084

④ 13歳未満の子どもが被害者となった刑法犯罪

(平成8年〜25年)

年次	総数	女子	殺人	女子	傷害	女子	暴行	女子	恐喝	女子	強姦	女子	強制わいせつ	女子	略取誘拐・人身売買	女子
8年	2,262	1,312	100	47	157	53	122	52	626	28	61		1,063	971	133	100
9	2,665	1,563	106	54	178	61	180	97	792	65	82		1,229	1,123	98	81
10	2,544	1,507	121	46	203	56	180	94	694	51	63		1,199	1,134	84	63
11	2,805	1,806	87	43	206	61	221	149	735	80	65		1,391	1,324	100	84
12	3,621	2,196	100	47	338	100	477	272	851	89	72		1,668	1,528	115	88
13	4,377	2,719	103	49	450	150	630	377	1,006	109	60		2,037	1,905	91	69
14	4,077	2,575	94	47	467	151	724	401	779	114	90		1,815	1,689	108	83
15	4,555	2,972	93	43	536	177	945	536	668	91	93		2,087	1,926	133	106
16	4,295	2,638	111	59	615	217	1,115	600	560	60	74		1,679	1,519	141	109
17	3,704	2,256	105	49	546	167	1,136	588	357	35	72		1,384	1,275	104	70
18	3,142	1,819	110	48	553	160	1,055	537	256	36	67		1,015	911	86	60
19	2,844	1,594	82	36	529	163	933	427	230	15	81		907	814	82	58
20	2,718	1,565	115	36	472	145	867	390	194	25	71		936	839	63	43
21	2,572	1,469	78	30	490	135	754	309	184	20	53		936	865	77	57
22	2,651	1,586	77	36	463	130	705	308	197	20	55		1,063	975	91	62
23	2,601	1,569	76	34	488	150	700	324	170	12	65		1,019	923	83	61
24	2,748	1,663	67	24	492	145	843	379	121	6	76		1,054	960	95	73
25	2,881	1,678	68	25	548	134	882	378	104	8	69		1,116	1,003	94	61
	(100.0)		(2.4)		(19.0)		(30.6)		(3.6)		(2.4)		(38.7)		(3.3)	
		[58.2]		[36.8]		[24.5]		[42.9]		[7.7]		[100.0]		[89.9]		[64.9]

注 1 警察庁の統計による。
2 一つの事件で複数の被害者がいる場合は、主たる被害者について計上している。
3 「総数」は、この表に掲げた犯罪による被害者数の合計である。
4 「略取誘拐・人身売買」は、平成16年までは略取誘拐のみの人員である。
5 ( )内は、平成25年における構成比である。
6 [ ]内は、平成25年における女子比である。
7 平成20年から24年までの数値については、26年8月末日時点の暫定値である。

⑤ 子供(13歳未満の者)の被害件数及び罪種別被害状況の推移

(平成17〜26年)

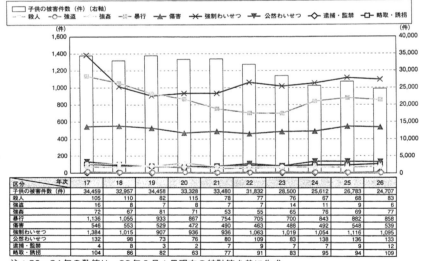

注:20〜24年の数値は、26年8月1日現在の統計等を基に作成した。

⑥ 1年以上居所不明児童・生徒の推移

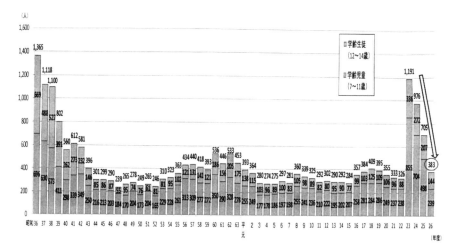

⑦ 少年による家庭内暴力認知件数の推移（就学・就労状況別）

(昭和63年～平成25年)

年次	総数	学生・生徒 小計	小学生	中学生	高校生	浪人生	その他	有職少年	無職少年
63年	860	555	11	324	191	9	20	49	256
元	839	545	13	313	190	10	19	54	240
2	779	490	3	276	176	16	19	63	226
3	848	530	13	315	168	11	23	55	263
4	757	481	15	277	157	12	20	68	208
5	715	466	14	253	168	13	18	58	191
6	654	414	12	218	152	13	19	40	200
7	688	479	19	268	164	11	17	38	171
8	744	547	18	299	201	3	26	40	157
9	827	614	37	316	234	5	22	41	172
10	1,000	713	19	424	252	4	14	38	249
11	931	660	19	355	259	7	20	42	229
12	1,386	997	34	524	386	10	43	63	326
13	1,289	968	40	541	353	4	30	55	266
14	1,291	913	50	419	384	12	48	75	303
15	1,154	848	38	441	325	8	36	52	254
16	1,186	888	56	473	328	3	28	64	234
17	1,275	1,023	53	570	366	4	30	51	201
18	1,294	1,029	68	565	360	4	32	61	204
19	1,213	996	67	534	363	2	30	53	164
20	1,280	1,050	66	548	407	…	29	57	173
21	1,181	961	73	506	356	…	26	64	156
22	1,484	1,246	87	684	436	…	39	50	188
23	1,470	1,246	93	667	446	…	40	38	186
24	1,625	1,360	110	720	486	…	44	63	202
25	1,806	1,547	122	805	579	…	41	83	176

注 1 警察庁生活安全局の資料による。
 2 検挙時に20歳以上であった者を除く。
 3 犯行時の就学・就労状況による。
 4 1つの事件に複数の者が含まれる場合は，主たる者の就学・就労状況について計上している。
 5 平成20年以降の「その他」は，「浪人生」を含む。

⑧ いじめ事件　事件数と検挙・補導人員

(昭和59年～平成25年)

年次	事件数			検挙・補導人員			
	数総	いじめによる事件	いじめの仕返しによる事件	総数	小学生	中学生	高校生
59年	531	502	29	1,920	40	1,526	354
60	638	589	49	1,950	85	1,539	326
61	281	…	…	845	13	775	57
62	128	…	…	403	16	352	35
63	97	…	…	279	4	223	52
元年	98	92	6	314	1	278	35
2	112	106	6	346	4	281	61
3	95	90	5	305	9	267	29
4	105	93	12	322	2	267	53
5	90	84	6	234	14	180	40
6	103	99	4	372	5	279	88
7	160	154	6	534	13	411	110
8	162	149	13	426	10	341	75
9	93	91	2	310	8	264	38
10	98	92	6	268	9	209	50
11	137	131	6	369	11	269	89
12	170	159	11	450	7	341	102
13	110	103	7	288	6	216	66
14	94	89	5	225	1	163	61
15	106	99	7	229	3	182	44
16	161	141	20	316	34	217	65
17	165	155	10	326	23	240	63
18	233	223	10	460	18	352	90
19	201	195	6	457	26	349	82
20	151	138	13	313	7	238	68
21	163	151	12	313	38	228	47
22	133	130	3	281	23	228	30
23	113	108	5	219	20	161	38
24	260	252	8	511	36	384	91
25	410	393	17	724	88	527	109

注　警察庁生活安全局の資料による。

⑨ 不登校児童生徒数（平成3～25年）

区分	小学校			中学校			計		
	(A)全児童数（人）	(B)不登校児童数（人） カッコ内 (B/A×100) (％)	不登校児童数の増▲減率（％）	(A)全生徒数（人）	(B)不登校生徒数（人） カッコ内 (B/A×100) (％)	不登校児童生徒数の増▲減率（％）	(A)全児童生徒数（人）	(B)不登校児童生徒数の合計（人） カッコ内 (B/A×100) (％)	不登校児童生徒数の増▲減率（％）
3年度	9,157,429	12,645 (0.14)	-	5,188,314	54,172 (1.04)	-	14,345,743	66,817 (0.47)	-
4年度	8,947,226	13,710 (0.15)	8.4	5,036,840	58,421 (1.16)	7.8	13,984,066	72,131 (0.52)	8.0
5年度	8,768,881	14,769 (0.17)	7.7	4,850,137	60,039 (1.24)	2.8	13,619,018	74,808 (0.55)	3.7
6年度	8,582,871	15,786 (0.18)	6.9	4,681,166	61,663 (1.32)	2.7	13,264,037	77,449 (0.58)	3.5
7年度	8,370,246	16,569 (0.20)	5.0	4,570,390	65,022 (1.42)	5.4	12,940,636	81,591 (0.63)	5.3
8年度	8,105,629	19,498 (0.24)	17.7	4,527,400	74,853 (1.65)	15.1	12,633,029	94,351 (0.75)	15.6
9年度	7,855,387	20,765 (0.26)	6.5	4,481,480	84,701 (1.89)	13.2	12,336,867	105,466 (0.85)	11.8
10年度	7,663,533	26,017 (0.34)	25.3	4,380,604	101,675 (2.32)	20.0	12,044,137	127,692 (1.06)	21.1
11年度	7,500,317	26,047 (0.35)	0.1	4,243,762	104,180 (2.45)	2.5	11,744,079	130,227 (1.11)	2.0
12年度	7,366,079	26,373 (0.36)	1.3	4,103,717	107,913 (2.63)	3.6	11,469,796	134,286 (1.17)	3.1
13年度	7,296,920	26,511 (0.36)	0.5	3,991,911	112,211 (2.81)	4.0	11,288,831	138,722 (1.23)	3.3
14年度	7,239,327	25,869 (0.36)	▲2.4	3,862,849	105,383 (2.73)	▲6.1	11,102,176	131,252 (1.18)	▲5.4
15年度	7,226,910	24,077 (0.33)	▲6.9	3,748,319	102,149 (2.73)	▲3.1	10,975,229	126,226 (1.15)	▲3.8
16年度	7,200,933	23,318 (0.32)	▲3.2	3,663,513	100,040 (2.73)	▲2.1	10,864,446	123,358 (1.14)	▲2.3
17年度	7,197,458	22,709 (0.32)	▲2.6	3,626,415	99,578 (2.75)	▲0.5	10,823,873	122,287 (1.13)	▲0.9
18年度	7,187,417	23,825 (0.33)	4.9	3,609,306	103,069 (2.86)	3.5	10,796,723	126,894 (1.18)	3.8
19年度	7,132,874	23,927 (0.34)	0.4	3,624,113	105,328 (2.91)	2.2	10,756,987	129,255 (1.20)	1.9
20年度	7,121,781	22,652 (0.32)	▲5.3	3,603,220	104,153 (2.89)	▲1.1	10,725,001	126,805 (1.18)	▲1.9
21年度	7,063,606	22,327 (0.32)	▲1.4	3,612,747	100,105 (2.77)	▲3.9	10,676,353	122,432 (1.15)	▲3.4
22年度	6,993,376	22,463 (0.32)	0.6	3,572,652	97,428 (2.73)	▲2.7	10,566,028	119,891 (1.13)	▲2.1
23年度	6,887,292	22,622 (0.33)	0.7	3,589,774	94,836 (2.64)	▲2.7	10,477,066	117,458 (1.12)	▲2.0
24年度	6,764,619	21,243 (0.31)	▲6.1	3,569,010	91,446 (2.56)	▲3.6	10,333,629	112,689 (1.09)	▲4.1
25年度	6,676,920	24,175 (0.36)	13.8	3,552,455	95,442 (2.69)	4.4	10,229,375	119,617 (1.17)	6.1

(注1) 調査対象：国公私立小・中学校（平成18年度から中学校には中等教育学校前期課程を含む。以下同じ。）

(注2) 年度間に連続又は断続して30日以上欠席した児童生徒のうち不登校を理由とする者について調査。不登校とは、何らかの心理的、情緒的、身体的、あるいは社会的要因・背景により、児童生徒が登校しないあるいはしたくともできない状況にあること（ただし、病気や経済的理由によるものを除く。）をいう。

⑩ 高等学校中途退学者数

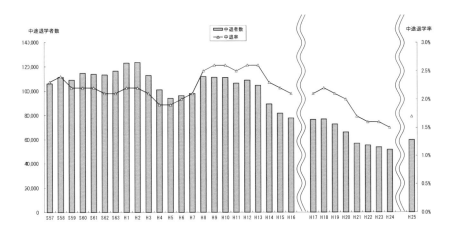

(注1) 平成16年度までは公私立高等学校を調査。平成17年度からは国立高等学校、平成25年度からは高等学校通信制課程も調査。
(注2) 中途退学率は、在籍者数に占める中途退学者数の割合。

		昭和57	58	59	60	61	62	63	平成元	2	3	4	5	6
中途退学者数 (人)		106,041	111,531	109,160	114,834	113,938	113,357	116,617	123,069	123,529	112,933	101,194	94,065	96,401
	公立	65,314	67,932	67,009	72,086	73,176	73,127	75,791	81,332	82,846	76,684	68,822	63,428	64,229
	私立	40,727	43,599	42,151	42,748	40,762	40,230	40,826	41,737	40,683	36,249	32,372	30,637	32,172
中途退学率 (%)		2.3	2.4	2.2	2.2	2.2	2.1	2.1	2.2	2.2	2.1	1.9	1.9	2.0
	公立	2.0	2.0	1.9	1.9	1.9	1.9	1.9	2.0	2.1	2.1	1.9	1.8	1.9
	私立	3.2	3.3	3.1	2.9	2.8	2.7	2.6	2.6	2.5	2.3	2.1	2.1	2.2

		7	8	9	10	11	12	13	14	15	16	17	18	19
中途退学者数 (人)		98,179	112,150	111,491	111,372	106,578	109,146	104,894	89,409	81,799	77,897	76,693	77,027	72,854
	国立	–	–	–	–	–	–	–	–	–	–	53	44	45
	公立	64,431	73,736	73,654	73,474	70,554	73,253	70,528	60,633	55,668	53,261	53,117	53,251	50,529
	私立	33,748	38,414	37,837	37,898	36,024	35,893	34,366	28,776	26,131	24,636	23,523	23,732	22,280
中途退学率 (%)		2.1	2.5	2.6	2.6	2.5	2.6	2.6	2.3	2.2	2.1	2.1	2.2	2.1
	国立	–	–	–	–	–	–	–	–	–	–	0.6	0.5	0.5
	公立	2.0	2.3	2.4	2.5	2.4	2.5	2.5	2.2	2.1	2.0	2.1	2.2	2.1
	私立	2.4	2.8	2.9	3.0	2.9	2.9	2.5	2.4	2.3	2.2	2.2	2.3	2.2

		20	21	22	23	24	25
中途退学者数 (人)		66,243	56,947	55,415	53,869	51,781	59,923
	国立	52	51	43	56	40	34
	公立	45,742	39,412	38,372	37,483	35,966	38,602
	私立	20,449	17,484	17,000	16,330	15,775	21,287
中途退学率 (%)		2.0	1.7	1.6	1.6	1.5	1.7
	国立	0.5	0.5	0.4	0.6	0.4	0.3
	公立	1.9	1.7	1.6	1.6	1.5	1.6
	私立	2.0	1.8	1.7	1.6	1.5	1.9

⑪ 学校内における暴力行為発生件数の推移

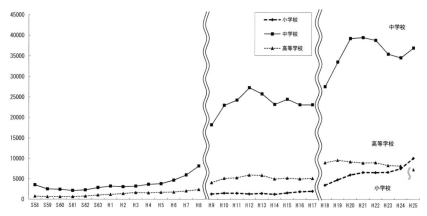

	58年度	59年度	60年度	61年度	62年度	63年度	元年度	2年度	3年度	4年度	5年度	6年度	7年度	8年度
小学校	-	-	-	-	-	-	-	-	-	-	-	-	-	-
中学校	3,547	2,518	2,441	2,148	2,297	2,858	3,222	3,090	3,217	3,666	3,820	4,693	5,954	8,169
高等学校	768	647	642	653	774	1,055	1,194	1,419	1,673	1,594	1,725	1,791	2,077	2,406
合計	4,315	3,165	3,083	2,801	3,071	3,913	4,416	4,509	4,890	5,260	5,545	6,484	8,031	10,575

	9年度	10年度	11年度	12年度	13年度	14年度	15年度	16年度	17年度
小学校	1,304	1,528	1,509	1,331	1,465	1,253	1,600	1,890	2,018
中学校	18,209	22,991	24,246	27,293	25,769	23,199	24,463	23,110	23,115
高等学校	4,108	5,152	5,300	5,971	5,896	5,002	5,215	5,022	5,150
合計	23,621	29,671	31,055	34,595	33,130	29,454	31,278	30,022	30,283

	18年度	19年度	20年度	21年度	22年度	23年度	24年度
小学校	3,494	4,807	5,996	6,600	6,579	6,646	7,542
中学校	27,540	33,525	39,161	39,382	38,705	35,411	34,528
高等学校	8,985	9,603	9,221	8,926	9,010	8,312	8,195
合計	40,019	47,935	54,378	54,908	54,294	50,369	50,265

	25年度
小学校	10,078
中学校	36,869
高等学校	7,280
合計	54,227

(注1) 平成8年度までは、公立中・高等学校を対象として、「校内暴力」の状況について調査している。
(注2) 平成9年度からは調査方法等を改めている。
(注3) 平成9年度からは公立小学校、平成18年度からは国私立学校も調査。また、中学校には中等教育学校前期課程を含める。
(注4) 平成25年度からは高等学校に通信制課程を含める。

⑫ 学校内外における暴力行為発生件数の推移

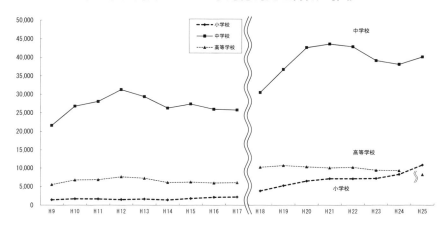

	9年度	10年度	11年度	12年度	13年度	14年度	15年度	16年度	17年度	18年度	19年度	20年度	21年度	22年度	23年度	24年度	25年度
小学校	1,432	1,706	1,668	1,483	1,630	1,393	1,777	2,100	2,176	3,803	5,214	6,484	7,115	7,092	7,175	8,296	10,896
中学校	21,585	26,783	28,077	31,285	29,388	26,295	27,414	25,984	25,796	30,564	36,803	42,754	43,715	42,987	39,251	38,218	40,246
高等学校	5,509	6,743	6,833	7,606	7,213	6,077	6,201	5,938	6,046	10,254	10,739	10,380	10,085	10,226	9,431	9,322	8,203
合計	28,526	35,232	36,578	40,374	38,231	33,765	35,392	34,022	34,018	44,621	52,756	59,618	60,915	60,305	55,857	55,836	59,345

(注1) 平成9年度からは公立小・中・高等学校を対象として、学校外の暴力行為についても調査。
(注2) 平成18年度からは国私立学校も調査。また、中学校には中等教育学校前期課程を含める。
(注3) 平成25年度からは高等学校に通信制課程を含める。

⑬ ネットワーク利用犯罪検挙件数

区 分	21年	22年	23年	24年	25年
総 数	3,961	5,199	5,388	6,613	6,655
詐 欺	1,280	1,566	899	1,357	956
わいせつ物頒布等	140	218	699	929	781
児童買春・児童ポルノ禁止法	923	1,193	1,327	1,520	1,616
児 童 買 春	416	410	444	435	492
児 童 ポ ル ノ	507	783	883	1,085	1,124
出会い系サイト規制法	349	412	464	363	339
青少年保護育成条例	326	481	434	520	690
商 標 法	126	119	212	184	197
著 作 権 法	188	368	409	472	731
そ の 他	629	842	944	1,268	1,345

注 1 警察庁生活安全局の資料による。
  2 「その他」は、脅迫、名誉毀損、覚醒剤取締法違反及び児童福祉法違反等である。

⑭ 児童生徒の自殺の状況

(単位：人)

区分	49	50	51	52	53	54	55	56	57	58	59	60	61	62	63	元	2	3	4	5	6	7	8	9	10
総数	277	290	288	321	335	380	233	228	199	237	189	215	268	170	175	155	141	121	159	131	167	139	143	133	192
小学生	-	-	-	10	9	11	10	8	8	6	12	11	14	5	10	1	5	5	3	4	11	3	9	6	4
中学生	69	79	72	89	91	104	59	74	62	83	66	79	110	54	62	53	35	43	68	40	69	59	41	41	69
高校生	208	211	216	222	235	265	164	146	129	148	111	125	144	111	103	101	101	73	88	87	87	77	93	86	119

区分	11	12	13	14	15	16	17	18	19	20	21	22	23	24	25
総数	163	147	134	123	138	126	103	171	159	137	165	156	202	195	240
小学生	2	4	4	3	5	4	3	2	3	1	0	1	4	6	4
中学生	49	49	37	36	35	31	25	41	34	36	44	43	41	49	63
高校生	112	94	93	84	98	91	75	128	122	100	121	112	157	140	173

（注1）昭和51年までは公立中・高等学校を調査。昭和52年からは公立小学校、平成18年度からは国私立学校、平成25年度からは高等学校通信制課程も調査。
（注2）昭和49年から62年までは年間の数、昭和63年以降は年度間の数である。
（注3）平成25年度総数の内訳は、国立0人、公立198人、私立42人である。
（注4）学校が把握し、計上したもの。

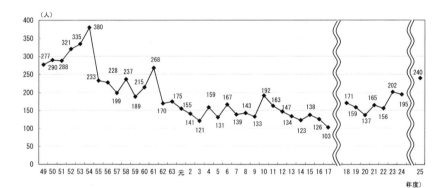

⑮ 子供の相対的貧困率

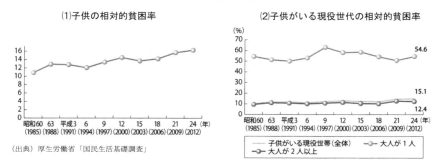

(1)子供の相対的貧困率

(2)子供がいる現役世代の相対的貧困率

(出典) 厚生労働省「国民生活基礎調査」

⑯ 小学生・中学生に対する就学援助の状況

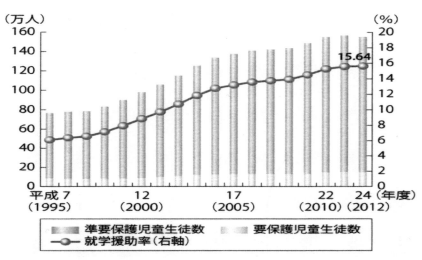

(出典) 文部科学省「要保護及び準要保護児童生徒数について」

結びにかえて　戦後70年子どもの事件小史

子どもの事件の背景　青少年人口の増減と重なる犯罪事件・検挙人員数

　本書では、生まれてすぐの赤ちゃんから19歳に至るまでを、一括して「子ども」としている。事件として取り上げているのは、被害者の場合であれ加害者の場合であれ、犯罪事件とほぼ同義であるが、それ以外に自殺、また、いわゆる事故、登下校途上での交通事故や学校の体育館やプールなど校内での事故、遠足や修学旅行での事件や事故、また毒物・薬物、異物などを誤飲したりしたものなどもふくめた。

　戦後70年、別掲の少年犯罪統計にみるとおり、敗戦直後はその混乱から急角度で増え、落ち着いた50年代、60年代は青少年人口の増減カーブとともに大きく高下した後、80年代半ばからは、少子化とともに減少傾向にある。もちろん一直線に減少しているわけではなく、残忍残虐な事件や多数の死傷者が出るような事故が起きると、警察、学校、保護者たちが対応し、子どもたちも自覚した結果減少しているのである。

　子どもの事件や事故の波は、敗戦直後から10年くらいは別にして、それ以降は14〜19歳の元気盛り＝ケンカ盛りの人口カーブとほぼ一致する。何かすごい事件が起きると、すぐ「今の子どもは危ない」などと言ったりするが、そうではない。犯罪や事件を起こす子どもの率は、昔も今もそう変わらない。

　子どもの犯罪が急増したり、残虐な事件が突然発生したりするのは、その時々の世の中の動きや風俗・風潮などの動向、新たな商品や技術の登場・普及など、子どもを取り巻く状況・生育環境の変化による。子どもの事件は「大人社会の問題を映し出す鏡」である。事件のマネをするものも出てくれば、アイドルが自殺すると後追いも出てくる。イジメや虐待事件のように報道されると、隠れていたものが表面化し、急増しているように見えることもある。

犯罪や事件が起きるのは欲望や感情、対人関係をコントロールができないから

　犯罪や事件は大人であれ子どもであれ、基本的には欲望や感情、また対人関係をコントロールできないことによって起きることは定説である。人の内面において、善悪のケジメ、すなわち道徳・倫理、規範のボーダーが確立されてい

るかいないかによる。それは親・保護者、まわりの大人、学校、地域、社会などで教えられ、それを当人が学び取って、自らのものにすることによって確立されるものであることは、いまさら言うまでもないだろう。

　対人関係も、またそうである。その社会・集団・隣人の関係を良好に維持するためのルールやマナーの尊重、おたがいの人としての尊厳・プライバシーの尊重、差別しないことは、おたがいの関係を成立させる前提である。とはいえ貫きたい主張や矜持（きょうじ）、また好み・相性もある。それをどこまで貫くか、どう折り合いをつけるか、離れるか、その頃合いと決断は人間関係の積み重ねで学び取るものであるが、それができない結果、些細なことで喧嘩したり、ストーカー事件が起きたり、復讐殺人、リベンジポルノのような事件が起きる。

　敗戦直後のように世の中が混乱していると、子どもも混乱するし、犯罪も非行も増える。今日、敗戦直後のような混乱や絶対的貧困はなくなったとみられているが、貧困家庭は増えてきている。ある調査によると、朝食をしっかり食べていない子どもは25％をこえている。朝食だけではなく、夕飯もそうである。豊かな時代と言われるいま、まともな食事は学校での給食だけという子が増えているが、その給食代を払えない子も増えてきているという現実がある。

　近年、生活保護家庭、準要保護家庭が増え続けている。家に帰って落ち着いて宿題・復習・予習したり、親・保護者と学校でこんなことを勉強した、みんなとこんなことをして遊んだなど、ゆっくり話したりすることができない家庭は増えてきている。シングル家庭も増えている。格差と貧困は基本的学力差や日常生活習慣・社会ルールや規範意識の内面での確立にとって大きな問題となっている。将来の進路にも関わり、いったん負け組に入ると、一生抜け出すことはできないと、子どもたちは不安に怯えるようになる。

　それが暴力や非行にあらわれる例も増えてきている。統計的には子どもによる非行や犯罪は減ってきているといって、楽観しているわけにはいかないのである。豊かさとともに過食飽食、食い散らかし、使い捨てのライフスタイルが当たり前になってしまったことの問題は記すまでもない。

　我々の世代のように、電話など高嶺の花だった時代ではなく、いまや一人ひとりがケータイやスマホを持つ。かつては刃物や銃で人を殺したが、いまはケータイやスマホでイジメをして、手も汚さず、自覚もなく殺してしまう時代になった。残虐・理不尽この上ない暴行をしておきながら、殺す気はなかった、死ぬとは思わなかったと言い抜ける。殺人も、暴行も、窃盗も、万引きも、強姦も、

バーチャルで遊び感覚で行う結果、そうなっている側面もある。性犯罪で命を落としたり、売春や風俗ビジネスに入り込む少女たちも同じである。

戦後70年子どもの事件の時期区分

　戦後70年の子どもをめぐる事件の歴史をいくつかの時代に区分し、それぞれの時期の特徴をみることにする。敗戦から5〜6年の混乱の時期は、短いけれど他の時期とはまったく異なるので、これだけでみざるをえないが、それ以外の時期はほぼ14〜5年くらいの周期で動いている。

　社会の風俗や流行のサイクルも、経済の動きも、だいたいこれくらいのスパンで波を描いているし、人がおぎゃーと生まれて思考・判断・記憶がそれなりにできるようになり、一人前の人間としての自覚が出てくる年月もそれくらいだからであるが、とくに大きな要因は戦後のベビーブームの最初の世代、その2世、さらに3世が塊となって子どもの人口が増え、それが元気盛り＝ケンカ盛りとなって犯罪や事件のカーブを描いてきた。「犯罪白書」や「警察白書」は、非行のピークに留意して3つの時期区分をしている。筆者も、これをベースにしながら顧みることにする。

子どもの犯罪・事件　戦後第1期は1945年から51年

敗戦直後の混乱期　「こんな子どもにだれがした」

　第1期は、1945年から51年、敗戦による混乱と価値観の崩壊、困窮と欠乏、生存に関わる絶対的不足と抑制不可能な状況で、犯罪・事件が頻発した。子どもの犯罪・事件も同じで、「単純粗暴犯罪が頻発した時期」である。

　敗戦の混乱から5〜6年ほどで日本は経済復興・成長へのきっかけをつかんだが、敗戦によって社会秩序は混乱、それまでの権威は失墜、指導者たちは裏切り、倫理・道徳や価値観・規範は崩壊した。経済的困窮、飢餓、生活用品・物資の欠乏、戦争・空襲による家屋の破壊・喪失、家庭・家族の崩壊・離散などは、子どもたちに深刻な影響を及ぼした。食べるものもない、住む家もない、頼れる身寄りもない中で、ガード下や廃墟で寝泊まりせざるをえなかった「戦災孤児」は全国各地にいた。不十分な統計だが約3万5千人という数字もある。こんな状態は敗戦から5年たっても、そう変わらず、1950（昭和25）年から翌51年が戦後の子どもの犯罪の第1のピークとなったのだった。

筆者は1943年生まれで、戦中の空襲の記憶も、終戦詔勅放送の記憶もない。隣のおばちゃんがいつも、「このあたり（大阪・守口）も空襲され、焼夷弾が落ちて家が燃え、真っ赤な炎が追いかける中を、あんたを背負って逃げてあげて、いま一人前のことを言えるようになったのに、ちっともおぼえてくれてへんのかいな」と笑いながらよく話してくれた。

　しかし、京阪電車守口駅前の焼け跡と闇市で遊んでいた記憶はある。腹を空かしながらも、なんとも言いようのない活気が好きでうろつきまわっていた。青空楽団の舞台で、当時流行っていた「リンゴの唄」「憧れのハワイ航路」などを歌っていた。盗み、かっぱらいに失敗し、大人に殴られたり、警官に連れて行かれた遊び仲間のことはおぼえている。

　なにせこの頃は、あらゆる意味で混乱の時期だった。それまでの権威が地に落ち、信じていたことのすべてが信じられなくなって、道徳も倫理も、規範も価値観も根底からひっくり返るなかで、食べるものもなければ、仕事もない、空襲で焼け出されて、住む家もない、戦争で親を失った子どもは路上で寝る以外になく、腹が減ってしかたがないから泥棒した。服も靴も何もかも盗まざるをえなかったのだった。路上に捨てられたタバコを拾って吸い、転がっているビンの中の酒もなめた。

　大人の世界で起きていた殺人、強盗、恐喝、強姦、掻っ払い、窃盗などの犯罪のすべては子どもの中でも起きていた。こうした犯罪だけではなく、尊厳のすべてを捨てることを余儀なくされた女性・少女がいた。昭和30年の厚生省の調査では、日本に30万人の売春婦がいたことになっている。敗戦直後、生きんがため、食わんがため、苦界（くがい）に身を沈め、腹を空かしている弟や妹、また家族のため、いたいけない少女ですらもが、心ならずも身を売った。いまの「援交・売買春」などとはちがう。この頃、流行った歌謡曲「星の流れに」の一節に「こんな女にだれがした」があったが、これが流行語になった。

　我々家のある子どもは、夕方5時になると、ＮＨＫラジオの連続ドラマ「鐘の鳴る丘」を聴くために一目散に帰った。貧しかったけれど、帰る家があるだけありがたかったのである。戦災孤児はガード下で寝るよりしかたなかった。父親を戦争で失った子どもの多くは一家団らんなど無縁だった。

第2期は1952年から64年

朝鮮特需景気から東京オリンピック、この時期が非行第2のピーク

　第2期は、朝鮮戦争特需にわいていた1952年から名神高速道路の開通、東海道新幹線の開業、そして東京オリンピックが開催された64年にかけての時期である。

　敗戦の混乱から何とか復興し、経済成長する糸口をつかみ、不足・欠乏から渇望していたものをようやくにして手に入れることができるようになり、抑えつけられていた欲望を発散し、それを手に入れる方向へと動きはじめた時期だっただけに、子どもの犯罪や事件も多発した。

　50年6月に勃発した朝鮮戦争は、また戦争かという不安と、日本にも飛び火して、また戦争に行かねばならないようなことになるのかという心配と緊張感をもたらしたが、不条理としか言いようないが、ついほんの少し前まで日本が植民地化していた朝鮮・韓国で、新たな国のあり方をめぐって同じ民族同士が争い、血を流し、命を落としている中で、その戦争特需で日本経済は活気づき、雇用も収入も増え、社会全体が少し安定し、戦後の混乱を脱出、復興を成し遂げ、成長路線を歩み出したのだった。

　50年代の犯罪・事件は、敗戦直後の時期と同様、貧困・飢餓・不満爆発・欲望暴力的充足型の特徴を引きずっていたが、56年7月に発表された「経済白書」が「もはや戦後ではない」とタイトルしたように戦後から脱却、60年代に入ってからは経済成長時代型のものに変わっていった。「練鑑ブルース」が「暴力教室」「理由なき犯行」「怒れる若者たち」となり、「不良少年」「非行少年」「愚連隊」とも呼ばれ、それまでの価値観をぶっ壊すと意気がった「太陽族」もいたが、所詮「チンピラ」と嘲られ、成人になると組員となった「暴力団予備軍」も多かった。

　ホンダのオートバイ・ドリーム号が発売され、働いて必死になってカネを貯めて手に入れた初めの世代は爆音響かせる「カミナリ族」にとどまっていたが、それが5年、10年たつと、暴行・略奪・強盗・強姦まで行なう「暴走族」になっていった。ヒロポンが禁止されるや、覚醒剤になり、覚醒剤の取り締まりが厳しくなると、大麻などに走る一方で睡眠薬、シンナー、トルエン、ブタンなどを吸って中毒になるものが出てきた。

　60年代に入ると、時代風潮はさらに大きく変化した。戦後ベビーブームの

世代の成長による青少年人口の急増は青少年の犯罪・事件の急増となり、経済成長と工業化、農村から都市への人口の急激な移動、都市の過密化、農村の過疎化、集団就職、出稼ぎ、核家族化といった新たな問題も生じ、新たな犯罪・事件を生み出すこととなった。

　犯罪分析では、社会の工業化・産業化・都市化の進展は犯罪の増加をもたらすというのが常套句であるが、そのとおりになった。収入の増加と背中合わせに進んだ技術革新による新商品の登場、大量生産・大量販売による価格ダウンは、「三種の神器」と呼ばれたテレビ・電気洗濯機・電気冷蔵庫といった耐久消費財から生活必需品に至るまでの消費時代のはじまりで、スーパーの登場でさらに加速され、「質素倹約・質実剛健・浪費は悪・欲望は抑えるもの」から「「消費は善、買いたいものを買う、欲望は充足・実現させるもの」に変わった。

　この流れに取り残され、あいかわらず貧しく、給食代が払えない、弁当を持って行くことができない、遠足も修学旅行も行けない子どもがいた。集団就職で地方から東京や大阪に出て、高度成長・大量生産・大量販売の下積み労働を引き受けていた若者の多くは親元に仕送りし、レジャーもへったくれもなかった。不満はふくれあがり、爆発・暴走しないわけはなかった。労働運動や社会運動はこうした不満や憤りの受け皿にはならず、やるせない気持ちを暴力や犯罪でしか表現できない子どもも多かった。

　ラジオからテレビへのメディアの変化はマスコミ時代、大衆社会状況を生み出し、社会の動きをマスの形で増幅させるようになり、煽り立てた。戦後二番目の子どもの犯罪・事件のピークが、日本が戦後復興を成し遂げ、成長路線を突っ走り、世界の大国に仲間入りしたと自賛した「東京オリンピック」の64（昭和39）年であったのは決して不思議なことではない。この時期はプラス面ばかりで語られることが多いが、青少年犯罪急増期でもあったのだ。

第3期は1965年から83年

**いざなぎ景気・石油危機・安定成長、
　　　　　　　　一方で反戦・反安保・反公害・学園闘争、そしてシラケへ**

　犯罪や非行ピークについて、「犯罪白書」は次のように分析する。経済成長が進むと所得が増え、物質的に豊かになる。大人はもちろん青少年の価値観も

変化、旧来の道徳や倫理が軽視されるようになる。大型の商業施設や娯楽施設も増え、犯罪機会も増える。しかし家庭や地域の教育力は、この変化に追いつけず、規範意識があいまいになって犯罪や非行が増えるとしている。

　筆者も、社会の激変によって子どもの規範意識があいまいになり、善悪のボーダーが下がることで、事件や犯罪が増加することは否定しない。敗戦直後はその典型であるが、犯罪発生率を見ると60年代半ば以降は窃盗・万引きは増えているが、殺人・強盗・強姦・暴行といった凶悪凶暴犯は低下している。前記したように、普通の状況で子どもの犯罪や事件が増える要因は社会の変化と子どもの人口（とくに14〜19歳）の増加である。

　さて65（昭和40）年に高度成長時代に入って初めての深刻な不況が起きた。東京オリンピックの翌年だったことから「オリンピック反動不況」とも呼ばれたが、翌年には急角度で景気回復、ここから5〜6年にわたり「いざなぎ景気」という好況期がつづき、若者の風俗やライフスタイルは大きく変化した。週刊誌「平凡パンチ」「プレイボーイ」などがそれを牽引し、デモにいく学生は「朝日ジャーナル」を読んでいた。第3期はこんな1965年から83年である。

　この頃から学生服やゲタは応援団や体育会を除いて一般学生からはほとんど姿を消し、アイビー・ルックやブレザー姿、ジーパン・スタイルが主流となった。映画では加山雄三主演の「若大将シリーズ」がヒットし、石原裕次郎や小林旭らのアクション映画にとってかわり、エロ映画、ピンク映画と呼ばれるものも出はじめたが、60年代末からは高倉健、鶴田浩二、藤純子らが出演する東映ヤクザ映画が人気を博するようになり、週末はオールナイト上映が行われ、若者で満員、立ち見は当たり前だった。水前寺清子の演歌は「人生の応援歌」となっていた。

　しかし、長期の好況の裏側では、水俣病をはじめとする公害・環境破壊が進行、生産現場では労働災害が頻発、職業病が蔓延していた。農薬や薬品による健康被害も大きな問題となり、これらを告発・反対する運動が起きていた。ベトナム反戦・反安保の運動も激しくなり、攻撃基地となった沖縄では反戦・反安保・反基地と同時に祖国復帰運動も盛り上がりを見せ、日本全体が燃え上がり、毎日どこかでデモや集会が行われていて大学生や高校生も参加していた。それが学園闘争に発展し、入試中止、入学式や卒業式の開催阻止など、さまざまな行動が行われ、68〜70年にかけて高校・大学は物情騒然たる雰囲気に包まれ、一方街頭ではデモと同時に暴走族が走り回ったのだった。

こんな雰囲気を一変させようとして大阪・千里丘陵で70年万博が開催され、国民の半数以上が見物に訪れ大成功だと言い、日本と大阪はさらに発展すると舞い上がっていた。71年にはマクドナルド1号店が開店、ヒッピーなどと呼ばれる若者が徘徊、フリーセックスなどという言葉が飛び交って、新しい時代の開幕を告げるかのようだった。

　しかし、まるで頭を冷やせと言わんばかりに〝石油危機〟が襲い、高度成長、大量生産・大量販売、資源浪費時代の終わりを教え、安定成長という名の低成長時代に入り、失業率は上がり、収入は下がって、就職も厳しくなって不安感が広がった。若者や学生の中では「シラケ」ムードが広がり、就職するため長い髪を切り、スーツにネクタイ姿で企業まわりをするようになり、デモや集会などは「禁句」「死語」となった。

　経済成長とともに、いわゆる中流家庭も増え、〝普通の子〟の犯罪や非行も増え、こういう子どもが警察に捕まると、親は「ウチの子にかぎって」と言った。受験競争は激化、塾や予備校に通う子どもは増え、偏差値・成績の輪切り・落ちこぼれ、新たな貧困などが問題化し、学校と教師は大きな問題を抱えるようになったが、管理教育の強化、体罰で対応するものも増え、児童・生徒の反発も大きくなった。競争主義が強まるとともに、弱いものを標的にした卑劣極まりないイジメも起きるようになった。

　79年、埼玉県上福岡の中学1年がイジメで自殺した事件の背景には民族差別や職業差別が存在し、小学校時代から続いていて、自殺の報告を聞いた加害者は「バンザイ」と叫んで教室ではしゃぎまわっていたそうだが、教育委員会も学校も「イジメ」を認めようとはしなかった。こんな状況の中で子どもの非行は83年にピークに達したのだった。

第4期は1984年から97年

構造転換・バブル経済、その破綻によって長期不況に陥った時期

　石油危機を契機に日本経済は高成長から安定成長への転換を余儀なくされたが、製造業の技術力と価格の安さで自動車、電機製品、カメラ、製造機械、精密機器の国際競争力は高く、輸出で再び元気を取り戻した。エズラ・ヴォーゲルのように『ジャパン・アズ・ナンバーワン』とおだてる学者も出てくるよう

になったが、アメリカは日本製品が洪水のように輸出されて経済と企業が危機に陥っているとして、ヨーロッパ各国も同調して内需転換、ドル安・円高誘導、低金利政策などを迫った。第4期はバブルとその破綻の時期である。

　87年10月の「ブラックマンデー」を機に超低金利となり、金を借りて株や不動産を買い、値上がりするのを待てば、汗水垂らして働くより儲かるというバブル経済になってしまい、ブランド・バッグや服、靴、アクセサリーなどを買いあさったり、豪華な食事をしたりした。子どもの中には、そんな雰囲気にあこがれたり、商品を手に入れたいと思って、強盗したり万引きしたりするものも出てきた。「金持ちになりたい」が子どもの将来の夢になった。

　金儲けに成功した「金持ち組」と、こんな波に乗れない「貧乏組」の格差が広がりはじめる一方、サラ地獄・クレジット地獄による一家心中で子どもが道連れになる悲劇も増えてきた。受験競争であろうが、金持ち競争であろうが、とにかく勝たねばならないと、弱肉強食の競争主義が強まると同時に、いよいよイジメが大きな問題になってきた。

　警察庁が85年に初めての「いじめ白書」を発表したのは、件数も増え、陰湿になっていたからだったが、翌86年には中野の中学生が担任も加担したイジメを苦に盛岡で自殺し、大きな衝撃を与えた。

　この時期、もう一つ大きな問題になっていたのは、女子の性意識・性行動の変化による事件である。70年代半ばから女子大生や女子高生による売春が問題になるようになった。ブランド商品を買いたい、海外旅行をしたいという理由で、平然と売春するのだった。筆者が取材した風俗業者は「愛を売って、夢を買わないか」と誘うと、ほとんどオーケーすると言っていた。ポケベル、伝言ダイヤル、ケータイなど通信手段が手軽になることで、さらに拡がったが、こうした変化の中で、高校生どころか、中学生・小学生にまで広がり、中には娘に売春させる親すら出てきたのだった。

　89年1月昭和天皇の死去によって元号は平成と改まり、同じ年の11月9日ベルリンの壁が開き、東西冷戦は終わりを迎え、まさに時代が変わろうとしていたが、日本では年末に株価は38,915円まで上がり、舞い上がっていた。しかし正月明けに株価急落、不動産価格も暴落、バブル経済はあっけなく破綻、深刻かつ長期の不況に陥り、リストラという名の首切りが行われ、なかなか次の職が見つからず、何とか就職できたとしてもパート・臨時・アルバイトなど非正規雇用が当たり前になった。新卒の大学生や高校生は、なかなか就職が決

まらない「就職氷河期」に苦しんだ

　86年に流れた「亭主　元気で　留守がいい」というテレビＣＭを子どもたちは冷ややかに聞いていた。この頃すでに、父親の単身赴任は当たり前になっていて、一家揃っての団らんなど昔語りになり、存在が軽くなっていたが、それでもメシが食えるのも、学校に通えるのも父親のおかげだと思っていた。その父親が不況で給料が減らされたり、クビにされるという事態の中で、塾や習い事をやめる、進学もあきらめるという子どもも出ていた。荒れる子どももいたが、子どもの犯罪・事件は大きく変化していた。

　凶悪・粗暴犯より窃盗・万引き、学校外での犯罪・事件より校内暴力や家庭内暴力など内向きに変わっていた。不登校、退学、フリーター、引きこもりが問題化する一方、97年の「酒鬼薔薇聖斗事件」のような13歳や14歳といった低年齢の殺人や非行、子どもに対する虐待も再び問題化していたのだった。

第5期　1998年から2010年

ＩＴ革命・格差社会・自殺者激増、劇場政治、
　　　　　　　　　　　　　　　学級崩壊・校内暴力・イジメ・虐待

　バブル経済破綻の影響は予想以上に大きく、政府の政策が的外れだったこともあって「失われた10年」、あるいは「失われた15年」などと呼ばれ、深刻かつ厳しい不況に追い込まれ、自殺者は3万人をこえるまでになっていたが、「改革なくして景気回復なし」の言葉だけが飛び交って好転せず、「失われた20年」になってしまったのだが、06年12月には教育基本法が改「正」され、愛国心が強調されたが、教育の中身が良くなったわけでも、子どもたちの置かれた状況がよくなったわけでもなかった。第5期はこの時期である。

　首相はころころ変わって政治の混乱は極まるばかりのときに、アメリカではサブプライム・ローンが破綻して、投資銀行リーマン・ブラザーズが倒産し、アメリカ発世界恐慌が懸念される事態となった。日本企業も巻き込まれ給与引き下げ、人員整理や雇い止めが行われ、全国私教連の調査では、親や保護者が失業したり収入が減ったりして、退学に追い込まれた事例も増えていたが、政府も地方自治体も助けるどころか、01年に日本育英会廃止が決定されたように、財政危機を理由に、奨学制度の廃止や資格の厳格化、返済を厳しく迫るよ

うになって追い打ちをかけたのだった。

　ホームレスも増え、中高生や無職少年が襲って死亡させたり重傷を負わせたりする事件が各地で起きた。厳罰化や警察の取り締まり強化もあって、子どもの学校外での犯罪や非行は減っていたが、校内暴力は増えていた。05年の文科省調査によると、小学校でも2千件をこえ、中学校では23,115件、高校で5,150件と合計3万件発生していたが、09年には小中高あわせて6万件、倍になった。授業が成り立たない「学級崩壊」も問題化した。

　イジメは80年代半ばをピークに減少してはいたが、2000年に名古屋で起きた5,400万円もの現金を脅し取っていた事件、05年に北海道で起きた小学生女児が性的暴行を受けて自殺した事件、10年に桐生で起きたフィリピン人を母に持つ児童が民族差別から自殺した事件など、陰湿で深刻で理不尽な事件が何件も起きている。

　この時期、もっと深刻な事件が多発した。それは子どもに対する虐待である。主なものでも、04年1月下旬に明らかになった実父と継母による大阪・岸和田の中学3年男子虐待事件、09年に明らかになった大阪・西淀川での実母と同居男性による小学4年女児虐待致死・遺体遺棄事件、10年に起きた大阪・西区の実母による2幼児育児放棄・致死事件が挙げられる。

　戦後70年、子どもに対する虐待は、まず敗戦直後に多数発生した。これを「第1次虐待期」とすると、その後、第1次ベビーブームの世代が成人に達した60年代末から70年代、コインロッカーに生まれたばかりの子どもを捨てたり殺害したり、夜泣きする子を押し入れに押し込んだり、布団蒸しにして死亡させたり、また腹を立てて殴って殺害したりした事件が多発した時期を「第2次虐待期」と言っていいだろう。そして、その子どもである第2次ベビーブーム世代が成人になった今が「第3次虐待期」と言っていい状況であるが、世代連鎖が重なるにつれ痛ましくなっていることを憂わないわけにはいかない。

2011年から、この先の子どもの事件を考える

　ここからは時期区分というよりも、最近年に生じた事件・事例を見ながら、今後を考えることとしたい。区分を2011年においたのは、言うまでもなく東日本大震災が起きた年だからである。3月11日未曾有の激震と津波が襲い、

岩手・宮城・福島3県を中心に、15,890人が亡くなり、2,589人が依然行方不明である（2015年2月末）。

　震災発生時、4～5歳以上の人々は、津波で流される人々、家や建物などを見ている。壊れるはずのないものが壊れ、消えるはずのないものが消え、自然の前には人間など物の数ではなく、技術や知識など思い上がりもいいとこだと気がついたはずであり、こうした体験がトラウマにならないか、心配しないわけにはいかない。

　「安全神話」で塗り固められていた東京電力福島第1原発も破壊され、炉心溶融を起こして放射能をまき散らし、住めない地域にした。住み慣れた地を追われ、慣れない地での生活を余儀なくされている。予定どおりに廃炉作業などが進められたとしても、短くみても3～40年はこの状態が続き、何か異常事態が起きればもっと長引く。この間にどんな健康被害が生じるか予想はできない。これは子どもたちの心と身体に大きな影響を与えずにはおかない。

　史上最悪と言われたチェルノブイリ原発事故から30年経過しようとしているが、原子炉は「死の棺桶」、周辺は「死の大地」、人々はガンをはじめ健康被害に苦しんでいる。福島原発とその周辺は、これからずっとチェルノブイリと同じ状態になるのである。この不安は子どもたちに重くのしかかる。

　この30年ほどの間、子どもの犯罪や事件は減少傾向にあって、楽観視する人も多いのだが、これからも反転することなく、減少していくか、懸念がないわけではない。すでにふれたように、学校での暴力事件とイジメ、登校拒否・不登校、中途退学者、フリーター・無職少年の増加、家庭内暴力、引きこもり、覚醒剤や大麻、ドラッグをはじめとする薬物使用、万引き・窃盗、占有離脱物横領、子どもに対する虐待は決して減ってはいない。

　これらは学校・家庭という、ある意味で「密室」でのことだけに、重傷を負ったり、死亡するという事態にまで至らないかぎり、すなわち事件にならないかぎり警察は動かないし、メディアも報道しないから表面化しない。「事件未満・事故未満」は想像以上に多い。

　日本は治安のいい国とされ、子どもの犯罪や事件も欧米に比べて少ないとされてきた。欧米は「自由放任で競争主義、個人主義で結果主義、変革志向で独立志向、権威と序列よりも個人の実力、人と同じことをするより違いを大切にする」という傾向が強く、他人と争うことが多いから事件と犯罪が多くなると言われ、一方、日本は「自己主張よりも和、個人主義より集団主義、変革より

安定志向、協調と依存、独自性より横並び志向、結果よりプロセスでの努力重視、権威・序列尊重」だから少ないとされてきたのである。

　しかし、欧米に比べて日本では、万引き・窃盗・占有離脱物横領（放置されている自転車やバイクのチョイ乗り）が多い。犯罪意識が希薄で、遊び感覚である。2011年に表面化した静岡県立磐田西高校生数百人による何年にもわたる万引きはその代表例である。書店、コンビニ、スーパーなどは件数が多すぎて、よほどでないかぎり警察に届けない。その被害で閉店・廃業に追い込まれた個人経営の書店や商店は多い。犯罪意識の希薄化、善悪ボーダーの低下が、大きな犯罪につながることは言うまでもない。

　日本もグロバリゼーションとともに競争は激化、結果が求められるものとなった。競争第一は弱肉強食を当たり前とする。それがイジメの背景となっている。一部の勝者と圧倒的多数の敗者、敗者は奈落の底に落とされ、脱出することができずにもがく。当然だが不満が溜まり、弱いものをいじめたり、衝動的事件を起こしたりする。家庭内でのＤＶや子どもへの虐待ともなっている。

　試合に勝つことだけを最優先にして、負ければ殴り、下手だと言って殴り、体罰という名の野蛮な暴行を毎日続け、ついに２年生の主将を自殺に追い込んだ事件は自殺によって表面化したが、少々の負傷なら隠蔽されただろう。自殺をきっかけに、他校のみならずスポーツ界全体の体質であることが改めて明らかになり、企業などでのパワハラも問題化した。

　ケータイ・スマホなどの普及・情報化の進展による出会いからの犯罪、ネット・イジメ、リベンジ・ポルノのような人権・プライバシー侵害、売買春、児童ポルノ、性犯罪が増えている。国際化にともなう事件も増えている。昔ながらの殺人・強盗・強姦・暴行・拉致も、あいかわらずの比率で発生しており、少子化で子どもの犯罪と事件の絶対数は減っても、必ずしも楽観はできない。

参考資料・図書

　本書をまとめるにあたり参考にした刊行物や書籍は書き切れないので主なものだけ列記しておく。

- 朝日新聞・毎日新聞・読売新聞の縮刷版
- 「犯罪白書」「警察白書」「犯罪統計書」、事件によっては各都道府県警本部発行の少年非行に関する報告書、自治体・児童相談所（子ども家庭相談センターなど）の事件報告書
- 起訴状や判決については「裁判例情報」、また『判例時報』『判例タイムス』
- 校内暴力・イジメ・不登校・退学などについては、文部省（文科省）「児童生徒の問題行動等生活指導上の諸問題に関する調査」
- 生活保護や準要保護については、厚生省(厚労省)、文部省(文科省)の「白書」
- この他、保育・教育関係の雑誌、とくに参考にさせていただいたのは『少年補導』『少年育成』である。残念ながら2011年3月に休刊となったが、1956年4月から大阪少年補導協会が発行されてきた。タイミングよく事件を取り上げ、幅広い執筆人で問題を深められ、大いに参考にさせてもらった。とくに、大阪発行の新聞をチェックし、子どもに関する記事を日付順に一覧にされていた部分は縮刷版を調べる際のインデックス代わりに使わせていただいた。
- 管賀江留郎氏のネット・データベースも参考にさせていただいた。

■著者　山本健治（やまもと　けんじ）
　1943（昭和18）年　大阪生まれ
　1966（昭和41）年　立命館大学法学部卒業後、大阪読売広告社、村田製作所勤務
　1975～83（昭和50～58）年高槻市議
　1983～87（昭和58～62）年大阪府議
　市民派地方議員として活動した後、著述業に転じ、夕刊紙・経済誌等に記事を発表し単行本も発行していた一方で、みんなで保育所をつくり、その社会福祉法人理事として、子どもをめぐる問題に関わってきた。同時に環境問題の市民運動の世話役としても活動してきた。
　そのかたわら朝日放送や関西テレビなどにコメンテータとして出演し、歯に衣着せぬ発言をしてきたが、現在はラジオ大阪で一層の辛口発言をしている

■近著
　『橋下徹論』第三書館、2012年／『親子崩壊』三五館、2012年／『関西人は、ご用心！』三五館、2013年／『戦後70年労働災害と職業病の年表』第三書館、2015年　など

〔年表〕子どもの事件 1945–2015
　　　　　　　　　　2015年11月10日　第1刷発行　定価3000円＋税

著　者　　山本健治
発　行　　柘植書房新社
　　　　　〒113-0033東京都文京区本郷1-35-13　オガワビル1F
　　　　　TEL 03（3818）9270　FAX 03（3818）9274
　　　　　郵便振替00160-4-113372　http://www.tsugesyobo.com
製本・印刷　創栄図書印刷株式会社
乱丁・落丁はお取り替えいたします。　ISBN978-4-8068-0679-0　C0030

JPCA
日本出版著作権協会
http://www.jpca.jp.net/

本書は日本出版著作権協会（JPCA）が委託管理する著作物です。複写（コピー）・複製、その他著作物の利用については、事前に日本出版著作権協会（電話03-3812-9424、info@jpca.jp.net）の許諾を得てください。

ステロイドを使わない
アトピー治療をめざして

アトピー・ステロイド情報センター編
四六判並製／248頁／定価1800円＋税
ISBN4-8068-0452-5

ステロイド治療がはじまりはや40年。治療現場で混乱が続く中、「ステロイド適正使用肯定論」でなく、「アトピービジネス」でなく、ステロイドを使わないアトピー治療の実践を、協力する医師のリスト、患者の声をまとめる。

ステロイドを止めた理由

アトピー・ステロイド情報センター／住吉純子編著
四六判並製／268頁／定価1800円＋税
ISBN4-8068-0395-2

アトピー・ステロイド情報センターの活動の中で寄せられた会員たちの壮絶なアトピーやステロイド離脱との闘いの記録。ステロイド依存を乗り越え、アトピーと向き合って生きる道を模索してきた。その実践記録。

アトピー・ステロイドを考える

アトピー・ステロイド情報センター編
Ａ５判並製／214頁／定価1800円＋税
ISBN4-8068-0394-4

患者、医師、薬剤師と三者が集い画期的シンポジウムを開催した。アトピー患者たちと真摯に向き合っていこうとするまやかしでない医師たちの姿勢。成人アトピーたちの長い葛藤など、議論が活発に闘わされている。

ステロイド依存

深谷元継著
Ａ５判並製／176頁／定価1700円＋税
ISBN4-8068-0425-8

アトピー性皮膚炎患者がステロイド離脱をめざすにあたっての実践的な情報を提供。ステロイドではない治療を実践する医師が、患者さんたちの協力で21名196枚の離脱経過カラー写真、初診までの数年間の経過を収載する。

アナフィラキシー
対応と予防

角田和彦（かくたこども＆アレルギークリニック院長）著
Ａ５判並製／192頁／定価2000円＋税
ISBN978-4-8068-0657-5

アレルギーの暴走＝アナフィラキシーショック、それは死に直結する疾患です。近年ようやく食物アレルギーが認知されたが、その対応はまだ混乱しているのが現状。食物アレルギーを臨床の場から30年にわたって診てきた著者によるその危険性と予防を提示。

おうちでできる発達障害のある子の子育て

丹野節子（「きらっと」たんの個別支援教室）著
Ｂ５判並製／152頁／定価1800円＋税
ISBN978-4-8068-0619-6

発達障害のある子にとって日々の生活のしづらさは多様。本書は、朝から夜までの一日の生活場面に沿いながら、「言葉・コミュニケーション」「社会性」を親子で育てあう手がかりをイラストとともにわかりやすく提示。「かゆいところに手が届く」ちょっとしたヒントが満載。

発達障がいと思春期

門野晴子
四六判並製／224頁／定価1700円＋税
ISBN978-4-8068-0645-5

発達障がいの子を持つ親たちは、わが子が思春期を迎えても素直に喜べない。それは「性と生」に対する学校現場の無策と、親を取り巻く周囲の無理解に戸惑い、疲れ果てる姿が浮かび上がってくるからである。

トミーの夕陽

鶴島緋沙子著
四六判上製／256頁／定価1700円＋税
ISBN4-8068-0397-9

読者に限りない癒しを与えてくれる。何の悲しみも不幸にも無縁で生きている人は、今の世にはいない筈だ。その人たちが傷ついた心を癒されることを想像するとき、思わず私の瞼は熱くなってくる（瀬戸内寂聴）「学校Ⅲ」原作。